Die Kochkunst des Mittelalters

Odile Redon / Françoise Sabban /
Silvano Serventi

Die Kochkunst des Mittelalters

Ihre Geschichte und 150 Rezepte des 14. und 15. Jahrhunderts, wiederentdeckt für Genießer von heute

Mit einem Vorwort von Georges Duby

Aus dem Französischen
von Hans Thill

PANORAMA

Titel der Originalausgabe: LA GASTRONOMIE AU MOYEN ÂGE.
150 recettes de France et d' Italie

Genehmigte Lizensausgabe Panorama Verlag, Wiesbaden

Umschlaggestaltung: Rüdiger Morgenweck unter Verwendung der Buchmalerei *Prunkmahl am Hof von König Alexander* aus der Pariser Nationalbibliothek.
ISBN 3-926642-14-9

Vorwort von Georges Duby

Kaum haben wir dieses Buch aufgeschlagen, läuft uns auch schon das Wasser im Mund zusammen. Wir überfliegen das Inhaltsverzeichnis und stoßen auf »Bourbelier vom Wildschwein«, »Aalspießchen zu Sankt Vinzenz« oder »Ambrosia vom Huhn mit Trockenfrüchten«, und unser Appetit wächst. Wenn wir uns aber eines von den hier gesammelten Rezepten vornehmen, so ist seine subtile und saftige Sprache allein schon ein Leckerbissen. Es ist eine wahre Lust, darin zu lesen.

Dieses Buch hat aber durchaus noch andere Vorzüge. Es befriedigt nämlich unseren heftig drängenden Wunsch, dem grauen Einerlei, dem faden Geschmack und dem Fast food mit Ketchup, zu entfliehen und zu neuen Ufern aufzubrechen. Es führt uns in ein anderes Land. Es stiftet uns an, ungewohnte Geschmacksrichtungen zu entdecken. Die leichte Sämigkeit der Mandelmilch, die reizvolle Eleganz von einem Schuß Rosenwasser oder eine Prise Paradieskörner können uns diese übrigens recht bäuerlich-einfache Art, ein Essen zuzubereiten, nahebringen. Das gilt auch für den ungeahnten Reiz von Borretsch und für das Zusammenspiel von Süß und Sauer sowie den hohen Stellenwert süßer und salziger Torten. Dadurch wiederum nähert sich die Küche unserer fernen Ahnen den feinsten exotischen Kochkünsten von heute; der iranischen, marokkanischen und chinesischen Küche. Wird die Entdeckung solcher Reize zu neuer lukullischer Schwärmerei führen? Wird es vielleicht neue Spezialitäten-Restaurants geben, in Konkurrenz zu Lokalen, in denen die Snobs sich an Speisen begeistern, die vorgeblich nach den Traditionen Thailands, Sansibars oder Monomotapas[1] zubereitet wurden? Vermutlich sind die ersten schon eröffnet worden. Hoffen wir, daß man sich dann an das vorliegende Buch halten wird und nicht zu anderen greift, denn hier herrscht neben der Gaumenfreude die allergrößte Seriosität. Es wäre auch zu begrüßen, wenn unsere großen Küchenchefs dieses Buch aufschlagen würden und es auf sich einwirken ließen. Denn es ist dazu angetan, die schöpferische Kraft ihrer Phantasie vortrefflich anzuregen.

Wie damals, bei der Wiederentdeckung der barocken Musik, haben wir

---

[1] ehemaliges Kaffernreich an der Ostküste Afrikas, etwa auf der Höhe von Madagaskar; wurde im 19. Jhdt. zerstört. (Anmerkung des Übersetzers)

auch die Entdeckung der hohen mittelalterlichen Kochkunst wahren Kennern zu verdanken. Die Autoren Odile Redon, Françoise Sabban und Silvano Serventi sind Leute von Geist mit äußerst feinem Gaumen. Man kann sich vorstellen, daß sie einen Wein nach seinem Bouquet erkennen und datieren oder einem Stückchen Orangenschale auf die Spur kommen, das bei einem Braten mitschmorte. Ebenso wie für Geschmacksnuancen und Aromen sind sie auch sensibel für die Ästhetik einer kulinarischen Präsentation, für den ruhigen und gemessenen Aufbau eines Festmahls, wie es jede Mahlzeit von hohem Anspruch verlangt. Die kulinarischen Kommentare zu den Rezepten zeugen von Sinnlichkeit, Genießertum und Lebensfreude der Autoren. Ihre Wortwahl entstammt guten alten Fachbegriffen der Küche, denn meine konkrete Erfahrung zeigte mir, daß sie selbst gute Köche sind. Mir wird das delikate »Wildkaninchen im Teig« unvergeßlich bleiben, das Françoise Sabban für uns zubereitete, indem sie geschickt den Teig den Formen des jungen Tieres anpaßte, genauso wie es Guillaume Tirel, genannt Taillevent, für König Karl V. getan hätte. Daher läßt das, was sie und ihre Kollegen verfaßt haben, im Leser den Wunsch aufkommen, selbst an den Herd zu treten. Dabei wird er aufmerksam und umsichtig geführt. Die folgenden Seiten verführen nämlich nicht nur zum Träumen, sie stellen tatsächlich auch ein außerordentlich praktisches Handbuch dar, dem man entnehmen kann, zu welcher Jahreszeit und auf welchem Markt man die notwendigen Zutaten beschaffen kann, in dem man als Ergebnis geduldigen Messens und Ausprobierens präzise Mengenangaben und Kochzeiten findet, die die Originaltexte häufig unerwähnt lassen. Außerdem erfährt man, wann der Gebrauch des Gefrierschranks sinnvoll ist und wann der Mörser durch den Mixer ersetzt werden kann.

Alle drei Autoren sind Künstler. Sie sind aber auch Gelehrte, Berufshistoriker. Sie haben die unbearbeiteten Originalrezepte seltenen Büchern und sogar unveröffentlichten Handschriften entnommen, wobei sie ihr Expertenwissen dazu verwenden, eine möglichst originalgetreue Übersetzung zu liefern. Indem sie diese einer größeren Öffentlichkeit zugänglich machen, tragen sie dazu bei, uns ein Bild des Mittelalters vor Augen zu führen, das sich sehr von jenem unterscheidet, das man noch vor wenigen Jahren hatte. Keiner hätte zu diesem Zeitpunkt vermutet, daß das Mittelalter, bis in die Ernährungsgewohnheiten hinein, so kultiviert war. Natürlich haben wir es hier mit einem äußerst aristokratischen Mittelalter zu tun. Hier geht es nicht um die Geschichte der gewöhnlichen Ernährung, wie sie Massimo Montanari oder Louis Stouff beschrieben haben, indem sie auf andere vulgäre Quellen zurückgriffen, wie etwa die Register der Buchhalter oder notarielle Verträge. Die Traktate über Kochkunst, von denen wir hier Auszüge vorfinden, standen dagegen in den kostbarsten Bibliotheken und wurden nach den Bedürfnissen der Fürsten zusammengestellt, auch wenn sie als Werk über die Führung eines guten bürgerlichen Haushalts daherkommen; auf jeden Fall aber folgen sie den Bedürfnissen der adligen Welt nach Ausstattung von höfischen Banketten oder ritterlichen Festessen. Wir erkennen in ihnen einen Gipfel der Kultur wie bei den Werken der Brüder Limbourg. Hier geht es wohl auch um Frankreich, Quelle der Künste, oder eher um Paris, die schon aufgeklärte Stadt, und vor allem um den Glanz Italiens, das damals allem Handel offenstand, als der Mittelmeerraum noch einer der großen Umschlagplätze der Welt war und das deutsche Essen offensichtlich weniger Anziehungskraft besaß.

Schließlich haben wir es mit dem späten Mittelalter, dem 14. und 15. Jahrhundert, zu tun. Man wird die undogmatischen Lehren eines Maestro Martino oder eines Maître Chiquart weniger erstaunlich finden, wenn man sie nicht mit dem Teppich von Bayeux oder mit dem Epos über die *Pilgerreise von Karl dem Großen* vergleicht, sondern mit der Abhandlung über Chirurgie von Henri de Mondeville, mit der Logik von Guillaume d'Occam, mit der polyphonen Virtuosität der *ars nova*, mit den Fresken von Pisanello oder von Matteo di Viterbo. Man darf sicherlich vermuten, daß sich die Kochkunst seit der Zeit des hl. Bernhard stark verfeinert hatte, wie es auch bei den Waffen oder der Einrichtung vornehmer Wohnungen der Fall war. Wer dagegen kann wissen, ob Philipp II. sich wirklich mit verdorbenem Fleisch vollstopfte, das übermäßig gepfeffert war, damit es nicht allzu großen Ekel erregte? Und ob seine Rittergefährten, von Chrétien de Troyes und Andreas Capellanus darin unterwiesen, auf den verschlungenen Pfaden der Liebe in höfischer Manier all ihre Anmut und List zu entfalten, sich dann weniger um Feinheit und Strenge geschert haben, wenn es um die Sämigkeit der Saucen und das Goldgelb der Pasteten ging, an denen sie sich in Begleitung ihrer Schönen lachend ergötzten?

Danksagungen

Dieses Werk verdankt viel unseren Freunden, die keine Mühe gescheut haben, uns zu helfen.

Einige ließen uns von ihren Kenntnissen profitieren, wie Danielle Alexandre-Bidon, die uns ihr Fotoarchiv zur Verfügung gestellt hat und uns wertvolle Ratschläge für die Auswahl der Bebilderung gab; Bruno Laurioux, Spezialist für kulinarische Handschriften des Mittelalters; Mireille Demaules, die die Übersetzung der Texte aus dem Altfranzösischen korrigiert hat; Bernadette Grandcolas, die unser Manuskript mit den Augen einer Redakteurin und einer Köchin durchgesehen hat; Mary und Philipp Hyman, deren Bibliothek uns offenstand und von deren Kompetenz wir bei der Abfassung unseres Manuskriptes profitieren durften. Wir danken ihnen herzlich, ebenso wie Carole Lambert und Allen Grieco, die uns großzügig ihre Arbeiten zur Verfügung gestellt haben.

Andere — und manchmal auch dieselben — haben in ihrer Küche unsere Fassungen der mittelalterlichen Rezepte ausprobiert; das gilt auch für Claude Arnould-Redon, Bernadette Grandcolas, Allen Grieco, Sophie Lehry, Marie-Christine Pouchelle und Hélène Sabban. Auch bei ihnen möchten wir uns bedanken.

Aber dieses Buch ist auch die Frucht langer Jahre kulinarischer Forschung und Praxis zur Rekonstruktion historischer Bankette, die aus Anlaß verschiedener Festlichkeiten mit Unterstützung und Mitarbeit zahlreicher Personen verwirklicht wurden. Wir denken hier besonders an Jean-Louis Flandrin, der diesen Bereich der Forschung erschlossen hat, an Elisabeth Deshayes und Rémi Ledoux, die oft genug neben uns am Herd standen.

Unsere Dankbarkeit gilt auch: Pietro Clemente, Dinora Corsi, Lorenzo Sensi sowie den Verantwortlichen und Mitgliedern der Contrada de la Selva aus Siena.

Chiara Frugoni von der historischen Fakultät der Universität von Pisa, Mario Carta vom Restaurant La Cerreria in Pisa.

Anna Maria Nada Patrone, den Mitgliedern des Gruppo Santostefanese di Storia e Archeologia von Santo Stefano Belbo (Cuneo) und besonders Antonietta Zarzetto.

Den Lehrern und Schülern des Progymnasiums von Goussainville.

Den Organisatoren der Maison pour tous in Élancourt.

Den Mitgliedern der Theatergruppe l'Unité et Cie.

Claudine Lavail, Konservatorin in der Abteilung Mittelalter des Musée de Bretagne und den Verantwortlichen des Centre de formation des apprentis du commerce et de l'industrie hôtelière in Rennes.

Den Organisatoren des Centre de formation et d'études de l'éducation surveillée in Vaucresson.

Den Organisatoren der Association pour le Festival d'histoire de France in Guyancourt.

Vorbemerkung

Wer ein Buch über die mittelalterliche Küche vorlegt, spricht die Einladung zu einer Reise aus, einer Reise in die Zeit, die vielleicht in manchem an den abenteuerlichen Aufbruch in ein fernes Land erinnert. Wenn Sie diese Einladung annehmen, betreten Sie eine Welt ungekannter Empfindungen. Sie müssen zuerst die Tomate vergessen — was nicht leichtfällt, wenn es um die italienische Küche geht —, Sie werden die Kartoffel verbannen — auf die die französische Hausfrau immer gern zurückgreift —, weil diese Produkte amerikanischer Herkunft erst später auf unserem Kontinent eingeführt wurden. Aus demselben Grund ist Paprika ausgeschlossen, ein relativ neues exotisches Gewürz, an das wir uns gewöhnt haben. Die Polenta wird nicht aus Mais sein, und nach dem Dessert werden Sie nicht Ihren Kaffee schlürfen; selbstverständlich werden Sie bei Tisch nicht rauchen. Dafür können Sie aber jeden gewünschten Wein trinken, wenn auch vorzugsweise mit Wasser verdünnt. Sie werden sich um eine subtile Ausgewogenheit der Gewürze bemühen, damit Safran nicht von Pfeffer, Zimt und Ingwer nicht von der Gewürznelke übertönt werden. Die Düfte des Rosenwassers werden Sie begleiten, und Sie werden nicht mehr davor zurückschrecken, Geflügel mit Zucker zu überziehen oder einen Aal mit getrockneten Feigen zu füllen. In den Saucen wird Ihnen die Sahne nicht fehlen, im Gegenteil: Ihr Gaumen wird entdecken, wieviel Säure sie hat. An jenem Tag, an dem Sie »mittelalterlich gekocht« haben, werden Sie für einen Augenblick entflohen sein. Wohin?

Uns stand die Möglichkeit offen, ganz Westeuropa abzugrasen, denn die mittelalterliche Küche hat, wie wir sehen werden, in der Gesamtheit dieser Länder durchaus Gemeinsamkeiten aufzuweisen; aber es gibt auch Unterschiede, und wir haben es vorgezogen, uns auf Frankreich und Italien zu beschränken. Beide Länder sind durch die Alpen und das Mittelmeer miteinander verbunden, quer durch eine Region mit italienischer und französischer bzw. provenzalischer Mischkultur; Nordfrankreich dagegen, im ozeanischen Flachland gelegen, ist bereits stark auf Paris zentriert und hat andere kulturelle und ökologische Bezüge. Gewiß verbieten wir uns nicht den einen oder anderen Abstecher, aber dieses bereits weiträumige Territorium wird genügen, um zu zeigen, daß die Kochkunst — obwohl abhängig vom örtlichen Angebot, d.h. die meisten Fleisch- und Gemüsegerichte vom Klima und von den Traditionen des

Landbaus — doch auch nach anderen Anbaugebieten Ausschau hielt. Die Lebensmittel reisen. Man weiß das von den Gewürzen, die, ebenso leicht wie kostbar, aus dem Orient eingeführt wurden; aber auch der Wein, die Mandeln oder die Zitrusfrüchte gelangen in den Norden, um eine »kulinarische Nachfrage« zu befriedigen. Auch Rezepte reisen, und manche wurden sicher importiert. Daher hat man, wortgläubig und ähnlich wie bei den heutigen exotischen Rezepten, manchmal die Bedeutung arabischer Quellen für die mittelalterliche Küche des Abendlandes überbewertet.

Die Küche, die wir Ihnen hier vorstellen möchten, ist die des 14. und 15. Jahrhunderts; in dieser Zeit hat die mittelalterliche Küche zu ihrer Vollendung gefunden. Sie war aus dem vollkommenen Bruch mit der antiken Kochkunst hervorgegangen und stand durch die Iberische Halbinsel und Sizilien mit der arabischen Küche in Kontakt (und nicht so sehr in Abhängigkeit). Die Spuren dieser mittelalterlichen Küche sind nicht leicht in unseren heutigen Gepflogenheiten aufzufinden, auch nicht in denen der näheren Vergangenheit; Sie werden sehen, daß man die mittelalterliche Küche und die traditionellen regionalen Küchen auseinanderhalten muß. Denn ein ebenso markanter Bruch wie der im 7. bis 11. Jahrhundert hat im 17. Jahrhundert den Bestrebungen der Feinschmekker eine neue Richtung gegeben. Charakteristisch hierfür ist der Verzicht auf die meisten Gewürze des Orients — mit Ausnahme des Pfeffers —, die Aufwertung einheimischer Aromen und die zunehmende Differenzierung der Fette und ihrer Anwendung. Dieser zweite Bruch prägt noch unseren heutigen Geschmack; und da dieser Kampf in Frankreich und Italien ausgefochten wurde, war das ein Grund mehr, uns auf diese Länder zu beschränken.

Als Historiker wollen wir unserem kulinarischen Unternehmen eine historische Dimension verleihen. Die brillantesten Köpfe sehen die Lehnsherrschaft als eine raffinierte Konstruktion sozialer Einbindung und die Scholastik als eine intellektuelle Disziplin, die geeignet war, einer hohen Kultur Strukturen zu geben, aber sie sprechen dem Mittelalter die Fähigkeit ab, einen kulinarischen Geschmack zu entwickeln, es sei denn, er ist defensiv, so wie die berühmte Notwendigkeit, durch Gewürze den Gestank verdorbenen Fleisches zu überdecken. Diese Interpretation erscheint uns denkfaul, geprägt durch eine Ablehnung der Dinge des Lebens und der im Alltäglichen stattfindenden ästhetischen Entscheidungen. Denn es ist nicht einzusehen, weshalb das westliche Mittelalter, auf anderen Gebieten durchaus schöpferisch, ausgerechnet hier keine erfinderischen Fähigkeiten entwickelt haben soll. Noch ist nicht alles gesagt über die menschliche Ernährung in unseren Breiten, zu einer Zeit, als man *le pain, le vin et le companage* erforschte.

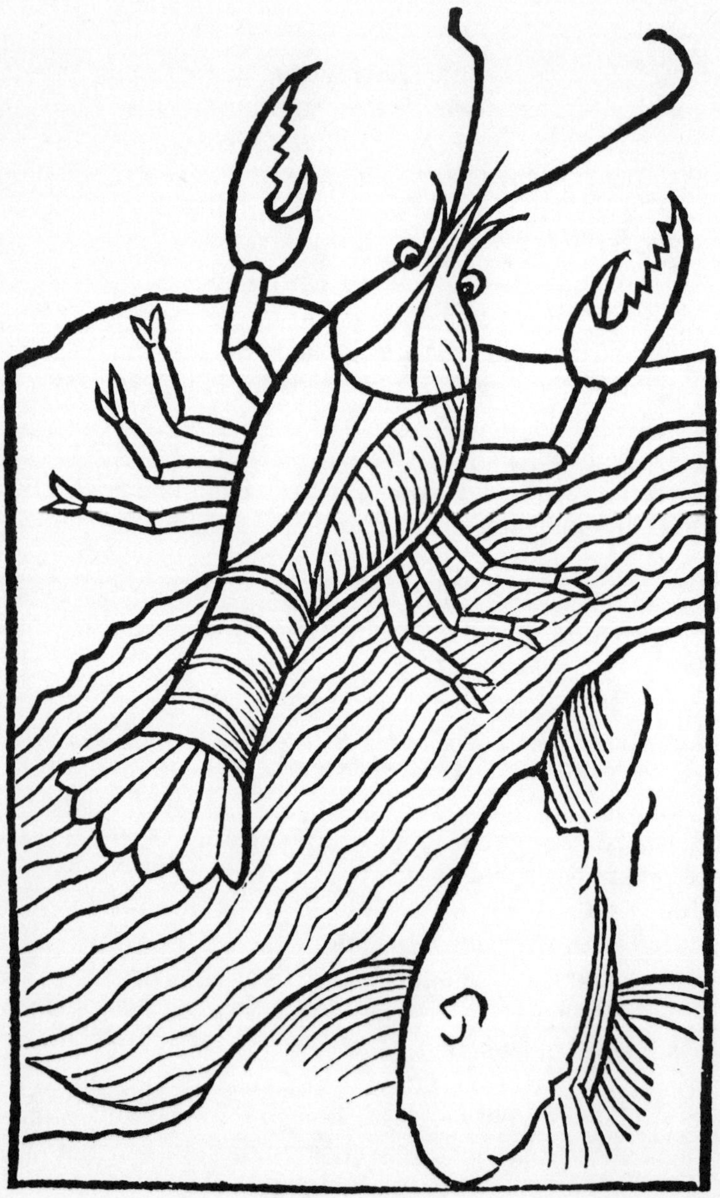

Küchengeschichten

Die Literatur führt viel häufiger in die Bankettsäle, die Orte spektakulärer Essen, als in die Küchen, wo die Meisterwerke großer Tage wie auch die tägliche Nahrung mühevoll zubereitet wurden. Gerade dorthin sollen Sie uns folgen, auf den Spuren einer anderen Literatur, die vor allem Fachliteratur ist, und mit ihr wollen wir Sie vertraut machen. Mit dieser Küchenführung verzichten wir aber nicht auf die historische Arbeit. Vielleicht werden Sie die Exkurse als zu lang empfinden. Zögern Sie nicht, sich beim Lesen Ihren eigenen Weg zu wählen, Sie können durchaus ein Kapitel überspringen ... und werden sicherlich zurückblättern, wenn Sie eine Frage haben.

Küche und Schrift

Das Mittelalter hat das Kochbuch nicht erfunden, denn aus der Antike wurde uns zumindest eines überliefert, das berühmte Traktat des Apicius, eine heterogene Sammlung, die Ende des 4. Jahrhunderts n.Chr. zusammengestellt wurde und auf die man sich immer bezieht, wenn von der römischen Küche die Rede ist. Man muß danach bis ganz ans Ende des 13. Jahrhunderts oder besser bis zum 14. Jahrhundert warten; erst dann entsteht das mittelalterliche Kochbuch, das seinem Inhalt nach nichts dem Buch aus der Antike verdankt.

Heute kennen wir mehr als hundert kulinarische Handschriften des 14. und 15. Jahrhunderts; viele von ihnen wurden erst kürzlich entdeckt und in den letzten Jahren erfaßt, studiert oder ediert[2]. Von dieser Gesamtheit stammen etwa zehn Handschriften aus dem kulturellen Umkreis Frankreichs (in französischer oder lateinischer Sprache) und ebenso viele aus dem Kulturkreis Italiens.

---

[2] Diese Arbeiten sind von Ingemar Boström (Italien), Rudolf Grewe (Katalonien, Skandinavien), Constance Hieatt (England), Carole Lambert (Frankreich), Bruno Laurioux (Frankreich, Italien), Alix Prentki (Deutschland), Terence Scully (Frankreich, Savoyen). Siehe die Bibliographie im Anhang zu diesem Buch.

Die Handschrift eines kulinarischen Rezeptariums kann eine Rolle *(rotulus)* darstellen, ähnlich wie jene Rolle, die der Herold in jedem mittelalterlichen Comic entfaltet, nur etwas kleiner. Ein Beispiel dafür ist die älteste Version des sogenannten *Viandier*, und es ist wahrscheinlich die urtümlichste Form unserer Kochbücher. Wir finden aber auch kleine handliche Bände, analog zu unseren heutigen Büchern. So stellt sich ein Traktat in venezianischer Sprache dar, das Ludovico Frati 1899 ediert hat. Der Band *(codex)*, der sich in der römischen Biblioteca Casanatense befindet, mißt 12,3 mal 8,2 Zentimeter; er ist gut lesbar, nicht zu eng beschrieben, und die Rezepte sind alphabetisch nach Namen geordnet. Viel häufiger aber gehört ein solches Traktat zu einem zusammengesetzten *codex*, das heißt, es ist Teil einer mehr oder weniger homogenen Gesamtheit. Die Edition von Marianne Mulon aus dem Jahr 1971, *deux traités inédits d'art culinaire médiéval* (»Zwei unedierte Abhandlungen kulinarischer Kunst des Mittelalters«), bietet hierfür ein oder eher zwei gute Beispiele; in zwei Handschriften der Pariser Bibliothèque Nationale (lat. 7131 und lat. 9328) folgen zwei kulinarische Texte aufeinander, *Tractatus de modo preparandi et condiendi omnia cibaria* (Tr)[3] und *Liber die coquina* (Lc), zusammen mit verschiedenen Traktaten über Medizin, Jagd, Ackerbau, die in ihrer Gesamtheit den Naturwissenschaften gewidmet sind. Wir sehen in der Tat, daß der Gebrauch eines Rezeptariums — oder einer Rezeptsammlung — mit Medizin ebensoviel zu tun hat wie mit der Küche und daß die mittelalterliche Küche unter gewissen Gesichtspunkten genausogut eine Diätetik ist. Schließlich wurden uns mehrere Texte schadhaft überliefert, unvollständig und mit anderen Werken zu Bänden zusammengefaßt, die *a posteriori* zusammengestellt wurden: so etwa das wichtige Fragment der florentinischen Biblioteca Riccardiana, 1890 ediert von S. Morpurgo (Mo).

Definitionsgemäß beinhalten Kochbücher Rezepte, die in einer variablen Abfolge aufgebaut sind, einer Logik folgend, die wir nicht immer durchschauen. Immerhin sind drei Typen von Aufbau festzustellen: Der erste, er bleibt die Ausnahme, ist die abstrakt alphabetische Ordnung (Fr). Die beiden anderen haben weitere Verbreitung gefunden: Der eine richtet sich nach den Grundbestandteilen (Gemüse, Fleisch, Eier, Fisch...) und bildet eine Art kulinarische Enzyklopädie (Beispiel: *Liber de coquina*, Lc); der andere funktioniert über die Art der Gerichte, wie zum Beispiel Braten, Suppen/Brühen, Saucen, Krapfen, Torten (Beispiel: Maestro Martino, Ma) und führt in eine kulinarische Kunst oder in eine Tafelkunst

[3] Die Nachweise für die in diesem Buch zitierten Kochbücher sind im Quellenverzeichnis S. 359 wiedergegeben; die Zahlen beziehen sich auf die Seite in der zitierten Edition oder auf das Blatt für unedierte Handschriften.

ein. Aber selten funktionieren die beiden letztgenannten Systeme perfekt, und man beobachtet häufig Interferenzen zwischen den beiden.

Es können zwei oder mehrere Handschriften desselben Werkes existieren, beispielsweise vom *Libro de arte coquinaria* des Maestro Martino, aber man findet vor allem Buchfamilien, das heißt, Bücher, die in ihrem Inhalt ähnlich sind, aber sich durch den Aufbau desselben Inhalts oder ihre Sprache unterscheiden; beispielsweise kommt das Buch in toskanischer Sprache, das F. Zambrini (Za) ediert hat, von enzyklopädischem Typ, dem *Liber de coquina* sehr nahe, so daß das eine (aber welches?) in gewissen Passagen wie die Übersetzung des anderen erscheinen mag. Es gibt viele Gemeinsamkeiten — vor allem das Mischungsverhältnis der Zutaten für eine Tafelgesellschaft von zwölf reichen Feinschmeckern — zwischen vier Büchern oder Buchfragmenten in italienischer Sprache, obwohl sie in unterschiedlichen Dialekten geschrieben und mehr oder weniger zusammenfassen, bearbeitet wurden. Diese Bücher folgen aber nicht alle demselben Aufbau: die Bücher auf »Toskanisch«, ediert von Guerrini (Gu) und Morpurgo (Mo), das auf »Venezianisch«, dem nordöstlichen Dialekt Italiens, ediert von Frati (Fr), und eine unedierte Handschrift der Bibliothek von Nizza[4]. Die verschiedenen französischen Bücher, die unter dem Namen *Viandier* bekannt sind, stellen aufeinanderfolgende Umgruppierungen eines ursprünglichen Textes vom Ende des 13. Jahrhunderts dar, der uns auf Rolle überliefert ist (ed. Aebischer). Weil aber eine Handschrift aus dem 14. Jahrhundert in einem *codex* das Werk Taillevent zuschreibt, blieb die Vaterschaft eines jeden *Viandier* [5] bei Guillaume Tirel, genannt Taillevent, Koch von König Karl V., später von Karl VI. Besagter Taillevent war vielleicht noch nicht einmal geboren, als der erste Text ausgearbeitet wurde. Man darf auch nicht vergessen, daß *Viandier* ganz und gar Gattungsbegriff ist, denn er leitet sich offensichtlich von dem Wort *viande* (im heutigen Französisch: Fleisch) her, mit dem im Altfranzösischen alles bezeichnet wurde, was man zur Ernährung zu sich nahm, die Lebensmittel also, während das Fleisch damals *chair* hieß.

---

[4] Dieses haben wir nicht benutzt (ms. 226 Bibliothèque de Cessole au musée Massena de Nice), es scheint eher aus Mittelitalien zu sein. Wir danken Frau Prof. Gabriella Giacomelli aus Florenz, die uns geholfen hat, die verschiedenen Handschriften linguistisch einzuordnen.

[5] Da mehrere unterschiedliche Texte den Namen *Viandier* tragen, mußten wir zwei Editionen benutzen. Wir haben deshalb die Abkürzung VT (Viandier de Taillevent) durch Maz (Handschrift der Bibliothèque Mazarine), Vat (Bibliothek des Vatikan) oder BN (Bibliothèque Nationale de Paris) ergänzt, dahinter Scul. gesetzt (für Terence Scully, der diese drei Handschriften in einer vergleichenden Edition vorgelegt hat) und schließlich die Seitenzahl der Edition angegeben (z.B.: VT Maz Scul 32). Bei den Editionen des 15. Jahrhunderts haben wir VT beibehalten, dahinter steht XV und die Seitenzahl der neuen Edition von Pichon (z.B.: VT XV 40).

Gewisse Rezepte oder vielmehr ihre Namen, finden sich kaum verändert in allen oder fast allen französischen, italienischen oder anderen Büchern wieder, aber hinter demselben Namen können sich durchaus unterschiedliche Zubereitungsarten verbergen, wie bei den Blanc-mangers, Kamelin-Saucen oder den Escabèches — letztgenannte Bezeichnung stammt aus arabischen Büchern, dort heißt das Gericht *sikbâj*, es ist iranischen Ursprungs. Wie es scheint, gibt es einen Kreislauf der Wörter, der parallel zum Kreislauf der Anwendungen verläuft, aber doch relativ unabhängig von diesem bleibt.

Diese wenigen Beobachtungen führen dazu, die Frage nach den Autoren der Rezeptarien zu stellen. Die Mehrzahl der Bücher ist anonym, andere tragen den Namen des Meisterkochs *(maistre queux)* einer fürstlichen oder königlichen Küche: Wir haben Taillevent, alias Guillaume Tirel, erwähnt, den Koch am Hofe des Königs von Frankreich gegen Ende des 14. Jahrhunderts, Maître Chiquart (Ch), Anfang des 15. Jahrhunderts beim Herzog Amedeus VIII. von Savoyen, und Maestro Martino in der Mitte des 15. Jahrhunderts im Hause des Patriarchen von Aquileja in Rom. Daraus dürfen wir nicht schließen, daß alle Kochbücher sich an ein rein fürstliches Publikum richten. Ein wohlbekanntes Beispiel mag genügen, um das Gegenteil zu beweisen: Ende des 14. Jahrhunderts beschloß ein schon etwas älterer Bürger von Paris, der eine unerfahrene junge Frau geheiratet hatte, für sie einen Ratgeber zu schreiben, der gleichzeitig Führer in Fragen der Moral, des Haushalts ... und der Küche war; allerdings ließ sich der *Ménagier de Paris* in diesem letzten Teil vom königlichen *Viandier* inspirieren.

Ob anonymer Autor oder Koch, beide teilen über die Rezepte ein praktisches Wissen mit, denn jedes Rezept stellt, manchmal in einem eigenen Kapitel, eine Art und Weise vor, wie man durch Verarbeitung von Zutaten tierischer oder pflanzlicher Herkunft etwas Eßbares produzieren kann, das im allgemeinen durch seine »Güte« bestimmt ist, aber auch durch seine Form, seine Farbe, seinen Geschmack oder seine Aromen. Dieses Wissen entspringt der mündlichen Tradition, die von Mutter zu Tochter oder von Meister zu Lehrling weitergegeben wird, und der schriftlichen Tradition, denn jedes Buch enthält Rezepte, die sich unter mehr oder weniger ähnlichen Namen und Formen auch in anderen finden. Allerdings sollte man nicht ausschließen, daß gewisse Rezepte unter Geburtshilfe eines genialen Kochs zur Welt kamen oder von dessen Erfindungskraft von Grund auf erneuert worden sind.

Wer liest ein solches Kochbuch, wer benutzt es? Zu Kochbüchern in lateinischer Sprache hatten nur wenige Zugang. Standen sie in der Bibliothek des Hausherren, damit er sich aus ihnen eine Kost zusammenstellen konnte, die seinem Gaumen und seinem Auge schmeichelte, seiner

Gesundheit nicht schadete und abgestimmt war auf die Jahreszeiten, den Rhythmus des Kirchenjahres (Fleisch oder Fisch) oder die Vorgaben von Alltag oder Fest? Dann konnte der Herr darauf zurückgreifen, um seinem Koch die nötigen Anweisungen zu geben. In vulgärem Französisch oder Italienisch verfaßt, waren die Bücher zweifellos lesbarer, vor allem für die professionellen Köche, aber nicht unbedingt für die Hausfrau. Und doch liefern sie außerordentlich unterschiedliche Rezepte im Hinblick auf den Preis der Grundzutaten, die Anforderungen an Brennstoffe oder Küchengeräte sowie die Dauer und die Schwierigkeit der Zubereitung. Bücher wie das *Liber de coquina* (Lc) oder das Traktat auf Toskanisch (Za) stellen die allereinfachsten Methoden dar, wie man Gemüse kocht, das in jedem Garten angebaut wird, oder sogar wildwachsende Pflanzen, aber wenige Seiten weiter gibt es komplizierte oder traumhafte Zubereitungen wie etwa eine Parmesan-Torte mit sechs oder sieben Schichten, eine Pastete mit lebendigen Vögeln oder ein gefülltes Kalb. Wir verfügen zwar nicht über Kochbücher des einfachen Volkes, aber wir finden Rezepte, die vielleicht ausnahmsweise auch in jeder Hütte verwirklicht werden konnten und gleichzeitig als bescheidene Alltagskost für begüterte Häuser gedacht waren, in einer Gesellschaft, für die insgesamt unser heutiges Niveau der Versorgung unerreichbar blieb.

Kochkunst und Gesellschaft

Kochkunst ist Kulturgut. Dies unterliegt den geographischen Geboten der Versorgung und gehorcht ebenso traditionellen Gebräuchen, Normen und Sitten. Unser Mittelalter hat sich ganz allgemein für das Garen entschieden, auch wenn der Verzehr von rohem Gemüse nicht ausgeschlossen ist. Normalerweise aß man Salat und Früchte, aber die Entscheidung für eine ausschließlich »natürliche« Ernährung, Wasser und rohe Kräuter, die nicht angemacht sind, trafen nur Personen, die sich in gewisser Weise an den Rand der Gesellschaft begeben hatten, nämlich Eremiten oder Mystiker.

Der Grad der Abhängigkeit von lokalen Gegebenheiten ist ganz offensichtlich unterschiedlich. Der reiche Bankier aus Florenz oder der Herzog von Savoyen, können sich auf einem reichhaltigen Markt die Speisen auswählen, die sie auftischen wollen, während der Bergbauer in allen Mittelmeerländern jahrein, jahraus seine Kastanien essen wird; vielleicht versucht er, sie zu mahlen und dann daraus Brot zu backen — auch wenn dies zu keinem guten Ergebnis führt —, denn die Notwendigkeit des Brotes bleibt der prägendste Wesenszug mittelalterlicher Ernährung in unseren Ländern, übrigens noch bis in die jüngste Vergangenheit.

Die Ungleichheit in der Ernährung ist eine immerwährende Tatsache, und wir werden hier nicht auf den quantitativen Aspekten bestehen, sondern wollen vielmehr versuchen, ihre spezifisch kulinarischen Aspekte aufzuzeigen. Aber schon stehen wir vor einem ersten Hindernis, das hier schon Erwähnung gefunden hat: Die Küche der Armen, der Bauern, wurde nicht schriftlich fixiert. Um sie zu identifizieren, muß man sich mit Hinweisen begnügen, welche Überlieferungen oder Ausgrabungen bereithalten. Hingegen hat man einen relativ guten Zugang zu den weniger bescheidenen Küchen, einmal über die Rezeptarien, die wir schon vorgestellt haben, dann über die Buchhaltung der Klöster und der fürstlichen oder aristokratischen Häuser sowie über die Haushaltsbücher der Bürger. Wir werden also am besten vorwärtskommen, wenn wir uns an Gegensätzen orientieren.

Bauer und Lehnsherr

Ein erster Gegensatz besteht zwischen dem Bauern und dem Herrn oder Fürsten. In Zeiten des Hungers kann er gewalttätig ausgetragen werden, wie beispielsweise in den Jahren 1315/1316, als eine Getreideknappheit ganz Europa heimsuchte. Der Herr, der immer auf Vorräte aus seinen Scheunen und Speichern zurückgreifen kann, ändert seine Eßgewohnheiten nicht (vielleicht ißt er etwas weniger), während der Bauer sich von wilden Pflanzen ernähren muß, das heißt, er hört auf zu kochen oder aber er bemüht sich, pflanzliche Produkte, die als giftig galten, durch verschiedenartige Aufbereitungen zu nutzen. Aber in Zeiten des »Überflusses« ist der Unterschied zwischen der Tafel des kleinen Dorfherrn und der seiner Untergebenen sicher nicht besonders groß; alle nehmen Gemüse, viel Brot und eher gekochtes Fleisch zu sich. Der Unterschied liegt in der Menge. Wenn man aber zu einer Differenzierung in der Art des Garens kommen will, muß man die Gegenüberstellung verschieben, indem man die Zäsur zwischen dem Dorfadligen und dem großen Herrn oder Territorialfürsten anlegt. Und nur an der Tafel des Herzogs von Savoyen, des Dauphins von Vienne, des Grafen von Foix, des Herzogs von Burgund oder anderer Gleichrangiger bis zu jener des Königs von Frankreich, des Papstes oder des Kaisers, kann der kulinarische Aufwand alltäglich werden, weil sich in der Kochkunst die Größe ihrer Macht ausdrücken soll. Es besteht allerdings ein Unterschied, der mit jeder dieser Stufen, die wir ins Auge gefaßt haben, wächst: Die Anzahl der Tage, an denen die Ernährung den Alltag hinter sich läßt, die Anzahl der »Feste«. Der Bauer wird auf Karneval, Ostern oder den Tag seines

Dorfheiligen warten, während der Lehnsherr jede familiäre, kriegerische oder politische Gelegenheit wahrnimmt. Am Hof des Fürsten wird in mindestens monatlichem Abstand ein Bankett auf das andere folgen.

Alltag und Fest

Ein zweiter Gegensatz besteht zwischen Alltag und Festtag, wie sich ganz klar aus der Buchhaltung aller fürstlichen oder bürgerlichen Häuser ergibt. Die Einkäufe nehmen außerordentlich zu; man kauft große Mengen unterschiedlicher Fleischsorten, junge Tiere, die am meisten geschätzt werden, Kalb, Lamm oder Zicklein, und Geflügel, besonders Kapaune, deren Fleisch als das beste angesehen wird. Man geht mehrere Tage zuvor auf die Jagd und den Vogelfang, um sich mit Wildbret einzudecken, denn die Jagdprodukte sind einem Kreislauf von Spiel und Geschenk wie auch von Handel unterworfen. Eier, Mehl und Käse, unverzichtbar für zahlreiche Speisen, finden in großen Mengen Eingang in die Küche. Man legt Gewürzvorräte an oder frischt sie auf. Dieses beachtliche Gefälle zwischen Alltag und Fest findet man in allen Küchen, tritt aber, wie gesagt, bei unterschiedlichen Gelegenheiten und in ungleichen Zeitabständen in Erscheinung. Für gewisse religiöse Feste sind die Speisen rituell festgelegt: Lasagne an Weihnachten, Dinkel zu Karneval, Eier und Käse zu Himmelfahrt, Gans an Allerheiligen, Makkaroni am Fastnachtsdienstag, Schwein zu Sankt Anton, Lamm an Ostern; das ist die Liste, mit der Simone Prudenzani, ein Dichter aus Orvieto im ausgehenden 13. Jahrhundert, aufwartet (*Il Saporetto*, S. 134).

Fleisch und Fisch

Anhand der Feste haben wir einen Jahresrhythmus kennengelernt, aber es gibt auch einen anderen Rhythmus, der wöchentlich wiederkehrt, der Wechsel von fett und mager, von Fleisch und Fisch. Im Ablauf wurde die Woche durch ein kirchliches Abstinenzgebot von Fleisch oder allen tierischen Produkten unterteilt: Es galt für Mittwoch, Freitag, Samstag und alle Vortage eines Festes, wie auch alljährlich im Frühjahr während der vierzigtägigen Fastenzeit. Nun konnte auch in dieser Zeit ein Fest stattfinden, wir haben mit der *Tredura* (Rezept Nr. 18) ein Beispiel für eine Anpassung an Fastengebote. Hier ein weiteres: Als Messire Sozzo Bandinelli in Siena eine glanzvolle Hofgesellschaft zusammenruft, um den Ritterschlag seines Sohnes Francesco zu feiern, der für den Weihnachtstag des Jahres 1326 angesetzt ist, läßt er die ganze Woche davor ein Fest feiern, mit Turnier, Austausch von Geschenken und Banketten. Die Chronik gibt uns die Speisenfolge der drei fetten Bankette wieder — von Donnerstag, dem 18. (zweiundneunzig Gäste), von Dienstag, dem 23. Dezember (achtzig Gäste) und vom Weihnachtstag (sechshundert Gäste) — und eines mageren Banketts am Mittwoch, Heiligabend, für hundertzwanzig Personen. Denn man verzichtet auch an Bußtagen nicht auf Bankette; man begnügt sich damit, das Fleisch durch Fisch zu ersetzen. Und wie in anderen Texten der Literatur hat der Chronist von den aufgetragenen Speisen nur solche erwähnt, die für Fest, Überfluß und höfisches Leben stehen, das heißt, eben die Fleisch- und Fischgerichte.

In Siena variiert im Dezember 1326 die Zahl der Gänge, wie sie derart vereinfacht in der Chronik erscheint, zwischen drei und fünf (für den Ehrentag). Bei allen fetten Banketten trägt man gekochtes Kalbfleisch, gebratene Kapaune und Wildbret auf; am Ehrentag wird das Wildbret bis in alle Einzelheiten seiner Menge und Vielfalt beschrieben. Jeden Tag prägt eine andere Speise die Unterschiede der Menus: Ravioli und Geflügel in Ambrosia am Dienstag (Rezept Nr. 30), Blanc-manger an Weihnachten, Pasteten am Donnerstag. Das Bankett endet immer mit kandierten Birnen, die mit Zuckermandeln serviert werden, und zuvor und danach gibt es immer *confetti*, kandierte Gewürze. Das magere Menü am Vorabend des Festes ist nicht minder prächtig. Es hat vier Gänge: Im ersten Gang serviert man nach den *confetti* marinierte Schleien und ein Gericht aus Kichererbsen mit geräucherten Schleien. Im zweiten Gang gibt es eine »Sangalganesische Torte«, dann kommt gebratener Aal, schließlich ein Kompott mit Zuckermandeln und wie immer am Ende kandierte Birnen und *confetti*. Der Sinn der Buße wird hier auf die leichte Schulter genommen von einer Familie, die es sich hoch anrechnet, vor anderthalb Jahrhunderten der Kirche den großen Reformpapst Alexander III. geschenkt zu haben. Die Buße bleibt auf das Gericht der Kichererbsen und den leichten Verzicht auf Fleisch beschränkt. Die Torte weist zweifellos auf ein Lieblingsgericht der Zisterzienser hin, denn ihre große Abtei im Gebiet von Siena ist San Galgano.

Kleriker und Laien

Durch die Darstellung dieser mageren Speisenfolge sind wir schon bei einem neuen Gegensatz angekommen, dem zwischen Laien und Kirchenleuten. Er ist komplex, weil er quer durch die sozio-ökonomischen Schichten verläuft. Sagen wir ganz einfach, daß wegen der weiter oben erwähnten Verbote, wegen der spezifischen Bußregeln, die in den Klöstern galten und in den strengen Orden auch befolgt wurden, die Kirchenleute

Fischesser waren. Während aber der ungeschliffen predigende Landpfarrer mit einem schmalen Speisezettel zufrieden sein mußte, das heißt, mit Ackerbohnen oder Kichererbsen, konnte ein Pfarrer, der etwas mehr Glück gehabt hatte, oder ein gut bepfründeter Chorherr mit dem Aal liebäugeln — und zwar sorgfältig zubereitet (siehe Rezept Nr. 63).

Eine Fabel, die in mehrere mittelalterliche Sammlungen kurzer Erzählungen aufgenommen wurde, illustriert diese kirchliche Hierarchie durch die »Buße des Essens«: die Fabel von dem »kleinen Fisch, der groß wurde« (*Tables florentines,* S. 109). Ein Mönch, Abt in seinem Kloster, stellt seine Bescheidenheit zur Schau, indem er seinem Verwalter befiehlt, für ihn auf dem Markt nur »die kleinsten und billigsten Fische« zu kaufen. Für seine Imagepflege durch die Wahl zum Bischof von Paris belohnt, fordert er nun die allerfeinsten Speisen, denn, wie er demselben Verwalter erklärt, »er angelte früher mit kleinen Fischen, um dann die großen zu fangen«. Tatsächlich gibt es in der antiklerikalen Satire einen zwingenden Zusammenhang zwischen fetten Aalen und den pausbackigen Gesichtern der Mönche und Chorherren.

Unsere Satire ist nicht ganz harmlos, denn frischer Fisch war teuer, und es war nicht immer leicht, ihn zu beschaffen, von großer Auswahl ganz zu schweigen: Fischfang ist Glückssache. Die Hierarchie des Essens setzte also bei Fisch noch engere Grenzen als bei Fleisch, war in Fastenzeiten strenger als in normalen Zeiten, und die Verpflichtung, zwar nur vorübergehend, aber dafür häufig ein verderbliches oder teures Produkt zu sich zu nehmen oder eines von mittelmäßiger Qualität, oder sogar den ewigen getrockneten Hering, nahm die kleinen Leute gegen den Klerus ein. Für die Kirche behielt jedenfalls auch ein prachtvoller Fisch das Aussehen einer Bußspeise, weil dieses kalte und feuchte Fleisch, das aus dem Wasser kam, vor den Exzessen des Fleisches bewahrte ... vor allem, wenn man es nicht mit allzu scharfen Gewürzen befeuerte.

Essgewohnheiten in der Stadt und auf dem Land

Der Gegensatz zwischen städtischen und ländlichen Nahrungsmitteln ist vielleicht, dank der Tradition der »Satire der Bauern«, in der Literatur am besten dokumentiert, wenn auch sehr einseitig: denn nur die Stadt spricht vom Land. Und dieses Ungleichgewicht wird durch die anderen Arten der Dokumentation noch verstärkt.

Die Stadt erscheint hier als ein Ort des Überflusses und des reichhaltigen Angebots. Das stimmt für Paris, Hauptstadt eines der größten christlichen

Königreiche, das stimmt auch für die mächtigsten Republiken Italiens. Die reichen Bürger von Florenz wie von Paris erhalten in der Stadt die Produkte ihrer Ländereien — *intra* und *extra muros* —, und dort haben sie mit ihren Vorräten an Getreide, Öl, Fleisch und Schweinefett alle kulinarischen Grundstoffe. In normalen Zeiten quellen die Märkte in Paris, Florenz, Mailand oder Venedig von allen Produkten über, die man je nach Jahreszeit für eine gute Kost benötigt; man findet alle Gewürze und kann sie gemahlen oder kandiert beim Gewürzhändler (*épicier*) kaufen. Gewisse Gerichte wie Saucen oder Pasteten kann man schon fertig zubereitet kaufen, und man kann dem Backofenbesitzer (*fournier*) seine Braten zum Garen wie sein Brot zum Backen anvertrauen. Gemeint ist Weißbrot, das zumindest in der Toskana in einem guten Jahr jeder essen will, und die Behörden unternehmen alle Anstrengungen, damit es im Überfluß vorhanden ist. Den Autoren, die sich in der Stadt ernährten, war es also ein leichtes, den städtischen Überfluß dem chronischen Mangel des Landes gegenüberzustellen, wo man sich beinahe immer mit lokalen Produkten begnügen mußte, wo eine schlechte Ernte noch schwärzeres Brot als sonst bedeutete, wenn nicht gar Brotmangel, wo der Herr schon zufrieden war, wenn es ihm gelang, Pfeffer zu finden, und von kostbareren Gewürzen nicht zu träumen wagte.

Der Städter betrachtet also den Landmann als grobschlächtigen Kerl, der sein Brot in der Suppe ißt — das heißt in irgendeiner Brühe —, als Liebhaber von Knoblauch, als ein Wesen, das nicht in der Lage war, an jener Tafelkunst teilzunehmen, die am Ende des Mittelalters eine wesentliche Form städtischer Zivilisation geworden war. Der Novellist Sermini aus Siena möchte einen jungen Mann, der vom Land kommt, aus der Stadt vertreiben, und läßt den Koch sprechen:

»Der Mann, der auf dem Lande aufwächst, hat die Gewohnheit, zwei- oder dreimal am Vormittag zu essen, dann einen Imbiß einzunehmen, und abends ißt er Gänseküken, wozu Schüsseln voll Wicken oder Kohl gereicht werden, der mehrmals aufgewärmt wurde, und Wasser, das mit Rüben und Knoblauch gewürzt wurde. Er füllt seinen Napf mit langen Stücken Brotes, das er auf seiner Brust schneidet, beißt ab, tunkt es mehrfach. Wenn er fette Finger hat, weiß er nicht, was er tun soll, denn er ist es gewohnt, sie auf seiner Brust oder an seiner Seite abzuwischen, um nicht die weißen Servietten oder Kleider zu beschmutzen. Wer kein Mensch des Dorfes ist, dem sind diese Manieren ein Graus.

Er ist gewohnt, seinen großen Napf ganz auszuessen, bevor er seinen Mund mit Fleisch vollstopft, dann nimmt er alles auf einmal, Fleisch und Sauce, mit großen Brotschnitten, und manchmal tunkt er alle seine Finger hinein und läßt sie dann auf seine Brust tropfen. Sprechen wir nicht davon, wie er sich die Finger ableckt: Man könnte meinen, er lutscht an *fiedoni*.

Am liebsten würde er Kapaune, Fasane oder Rebhühner mit plumpem Knoblauch oder mit altem Speck essen, so wie es auf dem Land üblich ist. Wenn er Lauch ißt, beginnt er immer bei den Blättern; als erstes beißt er hinein und tunkt dann mehrere Male das Ende, von dem er schon abgebissen hat, ins Salzfaß.« (Sermini II, S. 442)

Die nord- und mittelitalienischen Städte sind im späten Mittelalter gewiß Orte von großem Reichtum und hoher Kultur; das gilt auch für Paris, aber auf andere Weise. Denn in den Küchen seiner Bürger wie auch in denen der Fürsten und Prälaten bildet sich eine Kochkunst heran, die ebenso reiselustig ist wie die Händler und gelehrten und gebildeten Leute dieser Zeit. An dieser Kochkunst sind nicht alle beteiligt, sie gehört zu denen, die immer — oder fast immer — weißes Brot essen und die das Fleisch und den Fisch, den sie bevorzugen, auswählen können. Und die Diätetik deckt mit ihrem wissenschaftlichen Mäntelchen die sozialen Ungleichheiten in der Ernährung zu, denn sie empfiehlt den Handarbeitern, Handwerkern oder Bauern das »grobe Fleisch« oder »grobe Nahrung«. Pfeffer und schwarzes Brot sind inbegriffen, denn sie erhalten die Arbeitskraft aufrecht, auch wenn sie schwer verdaulich sind. Hingegen wird der »müßigen Klasse« das delikate Geflügel vorbehalten, denn es ernährt, ohne den Körper zu belasten oder das Gehirn zu umnebeln.

Die ungnädige Darstellung von Sermini hat uns ein farbenfrohes Bild des einfachen Volkes gemalt, sehen wir nun, wie die Mahlzeiten sich dort gestalten, wo wir sie beobachten können, nämlich bei den kultivierten Leuten, jenen Herren und Bürgern, die ihre Nahrung auswählen und sie zubereiten lassen, denn über die Bauern werden wir nicht mehr erfahren.

Der Ablauf der Mahlzeit

Das Menü von heute setzt sich aus einer gewissen Anzahl salziger und süßer Speisen zusammen, die nach einer festen Abfolge nacheinander aufgetragen werden; die Gäste essen alle dieselbe Speise, man setzt sie ihnen in der Zeremonie des Essens individuell vor. Diese Art von Bewirtung hat sich erst im ausgehenden 19. Jahrhundert verbreitet; vorher war der Ablauf einer Mahlzeit auf ganz andere Weise geregelt, und es ist nicht immer leicht, diesen mit all seinen Feinheiten zu verstehen.

Aus Frankreich blieben uns eine gewisse Anzahl von Menüs aus dem 14. Jahrhundert erhalten, deren Abschnitte sich dadurch auszeichnen, daß sie eine relativ feste Ordnung des Auftragens nahelegen. Die großen Bankette setzen sich aus mehreren aufeinanderfolgenden »Gängen« zusammen, von denen jeder eine Zusammenstellung verschiedener Gerichte darstellt, die gleichzeitig über den Tisch verteilt werden. Die Auswahl der Speisen, die wir heute auf der Karte des Restaurants treffen, hatte man damals also bei jedem Gang direkt vor Augen, aber sie beschränkte sich für jeden Gast auf die Speisen, die sich in seiner Reichweite befanden. So trat eine hierarchische Selektion der mehr oder weniger raffiniert zubereiteten Speisen ein, *de facto* nach dem Platz des Gastes.

Das Menü dreht sich um den Braten wie um einen Angelpunkt. Ihm gehen ein oder zwei Gänge voraus, und es folgen ihm bis zu drei weitere Gänge. Die Folge der Speisen verrät zweifellos diätetische Überlegungen: Man verglich den Magen mit einem Kochtopf, in dem die Nahrung gegart wird; also mußte man zuerst den »Mund« mit frischen Früchten der Jahreszeit wie Melonen, Kirschen, Erdbeeren, Trauben öffnen, oder aber mit Salaten, die wie heute mit Salz, Öl und Essig angemacht waren, das heißt mit Nahrung, in der Säure enthalten war. Danach ist der Magen bereit, die Saucengerichte aufzunehmen, die man Suppen oder Brühen nannte, und man glaubte, daß sie eine längere »Kochzeit« benötigten.

Dann kommt das gebratene Fleisch, zu dem verschiedene Saucen gereicht wurden. Nach dem Braten empfand der Gastgeber die Notwendigkeit, seinen Gästen eine Art Pause oder Zerstreuung anzubieten, die oft »Zwischengericht« (*entremets*) genannt wurde. *Entremets* bezeichnet in Frankreich auch eine Gesamtheit süßer und salziger Zubereitungen, die zu diesem Zeitpunkt der Mahlzeit aufgetragen werden. Dieses Zwischengericht kann die vielfältigsten Formen eines musikalischen oder getanzten Intermezzos umfassen, auch akrobatische Vorführungen oder nachgestellte Waffengänge. Eine Zwischenform waren »maskierte« Speisen, wie die Pastete mit lebendigen Vögeln, oder mit Blattgold überzogenes Geflügel und andere gebratene Vögel, die wieder in ihr Federkleid gesteckt worden waren.

Die Mahlzeit geht mit der *desserte*, unserem Dessert, weiter, bei der man Süßigkeiten aufträgt, dann folgt der Schluß der Tafel (*issue de table*), der aus Käse, kandierten Früchten und leichtem Gebäck besteht, dazu werden oft Hippokras, ein Würzwein, und der Likörwein Malvasier getrunken. All diese Nahrungsmittel, die man zu sich nahm, bevor man die Tafel verließ, sind dazu bestimmt, den Magen zu »schließen«, um das »Garen«, das heißt die Verdauung zu aktivieren. Am Ende steht der »Rausschmeißer« (*boute-hors*); wie sein Name schon sagt, nimmt man ihn in einem anderen Raum ein; er besteht aus Gewürzkonfekt (*épices de chambre*), also Zuckermandeln, kandiertem Koriander und Ingwer, welche, gekaut, die Verdauung erleichtern und den Atem reinigen.

Mahlzeiten, zu denen niederrangige Personen zusammenkommen, umfassen weniger Gänge und bieten im allgemeinen eine viel geringere Auswahl an Speisen, aber der Ablauf folgt demselben Prinzip. Der Autor des *Ménagier de Paris* beschreibt ein Diner, das M. de Lagny für den

»Monseigneur von Paris, Präsident, Prokurator und Advokat des Königs« gibt. Das war unsere Grundlage für die Schilderung eines Banketts, er erwähnt jedoch auch verschiedene einfachere Menüs, in denen man dieselbe Abfolge der Speisen wiederfindet.

Die Logik der italienischen Speisenfolge kann man nicht so leicht verfolgen, weil wir nur über sehr wenige Menüs verfügen, bei denen es überdies nicht leicht ist, die Abfolgen auseinanderzuhalten. Wenn man sie allerdings mit anderen Quellen vergleicht, etwa einigen Gesetzen gegen den Luxus, die die Prasserei bei aristokratischen Banketten einschränken sollten, oder mit literarischen Texten, so stellt man fest, daß die Italiener eine recht ähnliche Gestaltung der Mahlzeit hatten wie ihre französischen Nachbarn. Die Bankette der Bandinelli aus Siena, von denen wir schon einen ersten Eindruck vermittelt haben, sind wie in Frankreich eine Abfolge von Gängen, wobei jeder Gang aus einer gewissen Vielzahl von Speisen besteht. Simone Prudenzani aus Orvieto stellt in einem kulinarischen Gedicht, dem schon zitierten *Il Saporetto*, ein regelrechtes Fest dar, dessen Abfolge der Struktur des französischen Menüs entspricht. Ravioli und Lasagne in Brühe, sogenannte Suppen »nach französischer Art«, erscheinen am Anfang der Mahlzeit; dann gibt es gekochtes Fleisch und Ragouts, dann gebratenes Federwild, dem salzige Torten und Pasteten folgen; Trockenfrüchte und Gewürze schließen das Mahl ab (S. 123). Es sind immer dieselbe Abfolge und dieselben diätetischen Prinzipien: Fleisch in Sauce kommt vor gebratenem Fleisch, Trockenfrüchte schließen den »Mund« des Magens, und die Gewürze helfen bei der Verdauung. Bei einem auf dem Lande improvisierten Souper gibt es zuerst Salat, dann Lasagne, schließlich ein Omelett; hier zeigt uns der Novellist aus Lucca, Giovanni Sercambi, daß selbst eine Mahlzeit, die außerhalb der großen Tafelgesellschaften stattfindet, mit dem sauren »Apéritif« zu beginnen hat (Novelle 123).

Man kann also keine grundlegenden Unterschiede in der Ordnung der Mahlzeiten zwischen beiden Ländern finden, wenn auch in Frankreich eine ausgeprägtere Strukturierung des Menüs festzustellen ist, ablesbar an speziellen Begriffen wie *desserte* und *boute-hors*, die es uns erlauben, den Fortgang der Mahlzeit besser zu verfolgen.

Das Auftragen wird in fürstlichen Häusern von einer Vielzahl von Dienern gesichert, die dem Haushofmeister (*maître d'hôtel*) direkt unterstehen; dieser wiederum wird aus den Reihen des Adels ausgewählt; er ist auch damit beauftragt, die Speisen zu beschaffen, die Menüs auszuwählen und deren Zubereitung durch die Köche zu überwachen. Der Mundschenk (*échanson*) beaufsichtigt den Ausschank der Getränke, und der Truchseß (*écuyer tranchant*), auch er von Adel, sorgt für das Aufschneiden des Fleisches an der Ehrentafel. An den anderen Tischen, also bei Speisen, die für Personen geringeren Standes zubereitet wurden, schneiden die Gäste selbst das Fleisch, denn die Kunst des Tranchierens gehört zur Erziehung des Edelmannes (*gentilhomme*) ebenso wie des Ehrenmannes.

Gastgeber von Rang und Etikette

Die großen Bankette sind nach einem strikten Protokoll geordnet, das die Aufstellung der Tafeln festlegt, aber auch den Platz der Gäste und damit die mehr oder weniger raffinierte Zubereitung ihrer Speisen. Die mit Tüchern bedeckten Tafeln sind zumeist in U-Form angeordnet, und die Gäste sitzen an der Außenseite, um besser die Zerstreuungen genießen zu können, die ihnen in der Mitte des Raumes dargeboten werden. Die mittlere Tafel, manchmal »Hohe Tafel« genannt, weil sie auf einem Podium steht, bleibt dem Fürsten und seinen Ehrengästen vorbehalten. Die anderen Geladenen von Rang sitzen am Kopf des Tisches in nächster Nähe zum Fürsten, und die weniger hochgestellten Gäste sind an der Unterseite plaziert, in strenger Einhaltung der sozialen Hierarchie.

Nach der literarischen Überlieferung der Toskana wurde selbst Dante Opfer dieses Protokolls. Sercambi erzählt, daß König Robert ihn eingeladen hatte und er an den Hof von Neapel kam, lässig gekleidet »nach Art der Dichter«. Es war die Zeit des Abendessens, und wegen seiner Kleidung plazierte man ihn an »den Schwanz der Tafel«. Da er Hunger hatte, aß er trotzdem, aber gleich nach beendeter Mahlzeit, verließ er die Stadt. Der König, verwirrt, weil er den großen Dichter gedemütigt hatte, schickte ihm einen Boten und lud ihn erneut an seinen Hof ein. Diesmal kam Dante prächtig gekleidet zum Abendessen, weshalb er vom König »am Kopf der ersten Tafel, die zu seiten seiner selbst gelegen war«, plaziert wurde. Man hatte kaum aufgetragen, als der Dichter begann, sich Fleisch und Wein über seine schönen Kleider zu schütten. Als der erstaunte König nach dem Grund seines Tuns fragte, antwortete er: »Heilige Krone, ich weiß, daß die große Ehre, die mir von Euch zuteil ward, meinen Kleidern gilt, deshalb wollte ich, daß die aufgetragenen Speisen auch meinen Kleidern zugute kommen. Und ich sage Euch die Wahrheit; ich habe nicht weniger Genie oder Verstand als damals, als ich zum ersten Mal gekommen bin und man mich an den Schwanz der Tafel setzte, weil ich schlecht gekleidet war. Nun bin ich also mit demselben Genie hier, aber diesmal gut gekleidet, und so habt Ihr mich an den Kopf der Tafel setzen lassen.« (Sercambi, Novelle 71)

LEBENSART UND ESSKULTUR

Das Ritual des mittelalterlichen Mahles wird gleichzeitig von moralischen Vorstellungen und materiellen Zwängen bestimmt. Selbst an der Tafel der Höchsten verfügt nicht jeder Gast notwendigerweise über ein eigenes Gedeck. Häufig muß man mit einem Unbekannten seine Schüssel, sein Glas und sein *tranchoir* teilen — jene Brotscheibe, jenes Holzbrett oder jenen Zinnteller, auf den man feste Speisen legte. Dies forderte von beiden Essern gegenseitige Aufmerksamkeit und die Beachtung des christlichen und humanistischen Gebots der Mäßigung: wenig essen, sich nicht auf das Essen stürzen, nicht die besten Stücke nehmen.

Bevor man zu Tisch geht, gehört es zur Regel, sich die Hände zu waschen, eine sicherlich symbolische Geste, wie sie auch bei der Eucharistie zur Messe gehört. Dies spricht andererseits für ein hygienisches Denken, denn man nimmt die meisten Speisen mit der Hand. Für flüssige Speisen oder Saucen hat man fast immer einen eigenen Löffel, mit dem man aus der Schale ißt, die man mit seinem Tischnachbarn teilt, oder direkt von dieser Platte, auf der angerichtet ist. Fleisch und feste Speisen werden auf der Servierplatte geschnitten, und es gehört zum guten Ton, einen Teil dem Mitbenutzer des *tailloir* anzubieten, vor allem, wenn es sich um eine Frau handelt, denn man geht davon aus, daß sie die Kunst des Tranchierens nicht beherrscht. Dann nimmt man die Stücke auf das *tailloir*, sie werden vorsichtig zwischen drei Fingern gehalten und zum Mund geführt.

Die Gabel war nämlich bei Tisch noch nicht bekannt, außer in Italien, wo man sie seit dem Ende des 14. Jahrhunderts sogar in den Schenken benutzte, um Nudeln zu essen. Eine Novelle von Franco Sacchetti führt uns das vor, indem sie zwei Esser darstellt, die von einem *tailloir* kochend heiße Makkaroni essen, wobei einer ein Vielfraß mit Brustpanzer ist (*Tables florentines*, S. 21). Man kann sich übrigens fragen, ob die frühzeitige Verbreitung der Gabel in Italien nicht mit dem Verzehr von Nudeln zusammenhängt, der damals schon für dieses Land charakteristisch war. Welches Besteck wäre (neben den chinesischen Stäbchen) besser geeignet, um Nudeln zu essen? Im übrigen rät der Autor eines Rezeptariums, das zweifellos älter ist als das Werk von Sacchetti, die Lasagne mit einem spitzen Stäbchen zu essen (Lc, Rezept Nr. 7), das in gewisser Hinsicht eine Grundform der Gabel darstellt. Aber man muß den Gebrauch der Gabel auch den im allgemeinen höher entwickelten Sitten der urbanen italienischen Gesellschaft zuschreiben, die weniger in der sozialen Hierarchie erstarrt und deshalb eher bereit war, neue Sitten anzunehmen. Schon im 14. Jahrhundert verfügten die Prioren von Florenz, das heißt die Mitglieder der Regierung, bei Tisch über Servietten und ein eigenes Gedeck mit Gabel, ein Luxus, dessen Verbreitung sich im übrigen Europa erst zwei oder drei Jahrhunderte später durchgesetzt hat. Erinnern wir uns, daß Heinrich III. und seine Günstlinge böse verspottet wurden, weil sie mit der Gabel essen wollten, und daß, im aufdämmernden Jahrhundert der Aufklärung, Ludwig XIV. immer noch eine königliche Verachtung für dieses Besteck an den Tag legte, das seine Freude am Essen schmälerte.

Meistens verfügten die Gäste nicht über eine Serviette und wischten sich die unvermeidlich fettigen Finger an ein und derselben Tischdecke ab. Aber wer sie abgeleckt hätte, hätte einen unverzeihlichen Verstoß gegen die Regeln der Lebensart begangen. Ebensowenig geziemte es sich, ein Stück Fleisch, das man schon in den Mund genommen hatte, auf den Teller zurückzulegen oder neben den Tisch zu spucken oder sich in die Tischdecke zu schneuzen. Traktate über die Höflichkeit in den *livres de raison* und über Anstandsregeln bei Tisch, eine Literatur in Vers und Prosa für sich, riefen den Kindern der höheren Stände die Grundprinzipien in Erinnerung, die das Verhalten des Ehrenmannes von dem des Bauern unterscheiden.

Die Lebenskunst beinhaltet auch die Art des Trinkens. Ein Geladener von bescheidenem Stand würde sein Glas nicht eher als eine höherrangige Person heben oder gar trinken, bevor sein Gastgeber ihn dazu aufgefordert hat. Man wischt sich vor dem Trinken den Mund ab, schluckt geräuschlos, leert sein Glas nicht in einem Zug und trinkt langsam und in kleinen Schlucken. Hier ist das Gebot der Mäßigung wiederzufinden, es ist um so gegenwärtiger, als es sich um Wein handelt, ein berauschendes Getränk, das man maßvoll und immer mit Wasser verdünnt zu sich nehmen muß. In der Tat ist ein Bankett oder selbst eine Mahlzeit ohne Wein kaum vorstellbar, vor allem in Ländern mit traditionellem Weinbau wie Frankreich und Italien.

Getränke und ihr Konsum

Der Anbau des Weines, ursprünglich vom Mittelmeer kommend, breitet sich im Mittelalter bis in die nördlichsten Regionen des französischen Gebietes aus. Lille, Caen, Beauvais, Rennes waren damals von Weinstökken umgeben, die »französischen« Weine, also jene, die in der Ile de France und der Champagne produziert wurden, erfreuten sich eines hervorragenden Rufes. Wenn die meteorologischen Bedingungen eine gute Ernte erlaubten, stand Wein also auf allen Tafeln. Der Arbeiter, der Student, der Handwerker und natürlich der reiche Bürger und der Herr trinken Wein, und das in großen Mengen. Der persönliche Verbrauch liegt selten unter einem Liter pro Tag und übersteigt sehr häufig zwei Liter. Das zeigt den begrenzten Einfluß der Moralisten und der Ärzte, die unablässig Mäßigung predigen. Der Konsum ist in Italien ebenso hoch und sicher noch viel regelmäßiger, weil die Produktion in der Mitte und im Süden des Landes offensichtlich weniger von den Unsicherheiten des Wetters abhängig ist.

Obwohl der Wein in diesen beiden Anbauländern ein alles in allem »demokratisches« Getränk ist, bietet der Markt, wie heute auch, Gutes und Schlechtes an. Wenn die Versorgung normal ist, finden die kleinen Leute der Stadt Weine geringer Qualität zu erschwinglichen Preisen, aus ertragreichen Rebsorten der Umgebung. Die im allgemeinen schlechter gestellten Bauern müssen sich sehr häufig mit dem minderwertigen Nachwein (*piquette*) zufriedengeben, der durch das nochmalige Auspressen der Traubenreste gekeltert wird, nachdem die erste Pressung den »Muttertropfen« ergab, der für die Tafel des Herrn und der Reichen bestimmt ist. Manchmal ist dieser schlechte Wein schlicht und einfach mit Wasser verdünnter Essig, wie bei jenen toskanischen Bauern, denen ein Held des Toskaners Franco Sacchetti, sichtlich bewegt über die goldene Klarheit von einem Glas Trebbiano, eine erschütternde Lobrede hält, weil sie das ganze Jahr schwer gearbeitet haben, um solche Wunder einzig zum Vergnügen der Florentiner zu produzieren (*Tables florentines*, S. 145).

Der Trebbiano war unwidersprochen der Lieblingswein der Toskaner, aber sein Ruf ging über die Grenzen der Region nicht hinaus, wie übrigens bei den meisten italienischen Weinen der Zeit. Nur der Falerner genoß einen gewissen Ruf jenseits der Alpen, aber dies war sicher ein Überrest antiken Glanzes, der mit diesem berühmten Namen verbunden war. Er stellte nur eine unbedeutende Konkurrenz für die französischen Weine dar, die den Markt der Länder des Nordens seit dem Niedergang des römischen Imperiums beherrschten.

Seit dem 14. Jahrhundert setzen sich die Weine aus Bordeaux und Burgund auf allen aristokratischen und bürgerlichen Tischen im nördlichen Europa durch. Es sind Weißweine, Roséweine (*clairet*) und Rotweine mit geringem Alkoholgehalt, die jung zu trinken sind, am besten im ersten Jahr, sicherlich aus Gründen der Konservierung, aber auch, weil das dem Geschmack der Zeit entsprach. Die Italiener scheinen allerdings keine großen Liebhaber französischer Weine zu sein, denn sie importieren kaum, sondern begnügen sich mit den lokalen Weinen und ziehen vielmehr die vollmundigeren Weine aus eigenem Anbau vor. Allerdings legen sie dieselbe Begeisterung wie ihre nördlichen Nachbarn für die griechischen Likörweine an den Tag.

Das ganze christliche Abendland importiert Süßweine aus Kreta, Tyros und Zypern, aber man baut die Malvasier-Rebe auch in Ligurien, in Süditalien, auf Sizilien und Sardinien an, wo der Wein gleichen Namens auch für den Kleinbürger wie den Handwerker oder den reichen Bauern greifbar ist. Undenkbar, ein Festessen ohne ein Glas Malvasier zu beenden, zu dem ein *cialdone* gereicht wird, eine Art Waffel, von der man leider kein Rezept besitzt.

Der zyprische Wein erfreut sich in Frankreich großer Wertschätzung, aber er ist teuer, und nur die Oberschicht kann ihn sich leisten. Man weiß nicht, zu welchem Zeitpunkt der Mahlzeit er gereicht wird, denn nach dem Essen scheinen die Franzosen den Hippokras zu bevorzugen, einen Wein, der mit Zucker und Honig gesüßt und stark gewürzt ist (Rezept Nr. 149); dazu gibt es eine Waffel mit dem Namen *métier*.

Im Mittelalter ist nichts von der ein wenig zwanghaften Sorge zu spüren, die manche unserer Gastronomen für die Harmonie von Wein und Speisen an den Tag legen, und in dieser Hinsicht sind die eben erwähnten Paarungen beachtliche Ausnahmen. Man wählt seinen Wein vor allem nach der sozialen Zugehörigkeit aus, nach der Aktivität, dem Alter und der körperlichen Verfassung. Die Weißweine und der *clairet*, leichter und delikater, passen besser zu den Angehörigen der höheren Stände, die »delikater« und »raffinierter« sind und ihren Kopf mehr als ihre Muskeln benutzen. Die dunklen Weine gelten als nahrhafter, kommen eher den Handarbeitern zugute, und es trifft sich bestens, daß dies auch die billigeren Weine sind. Junge Leute sollten eher Weißweine und junge Weine wählen, die sie, je nach ihrer Schwere, mehr oder weniger mit Wasser verdünnen, während die Ärzte alten Leuten rote und alte unverdünnte Weine anraten, welche wärmen, nähren und die Melancholie vertreiben.

Denn in der Tradition des Hippokrates wird der Wein als nahrhaft angesehen, und »wer solchen Wein in Maßen trinkt«, wie Aldebrandin von Siena sagt, »nach den Forderungen und Möglichkeiten seines Naturells und nach den Sitten, Ländern und Jahreszeiten, dem verleiht er gutes Blut und gute Farbe und guten Geschmack; er verstärkt auch alle Tugenden des Leibes und macht den Menschen glücklich, gutmütig und wohlredend« (S. 19).

PRAKTISCHE KOCHKUNST

KÜCHEN, KÖCHE UND KÖCHINNEN

Der Raum, den wir heute mit dem Wort Küche bezeichnen, hat nichts gemein mit der Küche des Mittelalters. Damals ist die Küche nur in aristokratischen Haushalten und den großen bürgerlichen Häusern der Stadt ein Extrazimmer, vom Rest der Wohnung abgetrennt. Auf dem Dorf oder bei den Handwerkern ißt und bereitet man die Mahlzeit in einem Raum zu, der oft verräuchert ist; hier muß die Feuerstelle gleichzeitig heizen, beleuchten und das Essen garen.

Überall ist der offene Kamin der Herd, um den sich die kulinarischen Aktivitäten abspielen und wo auch alles gekocht wird, mit Ausnahme von Speisen, die dem Ofen vorbehalten sind. Aber der Ofen ist kein Haushaltsgegenstand, und es wird städtisch geregelt, wer sich einen Ofen bauen darf, um teuren Heizstoff zu sparen und die Brandgefahr zu verringern. In der Stadt ist er im Besitz eines Herrn oder eines Backofenbesitzers (*fournier*), auf dem Land eines Herrn oder einer Landgemeinde; er dient in erster Linie zum Backen des Brotes und ist noch nicht einmal für das Backen von Feingebäck unverzichtbar, das man manchmal in Behältnissen gart, die direkt im Kamin stehen und mit Glut umgeben werden.

Und so werden Kessel, Töpfe, Suppentöpfe, Schmortöpfe oder Pfannen, Roste und Spieße der nackten Flamme ausgesetzt, die der Koch je nach Bedarf regulieren kann. Etwas Glut genügt, um die Topfpastete (Rezept Nr. 85) einzukochen und die Saucen köcheln zu lassen; ein schnelles Aufflammen leckt über die zarte Haut der zum Braten vorbereiteten Wachteln, während ein solides Feuer die Konzentration einer Fleischbouillon für das Gelee fördert. In dieser gefahrvollen Ausübung sind Kessel- und Feuerhaken, Seile, Dreifuße oder Behältnisse auf Füßen die wertvollen Hilfsmittel in einem ausgeklügelten Pakt mit dem Feuer, das bei zu großer Lebhaftigkeit oder mit seinem Rauch Saucen und Suppen unwiederbringlich verderben kann. Die wiederholten Instruktionen der Autoren kulinarischer Traktate, diesen beiden Gefahren zu begegnen, bezeugen eine stetige Ermahnung an die Küchenjungen.

Wie uns zahlreiche ikonographische Darstellungen zeigen, ist man am Kamin beschäftigt, eine Bouillon abzuschäumen, die Grütze mit einem großen Holzlöffel, dem Wahrzeichen des Kochs, zu »rühren«, oder auch den Braten mit seinem Saft, der in einer *lèchefrite* aufgefangen wird, zu übergießen. Gleich daneben machen sich der *broyeur* oder die Köchin mit großer Mühe am Stößel eines großen Mörsers zu schaffen, der auf einem Tisch oder direkt auf dem Boden steht. Gleich werden sie die Sauce und die Mandelmilch durch ein Seihtuch passieren, die Bouillon, die die Fische mit kristallklarem Gelee umschließen soll, durch ein Sieb oder Beutelsieb filtern oder die feingemahlenen Gewürze »gießen«, welche die Brühe schmackhaft machen.

Da die Zubereitung der Speisen eine große Energie erfordert, variieren Anzahl und Organisation der notwendigen Arbeiten von einem Ort zum anderen beträchtlich. Wenn man zu einem Trupp von Köchen gehört, die an eine fürstliche oder herrschaftliche Küche gebunden sind, gibt es eine Aufteilung der Arbeit unter genügend Spezialisten, denen zahlreiche und gehorsame Hilfskräfte beistehen: Vom *hâteur*, der den Braten überwacht, zum *potier*, der mit dem Geschirr betraut ist, geht jeder seiner Beschäftigung nach; der *saucier* kümmert sich um die Saucen, der *potagier* um die Suppen, der *broyeur* steht am Mörser, nicht zu vergessen die *souffleurs*, die das Feuer schüren und in Gang halten ...

Die Köchin in Diensten eines bürgerlichen Hauses oder die Frau, die zusammen mit ihren Töchtern für die Ordnung in ihrem bescheidenen Haushalt sorgt, müssen alles können, aber sie kochen in begrenzterem Maßstab. Sie haben freilich weit mehr Kompetenzen, als sie heute für die Ausübung einer solchen Tätigkeit gefordert werden. Über die Zubereitung der Nahrungsmittel im strengeren Sinne hinaus müssen sie über die Versorgung des Hauses mit Holz und Wasser wachen, was damals Frauensache war; und ihre Arbeit ist noch längst nicht erledigt, wenn sie das zuvor gerupfte Geflügel mit dem Messer kleinschneiden oder entbeinen, wenn sie den Hasen oder Aal ausgenommen haben, die Därme geleert und gesäubert haben, das Spanferkel überbrüht haben, um es von seinen Borsten zu befreien.

Vom Stadtkoch auf den Tisch, vom Markt in die Küche

Die Pariser Hausfrau kann allerdings auf einige Erleichterungen zurückgreifen, die sie in ihrer Pflicht entlasten. Wenn der *fournier* ihre Gans durchgebraten hat, kann sie das Tier dem Geflügelmetzger, dem *oyer*, anvertrauen, der es professionell zerlegt. Sie trägt die Gans also »zu den *oyers* von Saint Merri oder zum Carrefour Saint Séverin oder an die Porte Baudés, um sie von besagten *oyers* aufschneiden und zerteilen zu lassen, die sie so gut in Teile legen, daß man an jedem Stück Haut, Fleisch und Knochen hat, und sie tun das sehr geschickt« (VT Vat Scul. 87).

Andere kulinarische Gewerbe bieten ihre Dienste an, wenn es etwa an einer Sauce für den Braten fehlt oder ein Bankett zu organisieren ist. Der

Bäcker hält Brot als *tranchoir* und Brot zum Essen bereit, dessen weiße Kruste ein Zeichen für Überfluß und hohe Stellung ist, denn Schwarz- oder Mischbrot wird nur von den Armen gekauft. Der *oubloyer* liefert flache Kuchen und dutzendweise *oublies*, dünne Waffeln, die bei der Zeremonie eines großen Festes nicht fehlen dürfen. Der *saucier*, der schon die alltägliche Aufgabe hat, das Haus mit Knoblauchsauce, Senf und Kamelin-Sauce zu beliefern, dürfte sich diesmal selbst übertreffen. Der *épicier* wird es sich nicht nehmen lassen, das Gewürzkonfekt und die kostbaren exotischen Pulver zu liefern, die die mittelalterlichen Hauptgerichte würzen.

Wenn auch das Angebot beschränkt erscheinen mag, verglichen mit dem Reichtum unserer Märkte, die von Produkten aus der ganzen Welt überquellen, so hat der mittelalterliche Koch dennoch eine nicht zu unterschätzende Auswahl, inklusive einer beachtlichen Zahl von Waren, die heute verschwunden sind; sie hängt jedoch ab von einer mit dem Klima, dem Wechsel der Jahreszeiten und den Unwägbarkeiten des Marktes eng verbundenen Versorgung, deren Gleichgewicht empfindlich ist.

Wie heute liefert die Viehzucht ihren Teil an Fleisch; Schweinefleisch und Geflügel sind oft eigene Erzeugnisse, und in der Metzgerei besorgt man sich Lamm, Ziege, Kalb oder Rind, die zum normalen Verzehr gehören.

Auch die Jagd bereichert den Speisezettel und schafft Abwechslung. Manche Vögel, die wir an stehenden Gewässern oder in den Zoologischen Gärten bewundern, wie Reiher, Rohrdommel oder Schwan, enden im Kochtopf. Kleinwild und Wildbret, kunstvoll abgehangen und in stark gewürzten Saucen zubereitet, kommt auf die Tafeln der Leute von Stand. Nur Pfauen und Schwäne werden nach dem Braten erneut in ihr Federkleid gesteckt und bei fürstlichen Festen mit feuerspeienden Schnäbeln aufgetragen.

Der Fisch, ob frisch, eingesalzen oder getrocknet, wurde als Ersatz für das Fleisch in den vom liturgischen Kalender vorgeschriebenen mageren Zeiten angesehen und hatte in der mittelalterlichen Ernährung einen wichtigen Stellenwert. Brassen, Alsen, Karpfen, Forellen, Lachse, Hechte, Aale, Schleien, Störe und Neunaugen wurden aus dem Süßwasser gefischt, während das Meer seinen Anteil an Seezungen, Makrelen, Meeräschen, Rochen, Kabeljau, Meeraalen, Barben, Thunfischen, Steinbutten, Glattbutten oder Schollen bereithielt. Die Versorgung mit diesem frischen und verderblichen Produkt war nie frei von Unwägbarkeiten und warf große Schwierigkeiten auf; die Städte versuchten, jede auf ihre Art, diese Probleme zu lösen. Die Stadt Siena sicherte sich durch einen Vertrag mit Perugia ihren Fisch aus dem Trasimenischen See, und die Pariser

Hallen bauten eine Linie von Loggern auf, um frischen Fisch in möglichst kurzer Zeit aus Dieppe kommen zu lassen.

Die Auswahl an Früchten und Gemüsen ist sicher viel beschränkter als heute; es gab immerhin eine gewisse Anzahl von Gartenkräutern, Salaten, wilden Beeren und Heilpflanzen, deren Aroma vergessen ist, deren Name aber noch in unseren Ohren klingt: Poleiminze, Borretsch, Portulak, Ysop, Kreuzkraut, Fenchelblüte, Majoran, rote Kichererbsen, Ackerbohnenblüten, Petersilienwurzel, Holunderblüten, Kornelkirsche etc. kommen in die Speisekammer, zusammen mit anderen Gartenpflanzen, die nach unserer Ansicht vertrauter scheinen, wie Mangold, Lauch, Kohl, Spinat, Butterrüben, Äpfel, Birnen, Kastanien, Trauben, Kirschen, Melonen etc. In gewissen Gegenden Italiens werden viele Früchte frisch vom Baum feilgeboten, besonders Granatäpfel mit ihren hübschen und dekorativen Kernen und saure Zitrusfrüchte, wie Pomeranze, Zitrone und Limone. In den Norden exportiert, werden diese Raritäten ein Luxus, der der Küche der Oberschicht vorbehalten bleibt.

Da man sich nach dem Wechsel von fett und mager des liturgischen Jahres und nach den Jahreszeiten richten muß, werden die frischen Produkte oft mit Eingemachtem ergänzt. Gepökelt oder trocken eingesalzen, stellen Gans, Schweinefleisch, Ochsenzunge, Hering, Stockfisch, Merlan, Forelle, Lachs, Austern, Tintenfisch, Walspeck oder Walfett wertvolle Reserven dar. Die unersetzlichen Hülsenfrüchte wie Erbsen, dicke Bohnen, Linsen, Ackerbohnen und Wicken, aber auch Kürbisse werden getrocknet und das ganze Jahr über gern gegessen; auch Früchte wie Mandeln, Walnüsse, Haselnüsse, Rosinen und Feigen unterbrechen die Monotonie des Winters. Die »Konfitüren«, jene pflanzlichen Kompositionen, gewürzt und in Honig, Zucker oder Most eingekocht, die sich sehr von unserer Konfitüre unterscheiden, dafür mit der heutigen italienischen *mostarda* verwandt sind, beginnen langsam in Mode zu kommen, was sich in den folgenden Jahrhunderten verstärken wird. Ebenso der Essig und die grüne Traube — deren Saft oder Beere, in Salz eingekocht, *verjus* (Agrest) genannt wird, eine aromatische Zutat von großer Bedeutung — werden als Vorräte für mehrere Monate aufbewahrt. Auch der heurige Wein findet in der Küche Verwendung, und man achtet darauf, ihn immer zur Hand zu haben.

Die kulinarischen Traktate bieten viele Rezepte an, um Eier zuzubereiten, darunter einige übliche, wie gefüllte Eier, und andere erstaunliche, wie die am Spieß gebratenen Eier, oder verlorene Eier, die über der heißen Glut aufgeschlagen werden! Das Ei ist ein gewöhnliches Nahrungsmittel, das aber äußerst nützlich ist, besonders an gewissen mageren Tagen, wenn die Regel weniger streng war. Auch Käse ist beliebt und findet vielfältige Verwendung, je nach seiner Beschaffenheit — frisch, fett, weich oder trocken, alt, aus der Presse oder gekörnt — wird er allein oder in Farcen beigemischt gegessen. Manche Herkunftsbezeichnungen gab es damals schon, der Brie wird manchmal erwähnt, aber es ist nicht sicher, ob er so aussah wie der, den wir heute kennen.

Die Milch hingegen nimmt man als verderbliche Ware am Ort ihrer Produktion zu sich, und in der Stadt hütet man sich vor Verkäufern, die sie manchmal mit Wasser verdünnen. Die Sahne wird nie erwähnt und scheint als eigenständiges kulinarisches Produkt nicht zu existieren. Die Butter, als Fett in den kulinarischen Traktaten äußerst selten verwendet, wird viel häufiger gesalzen als frisch verkauft, manche Autoren geben an, wie man sie entsalzen kann, indem man sie nämlich auf kleiner Flamme klärt.

Was aber einen *maistre queux* (Meisterkoch) des Mittelalters von einem modernen Küchenchef grundlegend unterscheidet, ist der Reichtum seines Gewürzschranks. Runder und langer Pfeffer, Ingwer, Zimt, Zimtblüte, Malaguettapfeffer oder Paradieskörner, Kubebenpfeffer, Kümmel, Muskatnuß und -blüte, Gewürznelke etc. kann er beim *épicier* ganz, gemahlen oder schon in der fertigen Mischung kaufen. Als Händler von hohem Ansehen ist der mittelalterliche *épicier* ein kompetenter Vermittler zwischen dem internationalen Markt und seiner Kundschaft aus Küchenmeistern, Apothekern und Ärzten.

Das Können der Köche

Hacken, mahlen, filtern

Einige Geräte sind wichtige Verbündete bei kulinarischen Umsetzungen und Vorgehensweisen. Zuallererst das Messer als unverzichtbares Utensil für das übliche Zerlegen des Fleisches, zum Schneiden des Gemüses, aber auch für zahlloses Kleingehacktes: Füllungen für große Bratenstücke mit Überraschungseffekt; Spanferkel oder Kalbsbrust mit einer fetten, aromatischen und gewürzten Masse; vom Knochen gelöste Lammschulter, deren zerkleinertes und gewürztes Fleisch wieder um den Knochen angeordnet wird; Fleischbällchen, Geflügel, gefüllt mit Innereien, die von der Hand des Kochs geformt wurden; Torten aus Kräutern und Käse, die aufgeschnitten ein Muster wie aus Jade und Marmor freilegen; all diese Zubereitungen fordern einen geschickten Umgang mit dem Messer auf einem gut gesäuberten Hackbrett. Die Arbeit mit der Schneide ist ein erstes Zeichen für kulinarische Verfeinerung, so als wäre diese Umwandlung der Substanzen und deren Unterwerfung unter den Willen des Kochs das Zeichen des Praktikers, der zum Künstler und Schöpfer geworden ist.

Eine andere Art der Bearbeitung, die einen hohen Stellenwert in der mittelalterlichen Küche hat, ist das Mahlen und Zerstampfen im Mörser.

Gewürze, Mandeln, Brot, gekochtes oder rohes Gemüse, sogar Fleisch können unter den Stößel kommen, je nach den Vorgaben des Rezepts. Aber das Mahlen muß, wie wir es aus Beschreibungen in den Texten wissen, perfekt sein und zu einem feinen Pulver oder gleichmäßigen Püree führen. Dieses Bestreben um Feinheit hat seinen Preis, und es hat kulinarische und gastronomische Bedeutung. Der geschälten und im Wasser gequollenen Mandel muß für eine dickflüssige und duftende Mandelmilch der Saft vollständig entzogen werden. Nur ganz fein gestampfte Gewürze ergeben ein flüchtiges Aroma für die sofortige Verwendung in einer Sauce oder Suppe, die gleich aufgetragen wird. Aus der zerkleinerten und unter dem Stößel zerquetschten Petersilie verbreitet sich die Frische eines festgestampften Krauts, die einfaches Hacken nicht freilegen kann.

Die Präzision und die Verfeinerung gehen jedoch noch weiter. Wenn man einen direkten Geschmack, ein Aroma, unter dem Gaumen spüren will, möchte man nicht so sehr den Bodensatz auf der Zunge haben. Die notwendige Ergänzung zum Mörser ist der Filter, besonders das Beutelsieb, ein nicht zu enges Gewebe, das eine trübe Flüssigkeit klärt und ein beinahe perfektes Mahlgut glättet. Der Hippokras ist das Produkt der Klärung von Wein mit Honig und Gewürzen, er wird mehrmals gefiltert, bis alle festen Rückstände entfernt sind. Die Mandelmilch, als pflanzliche Milch Grundlage der mageren Küche, aber auch häufig die Garflüssigkeit von Fleisch in der Suppe, enthält niemals die mehligen Überreste vom Mahlen. Sie werden immer dadurch entfernt, daß man sie durch das Beutelsieb passiert. Trockenes Brot wird gebräunt, geröstet oder sogar gebrannt, dann in Bouillon, Essig oder Verjus eingeweicht; durch anschließendes Einkochen wird es zum Bindemittel der Saucen und wird auch fast immer in einen Brotbrei verwandelt, indem man es zuerst zerdrückt und dann durch das Beutelsieb gibt. In diesem Bemühen und in seiner Sorgfalt unterscheidet sich der mittelalterliche Küchenchef in nichts von dem heutigen, für den der *chinois*, das moderne Spitzsieb, ein unverzichtbares Gerät für die Anfertigung von Saucen ist, weil er den geringsten Anflug von Schaum, die geringste Spur von erstarrtem Fett zurückhält.

Garen

Bestimmend für die mittelalterliche Küche bleibt allerdings das Garen. Die kulinarische Verfeinerung dieser Epoche beruht auf einem regelrechten System, das sich nicht sofort erschließt, weshalb man lange Zeit das für bare Münze genommen hat, was gewisse Gelehrte des 19. Jahrhunderts über die »abscheulichen Ragouts« und »schrecklichen Sammelsurien« erzählt haben, die unsere Vorväter genossen haben sollen.

Nicht alles Fleisch wurde gekocht, bevor es in die Pfanne oder an den Spieß kam, und nicht alle gebratenen Speisen wurden unbedingt in einer Sauce ertränkt, wo sie, stundenlang weiterkochend, gänzlich ihren Geschmack verloren hätten, wie noch heute oft erzählt wird. Das Gegenteil ist der Fall; nach einem sorgfältigen Studium der Wörter, die die verschiedenen Vorgehensweisen des Garens bezeichnen, stellt man fest, daß es unterschiedliche Begriffe für jede Art von Vorbereitungen für das Garen gibt, die den Rückgriff auf das Feuer erfordern, sie sind heute jedoch nicht mehr gebräuchlich. Was wir als Vorgaren bezeichnen können, betrifft vor allem das Fleisch, das man säubern, fester machen, leicht bräunen will, aber auch manche grünen Gemüsesorten, um die Farbe zu erhalten oder einen bitteren Geschmack zu entfernen, bevor sie endgültig gegart oder fertiggestellt werden.

Man verwandte besondere Sorgfalt auf die Vorbereitung des sehr zarten und wertvollen Bratfleischs, dessen Eigenschaften erst durch das Garen zum Vorschein kamen. Während es etwa durchaus üblich ist, Geflügel durch Überbrühen mit heißem Wasser zu rupfen, wird bei kleinen Vögeln und empfindlichem Federvieh geraten, sie »trocken« zu rupfen, oder es wird vorgeschlagen, daß man abwartet, bis die aufgespießte Lammschulter ihr überflüssiges Fett in der Hitze der Glut verloren hat, bevor man sie mit Petersilie spickt, damit dieses empfindliche Kraut nicht verbrennt und dabei sein Aroma verliert. Ebenso wird das Kalbfleisch halb im Wasser gegart oder »vorgekocht«, bevor es gespickt und gebraten wird. Zicklein, Lamm, Gans, Rebhuhn etc. werden in kochendem Wasser »blanchiert«, das heißt für wenige Augenblicke in das sprudelnde Wasser getaucht; so wird das Fleisch gereinigt und leicht verfestigt, danach kann man es spicken, wenn nötig, und vor allem kann man verhindern, daß das Garen die Oberfläche austrocknet.

In den mittelalterlichen Suppen — ein Zwischending zwischen Ragout, Eintopf und unserer heutigen Suppe — waren die eigentlichen Qualitäten des Fleisches nicht so wichtig wie die erzielte Mischung aus Geschmack und Substanz. Verschiedene Garmethoden konnten deshalb nacheinander an einem Lebensmittel angewendet werden oder aber gleichzeitig an verschiedenen Zutaten, die man anschließend zusammengab, um das Gericht zu vollenden. Es ist also nichts Erstaunliches dabei, wenn man Täubchen in Fett bräunen läßt, bevor man die notwendige Brühe beigibt, in der sie köcheln sollen. Und weshalb sollte man nicht vorgehen, wie die damaligen Autoren vorschlagen: den Hasen auf dem Rost »bräunen«, um ihn dann nach der herkömmlichen Methode ins Ragout zu geben. Das Fleisch verliert seine natürliche Feuchtigkeit und wird langsam braun, ohne daß es erforderlich wäre, das Schweineschmalz am Grund des Kessels anbrennen zu lassen, um dasselbe Ergebnis zu erzielen.

Für unsere heutigen kulinarischen Gepflogenheiten ist es sicher fremdartig, einen Kapaun in Rotwein garen zu lassen, ihn zu zerlegen, die einzelnen Stücke zu braten, um sie dann mit der Brühe übergossen zu servieren, die zu einer Sauce eingedickt wurde, der man Gewürze zusetzt und die mit Leber, zerstampftem Brustfleisch und Mandelpulver gebunden wurde. Dieses Gericht (Brühe vom Kapaun, Rezept Nr. 35) ist, wie andere seiner Art, dennoch eine harmonische Komposition, in der der Eigengeschmack des Fleisches und seine Konsistenz, verschmolzen mit dem Aroma der scharfen Sauce, zu einer Geschmackseinheit werden und durch ihre knusprige Weichheit einen Augenblick der Überraschung auf der Zunge hervorrufen. Man denke an das saftige und knusprige Fleisch chinesischer Enten oder Hühnchen, die in Dampf gegart werden, bevor man sie fritiert, dann wird man diese Vorliebe für die erfinderische Konsistenz eines Geschmacks verstehen, die erzielt wird, indem man über das einfache und leichte Garen hinausgeht und dabei doch der Besonderheit dieses Fleisches eher gerecht wird. Wir müssen zugeben, daß wir auf diesem Gebiet sowohl die Neugier als auch die Phantasie verloren haben, denn diese Art kulinarischer Verfeinerung interessiert uns nicht mehr. Aber der Beruf des Historikers verbietet es uns, bei einem Werturteil stehenzubleiben; er stiftet uns vielmehr dazu an, hier das Gefälle zwischen unserem heutigen gastronomischen System und der kulinarischen Praxis des Mittelalters aufzuzeigen.

Würzen

Man sagt auch, die mittelalterliche Küche sei vor allem eine Küche des Würzens, in Anbetracht der Bedeutung, die die Gewürze in ihr einnehmen. Es trifft zu, daß die Rezepte in gewissen kulinarischen Texten, besonders in den französischsprachigen, nach der Verwendung von Gewürzen in den einzelnen Gerichten geordnet sind: Die Suppen werden sogar in solche »mit« oder »ohne« Gewürze eingeteilt, und jede Kategorie von Gerichten enthält Fassungen »für Kranke«, in denen scharfe Gewürze fehlen. Die Gewürze erscheinen in fast allen Gerichten, von Anfang bis Ende des Menüs. Ihre Anzahl und ihre Auswahl hängen jedoch von den Zutaten und ihrer Zubereitung ab. Bei Gemüse sind sie seltener, bei Gerichten mit eindeutiger Geschmacksrichtung beschränkt man sich häufig auf Safran, der dann sowohl wegen seiner Goldfarbe als auch wegen seines Aromas Verwendung findet. Wie dem auch sei, sie werden beinahe immer nach derselben Technik dem Gericht beigegeben. Die Gewürze in Pulverform werden meistens »gegossen«, das heißt in einer Flüssigkeit oder einer Sauce aufgelöst, dann durch das Beutelsieb passiert, bevor sie gegen Ende des Garens unter das Gericht gemischt werden. Wenn man auch manchmal eine Ochsenzunge oder einen Braten mit ganzen Gewürznelken

»spickt«, wird dieses Gewürz doch normalerweise wie alle anderen zerstampft den Saucen und Gerichten hinzugefügt. Diese für die mittelalterliche Küche spezifische Anwendung schließt natürlich das Würzen der Bouillon gleich zu Beginn des Kochens nicht aus, aber sie zeugt von einer Würzkunst, die dem reinen und direkten Geschmack den Vorzug gibt, der nicht durch das Garen gedämpft ist, und steht für eine große Meisterschaft im Umgang mit schmackhaften Verbindungen und Harmonien.

Verteilen und Binden

Gewürze strukturieren die Aromen einer Suppe und einer Sauce, aber sie benötigen gleichzeitig einen Übermittler, der sie unterstützt und bindet, damit sie zur Wirkung kommen. Man löst sie in Fleischbrühen auf oder in anderen Flüssigkeiten, unter denen Wein, Verjus (Agrest), Essig und saurer Fruchtsaft einen hohen Stellenwert haben. Man hat häufig unterstrichen, wie wichtig im Mittelalter das Garen in saurer Flüssigkeit ist, und davon eine Vorliebe für den sauren Geschmack, manchmal gemildert durch das Süßen mit Zucker, abgeleitet. Zu dieser unleugbar vorhandenen Vorliebe fürs Pikante, das man auch am Senf und zu einem geringeren Grad am Knoblauch liebt, kommt der Wunsch, die Nahrung zu konservieren und wie man weiß, sind Essig, Wein und Verjus in Verbindung mit Gewürzen die besten Konservierungsstoffe. Das Gelee, in manchen Rezepten auf reiner Weinbasis gewonnen, wird als eine Konservierung des Fleisches angesehen, ebenso die italienische Escabèche (Rezept Nr. 61), in der Gewürze und Essig die bestimmenden Elemente sind; sie finden seltener bei Fleisch und häufiger bei Fisch Verwendung, den man eine gewisse Zeit aufbewahren möchte.

Jedoch hätte ein saurer Geschmack ohne Substanz nur die appetitanregende Herbheit eines schnell hinuntergegossenen Saftes. In der mittelalterlichen Küche dickt man die Suppe gern ein, das »Korn« — der feste Bestandteil — köchelt; das gilt ebenso für die mannigfaltigen und farbigen Saucen, die dem Braten Würze verleihen, aber auch für die Gerichte des *Entremets*, die aus den Grundstoffen Milch, Getreide, getrockneten und frischen Früchten bestehen. Der Koch muß nicht nur wissen, wie man etwas gart, bis es durch ist, sondern auch die aus dem Fleisch tretenden Flüssigkeiten anpassen, verwandeln und verfeinern können — auch solche, die man während der Zubereitung hinzugefügt hat —, um durch Verdicken eine andere Beschaffenheit zu erzielen.

Manchmal genügt es, daß man durch längeres Einkochen dickt, aber viel häufiger muß man auf Bindemittel zurückgreifen. An erster Stelle steht hier das Weißbrot, dessen Krume einfach getrocknet, geröstet oder sogar auf dem Rost gegrillt wird und so für die gewünschte Farbe und gleichzeitig für Substanz sorgt. Es wird eingeweicht, durch das Beutelsieb passiert und genau in dem Moment hinzugefügt, wo die schon schmackhafte Sauce nach Schwere verlangt. Ein kurzes Aufkochen läßt die Krume verschwinden und verteilt diesen Stoff im Saft, der dadurch glatt, glänzend, durchsichtig und sämig wird. Wenn es der Milch oder dem Früchtekompott hinzugefügt wird, bildet die Verschmelzung der verschiedenen Elemente bei leichter Hitze eine Creme, die nach dem Erkalten einen Pudding ergibt.

Das ganze Ei, und häufiger noch das Eigelb, hatte ebenfalls die Funktion des Bindemittels; gleichzeitig war es, wie der Safran, ein natürlicher Farbstoff. Zu geringerem Grad sind Leber, vor allem Geflügelleber, das Brustfleisch des Kapauns, Mandelpulver, Mandelmilch und Reis ebenfalls Verdicker, die der mittelalterliche Koch gut kennt. Stärke, wahrscheinlich aus Weizen, die vom Autor des *Ménagier de Paris* auf einer Liste der »Suppenbinder« mit dem weißen Auszugsmehl in Verbindung gebracht wird, ist manchmal auch zu diesem Gebrauch bestimmt, bleibt aber eher eine Ausnahme. Auch wenn die mittelalterliche Küche ohne Binden flüssiger Lebensmittel nicht vorstellbar ist — die *sauciers*, Verkäufer fertiger Saucen, werden auch »Binder« (*lieurs*) genannt —, so finden doch weder Mehl noch Milchprodukte wie Sahne oder Butter wegen ihrer Konsistenz oder Sämigkeit bildenden Eigenschaft Anwendung. Daran läßt sich die Originalität des Mittelalters erkennen, während hingegen seit dem 17. Jahrhundert Mehl und Fett in Frankreich zu unersetzlichen Grundstoffen der Mehlschwitze und anderer gebundener Säfte wurden.

Speck und Mandeln

Angewandte Kochkunst besteht nicht nur aus simplen Techniken, um Nahrung eßbar zu machen. Sie kann zu paradoxen Verbindungen und Harmonien führen, hält jedoch auch auseinander, was eine Zeitlang getrennt werden soll. Mandeln, die in ausgelassenem Speck gebraten werden, sind als goldbraune und knusprige Beigabe zu einem auf der Zunge zergehenden Blanc-manger, ein Beispiel für die gelungene Verbindung zweier Zutaten, die für absolut Gegensätzliches stehen, das eine als Symbol des Fetten und der Jugend, das andere als Symbol des Mageren und der Buße.

Einige Historiker, besonders L. Stouff in seinen Arbeiten über die Provence, haben gezeigt, daß das im Mittelalter universell gebräuchliche Fett vom Schwein stammt; Oliven-, Nuß- oder Mohnöl fanden je nach Geschmack oder Region für Salate Verwendung und dienten in mageren Zeiten oder während der Fastenzeit als Ersatz für den Speck. Schweinefett in all seinen Formen, ob als Speck gesalzen, fett oder durchwachsen oder als Schmalz, dient zum Garen, zum Braten, aber auch zur Bereicherung des Fleisches, wenn man spickte. Übrigens kann man durchaus auch Fisch damit zubereiten, wenn dieser an fetten Tagen aufgetragen wird; geriebener Speck verleiht einer Forellenpastete den notwendigen Schmelz und vermeidet, daß sie austrocknet. Das Schweinefett durchzieht die ganze mittelalterliche Küche mit seinem Aroma; für das Fett vom Rind finden sich kaum Zeugnisse, noch viel seltener für das Fett vom Kalb, dagegen ist das Knochenmark vom Rind, das man direkt bei der Schlachtung gewinnt, die Leckerei des Tages und wird in Krapfen, Pastetchen oder Farcen verarbeitet. Die Butter hingegen findet in unseren Texten kaum Erwähnung, ihr wird offenbar nur dort ein wenig Beachtung geschenkt, wo von den Gewohnheiten des Nordens die Rede ist, sonst wird sie manchmal als Ausweichmöglichkeit empfohlen, in Ermangelung von Kuheuter oder von Speck in gewissen salzigen Torten des Maestro Martino. Man muß bis ins 16. Jahrhundert warten, bis sie in den Kochbüchern einen wichtigen Platz einnimmt.

Die Mandelmilch verdient hier besondere Erwähnung, denn der Wechsel fett-mager forderte den Küchenmeistern in ihren Bestrebungen, pflanzliche Ersatzstoffe für Tierprodukte zu finden, großen Einfallsreichtum ab. Man verwendete sie nämlich nicht nur wie frische Kuh- oder Schafsmilch, sondern versuchte sich auch daran, sie wie ihr tierisches Pendant in Milchprodukte zu verwandeln. Gelang es wirklich, sie zum Käse gerinnen zu lassen, aus ihr Butter oder *ricotta* zu machen, wie die Rezepte von Martino oder anderen es nahelegen? Dieses Vorgehen ist deshalb überraschend, weil man an fetten Tagen die herkömmliche Milch nicht allzu sehr zu schätzen schien. Aber die Mandel ergibt eine beinahe vollkommene Milch, denn im Unterschied zur tierischen Flüssigkeit muß man bei ihr nicht befürchten, daß sie sauer wird. Tatsächlich findet sie ganz unabhängig von der Jahreszeit Verwendung in allen Saucen zu salzigen Gerichten oder Süßigkeiten, ebenso die Mandel selbst, die ganz, zerstoßen, geschält oder ungeschält zugegeben wird.

Allerdings sind die religiösen Gebote nicht allein Motiv für diese Vorliebe, und auch die kulinarischen Erfordernisse reichen als Erklärung nicht vollständig aus. Sicher hat der Koch mit der Mandel eine außerordentlich formbare Zutat zur Hand: Frucht, Bindemittel, Milch, Sauce, Teig, Öl, Garflüssigkeit ... Damit steht sie konkurrenzlos da und schlüpft unfehlbar in jede Rolle. Vor allem aber ist die Mandel schön und weiß; und im Rahmen der Kochkunst, in der Ästhetik und Farbensymbolik einen äußerst hohen Stellenwert haben, kommt dieser trockenen Frucht eine besondere Bedeutung zu.

DIE ÄSTHETIK DER KOCHKUNST

Ganz offensichtlich ist das Ziel von kulinarischen Zubereitungen nicht nur, eine biologische Notwendigkeit zu befriedigen; sie sollen auch Freude bringen, wobei ganz besonders das Auge und die Geschmacksnerven als Sinne in Anspruch genommen werden. Man stellt nämlich erstaunt fest, daß bei diesen Köchen sehr wenig von Gerüchen die Rede ist, allenfalls wenn es darum geht, den Rauch zu meiden; sie arbeiten auch unablässig mit Produkten, deren Düfte außerordentlich flüchtig sind, wie etwa dem Pulver von Zimt und Gewürznelken oder dem Rosenwasser.

Das Auge genießt schon die salzigen Torten oder Pasteten, deren Kruste fest und goldbraun zu sein hat, manchmal sogar übersät mit allen denkbaren Teigfigürchen, die der Phantasie des Pastetenbäckers (*pâtissier*) entspringen. Die Art und Weise, jedes Nahrungsmittel, vom wildwachsenden Kraut bis zum edlen Vogel, ästhetisch zu präsentieren, ist gegenüber der antiken Küche eine große Neuerung. Hier gesellt sich die Freude an der Überraschung hinzu, denn unter der Teigkruste verbirgt sich das, was wirklich zu essen ist. Das kulinarische Bestreben des Mittelalters geht jedoch über die Kultivierung des Geschmacks hinaus und gelangt zu einer Darstellung spielerischer Wirklichkeit, etwa beim »verkleideten Pfau«, bis hin zur Verwandlungskunst, wie bei jenen Pasteten, die sich im Moment des Auftragens als schlichte Teigkäfige für lebendige Vögel entpuppen, eine subtile Form des *entremets*. Auch ein gut gebräunter Braten befriedigt zuerst das Auge und dann den Mund, denn wir sehen in der Freude am Goldbraun, das durch engste Berührung mit der Glut gewonnen wurde, eine Art Huldigung an das Feuer.

FARBENFREUDE

Das Auge erfreut sich auch an den Farben, die häufig als Definition für die Gerichte dienen und so ein Element der kulinarischen Auswahl und Zusammenstellung werden. Ist ein weißes Gericht gefordert, liegt es nahe, Reis und Mandeln als Grundlage zu verwenden, es mit Geflügelfleisch zu ergänzen und mit Ingwer und Zucker zu würzen. Aus Liebe zur Abwechslung rät der Küchenmeister, die eine Seite weiß zu belassen, sie aber mit Gelb abzusetzen, indem er teilt und der anderen Seite Eigelb und Safran hinzufügt; und wenn man zwei Kapaune aufträgt, kann man auch den einen weiß und den anderen gelb überziehen. Besonders die Saucen, die im wesentlichen nicht ernähren, sondern lediglich den Geschmack korrigieren und verstärken sollen, sind zum Farbenspiel ausersehen, weil sie flüssig und gebunden nebeneinander in Schüsseln serviert werden: Die Gäste werden sich nach dem vermutlichen Geschmack oder der offensichtlichen Farbe für die Sarazenensauce (schwarz) entscheiden, oder die weiße Sauce, die Kamelin-Sauce, die blaue, die gelbe, die rosa oder die grüne Sauce wählen.

Um diese Farben zu erzielen, geben die Traktate Naturprodukte als Grundzutaten an, wie etwa das Blattgemüse bei grünen Torten (Mangold, Spinat etc.) oder Kräuter (Petersilie, Basilikum etc.) bei Saucen derselben Farbe. Sie machen sich auch Gewürze zunutze, wie wir es bei den weißen Gerichten gesehen haben: Zimt ergibt eine Farbe wie Kamelhaar (zusammen mit hellen Rosinen), Safran (*Crocus sativus*) färbt gelb, auch wenn in einem Rezept von einem nicht färbenden Safran die Rede ist — wir konnten ihn nicht identifizieren. Die rosa Knoblauchsauce (*pavonazza*, Rezept Nr. 101) wird mit rotem Traubensaft gefärbt, die himmelblaue Sauce mit dem Fruchtfleisch von Brombeeren, die schwarzen Saucen oder Sarazenensaucen mit dunklen Rosinen, Pflaumen, Geflügelleber oder sehr stark geröstetem Brot.

Aber die Köche schrecken auch vor künstlichen Farbstoffen nicht zurück, besonders um die Farbskala vom Rosafarbenen zum Rot zu erweitern. Der rote Saft, den das Sandelholz (*Pterocarpe officinal*) liefert, ergibt eine Färbung in Altrosa (Rezept Nr. 144); um sich ein wenig Furcht einzuflößen, nannte man ihn *draco* oder »Drachenblut«; aber auch *sandoli* oder »Rote Zeder« — ein englisches Rezept mit dem Namen »Drachenblut« steht für einen kühn gefärbten Milchreis. Die Schminkwurz (*Buglossa anchusa* oder *Alkanna tinctoria*) ergibt ein leuchtendes Rot. Die Färberflechte (*Rocella tinctoria*) moduliert, sachkundig eingesetzt, Rottöne, die bis ins Violette spielen, manchmal ganz violett oder gar blau werden können. So tritt hinter dem mittelalterlichen Küchenmeister der Alchimist hervor; er ist nicht auf der Suche nach Gold, sondern nach Farbe.

FORMEN UND KONSISTENZEN

Farben lassen auch Festes oder Flüssiges, Glattes oder Rauhes erahnen. Wie schon erwähnt, dienten die Küchengeräte des Mittelalters zur Verfeinerung der Konsistenzen, aber ihr Gebrauch spricht nicht für die unumschränkte Herrschaft eines Prinzips. Wie stark eine Flüssigkeit eingedickt werden soll, steht frei zur Wahl, zwar wurde eine Bouillon im allgemeinen gebunden oder eine Creme gefiltert, aber man kann auch einen klaren *jus* oder eine Sauce mit unregelmäßiger Körnung brauchen.

Übrigens weiß man die Abstufungen oder Eigenschaften einer

Konsistenz zu schätzen; an der feinsten Konsistenz sind Können und Meisterschaft ablesbar. Nichts jagt dem Autor des *Ménagier de Paris* — der kein professioneller Koch ist — mehr Angst ein, als mit Eiern legieren zu müssen; zwar definiert er die ideale Vorgehensweise, gibt dann aber kleinlaut Ausweichmöglichkeiten an: Brot für die Kürbissuppe (Rezept Nr. 3) oder hartgekochtes Eigelb für eine Sauce namens *Jance*!

Wie der Gaumen ist auch das Auge sensibel für die Konsistenz einer Bouillon oder einer Creme. Die Flüssigkeit der Suppe übergießt das feste »Korn«, um dem Geschmack und dem Auge einen Kontrast zu bieten; schon auf den ersten Blick zeigt sich der Erfolg; das Püree überzieht, ohne zuzudecken, läßt die Fleischstücke erahnen, umhüllt Ecken und Kanten und läßt Unebenheiten verschwinden. Schließlich wird es selbst zu einem Gegenstand der Ausschmückung, erhält eine schneeweiße Decke aus Puderzucker, wird mit Granatkernen, rotem Koriander überstreut und, warum auch nicht, mit kostbaren Steinen und Perlen ...

Man liebt Ausformungen, welche Linien nachzeichnen, wie zum Beispiel solche, die durch die Hand des Kochs aus formbarer Masse erfunden werden. Die salzigen Torten und Pasteten, welche Farcen und Tiere umschließen, sind ein Beispiel dafür, ein anderes sind die *tortelli* oder Ravioli, die in Hufeisenform oder als Ringe, Tiere und Buchstaben ausgestochen sind, sowie jene Haschees und Omeletts, die die Gestalt der Rundungen einer irdenen Vase annehmen, in der sie gegart wurden.

Aber nichts gefällt so sehr wie die Fleischbrühe, die sich in klares und zitterndes Gelee verwandelt und Fisch und Fleisch einschließt (Rezept Nr. 123 und 124). Um diese vergänglichen und kristallartigen Gebilde in allen kunstgerechten Tönungen zu färben, mischt der Koch Lavendel und frischen Lorbeer hinein und gießt sie in gläserne Kelche, in deren Transparenz sich der Blick verliert.

SÜSSES ...

Eine der für uns überraschendsten Seiten an der mittelalterlichen Küche ist, daß sie nicht bereit ist, die süßen und die salzigen Gerichte scharf zu trennen, selbst wenn in der Mehrzahl ihrer Gerichte das eine oder das andere vorherrscht, denn es genügt nicht, einer salzigen Zubereitung einen Löffel Zucker oder eine Handvoll Rosinen hinzuzufügen, um ihre Richtung zu ändern. Die »süßen Kleinigkeiten« am *issue de table*, das dann zu unserem Dessert wird, sind in solchen kandierten Früchten oder Gewürzen schon angelegt, wie man sie am Ende der Mahlzeit, aber häufig auch am Anfang serviert. Und jede Brühe, jede Sauce, jede Pastete oder salzige Torte können gleichzeitig auch süße Elemente enthalten. Süß oder salzig sind im Mittelalter nicht streng getrennt.

Im Gegensatz zu den landläufigen Vorstellungen, süßt man in der Küche des Okzidents nur selten mit Honig, anders als in der römischen Antike. Der Zucker ist freilich teuer; er wird im Mittelalter in Sizilien und Andalusien produziert, wo man das Zuckerrohr anbaut. Doch importiert man auch aus ferneren Ländern, denn ursprünglich stammt der Zucker aus dem Orient, zweifellos aus Indien, wie sein aus dem Sanskrit stammender Name (der zuerst »Kies« oder »Sand« bedeutet) vermuten läßt, und er kam wie so vieles andere auf dem Weg über die Araber zu uns. In Frankreich wird der Zucker Anfang des 13. Jahrhunderts wegen seiner medizinischen Eigenschaften zum ersten Mal erwähnt, aber hier findet er vor dem 14. Jahrhundert in der Küche nur selten Verwendung, während Katalonien, Italien und England schon reichlich Zucker verwenden, vielleicht durch Hinweise der diätetischen Handbücher aus Arabien. Frankreich erlebt seine süße Revolution erst an der Nahtstelle zwischen dem 14. und dem 15. Jahrhundert; bei Maître Chiquart tritt sie in Savoyen, jenem Gebiet zwischen Frankreich und Italien zutage. Sicher kann man auch ohne Zucker süßen, und Süßwein, frischer oder gegarter Most, Trockenfrüchte, Rosinen, Datteln, Pflaumen finden ausgiebige Verwendung; sie geben den kamelhaarfarbenen Speisen sowie braunen oder schwarzen Speisen Süße, während der Zucker auf den weißen Speisen den Glanz des Schnees lebendig werden läßt, um ein Wort unserer Autoren aufzugreifen; er wird nämlich oft kurz vor dem Servieren über die Gerichte gestreut, wie die anderen Gewürze auch.

Am häufigsten tritt der Zucker oder das Süße ganz allgemein in Verbindung mit der schon erwähnten salzigen Geschmacksrichtung auf, vor allem aber mit der sauren oder herben.

... und Süss-Saures

Die Vorliebe für das Saure scheint übrigens in allen Ländern dem Süßen vorangegangen zu sein; sie konnte von Säften aus der heimischen Produktion befriedigt werden, am häufigsten durch Essig oder Verjus; Süßwein und Most haben wir schon als Mittel zum Süßen erwähnt, und so wird klar, daß der aus der Traube gewonnene Saft, ob süß oder sauer, für das Zusammenspiel der Aromen wesentlich ist. Denn der Essig ist ein Wein, der gewollt oder ungewollt »umgekippt« ist, und der Verjus wird normalerweise den unreifen Trauben entzogen. Jeder Saft aus grünen Früchten oder sauren Kräutern wie dem Sauerampfer konnte freilich dieselbe Funktion erfüllen wie der Verjus. Auch der Saft von Zitrusfrüchten, die allesamt sauer waren: Zitrone, Limone, Pomeranze und sogar die Orange

— die uns bekannte süße Frucht kam erst viel später über Spanien zu uns — waren, wie auch der saure Granatapfel, besonders in Italien, ihres Geschmacks wegen, der den Saft aus grünen Früchten an Subtilität übertraf, sehr geschätzt. Die Verbindung von Süß und Sauer ist in Italien älter als in Frankreich, und sie markiert überall, früher oder später, das kulinarische Bestreben des Mittelalters, ganz besonders in der köstlichen Ausgewogenheit der Saucen.

DIE AUSWAHL AN GEWÜRZEN

Ein anderes Unterscheidungsmerkmal der mittelalterlichen Küche ist, wie wir gesehen haben, die ausgiebige Verwendung verschiedenster Gewürze — während wir uns ewig mit Pfeffer begnügen. Wer darin immer noch lediglich das Verschleiern des Gestanks verfaulter Speisen sehen möchte, der muß nur in den Rezepten nachlesen, mit welcher Präzision man sich den Zusammenstellungen widmet, wie häufig vor Überlagerungen gewarnt wird, die Wahl eingegrenzt und vorsorglich der Moment angegeben wird, wann man sie einsetzt. Ein Rezeptarium schlägt für Kranich-, Gänse- oder Spanferkelbraten eine süß-saure Sauce vor, die mit Majoran und Safran ergänzt wird, aber einschränkend heißt es, man solle bei Flußvögeln auf Safran verzichten, und der Kommentar fügt hinzu, daß »der gute Koch in diesem Falle seinen gesunden Menschenverstand anwenden und sich an die verschiedenen Bedingungen der Länder anpassen kann« (ZA 81). Das Ziel ist nicht, einen Geschmack zu verbergen, sondern man möchte einen neuen Geschmack erfinden, der dem Hausherrn mundet und der vielleicht, für den Fall, daß ein Gewürz vorherrschend wird, eine Sauce oder Brühe danach benennt: so geschehen bei der Kamelin-Sauce (mit Kaneel, Zimt) oder der Pfeffersauce.

Die Italiener blieben dem Pfeffer treu und sie schätzten den Safran, der gleichzeitig würzt und färbt und sich in die Zubereitung von Gemüse bereitwillig einfügt; sie konnten sogar Safran aus eigener Produktion verwenden, der vielleicht nicht so fein war, aber dafür billiger als der orientalische Safran. Die Franzosen zeigten eine Vorliebe für die Kombination aus Ingwer und Zimt, wobei der Ingwer dominierte. Wohl um beim Essen von der ewigen Glückseligkeit zu träumen, übernehmen sie im 14. Jahrhundert die Paradieskörner, auch Malaguettapfeffer genannt, ein Gewürz, das ebenso scharf ist wie Pfeffer, aber teurer; das erlaubte den Reichen, es ganz für sich zu beanspruchen. Denn auch das war der Sinn dieser Körner, Blätter, Knospen, Blüten, Stempel, Rinden, die, ob zerbrechlich oder kräftig, alle mit großem Aufwand aus Afrika oder dem Orient importiert wurden: Man wollte im Kulinarischen die soziale

Hierarchie markieren. Wobei auch hier die Diätetik die Eßgewohnheiten beherrschte, denn sie verlieh den Wohlhabenden, die von ihrem Arzt gebührend beraten wurden, die Macht, ihren Speisen durch die passenden Gewürze — sie waren alle heiß und trocken, außer dem Ingwer und dem Safran, die als heiß und feucht galten — ein verstärkendes oder ausgleichendes Element hinzuzufügen, so wie es ihr persönliches Temperament erforderte.

Wer sich keine Gewürze, nicht einmal Pfeffer leisten konnte, behalf sich mit dem, was das Land an aromatischen Kräutern bereithielt: Petersilie, Majoran, Fenchel, Ysop, Minze, Basilikum; oder mit den handfesteren Zwiebelgewächsen: Knoblauch, Zwiebeln und Schalotten. Besonders der Knoblauch roch nach Bauer, wie wir gesehen haben, aber eine Lektüre der Rezepte wird Ihnen auch zeigen, daß er nicht von den Tafeln der Oberschicht ferngehalten wurde, ebensowenig die Zwiebel, die häufig Teil von komplizierten Zubereitungen war. Der Knoblauch kam meistens in einer *aillée* genannten Sauce zum Zuge, die wohl an allen Tischen geschätzt wurde, wenn man die Vielzahl der Rezepte (Nr. 99 bis 102) für sich sprechen läßt. In den verschiedenen Ausführungen der Knoblauchsauce wird die Schärfe des Knoblauchs immer von anderen Produkten, inklusive Gewürzen, gedämpft und verfeinert, und sie wurde zu Gekochtem oder Gebratenem als eine unter verschiedenen anderen Saucen angeboten. Wehe dem, der bei einem noblen Bankett die Gäste in ihrer Wahl einschränken wollte. Davon erzählt eine Fabel: Eine frischgebackene Gräfin bekam das zu spüren, die bei ihrem Gatten schon am Hochzeitstag die Hausherrin spielen wollte und den Koch zwang, lediglich Knoblauchsaucen aufzutischen. Der Graf rächte sich, dem Knoblauch wie auch der Frau wurde der angemessene Platz zugewiesen, gleichrangig mit anderen Vergnügungen.

Der Geschmack des Exotischen

Wie wir schon gesagt haben, ist das Mittelalter eine Epoche des kulinarischen Austauschs: Die fürstlichen Höfe ziehen umher, manchmal ist sogar ein ganzer Trupp von Köchen dabei. Die Herren reisen, und die nationalen Zugehörigkeiten sind nicht so festgefügt wie heute. Chiquart schreibt Französisch im Herzogtum von Savoyen, einer der italienischen Welt verbundenen Region, die sich mitten in einem kulturellen Gärungsprozeß befindet; Maestro Martino übt sein Handwerk in Rom aus, aber er verneigt sich vor der Kochkunst der Katalanen und zollt den französischen Saucen Anerkennung für ihren inspirierenden Anspruch. Übrigens gibt es auch durchaus Beispiele für Huldigungen an andere Nationen oder Städte:

Englische Brühe, Ungarische Torte (Rezept Nr. 88), Flämische Milchsauce, Französische Torte, Lombardische Suppe, Pisanische Torte — eine Karte des großen europäischen Raumes wird hier entfaltet. Anders die »Sarazenische Brühe«, wo man sich von den Erinnerungen an ein muselmanisches Spanien und die romanischen Länder des Orients inspirieren läßt, durch die eine arabische Welt heraufbeschworen wird, die gleichzeitig nah und doch so fern ist.

Kann man diese Bezüge beim Wort nehmen, oder sind sie Verneigung vor der einen oder anderen Spezialität? Tatsächlich weiß niemand, was die Ungarische Torte in den Augen der Autoren der italienischen Traktate auszeichnet oder weshalb die Englische Brühe für einen Pariser Bürger, den Autor des *Ménagier*, ausgerechnet britisch ist; daß sie unter die herkömmlichen Rezepte eingereiht werden, spricht unserer Ansicht nach für ein Fernweh, bei dem der Name zweifellos mehr zählt als eine ausländische kulinarische Fertigkeit. Parallel gibt es in diesen Texten eine Reihe von Speisen, deren Namen phonetisch nah beieinander liegen: die Blanc-mangers — *blanmangieri, manjar braquo, blawmanger, blamang, blamensir*, — »Arme Ritter« — *soupes dorées, suppa dorata, soppes dorre* — die Darioles (Becherpastete) — *diriola, darials* —, die Morterels — *mortarolo, martarolum, morterol, mortrowes* — und noch viele andere, sind in allen Registern zu finden. Hinter dem gemeinsamen Aushängeschild ihrer Benennungen entdeckt man nach und nach die Ähnlichkeiten, aber auch den falschen Schein, der letztlich nur auf dem Widerschein einer Farbe oder eines vorschmeckenden Gewürzes beruht. Deshalb ist es vielleicht sinnlos, um jeden Preis nach konkreten Verwandtschaften in diesen begrifflichen Annäherungen suchen zu wollen, und man täte besser, in ihnen die Ausprägung einer Kultur zu sehen, einer Gesamtheit von gemeinsamen Vorstellungen und Interessen, die Maschen eines kulturellen Netzes.

Der Geist der Zeit kennt tatsächlich keine Grenzen, die so genau abgesteckt wären wie die Königreiche; er setzt sich sogar über die Schranken des kleinen Europa hinweg. Man unterhält große internationale Handelsbeziehungen, die Brügge, Barcelona und Venedig mit Leben erfüllen; der Duft der Gewürze wird weitergetragen und berauscht die Menschen des Mittelalters. Diese Begeisterung läßt Sehnsüchte aufkommen, etwas zu sein und etwas darzustellen, und von einem Ende unseres Kontinents zum anderen ernährt sie fortschreitend Kaufleute, Apotheker und Gewürzhändler durch die Vermittlung der arabischen Welt.

Man vergißt oft, daß Europa nicht die Welt ist, aber am Ende des Mittelalters steht fest, daß die Europäer nicht als einzige in diesem Wahn der Gewürze leben, den Duft des Rosenwassers lieben oder für das Auge ebenso wie für den Gaumen kochen. Die Chinesen, ebenso Kunden arabischer Kaufleute, sind in gleicher Weise von dieser Leidenschaft für die aus Arabien, Indien oder Süd-Asien kommenden Zutaten gepackt, die ihnen ebenso fremd und kostbar sind wie den Menschen des Okzidents.

Der Diätkoch am mongolischen Hof in Peking, Autor eines 1330 dem Kaiser vorgelegten Traktats, verwendete nicht weniger als vierundzwanzig verschiedene Gewürze, um seine Gerichte zuzubereiten, und er teilt uns mit, daß der Safran — oder *zafulan*, in der chinesischen Transkription des Arabo-Persischen — die Speisen mit einer schönen goldgelben Farbe erhellt.

Von dieser Orgie fremder Aromastoffe wird nicht viel bleiben, in China ebensowenig wie in Europa. Dort ist ein »fünf Düfte« genanntes Pulver die einzige Spur, die dieser Jahrmarkt der Gewürze zurückließ; er endete, als die mongolischen Eroberer wieder ihr Bündel schnürten. Bei uns gab man zunehmend die »mittelalterliche Würzerei« auf, wie die Köche des 17. Jahrhunderts abschätzig sagten, es kam in den folgenden Epochen zum Triumph des »natürlichen« Geschmacks und einheimischer Aromen, und so überlebte recht und schlecht eine armselige Gewürzmischung namens *quatre-épices* (vier Gewürze).

Wir haben hier einen Stoff schnell überflogen, den es erst noch zu entdecken gilt. An dieser Stelle scheint es uns wichtig, die Rolle zur Sprache zu bringen, die die Städte, Paris und die großen Stadtstaaten Nord- und Mittelitaliens, bei der Verfeinerung der mittelalterlichen Kochkunst spielten. Trotz großer Armut in einigen Bereichen ist der Lebensstandard hier höher als anderswo; man verzehrt Weißbrot, der Markt ist mit allem, was in der Umgebung, aber auch in weiter entfernten Gegenden wächst (Mandeln, Zitrusfrüchte, Olivenöl), gut bestückt, die Gewürzhändler verfügen über alle Gewürze, das ästhetische Bestreben schafft hier Meisterwerke der Architektur und der Malerei und auch, wie wir finden, der Küche.

Drei Traktate, die in diesem städtischen Kontext entstanden, haben unsere besondere Aufmerksamkeit erregt, wegen ihrer allgemeinen Geltungskraft für die gute Haushaltsführung, ihrer Vielseitigkeit oder ihrer außergewöhnlichen kulinarischen Qualität. Beim *Ménagier de Paris* ist das Rezeptarium Teil eines »Ratgebers für den Haushalt«, den ein alter Mann fürsorglich an seine junge Frau richtete; für eine Tafel des »Ehrenmannes« macht er Anleihen bei der kulinarischen Kunst des Hofes, aber er nimmt auch bescheidenere und traditionelle Gerichte auf. Sein Text bestätigt, was auch literarischen Texten abzulesen ist, daß nämlich der Hausherr und die Männer im allgemeinen, von den professionellen Köchen ganz zu schweigen, nicht aus der Küche ausgeschlossen waren, wie man allzu leicht glauben mag, wenn man die strengen Normen der bürgerlichen Gesellschaft des 19. Jahrhunderts auf das Mittelalter überträgt.

Die zweite wichtige Quelle aus der Universitätsbibliothek von Bologna ist ein anonymes Traktat auf Toskanisch, ediert von F. Zambrini. Mehr als alle anderen scheint es den Rezeptarien medizinischer Tradition verwandt. Sein Inhalt erweist sich überdies sehr oft als realistisch, weil es nicht bereit ist, im Namen der Kunst das zu vernachlässigen, was an bescheidenen Nahrungsmitteln im Boden wächst, etwa all die verschiedenen »Kräuter«; da es für Köche bestimmt ist, befaßt es sich gleichwohl auch mit der Pastete mit lebendigen Vögeln oder dem »Garten«, einem Baum aus Teig, der auf kunstvolle Weise mit allen denkbaren Früchten beladen ist. Es bietet also eine breitgefächerte Darstellung verschiedener kulinarischer Ebenen.

Schließlich Maestro Martino: Im Verlauf unserer Versuche sind wir unablässig auf Beweise für die außergewöhnliche Qualität seiner Kochkunst gestoßen, sowohl in seiner Bearbeitung »klassischer« Rezepte wie auch bei seinen eigenen Erfindungen. Zu seiner technischen Meisterschaft gesellt sich ganz offensichtlich eine große ästhetische persönliche Sensibilität; das läßt sich an seiner Version der Pastete mit lebendigen Vögeln ablesen, die er *pastello volativo* nennt, gewissermaßen eine geflügelte Pastete:

»Mache eine recht große Form aus Teig, und am Boden läßt du ein Loch, das groß genug ist für deine Faust oder auch größer, wenn du willst. Die Ränder müssen etwas höher sein als gewöhnlich. Diese Form füllst du mit Mehl und backst sie im Ofen. Wenn sie ausgebacken ist, öffnest du die untere Mündung und nimmst das Mehl heraus. Du hast inzwischen eine andere Pastete zubereitet, die voll von guten Dingen ist, außerdem gut gebacken und bereit, gegessen zu werden. Sie ist so groß wie die Mündung, die du unter der großen Form vorgesehen hast. Und durch dieses Loch wirst du sie in besagte Form geben. In den Zwischenraum, der die kleine Pastete umgibt, setzt du lebendige Vögel, so viele, wie Platz finden. Diese kleinen Vögel müssen direkt in dem Augenblick hineingesteckt werden, wenn du [die Pastete] bei Tisch servierst. Wenn sie denen, die am Bankett sitzen, vorgezeigt worden ist, läßt du den Deckel heben, und die kleinen Vögel fliegen davon. Das Ziel ist, die Versammelten zu zerstreuen und erfreuen. Damit sie sich aber nicht nur geneckt glauben, wirst du die kleine Pastete aufschneiden und vorsetzen lassen.«

Martino ist der einzige Koch, der bei diesem beispielhaften Zwischengericht darauf achtet, daß die Freude an den auffliegenden Vögeln nicht durch die Enttäuschung über die leere Pastete verdorben wird.

Überdies sind wir der Meinung, daß er in der viel längeren Geschichte der Küchen Europas einen wichtigen Platz einnimmt. Tatsächlich wurde er Mitte des 15. Jahrhunderts von dem Humanisten Platina als der größte Koch seiner Zeit anerkannt. Indem er dessen Rezepte ins Lateinische übersetzte und in eine diätetische und medizinische Abhandlung integrierte, ermöglichte es Platina, daß sie in der geistigen Welt des westlichen Humanismus Verbreitung fanden; im 16. Jahrhundert wurden sie dann in verschiedene Vulgärsprachen zurückübersetzt (Französisch, Italienisch, Englisch ...). Sicher fällt dem Paar Platina/Martino, eher als Katharina von Medici, das Verdienst zum, die italienische Küche verbreitet zu haben; denn man sollte bedenken, daß die lange Erzähl- und Schrifttradition über eine komplexe materielle Kultur historisch gesehen mehr wiegen als die Heimwehgefühle einer verpflanzten Person — und sei sie auch eine Königin.

Die mittelalterliche Küche heute

Wenn wir eben von den Meisterwerken der Kochkunst gesprochen haben, so darf man eine Besonderheit doch nicht übersehen: Während die Fresken und Tafelbilder des Mittelalters nach einer Restauration von uns nicht mehr verlangen, als daß wir unsere Intelligenz und unsere Sinne an ihr schulen, kann die Kochkunst — wie die Musik — nicht ohne Vermittlung einer Fertigkeit entdeckt werden, denn wie die Töne sich nicht selbst aufzeichnen, bleiben auch die kulinarischen Zubereitungen nicht über die Jahrhunderte erhalten. Wir vergleichen also unsere nachträgliche Umsetzung der mittelalterlichen Küche, mit den Experimenten der Archäologen für Vorgeschichte, die versuchen, den Feuerstein zu behauen, mit den Anstrengungen der Musiker, die Harmonien von einst wiederzufinden, und mit den geduldigen Nachforschungen der Restauratoren, die auf der Suche nach dem ursprünglichen Zustand eines Gemäldes oder Bauwerks sind. Parallel zu der Geschichte, die wir (wie hier) mit Texten und Dokumenten beschreiben, sind wir in einer Forschung tätig, bei der man von seinen Händen und seinen Sinnen Gebrauch machen muß. Seit mehreren Jahren sind wir privat oder öffentlich damit beschäftigt, mittelalterliche Rezepte umzusetzen oder Bankette auszurichten, und heute erscheinen uns unsere Erfahrungen mitteilenswert.

Wir wollten Ihnen mit diesem Buch die Dokumente der Forschung vorstellen — die Rezepte aus alten Traktaten —, die kulturellen Bezüge vermitteln, um diese Texte zu verstehen — *Küchengeschichten* und Kommentare zu den Rezepten —, und Sie gleichzeitig am Ergebnis unserer kulinarischen Erfahrung teilhaben lassen.

Alle Rezepte, die wir Ihnen vorlegen, wurden ausprobiert und hier für eine Tafel von vier bis sechs Gästen bearbeitet, weil wir Dimension und Ausrüstung unserer modernen Küche, aber auch die heutigen Einkaufsmöglichkeiten berücksichtigen wollen. Aus Gründen der Benutzerfreundlichkeit waren wir darauf bedacht, uns von dem in den heutigen Kochbüchern gebräuchlichen Vokabular nicht zu weit zu entfernen.

Die Auswahl der Rezepte ...

Wir haben schon erklärt, weshalb drei Rezeptsammlungen, eines aus Paris, eines aus Florenz oder Siena und eines aus Rom, unsere zuverlässigsten Quellen sind; wir haben also nicht alle bekannten Bücher benutzt und haben uns bis auf wenige Ausnahmen auf Handschriften beschränkt, die bereits einmal veröffentlicht wurden. Bei einem solchen Bestand war die Auswahl der Rezepte nicht immer leicht, so haben wir, nach einer Lektüre der verschiedenen Texte und unter Berücksichtigung unserer vorausgegangenen Erfahrungen, für uns einige Regeln oder Prinzipien festgelegt.

Wir haben den Eindruck, daß es kein Rezept gibt, das heute nicht umzusetzen wäre, auch wenn manche uns verwirren mögen, weil sie Kombinationen vorschlagen, die für uns ungewöhnlich sind. Als Zugeständnis an die eigenen Vorurteile haben wir auf süße Cremes verzichtet, die in Fischbouillon gekocht werden, jedoch glücklicherweise nicht auf die Aal-Torte mit Feigen. Wir konnten die künstlichen Farbstoffe unserer damaligen Köche nicht wiederfinden und haben uns also auf das Färben mit Kräutern, Früchten und Safran beschränkt. Manche Gerichte haben wir ausprobiert und dann auf sie verzichtet, weil uns ihr Geschmack nicht gefiel. Bei anderen Rezepten zögerten wir, weil sie so kompliziert waren, daß sie ganz offensichtlich einen Troß von Köchen und Küchenjungen erforderten, über die wir nicht verfügen. Eine fünf- bis siebenstöckige Parmesantorte, garniert mit farbenfrohen Ravioli, die selbst wieder gefüllt sind, und mit anderen Leckereien würde auch die geschickteste Hausfrau entmutigen. Die Dimensionen mancher Speisen schließen sie von vornherein von unseren engen Küchen aus: Wie soll man dort ein Kalb aufnehmen, selbst wenn es schon gehäutet ist, um es mit zartem Geflügel zu füllen?

Wir waren bemüht, Speisen aller im Mittelalter gebräuchlichen Gattungen vorzustellen, nach ihnen richtet sich auch der Aufbau des vorliegenden Buches ... Bei allen Arten von Gerichten haben wir uns bemüht, verschiedene Grundbestandteile vorzuschlagen: Sie können also wählen zwischen Torten mit Kräutern, Käse oder Früchten, zwischen Pasteten mit Fleisch, Fisch, oder dem Wind auffliegender Vögel. Ebenfalls wollten wir solche Gerichte in ihrer Vielfalt vorstellen, deren Bezeichnung die weiteste Verbreitung gefunden haben, wie Blanc-manger, Senf oder Kamelin-Sauce. Schließlich erschien es uns vernünftig, die fortlaufende Tradition dadurch erfahrbar zu machen, daß wir Rezepte aufgenommen haben, deren Namen man in einem gewöhnlichen Kochbuch von heute wiederfinden kann, selbst wenn sich ihre Bedeutung geändert hat. Umgekehrt wollten wir im Einklang mit unseren Eßgewohnheiten die für uns wichtigen Kategorien unterstreichen, wie etwa bei den Desserts, die in einem mittelalterlichen Menü nicht notwendigerweise vorkommen. Dieses Vorhaben hat uns darauf gebracht, in englischen Traktaten nach Rezepten zu suchen, weil dort früher als anderswo eine große Vorliebe für Gezuckertes festzustellen ist.

Manche Rezepte sind teuer, vor allem wegen der ausgiebigen Verwendung von Mandeln, die manchem übertrieben vorkommen mag; wir haben also versucht, hier ein Gegengewicht zu schaffen, indem wir auch weniger anspruchsvolle Zubereitungen für Gemüse, Obst, Fisch oder Fleisch in Sauce vorschlagen. Aber wir können Ihnen nicht raten, am Geflügel zu sparen; angenommen, Sie halten einen Kapaun für Verschwendung, dann können Sie auch mit einem besseren Freilandhuhn (*poulet fermier*) gute Resultate erzielen. Was die Gewürze angeht, so sind sie erschwinglich geworden. Sie haben heute nicht mehr die Rolle eines Statussymbols.

Unser Ziel war nicht die Askese; deshalb haben wir Rezepte vorgezogen, die nicht nur annehmbar schmecken, sondern unserem Gaumen schmeicheln, der in jahrhundertelanger kulinarischer Entwicklung ausgebildet wurde. Das heißt, wir haben nach guten und schönen Rezepten gesucht, denen auch historische Bedeutung zukommt. Die Überraschung wird einen Teil Ihres Vergnügens ausmachen; lassen Sie sich darüber hinaus verzaubern von Empfindungen, die lebendig werden, ganz wie bei der Lektüre einer toskanischen Novelle, einer französischen Fabel oder eines höfischen Romans.

… und ihre Anordnung

Der Aufbau des Rezeptteils stellte uns vor ein Problem: Wie soll man versuchen, die alten Einteilungen anzudeuten, und gleichzeitig den Bedürfnissen des heutigen Benutzers gerecht werden? Die kulinarischen Kategorien des Mittelalters sind in der Tat alles andere als klar und um so schwieriger zu definieren, wenn man sich für ein etwas größeres geographisches Gebiet interessiert. Wir haben daher beschlossen, uns in der Gliederung am *Ménagier* zu orientieren, weil er in seinem Rezeptarium dem Aufbau des mittelalterlichen Menüs folgt und mit den Fachbegriffen aufwartet. Sie werden also nacheinander folgendes finden: Suppen (*potages*); Braten (*rôts de chair*); Fisch (*poissons*); Pasteten, Kuchen und Torten (*pâtés, tourtes et tartes*); Saucen (*sauces*); Eierspeisen (*œufs de divers appareils*); Zwischengerichte und Süßspeisen (*entremets, fritures et dorures*); allerlei Kleinigkeiten (*autres menues choses*). Jedoch haben wir im Einklang mit unseren Gewohnheiten einige Unterteilungen gemacht; die Suppen (*potages*), das heißt, solche Nahrungsmittel, die im Topf in flüssiger Substanz gekocht werden (siehe auch die Einleitung zu diesem Kapitel), sind in drei Gruppen unterteilt: das, was wir heute Suppen (*soupes*) nennen, die Gemüsegerichte (*porées et légumes*) und Fleisch in Sauce (*viandes en sauce*). Ebenso beim Gebäck (*pâtisseries*) Pasteten, Kuchen und Torten, haben wir die salzigen von den süßen getrennt, die man heute als Dessert servieren kann.

Weitere Informationen wird der Leser in der Einleitung zu den einzelnen Kapiteln und in der Kommentierung der Rezepte finden, denn es war uns ein Anliegen, daß sich kulinarische und kulturelle Informationen ständig durchdringen.

Die Bearbeitung

Eine Bearbeitung wirft immer Probleme auf, nicht so sehr beim Einkauf, wie wir weiter unten sehen werden, sondern beim Verständnis der Texte selbst. Einige der Bücher wurden damals als Gedächtnisstütze für professionelle Köche konzipiert, denn der *Viandier* und das *Liber de coquina* werfen uns Zutaten und Zubereitungsarten beinahe ohne Erläuterungen hin. Andere sind ausführlicher, weil sie sich an ein Publikum wandten, das aus verschiedenen Gründen genauere Informationen erwartete.

Der *Ménagier de Paris* möchte seiner Frau alles sagen, weil sie, wie er glaubt, nichts weiß. Er erläutert also die Handgriffe, stellt manchmal mehrere Methoden zur Auswahl, die nach ihrem Schwierigkeitsgrad angeordnet sind, und er geht sogar auf Probleme ein, die sich auf dem Markt stellen können. Maestro Martino oder der anonyme Autor der siebenundfünfzig Rezepte, die in einem unvollständigen Traktat gesichert werden konnten, ediert von S. Morpurgo, hat es offensichtlich auf ästhetische Perfektion abgesehen; daher unterlegt er seine Vorgehensweise ausführlich mit den Mischungsverhältnissen der verschiedenen Produkte und der genauen Schilderung der einzelnen Handgriffe, mit denen die Substanz verwandelt oder garniert werden soll. Es sind schöne Texte, die das Nachkochen erleichtern. Auch der Text von Maître Chiquart ist um Perfektion besorgt, aber er tut des Guten ein wenig zu viel, denn anstatt dem bescheidenen Praktiker eine Hilfestellung zu geben, wird er poetisch oder variiert ein kulinarisches Thema. Es ist ein schwer zugänglicher Text.

Wir haben immer die Maße beachtet, wenn sie in umsetzbarer Form angegeben wurden, aber Gewichte und Fassungsvermögen sind nicht umzurechnen, wenn man nicht genau den Ort kennt, wo das Buch entstanden ist. Die mittelalterlichen Maßeinheiten, obwohl sie (wie die Rezepte) beinahe überall dieselben Namen trugen, variierten von einem Ort zum anderen beachtlich. Häufig verzichten die Rezepte sogar völlig auf Mengenangaben; darin liegt eines der größten Hindernisse, dem wir bei der Bearbeitung der Rezepte begegnet sind.

Prinzipiell haben wir jedes Rezept als ein historisches Dokument angesehen, über das natürlich andere Rezepte Aufschluß gaben, aber auch die Kenntnisse, die wir heute über die Geschichte der Küche, Umwelt und Gesellschaft des Mittelalters haben. Soweit es möglich war, haben wir die beschriebenen Anweisungen befolgt, ohne *a priori* zu vermuten, daß etwa Verständnisschwierigkeiten auf einem Fehler des Schreibers beruhten. Wir haben uns also nicht erlaubt, ein Rezept mit Hilfe eines anderen abzuwandeln, selbst wenn dieses einen ähnlichen oder verwandten Namen trug, denn jedes Rezept hat seine eigene Bedeutung. Ebenfalls aus Respekt gegenüber dem Dokument sahen wir uns dazu veranlaßt, ganze Passagen aus Büchern mit enzyklopädischem Charakter aufzunehmen und zu übersetzen, die durch ihre Verkettungen besser als das isolierte Rezept die Prinzipien der kulinarischen Umwandlung pflanzlicher oder tierischer Produkte aufzeigten. In solchen Fällen haben wir nur eine oder zwei Zubereitungsmöglichkeiten aus der Vielzahl derer übernommen, die im Original vorgeschlagen wurden (Rezept Nr. 19 und Nr. 44); wir möchten den Leser unseres Buches dazu auffordern, weitere Gerichte nach dem mittelalterlichen Text zu kreieren. Die Kommentare rechtfertigen unsere Interpretationen und versuchen, soweit möglich, das Klima zu rekonstruieren, in dem diese Gerichte zubereitet oder verzehrt wurden: Deshalb sollte man sie am besten als Pendant zu den *Küchengeschichten* lesen.

Die Umsetzung

Wir haben die Texte so belassen, wie wir sie vorfanden. Wir haben darauf verzichtet, die angegebenen Vorgehensweisen zu beurteilen, indem wir es vermeiden, ihren Stellenwert oder ihre Bedeutung in der Gesamtheit der kulinarischen Handlungen einzuschätzen.

Wenn man ein Nahrungsmittel hintereinander verschiedenen Garmethoden unterzieht, stellt man die Toleranz unserer Zeitgenossen auf eine harte Probe, die den Fisch an den Gräten rosig und die grünen Bohnen knackig lieben. Diejenigen, die sich unmittelbar oder schon lange an der mittelalterlichen Küche versucht haben, sahen in diesen Vorgehensweisen nur eine Möglichkeit, faseriges Fleisch und holzige Butterrüben zarter zu machen. Nun wissen wir aber, daß die Viehzucht Fleisch produzierte, das in bester Qualität den Küchen von Martino, Chiquart oder der Bürger von Paris vorbehalten blieb — Geflügel war übrigens immer gemästet. Dieses hervorragende weiße Fleisch ist heute eine Leckerei, die man nur zu selten genießen kann, nämlich dann, wenn auf dem Markt Kapaune und Poularden angeboten werden. Man muß also einräumen, daß die komplizierten mittelalterlichen Garmethoden mit einer Kochkunst und einem Geschmack zusammenhängen, die von den heutigen verschieden sind. Die historische Neugier gebot da Respekt vor dem Aufgezeichneten, wo wir spontan eine der Etappen überspringen würden, wenn wir nach unserer modernen Logik vorgehen wollten. Der Leser wird selbst feststellen, daß sich die Mühe lohnt.

Außerdem war unser Standpunkt, keine Zutat zusätzlich der im Text angegebenen zu verwenden. Dieses allgemeine Prinzip läßt allerdings eine Ausnahme zu: das Salz. Und es mußte bei Produkten, die unbekannte Nahrungsmittel ersetzen, gelockert werden. Man weiß, daß das Salz in kulinarischen Texten aller Zeiten häufig nicht erwähnt wird. Wir haben die Gerichte gesalzen, wenn es ganz offensichtlich notwendig war, ob nun Salz erwähnt wurde oder nicht, und haben uns nach den Anweisungen gerichtet, mit denen gewisse Traktate das Würzen nach dem Geschmack der Gäste und des Herrn regeln!

Ganz anders ist das Problem bei solchen Produkten, die nicht zu identifizieren sind, weil sie verschwunden sind oder weil sie ein Teil des mittelalterlichen Alltagslebens waren und man sie deshalb schon vorgefertigt kaufte. Diese wenigen Fälle, im ganzen etwa zehn, wurden im Einzelfall gelöst. Wir haben uns dabei, so gut es ging, an das gehalten, was wir für den Geist des Rezeptes hielten. Eine unbekannte oder nicht zur Verfügung stehende Zutat, haben wir durch eine andere ersetzt, die uns ähnlich erschien. So verhält es sich mit dem unauffindbaren langen Pfeffer, den wir durch unseren schwarzen (runden) Pfeffer ersetzten, oder mit der Zimtblüte (s. unten), die wir durch den Stangenzimt ersetzten.

Aber nicht immer sind Zutaten so einfach zu ersetzen. Woraus waren die »Windbeutel« und die »kleinen Kuchen«, mit denen ein Pudding (*taillis*) gedickt wurde (Rezept Nr. 134), oder die *cialdoni* (Waffeln), die als Boden unter die Marzipantorte (Rezept Nr. 136) gelegt wurden? Und wie sahen die verschiedenen Käse aus, die den Farcen Geschmack verliehen? Wir haben für jedes Rezept Vorschläge angeboten, in Erwartung weiterer historischer Dokumente, die uns hoffentlich gestatten werden, es besser zu machen.

Die Zusammensetzung der Teige für Torten und Kuchen, von denen wir nicht eine einzige mittelalterliche Formel besitzen, ist ein weiteres Rätsel. Da diese »Krusten« knuspriger werden, wenn sie nahrhaft sind, haben wir dieses eine Mal die heutige Machart vorgezogen, indem wir den Mürbeteig (*pâte brisée*, Rezept Nr. 153) aufgenommen haben. Aber wir geben dem Leser die Möglichkeit, anders vorzugehen, wenn er es möchte, um vielleicht dem mittelalterlichen Brauch näherzukommen als wir.

Was den *Verjus* (Agrest), den eingemachten Saft oder die eingemachten Beeren grüner Trauben angeht, so war die Suche danach sehr mühevoll. Auch im Mittelalter war es nicht immer einfach, ihn zu beschaffen. Man legte sich einen großen Jahresvorrat an, aber am Ende war der »alte Verjus« nicht mehr viel wert. Dann ersetzte man ihn durch das, was man finden konnte. In diesem Buch haben wir mit Wasser verdünnten Zitronensaft und Apfelessig vorgezogen. Der Leser kann auch dem *Ménagier de Paris* oder manchem englischen Autor folgen, indem er es mit dem Saft von Sauerampfer, Weizenblättern oder Weinknospen probiert, oder mit dem Saft saurer Äpfel, Pflaumen oder Birnen ... Jemand, der über eine Weinlaube oder Reben verfügt, sollte sich etwas davon auspressen und eingefrieren oder sterilisieren. Denn der fruchtig-herbe Saft grüner Trauben hat einen ganz charakteristischen Geschmack, den die Bewohner des Périgord allem anderen vorziehen, um dem Huhn oder Karnickel etwas *esprit* zu verleihen. Wie lange müssen wir noch warten, bis man sich dazu entschließt, die Überschüsse minderwertiger französischer Lagen zu Verjus zu verarbeiten und somit einer Würzflüssigkeit zu neuen Ehren verhilft, die sich bis zum Ende des 19. Jahrhunderts verdientermaßen einer großen Popularität erfreute?

Wenn schließlich ein Rezept eine Alternative anbietet, haben wir die Zutat vorgeschlagen, die heute am gebräuchlichsten ist oder unserem Geschmack am ehesten entspricht; ein Rat ist jedoch kein Befehl, und so bleibt es dem Koch überlassen, seine eigene Wahl zu treffen.

Doch leben wir freilich heute nicht mehr im Mittelalter. Uns steht elektrischer Strom zur Verfügung, aus dem Hahn kommt warmes und kaltes Wasser, und wenn sich auch mancher Geflügelmetzger nicht mit den mittelalterlichen *oyers* messen kann, so ist doch das vom Schlachter verkaufte Schwein von seinen Borsten befreit, und der Aal wird auf Wunsch des Kunden ausgenommen. Weder die Farbe des Himmels noch die Jahreszeit bestimmen unsere Speisenfolge. Wir leben im Überfluß eines immerwährenden Frühlings und kennen als einzigen Kampf mit der Natur die gesunde Ermüdung von unseren Wanderungen.

Können wir denn wirklich erfassen, was Kochen im Mittelalter bedeutete? Wenn mit einem Knopfdruck die Mandel beinahe augenblicklich zum

Marzipan wird, kann man dann noch nachvollziehen, welche zeitraubende Arbeit mit dem Mörser notwendig war, um dasselbe Ergebnis zu erzielen? Den mittelalterlichen Küchenmeistern fehlte es sicher weder an Ausdauer noch an Energie, weder an Geschicklichkeit noch an Kenntnissen! Auch wenn es eine Arbeitsteilung gab, drehte doch niemals ein mechanischer Arm den Spieß, und so mußten sich der Spießdreher *(hâteur)* oder der Lehrling wohl oder übel den Pelz verbrennen, damit aus einem blutigen Stück Fleisch ein goldbrauner Braten wurde.

Dieser physische Aufwand bleibt uns erspart; heute sind Mixer und automatischer Drehspieß unsere Verbündeten; dadurch können wir uns in der Praxis leichter einer anderen Epoche nähern. Eine Grütze zu köcheln oder eine Gans zu braten wirft heute keine Probleme mehr auf. Freilich ist die Küche eine Schule mit kalkulierbarem Risiko. Und die Rezepte dieses Buches sind keine Formeln, deren Anwendung einen Erfolg garantiert. Sie fordern dem Küchenchef wie auch dem Anfänger Talent und Einfallsreichtum ab, denn ihm kommt es zu, ein Gericht mit den eigenen Händen, nach seiner Zeiteinteilung und auf seine Art umzusetzen.

Wenn wir also unseren Leser dazu einladen, Mandeln zu schälen, eine Gewürzmischung selbst zuzubereiten, Senf zu zerstoßen, Zwiebeln auf der Glut zu braten oder sogar, wenn ihm danach ist, das Spanferkel aufzuspießen, um es geduldig über der Flamme eines echten Holzfeuers zu garen, dann wollen wir ihn damit nicht belästigen, er soll vielmehr in der Begeisterung am Experiment mit ungewissem Ausgang die Freude kennenlernen, selbst Hand anzulegen.

Ist die Lust, etwas nach dem eigenen Geschmack zuzubereiten und zu essen, nicht auch ein Mittel, die kulinarische Uniformierung in ihre Schranken zu verweisen, die man uns von London bis Barcelona, von Santiago bis Schanghai aufzudrängen versucht, indem man vorgibt, uns einer lästigen Arbeit zu entheben?

Praktische Ratschläge

Ausrüstung und Gerät

Für die mittelalterliche Kochkunst benötigt man keine besondere Anschaffung. Man kann sie allerdings zum Anlaß nehmen, ein Feuer im Kamin anzuzünden, mit dem Stößel im Mörser zu arbeiten oder ein

Hackmesser mit der Hand zu führen. Dennoch empfiehlt sich eine gewisse Grundausstattung für immer wieder geforderte Handgriffe:

— ein Mixer oder eine elektrische Küchenmaschine (für eifrige Köche ein Hackmesser);
— ein Mörser aus Stein oder Kupfer, nicht zu klein, mit einem Stößel;
— ein feines Passiersieb aus Metall oder ein Spitzsieb;
— ein Tuchsieb oder, noch besser, unsterile Gaze (die man in der Apotheke kaufen kann).

Der Einkauf

Wie schon erwähnt, hält sich die mittelalterliche Küche genau an die Jahreszeiten, und Ihre Einkäufe sollten diesem Zwang Rechnung tragen. Eine andere Schwierigkeit besteht darin, Anachronismen zu vermeiden, denn wir haben die exotische Herkunft heute gebräuchlicher Produkte, wie etwa das Sojaöl, vergessen. Hier also einige einfache Ratschläge. Weitere werden Sie im Kommentar zu bestimmten Rezepten finden.

Fleisch und Geflügel
Wählen Sie immer allerbeste Qualität, Kalbfleisch ohne Anabolika, Hammel aus biologischer Aufzucht, Freilandhühner, die mit Korn gefüttert wurden

Gemüse
Hier gilt dasselbe wie beim Fleisch. Das frischeste Gemüse zeitigt in der Küche, ob nun mittelalterlich oder nicht, die besten Ergebnisse! Hüten Sie sich vor neuen Sorten und meiden Sie Pflanzen amerikanischer Herkunft! Kaufen Sie eher auf dem Markt oder beim Gemüsehändler ein als in den Supermärkten.

Frisches Obst und Trockenfrüchte
Wählen Sie unverfälschte Sorten und denken Sie nicht, daß ein gutes Aussehen immer besseren Geschmack bedeutet. Achten Sie vor allem bei Trockenfrüchten auf Qualität. Nur hervorragende und ungeschälte Mandeln ergeben eine sämige Milch und sorgen bei Ihrem Gericht für einen guten Geschmack. Kaufen Sie weiße Mandeln nur, wenn wirklich Not am Mann ist.

Fett und Öl
Frisch ausgelassenes Schmalz und fetter Speck (häufig gesalzen), die als

Bratfette am häufigsten in der mittelalterlichen Küche Verwendung finden, gibt es bei jedem guten Metzger.

Kalbsfett, Rindernierenfett und Rindermark sind viel schwerer zu bekommen, wenn Sie keine guten Beziehungen zu Ihrem Metzger unterhalten. Andernfalls aber wird es ihm ein Vergnügen sein, Ihnen etwas zu beschaffen, häufig sogar umsonst, damit Sie eines der Rezepte aus diesem Buch zubereiten können, die niemals große Mengen davon erfordern.

Ein gutes kaltgepreßtes Olivenöl aus der ersten Pressung ist zum Braten und für den Salat gut geeignet. Bei letzterem geht es auch mit Nußöl.

Gesalzene oder süße Butter aus Rohmilch einer bestimmten Region (Charentes, Isigny etc.), ist jedem anderen Produkt ohne Herkunftsbezeichnung vorzuziehen. Vergessen Sie vor allem die sogenannte kalorienarme Butter, die mit der echten Butter nur den Namen gemeinsam hat!

Mehl

Weizenmehl, das mit der Mühle gemahlen wurde, wie es bestimmte gute Bäcker, Reformhäuser oder Feinkostläden verkaufen, kommt wahrscheinlich dem Mehl des Mittelalters am nächsten. Wählen Sie nicht von vornherein das dunkelste Mehl oder gar Vollkornmehl. Es ist schwer zu verarbeiten, und überdies gaben die großen Köche des 14. Jahrhunderts dem weißen Mehl den Vorzug, dieses allein war für die Fürsten und Herren standesgemäß.

Für Gebäck ist ein gutes biologisches Mehl, das leicht grau ist, die beste Wahl (Auszug: 70 - 80%).

Zucker

Rohrzucker in Pulverform oder weißer Kristallzucker. Vergessen Sie nicht, daß er seiner weißen Farbe wegen oft zum Garnieren benutzt wird.

Etwas Rohzucker oder brauner Kristallrohrzucker ist allerdings für gewisse Gerichte notwendig.

Milch

Wenn möglich Rohmilch, sonst pasteurisierte Milch, obwohl die Methode von Pasteur eine moderne Erfindung ist. Von H-Milch ist abzusehen.

Käse

Frischkäse: alle Formen von Frischkäse, Quark oder ein leicht gesalzener Käse wie Saint-Florentin, Carrés Gervais, Boursin nature, Saint-Céols, Fromage de Troyes, frischer Brie etc. Es kommt darauf an, einen Fettgehalt von 40 bis 80 Prozent in der Trockenmasse zu haben. Wenn man

Quark benutzt, muß man ihn gut abtropfen lassen und darf nicht vergessen, daß er überhaupt nicht gesalzen ist.

Käse zum Reiben: Parmesan oder Grana, den man selbst reibt, ist die beste Wahl. Im Notfall können ein guter Comté, ein echter Gruyère oder am besten ein Schweizer Sbrinz, alle von gutem Aroma, gute Dienste leisten.

Wenn das Rezept einen anderen Käse als die hier erwähnten erfordert, haben wir das bei den Zutaten angegeben.

Wein

Bei Tisch: siehe »Einige Menüs – Die Weine«, S. 71

Für die Küche: Landwein von Qualität, rot oder weiß, je nach den Erfordernissen des Rezepts.

Verjus (Agrest)

Ein Verjus des Charentes ist in luxuriösen Feinkostgeschäften in kleinen 33 cl-Flaschen zu kaum angemessenen Preisen zu kaufen. Man kann der Auffassung sein, daß sich dieses Opfer für ein gutes Gericht lohnt; sonst müßte man sich welchen im Departement Charente besorgen. Man kann ihn auch im Périgord kaufen, wo er immer noch in der Küche Verwendung findet. Im Südwesten Frankreichs wird man ihn also am leichtesten finden.

Als Ersatz ergibt der Saft saurer Äpfel hervorragende Ergebnisse, ebenso der Saft von allen nicht veredelten Zitrusfrüchten wie Pomeranze oder Mandarine. Man kann auch eine Zitrone auspressen und den Saft mit einem Drittel Wasser verdünnen; Apfelessig, mit ein wenig Wasser in derselben Menge verlängert, ergibt ebenfalls einen guten Geschmack.

Essig

Rot- oder Weißweinessig je nach Rezept, jedoch immer von bester Qualität.

Brot

Echtes Landbrot mit Sauerteig, die Krume nur ganz leicht grau, etwas säuerlich und feucht, eignet sich sehr gut zum Binden von Soßen und Dicken von Suppen. Vorsicht vor falschem Landbrot aus Hefe mit zu weißer und aufgeblähter Krume. Wenn das Rezept die Verwendung von geröstetem Brot fordert, kann man auch Zwieback von guter Qualität verwenden.

Rosenwasser

Dieses duftende Wasser ist ein Destillat, das aus Rosenblättern und

Wasser gewonnen wird. Es heißt allgemein, daß das beste aus dem Libanon kommt. Aber man findet auch griechisches und französisches Rosenwasser. Zu kaufen in orientalischen Feinkostläden. Rosenwasser für die kosmetische Pflege ist nicht immer genießbar. Informieren Sie sich bei Ihrem Apotheker.

Gewürze

Selbstverständlich sind aromatische Stoffe um so besser, je frischer sie sind. Bewahren Sie also Gewürzpulver nicht zu lange auf, sie verlieren mit der Zeit jedes Aroma. Wenn Sie allerdings regelmäßig mittelalterliche Gerichte zubereiten wollen, raten wir Ihnen, sich Gewürzmischungen anzufertigen, die Sie dann immer zur Hand haben.

Je nach Rezept ist es angebracht, die Gewürze ganz oder schon gemahlen zu haben. Man sollte sie also möglichst in beiden Ausführungen kaufen. Mit einer oder zwei Ausnahmen sind alle in diesem Buch verwendeten Gewürze im Handel erhältlich. Denken Sie bei Ihren Besorgungen natürlich an Feinkostgeschäfte, aber auch an orientalische und exotische Läden, an Reformhäuser, an Gewürzstände auf dem Markt, an Kräuterläden und Apotheken.

Zimt: China- (*Cinamomum cassia*) oder Ceylonzimt (*Cinamomum zeylanicum*) in Stangen oder Pulver gibt es in jedem Lebensmittelgeschäft, beide sind gleichermaßen geeignet. Die Rinde des ersteren ist dicker und ihr Aroma ist vielleicht nicht so fein wie das des zweiten.

Zimtblüte: Zimtblüte ist die unreife getrocknete Frucht von *Cinamomum cassia* auf Englisch heißt sie *cassia buds* und auf Chinesisch *guiding*, ihr Zimtgeschmack ist sehr angenehm. Sie sieht aus wie eine sehr große Gewürznelke, und in Frankreich ist sie in keinem Feinkostgeschäft zu finden. Man kann statt dessen normalen Stangenzimt nehmen. Wenn Sie die Gelegenheit haben, nach China zu reisen, versuchen Sie, ob Sie die Zimtblüte in einer traditionellen Apotheke[6] bekommen können, oder bitten Sie Freunde darum, die in das Land reisen.

Ingwer: Die frische Wurzel des Ingwers (*Zingiber officinale*) gibt es heute in guten Feinkostgeschäften und Läden mit exotischen Produkten zu kaufen. Für die mittelalterliche Küche ist allerdings die halb getrocknete Wurzel besser geeignet. Sie können also ein Stück frischen Ingwer trocknen lassen und sich sonst Ingwerpulver besorgen, das man überall schon abgepackt findet.

Galgant: Dieser aromatische Wurzelstock (*Alpinia officinarum*), aus

[6] Auch in Deutschland werden Sie noch am ehesten in Apotheken Erfolg haben. (Anmerkung des Übersetzers)

China stammend, wird in unseren Texten *garingal* genannt und findet nur selten Verwendung. Er kommt im Hippokras vor, manchmal in den Gelees. Man verkauft ihn allgemein frisch in chinesischen und vietnamesischen Feinkostgeschäften. Oft wird er mit dem Ingwer verwechselt, dem er ähnlich sieht, obwohl er feiner ist und eine ins Violette spielende Farbe hat. Sein Geschmack ist, was die Schärfe angeht, dem des Ingwers ähnlich, obwohl er eher moschusartig ist und nicht so zitronenartig. Wenige Feinkosthändler verkaufen ihn ganz und getrocknet. Man muß ihn also frisch kaufen und dann trocknen lassen. Zur Not kann man auch Ingwer nehmen.

Pfeffer: In den mittelalterlichen Texten heißt er manchmal »runder Pfeffer«, um ihn vom langen Pfeffer abzugrenzen; ganze Körner des *Piper nigrum* gibt es in Deutschland unter der Bezeichnung »schwarzer Pfeffer«, in Frankreich heißt er *poivre gris*. Am besten kauft man ihn ganz und mahlt ihn dann, wenn man ihn braucht, aber auch gemahlener Pfeffer kann, wenn man seine Herkunft kennt, gute Dienste leisten, vor allem für Gewürzmischungen oder in bestimmten Zubereitungen, beispielsweise dem Hippokras.

Die Erwähnung von *Piper album* in den Rezepten verweist auf das, was wir heute »weißen Pfeffer« nennen, er ist nichts anderes als dasselbe Korn, von seiner schwarzen Schale befreit. Schwarzer und weißer Pfeffer sind heute übliche Artikel unserer Lebensmittelgeschäfte und überall zu kaufen.

Langer Pfeffer: Etwas ganz anderes ist die Frucht des *Piper longum* oder langer Pfeffer, den wir manchmal in den Texten finden. Vergeblich werden Sie ihn in gewöhnlichen Feinkostläden suchen; diesen kleinen schwarzen und harten Fruchtstand, zwei bis drei Zentimeter lang, aus winzigen Körnchen bestehend, die äußerst scharf sind, werden Sie nicht finden. Ausnahmsweise kann man ihn bei gewissen guten Feinkosthändlern in Paris kaufen, aber ihre Versorgung hängt vom guten Willen ihrer reisenden Kunden ab, die ihn von ihren Abstechern nach Südwestasien mitbringen. Wir raten Ihnen, einfach schwarzen Pfeffer zu nehmen, bis Sie selbst in die Länder des Orients fliegen.

Muskatnuß: Wer kennt nicht den Samenkern der *Myristica fragrans*, der immer noch häufig, wenn auch etwas zurückhaltend, in der heutigen französischen Küche Anwendung findet? Wählen Sie möglichst schwere Nüsse und reiben Sie sie im Moment der Anwendung. Ein Töpfchen mit möglichst frischem Muskatpulver leistet allerdings gute Dienste für Gewürzmischungen. Aber überzeugen Sie sich von seiner guten Herkunft.

Muskatblüte: Die Muskatblüte, in England sehr gebräuchlich, ist nichts anderes als der Samenmantel der Muskatnuß, das heißt ihre faserige und getrocknete Hülle. Sie wird häufig gemahlen in Feinkostläden verkauft, aber man kann sie auch in ihrer ursprünglichen Form in spezialisierten Feinkostläden erhalten. Ihr Geschmack kommt dem der Muskatnuß nahe, erinnert aber auch an den von Zimt. Sie hat, anders als die Nuß, eine orange Färbung.

Nelken: Die Gewürznelke ist die getrocknete Blütenknospe der *Eugenia caryophyllata*. Sie ist in allen Lebensmittelgeschäften ganz oder gemahlen zu kaufen. Ihr kräftiges Aroma zwingt zur Vorsicht!

Malaguettapfeffer und *Paradieskörner*: Kleine schwarze Körner mit weißen Fleisch, die in der Fruchtkapsel des *Amomum melegueta* enthalten sind, einer Pflanze, die aus Afrika kommt. Sie sind sehr scharf. Man findet sie in guten Feinkostgeschäften und in den orientalischen oder exotischen Feinkostgeschäften immer nur als ganze Körner. Diese sind ziemlich hart, und das Zerstoßen im Mörser oder Mixer erfordert ein wenig Geduld. Im Notfall können die Paradieskörner durch schwarzen Pfeffer ersetzt werden.

Safran: Mit Safran bezeichnet man nicht nur das gelbe Pulver, das häufig durch Hinzufügen von Saflor verfälscht wird und unter der Bezeichnung Safran verkauft wird, um der Paella Farbe zu verleihen, sondern auch die Safranfäden, das heißt, die Blütennarben des *Crocus sativus*. Im Mittelalter wurde er auch in Europa, vor allem in Italien, angebaut, aber der aus dem Orient kommende Safran wurde am meisten geschätzt. Daran hat sich nichts geändert. Obwohl man den Safran weiterhin in unseren Klimazonen anbaut, vor allem in Spanien und Italien — die Gegend südöstlich von Paris war noch bis vor kurzem ein Anbaugebiet —, kommt der beste aus Indien, genauer von Kaschmir oder Nepal. Er wird grammweise verkauft und ist das teuerste Gewürz. Aber man sollte ihn nur als Safranfäden kaufen, wenn man sicher sein möchte, daß dieses Produkt auch echt ist, und wenn man Geschmack und Farbe intensiv haben will. Man findet ihn in allen guten Feinkostläden.

Kardamom: Die Kardamomkörner, zu acht oder zehnt in einer hübschen kleinen ovalen Kapsel eingeschlossen, beige oder grün, je nach Sorte, kommen vom *Amomum cardamomum*, einer Pflanze aus Malabar und Sri Lanka. Alle indischen oder exotischen Feinkostgeschäfte verkaufen diese Körner, die in Indien als ein Kaumittel angesehen werden, das den Atem erfrischt. Ihr Pulver ist abgepackt auch in guten Feinkostläden zu haben.

Einige Menüs

Jedes von den Rezepten dieses Buches kann leicht in ein heutiges Menü integriert werden; wenn Sie aber am Abend zu einer mittelalterlichen Stunde Platz nehmen wollen, dann finden Sie hier einige Ratschläge, um die Mahlzeit nach den Gepflogenheiten der damaligen Zeit zu gestalten.

Wählen Sie zuerst die Gerichte nach der Jahreszeit aus; wenn Sie katholisch sind, meiden Sie Fleischgerichte in der Fastenzeit und an den mageren Tagen, vergessen Sie dann nicht, auch das tierische Fett in solchen Gerichten durch Öl zu ersetzen, bei denen man nicht auf Fett verzichten kann.

Stellen Sie das Menü nach der Folge Suppe/Braten/Zwischengericht zusammen, sie bildet die Grundlage des mittelalterlichen Mahls (siehe oben »Der Ablauf der Mahlzeit«), und passen Sie die Anzahl der Gänge und Speisen der Zahl Ihrer Gäste an. Für eine Tafel mit vier bis sechs Personen genügt ein Gericht pro Gang, wenn Sie aber acht, zehn oder fünfzehn Personen sind, bereiten Sie lieber für jeden Gang mehrere Gerichte zu, als von einem Gericht mehr zu kochen. Denken Sie daran, daß die Gäste nicht unbedingt von jeder Speise essen müssen.

Zur Illustration unseres Vorschlags haben wir zwei Grundmenüs für sechs Personen entworfen und diese dann schrittweise für eine größere Tischgesellschaft erweitert.

Herbstmenü für 6 Personen

Erster Gang
Süßwein und frisches Obst der Jahreszeit (nach Wunsch)

Zweiter Gang
Kürbissuppe (3)

Dritter Gang
Hase am Spieß (53)
Schwarze Pfeffersauce (108)

Vierter Gang (oder Zwischengericht)
Italienisches Blanc-manger (131)

SCHLUSS
Hippokras (149)
Waffeln oder Marzipan (136)

»RAUSSCHMEISSER«
Kardamom und Anis

HERBSTMENÜ FÜR 10-12 PERSONEN

ERSTER GANG
Süßwein und frisches Obst der Jahreszeit

ZWEITER GANG
Kürbissuppe (3)
In Gewürzen gedünstete Champignons (21)

DRITTER GANG
Hase am Spieß (53)
Schwarze Pfeffersauce (108)
Hammel in Petersilie (47)
Rosa Knoblauchsauce (101)

VIERTER GANG (ODER ZWISCHENGERICHT)
Italienisches Blanc-manger (131)
Pipefarces (126)

DESSERTE
Pastete aus rohen Birnen (97)

SCHLUSS
Hippokras (149)
Waffeln oder Marzipan (136)

»RAUSSCHMEISSER«
Kardamom und Anis

HERBSTMENÜ FÜR 15-16 PERSONEN

ERSTER GANG
Grenache oder ein vergleichbarer Süßwein
Frisches Obst der Jahreszeit

Zweiter Gang
Kürbissuppe (3)
In Gewürzen gedünstete Champignons (21)
Limonia oder Zitronenhuhn (33)

Dritter Gang
Hase am Spieß (53)
Schwarze Pfeffersauce (108)
Hammel in Petersilie (47)
Rosa Knoblauchsauce (101)

Vierter Gang (oder Zwischengericht)
Italienisches Blanc-manger (131)
Pipefarces (126)
Bologneser Torte (81)

Desserte
Pastete aus rohen Birnen (97)
Dariole (96)

Schluss
Hippokras (149)
Waffeln oder Marzipan (136)

»Rausschmeisser«
Kardamom und Anis

Fastenzeitmenü für 6 Personen

Erster Gang
Grüne Porée für magere Tage (15)

Zweiter Gang
Aalspießchen zu Sankt Vinzenz (63)

Dritter Gang (oder Zwischengericht)
Fisch in Gelee (124)

Schluss
Hippokras (149)
Schwarzer Nougat (147)

»Rausschmeisser«
Wein und Gewürze

Fastenzeitmenü für 10-12 Personen

Erster Gang
Grüne Porée für magere Tage (15)
Fisch süß-sauer (62)

Zweiter Gang
Aalspießchen zu Sankt Vinzenz (63)
Thunfisch in Gelbem Pfeffer (70)

Dritter Gang (oder Zwischengericht)
Fisch in Gelee (124)
Pudding mit Trockenfrüchten (134)

Desserte
Schichtentorte von Trockenfrüchten (98)

Schluss
Hippokras (149)
Schwarzer Nougat (147)

»Rausschmeisser«
Wein und Gewürze

Fastenzeitmenü für 15-16 Personen

Erster Gang
Grüne Porée für magere Tage (15)
Fisch süß-sauer (62)
Kichererbsensuppe (4)

Zweiter Gang
Aalspießchen zu Sankt Vinzenz (63)
Thunfisch in Gelbem Pfeffer (70)

Dritter Gang (oder Zwischengericht)
Fisch in Gelee (124)
Pudding mit Trockenfrüchten (134)
Birnen in griechischem Wein (144)

Desserte
Schichtentorte von Trockenfrüchten (98)
Apfelkonfekt (146)

Schluss
Hippokras (149)
Schwarzer Nougat (147)

»Rausschmeisser«
Wein und Gewürze

Die Weine

Zu Ihrem mittelalterlichen Mahl trinken Sie am besten Wein, den Sie, wenn Ihnen danach ist, auch mit Wasser verdünnen können. Zu den Früchten der Jahreszeit im ersten Gang können Sie einen Süßwein vom Typ Banyuls oder Rivesaltes wählen, ohne gegen den Geist der Zeit zu verstoßen, weil man am Anfang der Mahlzeit gern Grenache servierte.

Zu Suppen, Braten und Zwischengericht passen junge und leichte Weine besser. Der Hippokras ist für den »Schluß der Tafel« unverzichtbar, im Sommer gilt er allerdings als »unzeitig« (*hors de saison*); Sie können statt dessen durchaus einen Likörwein vom Typ Malvasier oder ungarischen Tokayer nehmen.

Über den Wein, der beim »Rausschmeißer« zu den Gewürzen gereicht wird, haben wir keine genauen Angaben, da es uns aber schwierig erscheint, nach dem Hippokras wieder zu einem trockenen Wein überzugehen, empfehlen wir Ihnen, beim Hippokras zu bleiben oder wie beim »Schluß der Tafel« einen Likörwein zu trinken.

Diese Empfehlungen gründen sich auf die wenigen Informationen, über die wir verfügen, und sind als Hinweise zu verstehen, denn die heutigen Weine sind nur entfernt mit denen des Mittelalters verwandt. Obwohl wir Sie überzeugen wollen, allzu grobe Anachronismen zu vermeiden, wie etwa Sekt, Schnäpse oder Anis anzubieten, fordern wir Sie freilich mit Aldebrandin von Siena dazu auf, einen Wein nach Ihren Gewohnheiten zu wählen.

SUPPEN

Potages

Aus *potage* wurde *consommé, velouté, bisque* oder *crème*, und sie ist heute die Suppe (*soupe*), von der französischen Sprache auf elegante Weise verwandelt, die man heute seinen Kindern einflößt, weil sie ihnen guttut, wenn die winterliche Kälte eine stärkende heiße Mahlzeit erfordert.

Im Mittelalter hatte das Wort *potage* einen anderen Bedeutungsumfang; es bezeichnete eine Reihe sehr unterschiedlicher Speisen, deren Konsistenz und Zusammensetzung von der leichten Bouillon mit eingebrockten Brotkrusten bis zum soliden Wildragout im Sud reichte. Die Suppen wurden im Topf gekocht — aber das galt auch für andere Gerichte —, und in Schalen serviert, also mit dem Löffel gegessen und bei einer vollständigen Mahlzeit im Verlauf des ersten Ganges aufgetragen. Ganz allgemein ergaben sich diese Gerichte aus einer ausgewogenen Verbindung zwischen der Flüssigkeit, die auch *potage* hieß, und einem »Korn« (*grain*), dem festen Teil. Gemüse aus dem Garten, kleine Vögel oder »grobes« Fleisch, alles konnte in den Topf kommen, Milch und Eier, manchmal auch Getreide konnten zu solch einer Verbindung beitragen.

In den mittelalterlichen Traktaten sind diese Gerichte allgegenwärtig; sie nehmen 40 Prozent der Rezepte des *Ménagier de Paris* ein, so daß es sein Autor für notwendig hielt, die Suppen zu unterteilen. Er gruppiert sie in folgende Kapitel: »Nicht gebundene gewöhnliche Suppen ohne Gewürze«, »Andere nicht gebundene Suppen mit Gewürzen«, »Andere gebundene Suppen mit Fleisch« und »Andere gebundene Suppen ohne Fleisch«. Man möchte seinen Hut ziehen vor diesem lobenswerten Versuch, den er für seine junge Frau, eine Novizin in Haushaltsdingen, geschrieben hat, wenn der Inhalt der Rezepte in dem jeweiligen Kapitel nicht allzuoft die begründete Einteilung widerlegen würde. Die Situation erfordert einige klärende Worte. Denn die Gemüsegerichte und das gekochte Fleisch in Sauce hatten nicht nur die Aufgabe, den Appetit der Gäste eines Banketts zu zügeln; manchmal konnten sie eine ganze Mahlzeit ersetzen. Das geschah häufiger als einmal beim Bauern, aber von Zeit zu Zeit auch in wohlhabenden Häusern. Ist es nicht eine »improvisierte Suppe« (Rezept

Nr. 10), die man in aller Eile zubereitet, wenn überraschend Gäste kommen? Ein wenig Fleischbrühe hat man immer im Haus, man wärmt sie schnell auf, dazu ein paar Brotschnitten (*soupes*) und fertig. Der Brauch, zur Suppe einen Kanten oder ein Stück Brot zu reichen — eine sprichwörtlich französische Spezialität —, wird sich bis über das Mittelalter hinaus erhalten. Die Entwicklung geht dahin, daß das Wort *soupe* bald das ganze Gericht bezeichnet, so als habe die Brotschnitte (*soupe*), die in der Bouillon verschwand, ihr diesen Namen gegeben. Das war eine Besonderheit, die den Nachbarn auffiel, vor allem den Italienern, die in dieser Art, die Suppe über das Brot zu gießen, einen französischen Brauch sahen und diese *zuppe* nannten. Sie hingegen machen es ganz anders; in ihren *minestre*, dem italienischen Äquivalent zu unseren Suppen, stellen Teigwaren das »Korn« dar. Und diese Lasagne, Makkaroni und Ravioli erlangen später eine solche Bedeutung, daß sie, anfangs in Bouillon gekocht und auch mit dieser serviert, bald auch ohne sie auf das *tailloir* kommen, und diese Eßgewohnheit hat noch in heutiger Zeit die seltsame Bezeichnung *minestra asciutta*, also »trockene Suppe«!

SUPPEN UND TEIGWAREN IN BOUILLON

SOUPES ET PÂTES EN BOUILLON

1. CRETONNÉE MIT NEUEN ERBSEN ODER DICKEN BOHNEN CRETONNÉE DE POIS NOUVEAUX OU DE FÈVES NOUVELLES

Cretonnée de pois nouveaulx ou fèves nouvelles.
Cuisiez-les jusques au purer, et les purez, puis prenez lait de vache bien frais, et dictes à celle qui vous le vendra qu'elle ne le vous baille point s'elle y a mis eaue, car moult souvent elles agrandissent leur lait, et s'il n'est bien frais ou qu'il y ait eaue, il tournera. Et icelluy lait boulez premièrement et avant que vous y mettez rien, car encore tourneroit-il: puis broiez premièrement gingembre pour donner appétit, et safran pour jaunir: jàsoit-ce que qui le veult faire lyant de moieulx d'œufs filés dedans, iceulx moieulx d'œufs jaunissent assez et si font lioison, mais le lait se tourne plus tost de moyeulx d'œufs que de lioison de pain et du safran pour colourer. Et pour ce, qui veult lier de pain, il convient que ce soit pain non levé et blanc, et sera mis tremper en une escuelle avec du lait ou avec du boullon de la char, puis broyé et coulé par l'estamine; et quant vostre pain est coulé et vos espices non coulées, mettez tout boulir avec vos pois; et quant tout sera cuit, mettez adonc vostre lait et du saffren. Encores povez-vous faire autre lioison, c'est assavoir des pois mesmes

Cretonnée von neuen Erbsen oder Bohnen.
Kocht sie, bis sie zerfallen, und laßt sie abtropfen. Nehmt dann recht frische Milch von der Kuh, aber sagt der Milchverkäuferin, ihr wollt nicht davon, wenn sie Wasser hinzugetan hat, denn allzu häufig strecken sie ihre Milch. Wenn sie aber nicht sehr frisch ist oder Wasser enthält, wird sie sauer. Und kocht diese Milch zuerst, bevor ihr etwas hineingebt, denn sonst wird sie auch sauer. Dann mahlt zuerst Ingwer, um den Appetit zu erregen, und Safran, der gelben Farbe wegen. Man kann auch, wenn man will, mit geschlagenem Eigelb legieren, und dieses Eigelb färbt auch, indem es legiert, doch gerinnt die Suppe viel leichter mit Eigelb als mit Brot und mit Safran zum Färben. So müssen die, welche mit Brot binden wollen, weißes Brot ohne Hefe nehmen, es in eine Schale tun und in Milch oder Fleischbrühe einweichen, es dann zerstoßen und durch ein Beutelsieb treiben. Und wenn Euer Brot durch das Beutelsieb getrieben ist, gebt es zu den Erbsen und fügt eure Gewürze hinzu, ohne sie durch das Beutelsieb zu treiben, und bringt alles zum Ko-

ou des fèves broyées, puis coulées; si prenez laquelle lioison que mieulx vous plaira. Car quant est de lioison de moieulx d'œufs, il les convient batre, couler par l'estamine, et filer dedens le lait, après ce qu'il a bien boulu et qu'il est trait arrière du feu avec les pois nouveaulx ou fèves nouvelles et les espices. Le plus seur est que l'en preigne un petit du lait, et destremper les œufs en l'escuelle, et puis encores autant, et encores, tant que les moieux soient bien destrempés à la cuillier avec foison de lait, puis mettre ou pot qui est hors du feu, et le potage ne se tournera point. Et se le potage est espois, allayez-le de l'eaue de la char. Ce fait, il vous convient avoir poucins escartelés, veel, ou petite oé cuit, puis frit, et en chascune escuelle mis deux ou trois morceaulx et du potage pardessus (MP 159).

chen. Wenn dies alles gar ist, dann gebt Eure Milch hinzu und den Safran. Ihr könnt auch anders binden, nämlich mit zerstoßenen und dann gefilterten Erbsen oder Bohnen. Doch könnt Ihr die Bindung machen, die Euch am besten gefällt. Und wenn Ihr eine Legierung mit Eigelb macht, muß man sie schlagen, durch das Beutelsieb treiben und in die vom Feuer genommene Milch gießen, wenn sie bereits mit den frischen Erbsen oder Bohnen gut gekocht hat. Das sicherste Mittel ist, ein wenig [kochende] Milch zu nehmen und das geschlagene Eigelb in einer Schale damit zu mischen, und dann immer mehr und mehr [Milch], damit das Eigelb in reichlich Milch aufgelöst ist. Dies in den Topf geben, der immer noch nicht auf dem Feuers steht, und so wird die Suppe nicht gerinnen. Wenn die Suppe zu sehr dickt, verdünnt sie mit Fleischbrühe. Wenn sie fertig ist, muß man Stücke vom Hähnchen, vom Kalb oder »Gänseklein« haben, die vorher gekocht und dann gebraten wurden, und sie zu zweien oder dreien in jeder Schale verteilen, dann kommt die Suppe darüber.

Die »neuen Erbsen« in diesem Rezept sind nicht die jungen Erbsen, die wir gewohnt sind. Eine italienische Neuerung, die am Hof Ludwigs XIV. Furore machte, sind unsere jungen Erbsen, die unreifen Früchte des *Pisum sativum*. Damals waren sie sehr geschätzt und sind es noch heute, weil sie auf der Zunge zergehen und nicht wie Hülsenfrüchte schmecken. Die neuen Erbsen des Mittelalters sind, weil sie reif geerntet wurden, wahrscheinlich viel mehliger. Wir empfehlen Ihnen also, für die Cretonnée getrocknete Erbsen zu nehmen, deren Haut entfernt wurde und die schnell gar werden. Die Cretonnée ist eine Samtsuppe die mit *la petite oé* serviert wird, das sind kleine Geflügel- oder Kalbfleischstücke, die zuerst gekocht werden und dann noch einmal kurz auf den Herd kommen, damit sie knusprig werden. Was man im Mittelalter *petite oé* nennt, bezeichnet nicht, wie manche zu glauben scheinen, eine kleine Gans (*oie*), sondern die Schlachtabfälle der Gans (Rezept Nr. 58), »Gänseklein«.

Die Einzelheiten und Empfehlungen zur Vorsicht in diesem Rezept zeigen, daß der Autor kein professioneller Koch ist und das Legieren mit Eigelb fürchtet, was ja tatsächlich keine leichte Angelegenheit ist. Er gibt uns also hier mehrere Arten an, das Erbsenpüree zu binden, zwei völlig ungefährliche mit Brot und zerdrückten Erbsen, die dritte, etwas riskantere, mit Eigelb. Wir empfehlen Ihnen letztere, die zwar als schwierig bekannt ist, aber mit ihr erzielt man die beste Sämigkeit.

Dieses Rezept, dem *Ménagier de Paris* entnommen, einem Traktat häuslichen Wirtschaftens, das gegen Ende des 14. Jahrhunderts ein Pariser Bürger für seine junge Frau schrieb, um sie in der Führung eines Haushalts zu unterrichten, macht deutlich, daß sein Verfasser um gute Haushaltsführung besorgt war. Das Mißtrauen gegenüber gewissen skrupellosen Händlern, die ohne Zögern ihre Milch mit Wasser verdünnen und sie so unbrauchbar machen, erscheint uns aus dem Blickwinkel eines Familienvorstands berechtigt, da er sein Haus mit Umsicht versorgen muß.

Cretonnée mit neuen Erbsen oder dicken Bohnen

Zutaten:

350 g Erbsenbruch
1/2 l Milch
3 Eigelb
1 Teelöffel Ingwerpulver
Safranfäden (nach Belieben)
gekochte Fleischreste (Geflügel oder Kalb) oder Geflügelleber
Schweineschmalz

Zubereitung:

Die Erbsen behutsam waschen und eine Stunde lang in kaltem Wasser quellen lassen.

Die Erbsen in 2 Liter Wasser kochen, bis sie beinahe zu einem Püree zerfallen. Zum Schluß salzen. Herausnehmen.

Die Milch zum Kochen bringen und Ingwer und Safran zugeben. Die Eigelb mit dem Schneebesen schlagen, durch ein Sieb passieren und langsam die kochend heiße Milch hinzufügen, dabei ständig mit dem Schneebesen schlagen.

Die Erbsen wieder erhitzen und die Milch mit dem Eigelb zugeben. Nicht aufkochen lassen! Abschmecken. Kurz vor dem Servieren die kleinen Fleischstücke, die man zuvor in Schmalz goldbraun gebraten hat, in die Suppenschüssel geben. Man kann sie auch getrennt auf einer Platte servieren, dann können sich die Gäste nach Gutdünken bedienen.

2. Suppe mit frischen Kräutern Potage d'herbes fraîches

Menestra d'herbette.
Togli le foglia di viete, et un pocha di borragine et fagli dare un boglio in acqua chiara bogliente quando le mitti dentro; dapoi cacciale fore et battile molto bene col coltello. Et togli un pocho de petrosillo, et di menta cruda, et similmente le batti co le ditte herbe. Dapoi macinale bene nel mortale, et mittile in una pignatta con brodo grasso et falle bollire un pocho. Et se ti pare mettevi un pocho di pepe (Ma 146).

Kräutersuppe.
Nimm die Blätter von Mangold und ein wenig Borretsch, gib sie in kochendes reines Wasser und laß sie darin kochen. Nimm sie dann heraus und hacke sie mit dem Messer recht fein. Und nimm ein wenig Petersilie und rohe Minze und hacke sie zusammen mit den »Blättern«. Dann zerstampfe alles im Mörser und gebe es in einen Topf mit fetter Brühe und laß es ein wenig kochen. Wenn du willst, kannst du ein wenig Pfeffer zugeben.

Ein hervorragendes Rezept für eine Kräutersuppe, überraschend durch das leichte Minze-Aroma. Wir empfehlen, Rinderbouillon zu nehmen, ihr Geschmack harmoniert besser als die Hühnerbouillon mit dem leicht bitteren Geschmack der Kräuter. Der Borretsch, eine alte Sammelpflanze, die an unseren Feldwegen wächst, ist in gewissen Regionen Deutschlands und Italiens auf dem Markt zu kaufen und wird noch heute wegen ihrer rauhen und behaarten Blätter, die etwa für die Zubereitung der Farce von Ravioli auf Genueser Art unverzichtbar sind, allgemein angebaut. Wir wagen es nicht, unseren Lesern zu empfehlen, dieses Rezept mit dem wilden Borretsch zu versuchen, dessen hübsche blaue Blüte, zusammen mit der Kapuzinerkresse und anderen, die Salate des 17. und 18. Jahrhunderts in Frankreich und England schmückte. Sie ist für diese zugleich schlichte und snobistische Verwendung immer noch bei Harrod's, Londons großem und vornehmen Kaufhaus, zu haben! Man kann den Borretsch hier durch Spinat oder Salatgemüse ersetzen.

Diese angenehme, aber sehr schlichte Suppe, gibt uns noch nicht die Gelegenheit, das Talent des Maestro Martino gebührend einzuschätzen; er ist der Autor des *Libro de arte coquinaria*, von dem wir viele Rezepte übernommen haben. Sie werden im weiteren Verlauf das Genie dieses großen Küchenchefs kennenlernen, der sein Handwerk gegen Mitte des 15. Jahrhunderts zur Freude des Patriarchen von Aquileja in Rom ausübte.

SUPPE MIT FRISCHEN KRÄUTERN

ZUTATEN:

1 1/2 l *Rinderbouillon (Rezept Nr. 152)*
500 g Mangoldblätter
1 gute Handvoll Spinat, Römischer Salat oder Eskariol (Sommer- oder Winterendivie)
1 Strauß Petersilie
1 Strauß frische Minze
Salz
Pfeffer

ZUBEREITUNG:

Den Mangold verlesen und waschen (wenn Sie Rippenmangold haben, nehmen Sie nur die Blätter, die Rippen können Sie für ein anderes Rezept nehmen). Den Spinat oder das andere Grün waschen. Alles in kochendes Salzwasser geben und 5 bis 7 Minuten unbedeckt kochen lassen, damit die grüne Farbe bewahrt bleibt. Herausnehmen und sorgfältig abschütteln.

Mit einem große Messer oder Hackmesser auf einem Brett fein schneiden oder im Mixer zerkleinern.

Petersilie und Minze hacken und nacheinander im Mixer zerkleinern. Vorsicht, die Minze nicht zu früh hacken, sonst wird sie schwarz und verliert ihr Aroma!

Die Bouillon zum Kochen bringen. Die gegarten Kräuter zugeben, außerdem etwa 3 Eßlöffel Petersilie und, nach Geschmack, 2 oder 3 Eßlöffel Minze. Warten, bis die Brühe aufkocht. Abschmecken. Pfeffern. Servieren.

Der Geschmack frischer Kräuter kommt von der Petersilie und der Minze; wieviel man davon nimmt, ist also Geschmacksache, während das vorgegarte Grüngemüse für die Konsistenz sorgt.

3. KÜRBISSUPPE
POTAGE DE COURGE

Congordes.
Pour congordes, pelés les et deccopés par rouelles, et ostés la graine dedens, s'il en ya, et les mettés pourboulir en une poelle, et puis les purés, et mettés de l'eaue froide par dessus, et les espregnés et hachés bien menu; et puis les assemblés avec boullon de beuf et d'autre char, et y mettés du lait de vache, et destrampés demy douzaine de moyeux d'œufs, passés par l'estamine parmy le boullon avec le lait, et, au jours maigrez, de purée de poys ou de lait d'amandes, et du beurre (VT XV 181).

Kürbisse.
Was die Kürbisse betrifft, so schält und schneidet sie in Scheiben und entfernt die Kerne, so welche darin sind, und gart dies in einer Pfanne. Nehmt sie heraus und übergießt sie mit kaltem Wasser, drückt sie gut aus und hackt sie recht fein. Mischt Brühe vom Rind oder anderem Fleisch bei und gebt Kuhmilch hinzu. Verrührt in der Brühe und der Milch ein halbes Dutzend Eigelb, die zuvor durch ein Beutelsieb getrieben wurden. An mageren Tagen [nimmt man für diese Suppe] Wasser, in dem Erbsen gekocht wurden, oder Mandelmilch und Butter.

Wir wählen hier die Version für magere Tage, die den feinen Geschmack von Mandelmilch und Butter mit dem süßen des Kürbisses verbindet.

In der Familie der Kürbisgewächse, welche Gurken, Melonen, Kürbisse umfaßt, ist die Art der Kürbisse, *cucurbita*, reichhaltig und bedeutend. Aber unser alter Kontinent kannte weder den heutigen Kürbis *Cucurbita pepo* noch den Riesenkürbis *Cucurbita maxima*, die beide aus Amerika zu uns gekommen sind. Wenn man sich vom Originaltitel dieses Rezeptes *congordes* nicht irreführen läßt und wenn man sich an die Darstellungen der Ernte von *zucche* (Kürbissen) in den zahlreichen Handschriften des *Tacuinum sanitatis* erinnert, einem medizinischen Traktat arabischen Ursprungs, in dem die medizinischen Eigenschaften verschiedener Nahrungsmittel aufgezählt werden, dann kommt man darauf, daß es sich in diesem Rezept wahrscheinlich um den Flaschenkürbis (*Lagenaria vulgaris*) handelt, von dem wir wissen, daß er im Mittelalter in Westeuropa sehr wohl bekannt war, er stammt nämlich aus Süd-Asien. Aber mangels Flaschenkürbis kann man dieses Gericht auch mit unserem Kürbis zubereiten!

Der *Viandier*, aus dem dieses Rezept stammt, ist, wie Bruno Laurioux sagt, ein Bestseller seiner Zeit. Man schreibt ihn dem Koch Karls V. und Karls VI. zu, genannt Taillevent; das Buch muß jedoch schon früher, gegen Ende des 13. Jahrhunderts, zusammengestellt worden sein. Das bezeugt die Existenz einer Handschrift, die wahrscheinlich älter ist als Taillevent.

Bei unserer Auswahl von Rezepten stützen wir uns auf vier Handschriften dieses Textes, die kürzlich von Terence Scully ediert wurden, aber auch auf eine Ausgabe aus dem 15. Jahrhundert, deren Aufbau weniger klar ist, die aber manchmal inhaltlich mehr zu bieten hat. In dieser Ausgabe sind auch Rezepte zu finden, die mit dem *Viandier* nichts zu tun haben.

Kürbissuppe

Zutaten:

2,5 kg Kürbis
1 l Mandelmilch *aus gut 1 l Wasser und 100 g Mandeln (Rezept Nr. 151)*
60 g Butter
Salz

Zubereitung:

Den Kürbis schälen und entkernen. In Stücke schneiden, in sprudelndes Salzwasser geben und 10 Minuten kochen. Er muß fest bleiben und darf nicht zerfallen. Man muß also den Kochvorgang beobachten, denn die Garzeit hängt davon ab, welches Gemüse Sie verwenden.

Herausnehmen und kräftig ausdrücken, bis das restliche Wasser entfernt ist. Mit dem Messer oder im Mixer kleinhacken. Mandelmilch und Butter zugeben und aufkochen lassen.

Salzen und servieren.

4. Kichererbsen-Suppe
Potage de pois chiches

Brodo de ciceri rosci.
Per farne octo menestre: togli una libra et meza di ciceri et lavali con acqua calda et poneli in quella pignatta dove gli vorrai cocere et che siano sciutti et mettevi meza oncia di farina, cioè del fiore, et mettevi pocho olio et bono, et un pocho di sale, et

Brühe mit roten Kichererbsen.
Um acht Schalen zu machen: Nimm anderthalb Pfund Kichererbsen und wasche sie in warmem Wasser, laß sie abtropfen und gib sie dann in den Topf, in dem du sie kochen willst. Gib eine halbe Unze Mehl hinzu, das heißt vom feinsten, ein wenig

circha vinti granelli di pepe rotto, et un pocha di canella pista, et mena molto bene tutte queste cose inseme con le mani. Dapoi ponivi tre bocali d'acqua et un pocha di salvia, et rosmarino, et radici di petrosillo, et fagli bollire tanto che siano consumati a la quantitade di octo menestre. Et quando sono quasi cotti mittivi un pocho d'oglio. Et se lo brodo si facesse per ammalati non gli porre né olio né spetie (Ma 147).

gutes Öl, ein wenig Salz, etwa zwanzig grob zerkleinerte Pfefferkörner und ein wenig gemahlenen Zimt. Dann menge all diese Dinge mit den Händen gut zusammen. Gib dann drei Maß Wasser hinzu, ein wenig Salbei, Rosmarin und Petersilienwurzel. Koche dies, bis es auf die Menge von acht Schalen einkocht. Und wenn sie fast gar sind, gieße ein wenig Öl hinein. Wenn man diese Brühe für Kranke zubereitet, gibt man weder Öl noch Gewürze hinein.

Im Mittelalter konnten die Köche zwischen roten und weißen Kichererbsen wählen. Das lehrt der Autor des *Ménagier de Paris* seine frischangetraute Frau. Diese Suppe dürfte die Franzosen mit den Kichererbsen aussöhnen, denn sie verachten sie und denken bei Kichererbsen nur an Couscous. Diese sämige, aromatische und nahrhafte Suppe kann im Winter eine hervorragende Einzelmahlzeit darstellen. Im Prinzip sollte die Petersilienwurzel sie schmackhafter machen, eine im Mittelalter gebräuchliche Pflanze, die in Frankreich verschwunden ist, aber in den germanischen und slawischen Ländern immer noch geschätzt wird, um den Borschtsch und die Fleischbrühen zu würzen. Man kann statt dessen auch gewöhnliche Petersilienstengel oder die Wurzel einer Gemüsepflanze wie der Pastinake nehmen.

KICHERERBSEN-SUPPE

ZUTATEN:

200 g Kichererbsen
1 Eßlöffel Mehl
2 Eßlöffel Olivenöl
10 grob zerkleinerte Pfefferkörner
1/2 Teelöffel Zimtpulver
frischer Salbei
Rosmarin
Petersilienwurzel oder -stengel
Salz

ZUBEREITUNG:

Am Abend zuvor: Die Kichererbsen verlesen und waschen (man sollte sichergehen, daß sie vom selben Jahr sind und das zum Kochen verwendete Wasser ein wenig Kalk enthält, sonst garen sie nur ungern und bleiben fest). Die ganze Nacht in lauwarmem Wasser einweichen.

In einem großen Topf Mehl, Öl, Pfeffer und Zimt vermischen. Die Kichererbsen zugeben und alles erneut mit den Händen vermischen. Mit kaltem Wasser bedecken, zum Kochen bringen. Wenn nötig, den grauen Schaum abschäumen.

Einen schönen Zweig Salbei, Rosmarin und einen Strauß Petersilie oder die Petersilienwurzel hinzugeben. Etwa 2 Stunden auf kleiner Flamme köcheln lassen, bis die Kichererbsen ganz weich sind. Dann salzen. Es ist schwierig, die genaue Kochzeit vorauszusagen, denn sie hängt stark von der Qualität und der Frische des Gemüses ab.

5. ZANZARELLI

Per fare zanzarelli.
Per farne dece menestre: togli octo ova et meza libra de caso grattugiato, et un pane grattato, et mescola ogni cosa inseme. Dapoi togli una pignatta con brodo di carne giallo di zafrano et ponila al focho; et como comincia a bollire getta dentro quella materia, et dagli una volta col cocchiaro. Et como te pare che sia presa toglila dal focho, e fa' le menestre, et mittivi del le spetie di sopra (Ma 137-138).

Um Zanzarelli zu machen.
Um zehn Schalen zu machen: Nimm acht Eier, ein halbes Pfund geriebenen Käse und Semmelmehl, dann vermenge diese Dinge miteinander. Nimm einen Kessel mit Fleischbrühe, die von Safran gelb gefärbt ist, und setze ihn aufs Feuer. Wenn sie zu kochen beginnt, gib diese Masse hinein und rühre einmal mit dem Löffel um. Und wenn dir scheint, daß all dies dick ist, nimm den Topf vom Feuer und fülle die Schalen. Dann streue Gewürze darüber.

Eine Suppe, die Ihren römischen Freunden gefallen wird, denn sie werden sich an die etwas rauhe Sämigkeit der *stracciatella* erinnert fühlen, einer in Rom äußerst beliebten Suppe, deren Zutaten denen der *zanzarelli* sehr nahekommen, wenn man von den Gewürzen absieht.

Auch aus kulinarischer Sicht ist dieses Rezept interessant, denn hier werden die Eier nicht wie gewohnt als Bindemittel verwandt. Im Gegenteil ist man bemüht, sie »gerinnen« zu lassen, um der Suppe ihre besondere »Körnigkeit« zu verleihen, die mit dem Semmelmehl und dem Käse eine harmonische Mischung eingeht.

Zanzarelli

Zutaten:

2 l Hühnerbouillon *(Rezept Nr. 152)*
(man benötigt mehr als gewöhnlich, denn es schmeckt so gut, daß man sich zwangsläufig mehrmals bedient!)
8 Eier
200 g frisch geriebener Parmesan
80 g geriebenes trockenes Brot oder Semmelmehl
Safranfäden
Gewürzmischung in Pulverform
(Zimt, Ingwer, Muskatnuß, Pfeffer)

Zubereitung:

Den geriebenen Käse, das Semmelmehl und die geschlagenen Eier vermengen, die Masse sollte einen nicht zu dicken Teig ergeben. Je nach Geschmack und gewünschter Konsistenz kann man von jeder Zutat etwas mehr oder weniger nehmen.

Die Bouillon zum Kochen bringen. Sobald sie kocht, ein halbes Dutzend Safranfäden zugeben. Einige Minuten ziehen lassen, bis die Bouillon eine schöne goldene Färbung bekommt. Erneut zum Kochen bringen und die Masse auf einmal zugeben. Mit dem Schneebesen vermischen und warten, bis die Suppe aufkocht. Ein oder zweimal aufkochen lassen, bis sich die Flüssigkeit abhebt. Die zuvor cremige Suppe nimmt durch das Garen der Eier einen leicht körnigen Charakter an.

Vom Feuer nehmen. Abschmecken. Großzügig mit Gewürzen bestreuen und servieren.

6. LASAGNE

De lasanis.
Ad lasanas, accipe pastam fermentatam et fac tortellum ita tenuem sicut poteris. Deinde, divide eum per partes quadratas ad quantitatem trium digitorum. Postea, habeas aquam bullientem salsatam, et pone ibi ad coquendum predictas lasanas. Et quando erunt fortiter decocte, accipe caseum grattatum.
Et, si volueris, potes simul ponere bonas species pulverizatas, et pulveriza cum istis super cissorium. Postea, fac desuper unum lectum de lasanis et iterum pulveriza; et desuper, alium lectum, et pulveriza: et sic fac usque cissorium uel scutella sit plena. Postea, comede cum uno punctorio ligneo accipiendo (Lc 412).

Über Lasagne.
Um Lasagne zu machen, nimm den aufgegangenen Teig und rolle ihn aus, so dünn wie du kannst. Dann teile ihn in drei Finger große Quadrate. Nimm dann gesalzenes und kochendes Wasser und laß obengenannte Lasagne darin garen. Und wenn sie recht gar sind, gib geriebenen Käse hinzu.
Und wenn du willst, kannst du auch gute gemahlene Gewürze hinzutun und sie darüber mahlen, wenn sie schon auf dem Schneideteller sind. Dann lege eine Lage Lasagne darüber und mahle [Gewürze] desgleichen; und darüber eine weitere Lage und mahle [Gewürze], das so lange, bis der Schneideteller oder die Schale voll sind. Dann ißt man sie, indem man sie mit einem spitzen Holzstäbchen nimmt.

Dieses Rezept ist unter mehr als nur einem Gesichtspunkt interessant. Die Lasagne ist im 14. Jahrhundert zwar keine Neuerung, aber die beschriebene Zubereitung ist originell. Im mittelalterlichen Italien sind Teigwaren geläufig, auch wenn diese Tatsache eine rührende Legende zerstört, denn Marco Polo hat an ihrer Verbreitung keinerlei Anteil; man findet nämlich die Erwähnung von *maccaroni* (im modernen Italienisch *maccheroni*) bereits in Texten, die vor seiner Existenz verfaßt wurden. Die Lasagne, Ergebnis des Zerschneidens einer Teigplatte, die mit dem Nudelholz ausgerollt wird, sind wahrscheinlich Nachfolger der römischen *laganae*, die in dem Ende des 4. Jahrhunderts n.Chr. zusammengestellten Traktat des Apicius mit zwei Rezepten vertreten sind. Und das, obwohl die Garmethoden — Lasagne in kochendem Wasser, *laganae* im Ofen — aus ihnen recht unterschiedliche Produkte machen. Auch die Teigwaren *(pasta)*, eine Mischung aus Weizenmehl und Wasser, sind durch ein Garen in feuchter Hitze gekennzeichnet: kochendes Wasser in Westeuropa, Wasserdampf in China.

Die Lasagne stellt den Endpunkt einer Teigwarenzubereitung dar, die seit der Antike bekannt ist; die Herkunft der *maccaroni* und *vermicelli* hingegen, die in den kulinarischen Traktaten des mittelalterlichen Italiens zuerst erwähnt werden, ist wesentlich ungewisser. Auch die *ravioli* und *tortelli* bilden eine eigene Kategorie, die ziemlich schlecht abgegrenzt ist (Rezept Nr. 8). *Maccaroni* und *vermicelli* entstehen tatsächlich durch neue Techniken im Hinblick auf die Zubereitung des ausgerollten Teigs: Man formt ihn mit den Fingern zu kleinen Stäbchen oder Würmchen, dann durchbohrt man die *maccaroni*, indem man in das Teigstück einen feinen Metallstift flach einsticht und sie dann über dem Tisch ausrollt. Die Zubereitung eines Gerichts mit *maccaroni* erforderte Geduld und viel Zeit! Eine weitere Neuerung: Diese Teigwaren können ihrer neuen Form wegen auch manchmal durch Trocknen konserviert werden, was bei den Lasagne nicht der Fall war.

Um auf unsere Lasagne zurückzukommen: In dem Rezept, das wir ausgewählt haben, werden sie erstaunlicherweise mit einem gegangenen Teig, *pastam fermentatam* auf Latein, das heißt mit Hefeteig hergestellt; und hier ist kein Zweifel möglich, es handelt sich wirklich um einen Gärstoff, denn im vorausgehenden Rezept, gibt man *fermento* zu einem Teig für Krapfen, um sie »wachsen« zu lassen (*ut crescat*).

Andere italienische Bücher bieten Rezepte für Lasagne mit einem Teig aus Mehl und Wasser an, die an fetten Tagen in einer Fleischbrühe und an mageren Tagen in Mandelmilch gekocht werden. Hier werden die Lasagne ganz einfach in Salzwasser gekocht.

Weitere Merkwürdigkeiten, die uns dazu bewegt haben, diese Version aus dem *Liber de coquina* auszuwählen: Es ist das einzige Rezept, das genau erklärt, wie Lasagne gemacht werden — ein ausgerollter Teig, der dann in Quadrate mit einer Länge von drei Fingern zerschnitten wird—, und wie man sie ißt, nämlich mit Hilfe eines spitzen Holzstäbchens. Hier kündigt sich die Notwendigkeit eines Bestecks an, mit dem man die heiße Lasagne essen kann, ohne sich die Finger zu verbrennen. Bis zur Gabel ist es nicht mehr weit (siehe *Küchengeschichten*)!

Man kann sich natürlich fragen, welche Gründe dazu führen, daß man die Lasagne wie Brot mit einem Hefeteig macht, anstatt mit einer einfachen Mischung aus Mehl und Wasser. Heute bestehen die Lasagne, wie alle frischen Teigwaren in Italien, aus Mehl und Eiern. Wir haben die Erfahrung gemacht, daß der in kochendem Wasser gegarte Hefeteig eine gewisse Elastizität besitzt, die dem ohne Hefe fehlt, und diese Konsistenz kommt dem *al dente* recht nahe, das kurz gegarte Teigwaren auszeichnet!

Wie dem auch sei, diese Lasagne, nicht fett, aber auch nicht trocken, heute würde man sie als leicht bezeichnen, sind jedenfalls einen Versuch wert. Sie mit frisch geriebenem Parmesan schmackhaft zu machen — zögern Sie nicht, hier Ihre Großzügigkeit unter Beweis zu stellen —, dazu Gewürze und Pfeffer aus der Mühle, ist unserer Ansicht nach eine der feinsten Zubereitungsarten, die es für Teigwaren gibt, obwohl sie recht einfach erscheint.

Lasagne

Zutaten:

Teig

375 g Mehl
25 cl Wasser
7 g Salz
20 g Bäckerhefe oder 8 g gefriergetrocknete Hefe
100 g Parmesan Reggiano, frisch gerieben
Pfeffer aus der Mühle

Gewürzmischung

1 Teelöffel Kardamompulver
1 Teelöffel Muskatnußpulver
1/4 Teelöffel gemahlener Pfeffer
1/4 Teelöffel Zimtpulver

Zubereitung:

Die Hefe in ein wenig Wasser von den vorgesehenen 25 cl verrühren. Bei gefriergetrockneter Hefe die Gebrauchsanweisung befolgen. Die Mischung etwa zehn Minuten ruhen lassen. Die aufgelöste Hefe zum Mehl geben und vermischen. Den Rest Wasser, in dem man das Salz aufgelöst hat, dazugießen. Zu einem nicht zu festen Teig mischen.

Etwa zehn Minuten wie einen Teig für Brot oder Pizza kneten, bis er glatt und elastisch ist; beim Schneiden mit dem Messer sollen eine Vielzahl von kleinen Löchern sichtbar werden.

Mit einem Tuch bedeckt an einem lauwarm temperierten Ort etwa 1 Stunde lang ruhen lassen. Der Teig geht auf.

Den Teig schnell kneten, um ihm eine neue Form zu geben, und mit der Rolle auf eine Stärke von 1,5 mm ausrollen. Die Arbeitsfläche gut mit Mehl bestreuen, denn der Teig neigt dazu, zu kleben. In Quadrate von etwa 5 Zentimetern Seitenlänge zerschneiden und diese auf einem großzügig mit Mehl bestreuten Tablett aufbewahren. Wenn man nicht über eine sehr große Arbeitsfläche verfügt, muß man in mehreren Etappen vorgehen, um den Teig ganz auszurollen.

Während dieser Zeit einen großen Topf mit gut gesalzenem Wasser zum Kochen bringen, dem man vielleicht etwas Öl beigibt, damit die Teigwaren beim Kochen nicht aneinanderkleben.

Den Parmesan reiben und die Gewürzmischung zubereiten.

Eine feuerfeste Form im Ofen warm stellen.

Wenn das Wasser große Blasen wirft, die Lasagne so schnell wie möglich ins Wasser geben, dabeibleiben und sofort umrühren, damit sie nicht aneinanderkleben. Sobald die Lasagne hochsteigen, nach etwa 2 oder 3 Minuten, sind sie gar. Probieren, ob sie gar sind. Sie dürfen nicht mehr nach Mehl schmecken, müssen elastisch und nicht weich sein.

Mit einem Schaumlöffel herausnehmen, und die erste Lage auf die vorgewärmte Form legen, ohne ihnen allzuviel von der Kochflüssigkeit zu nehmen. Großzügig mit Parmesan und einer guten Prise Gewürzmischung überstreuen, dann zwei oder drei Umdrehungen aus der Pfeffermühle zugeben. So immer weiter vorgehen, bis keine Lasagne mehr da ist. Zum Schluß eine gute Lage Parmesan mit Gewürzen und Pfeffer darübergeben. Sofort in vorgewärmten tiefen Tellern servieren.

7. FLEISCHRAVIOLI
RAVIOLI DE CHAIR

Ravioli in tempo di carne.

Per farne dece menestre: togli meza libra di caso vecchio, et un pocho d'altro caso grasso et una libra di ventrescha di porcho grassa overo una tettha di vitella, et cocila allesso tanto che sia ben disfatta. Dapoi battila bene et togli di bone herbe ben battute, et pepe, garofoli, et zenzevero; et giongendovi il petto d'un cappone pesto serebe migliori. Et tutte queste cose distemperale inseme. Dapoi fagli la pasta ben sottile, et liga questa materia ne la pasta como vole essere. Et questi ravioli non siano maiori d'una meza castagna, et ponili accocere in brodo di cappone, o di carne bona, facto giallo di zafrano quando bolle. Et lassali bollire per spatio de doi paternostri. Dapoi fanne menestre, et mettili di sopra caso gratto et spetie dolci mescolate inseme. Et simili raffioli si posson fare di petto di fasani et starne et altre volatile (Ma 144).

Ravioli in Fleischbrühe.

Um zehn Schalen zu erhalten: Nimm ein halbes Pfund alten Käse und ein wenig anderen fetten Käse, ein Pfund fettes Bauchfleisch vom Schwein oder auch Euter vom Kalb, koche dies in Wasser, bis es zerfällt. Dann hacke es gut und nimm gute Kräuter, kleingehackt, außerdem Pfeffer, Nelken und Ingwer. Und wenn du noch gehackte Kapaunbrust dazugibst, ist es noch viel besser. Und vermenge all diese Dinge gut miteinander. Dann mache den Teig recht fein und umschließe diese Mischung mit Teig, wie es sein muß. Und diese Ravioli sind nicht dicker als eine halbe Kastanie. Lasse sie in einer Brühe vom Kapaun oder gutem Fleisch garen, der du Safran zufügst, wenn sie kocht. Und lasse sie so lange kochen, wie es dauert, bis man zwei *Paternoster* gesprochen hat. Dann bereite deine Schalen und gib geriebenen Käse darüber und milde Gewürze, die miteinander vermengt sind. Man kann Ravioli ebenso mit der Brust vom Fasan, Rebhuhn und anderem Geflügel machen.

Dieses Rezept erfordert Phantasie und Geduld, aber das Ergebnis ist eines großen Küchenchefs würdig! Der Geschmack der Füllung hängt vom gewählten Fleisch und den aromatischen Kräutern ab. Wir haben diese Ravioli mehrmals für kleine und große Bankette zubereitet und bei jeder Gelegenheit die Zutaten verändert. In dieser Bearbeitung haben wir frischen Käse, gepökelte Schweinebrust, Hühnchenbrust, Petersilie und ein Blättchen frische Minze vermischt — eine im Grunde recht klassische Verbindung, der jedoch der Anflug von Pfefferminzgeschmack eine unerwartete Delikatesse verleiht. Überdies ist die Idee exzellent, die Ravioli vor dem Servieren mit geriebenem Parmesan zu überstreuen, der mit milden Gewürzen aromatisiert wurde. Vor allem nicht vergessen, daß die Ravioli kaum dicker sein dürfen als eine halbe Kastanie. Weniger fein bemessen, büßen sie allerdings nichts von ihrem Geschmack ein!

FLEISCHRAVIOLI

ZUTATEN:

1 1/2 l Hühnerbrühe *(Rezept Nr. 152)*

Teig
200 g Mehl
2 frische Eier

Füllung
300 g schwach gesalzene Schweinebrust
150 g Parmesan
100 g Frischkäse (Saint-Florentin, frischer Chèvre, Quark etc.)
1 Hühnerbrust (noch von der Zubereitung der Hühnerbrühe)
1 Strauß Petersilie
1 Bündel frische Minze
1/2 Teelöffel Pfefferpulver
1 Messerspitze Nelkenpulver
1/3 Teelöffel Ingwerpulver
7 bis 8 Safranfäden
2 gestrichene Eßlöffel Süßes Gewürz *(Rezept Nr. 150)*

ZUBEREITUNG:

Eine Hühnerbrühe zubereiten. Die Geflügelbrust für die Füllung ablösen, sobald sie gar ist. Die Brühe entfetten und Fleisch und Gemüse entnehmen.

Die Schweinebrust 1 1/2 Stunden in sanft sprudelndem Wasser garen, ohne sie zu verwässern. Wenn sie gar ist, auf einem Brett kleinhacken oder in den Mixer geben. Die Geflügelbrust, die Petersilie und die Minze ebenfalls kleinhacken. Alles mit dem Frischkäse vermischen. Man benötigt etwa 3 Eßlöffel Petersilie und 2 Eßlöffel Minze, kann aber dieses Verhältnis je nach Geschmack verändern. Mit Pfeffer, Nelken und Ingwer würzen. Geriebenen Parmesan je nach Geschmack und der Salzigkeit der Füllung zugeben. Diese sollte durchaus herzhaft, recht fest sein und perfekt abbinden.

Einen Tagliatelle-Teig bereiten, indem man das Mehl mit den Eiern verknetet. Den Teig äußerst fein ausrollen, wenn er homogen genug ist. Eine mechanische Nudelmaschine vom Typ Imperia ist zu empfehlen, um die beinahe durchsichtigen Teigplatten zu erzielen.

Auf der Hälfte einer Teigplatte haselnußgroße Häufchen der Füllung in regelmäßigem Abstand verteilen. Die andere Hälfte der Teigplatte darüberlegen und zwischen jeder »Nuß« kräftig andrücken, damit der Teig gut zusammenhaftet. Mit einem Teigrädchen, einem Ausstecher oder einem Messer in Quadrate zerschneiden. Je kleiner die Ravioli sind, desto hübscher wird das Gericht.

15 Minuten vor dem Servieren die Brühe erhitzen und zum Kochen bringen. Safran zugeben und ziehen lassen, bis die Flüssigkeit eine schöne goldene Farbe hat. Erneut zum Kochen bringen. Wenn die Brühe gut kocht, die Ravioli eines nach dem anderen und sehr schnell vom Topfrand aus hineinwerfen. Das Garen, etwa 5 bis 7 Minuten, überwachen und mit dem Schaumlöffel leicht auf die Ravioli drücken, damit sie in gutem Kontakt mit der kochenden Flüssigkeit bleiben. Im Prinzip sind sie gar, sobald sie an die Oberfläche steigen, aber man sollte immer eines kosten, um sicherzugehen. Die Ravioli mit der Brühe in eine Suppenschüssel schütten und servieren. Sechs Eßlöffel geriebenen Parmesan mit zwei Eßlöffeln süßem Gewürz mischen, das können die Gäste über ihre Suppe streuen, wenn sie es wünschen.

8. Weisse Ravioli oder süsse Klösschen
Ravioli blancs ou quenelles au sucre

Ravioli bianchi.
Piglia de bona probatura fresca he pistala molto bene poi azonze pistando un pocho de

Weiße Ravioli.
Nimm gute *probatura* und zerstampfe sie sehr gut. Dann gib, immer noch stamp-

butiro, zenzevero he canella. Et per una probatura azonze tre ghiari d'ova ben batuta et del zucaro honestamente. Et incorpora tute queste cose insieme. Poi fa li ravioli longhi he grossi uno dito. Poi imbratelli in bona farina. Et nota che questi voleno esser senza pasta. He falli bollire adasio che non si rompano. Como hano levato uno buglore levali fora he meteli in scutelle cum zucaro, canella, he li poi far ghialdi de zaffrano (Bü 5rv). *Notiz am Rand des Textes*: et se cum pasta li vorrai, falli.	fend, ein wenig Butter, Ingwer und Zimt hinzu. Für eine *probatura* gib drei gut geschlagene Eiweiß und geziemend Zukker hinzu. Vermenge all diese Dinge miteinander. Mache dann die Ravioli von der Länge und Dicke eines Fingers. Wälze sie in gutem Mehl. Beachte, daß diese Ravioli ohne Teig gemacht werden sollen (wenn du sie aber mit Teig machen willst, dann tu es). Lasse sie leicht kochen, damit sie nicht auseinanderbrechen. Wenn sie einmal gekocht haben, nimm sie heraus und gib sie in Schalen mit Zucker und Zimt. Du kannst sie mit Safran gelb färben.

Wir haben dieses Rezept in einer noch unveröffentlichten Handschrift gefunden, die sich in der Pierpont Morgan Library in Washington befindet. Fachleute halten sie für neapolitanischen Ursprungs, sie enthält viele Rezepte, die denen im Traktat über die Kochkunst von Maestro Martino ähneln, dieser hat aber keine »weißen Ravioli« aufgenommen. Aus verschiedenen linguistischen und strukturbedingten Gründen (insbesondere die Menüs, die dem Rezeptarium im eigentlichen Sinne angefügt sind), glauben wir, daß diese anonyme Handschrift von späterem Datum als das Werk von Maestro Martino ist.

Das vorliegende Rezept bezieht sich explizit auf Ravioli im Sinne einer mit Teig umhüllten Füllung, aber normalerweise fehlt hier der Teig, wie bei den heutigen »nackten Ravioli«. Nun gibt es in der italienischen Küche des Mittelalters etwa dreißig Rezepte für sogenannte Ravioli, und dieser Begriff bezeichnet tatsächlich ganz allgemein Nahrungsmittel, die in Teig zubereitet werden, wie die Ravioli in Brühe oder die Eier in Form von Ravioli von Maestro Martino (Rezept Nr. 7 und 120). Hier sieht man, daß die Namen der Gerichte nicht immer zuverlässig sind, schon gar nicht bei den Ravioli, die sich im 15. Jahrhundert auseinanderentwickelten, und zwar in zwei Kategorien: einmal als gefüllte Teigwaren, die in feuchter Hitze gegart und mit geriebenem Käse und Gewürzen überstreut und am Anfang der Mahlzeit serviert werden; außerdem als gefüllte Teigwaren, die gebraten werden und, mit Zucker überstreut oder Honig übergossen, am Ende der Mahlzeit serviert werden. Diese süßen Ravioli gehören schon fast zur Kategorie der Krapfen. Das vorliegende Rezept, bei dem die Ravioli gekocht, aber mit Zucker überstreut werden, könnte einen Moment des Zögerns in dieser Entwicklung darstellen.

Ravioli bianchi werden als erstes Gericht bei einem Bankett aufgetragen, das Sozzo Bandinelli für seinen Sohn gibt, als dieser am Dienstag, den

23. Dezember 1326 zum Ritter geschlagen wird — wir haben dieses prunkvolle ritterliche Fest schon erwähnt. Das sollte Sie nicht davon abhalten, diese Ravioli als Dessert zu servieren, da sie ja süß sind.

Man findet noch Käse mit dem Namen *provatura* im Süden Latiums und in Kampanien; er ist ein Weichkäse, der Fäden zieht wie Mozzarella, aber es ist nicht sicher, daß das die *probatura* des 15. Jahrhunderts war. Jedenfalls bestätigt die Verwendung dieser Käsesorte die südliche Herkunft der Handschrift Bühler.

WEISSE RAVIOLI

ZUTATEN:

600 g Käse
(milder Tomme aus Kuh- oder Schafsmilch oder Saint-Florentin oder Mozzarella)
20 g Butter in Zimmertemperatur
2 Eiweiß
einige Löffel Mehl
60 g Zucker
1 Teelöffel Ingwer
2 Teelöffel Zimt
Salz
gegebenenfalls einige Fäden Safran

ZUBEREITUNG:

Den Käse im Mörser zerdrücken und zusammen mit der Butter, dem Ingwer, einem Teelöffel Zimt, 50 g Zucker und einer Prise Salz zu einer homogenen Masse verarbeiten. Die folgende Zubereitung wird erleichtert, wenn man diesen Teig eine Zeitlang im Kalten ruhen läßt.Den restlichen Zucker und Zimt vermischen. Einen Teller mit Mehl füllen.

Jeweils einen gut gefüllten Eßlöffel der Masse herausnehmen und die »Ravioli« mit den Händen in Größe von gut einem Finger formen. In Mehl wälzen und auf einem Brett auslegen.

In einem recht großen Topf Wasser zum Kochen bringen. Die Ravioli ins sprudelnde Wasser geben, wenn sie fertig sind. Man muß äußerst vorsichtig vorgehen, darf nicht zu viele Ravioli auf einmal ins Wasser geben und muß zu starkes Kochen vermeiden, denn diese »Ravioli« sind empfindlich und zerbrechen leicht. Sobald sie an die Oberfläche steigen, mit einem Schaumlöffel herausnehmen und auf ein Brett legen.

Schließlich in so vielen Schalen, wie man Gäste hat, drei oder vier »Ravioli« verteilen; sie mit Zucker und Zimt überstreuen. Kalt oder lauwarm servieren.

9. GNOCCHI AUS FRISCHKÄSE
GNOCCHI DE FROMAGE FRAIS

Se vuoi i gnocchi.
Togli lo cascio fresco e pestalo: poscia togli la farina et intridi con tuorla d'uova a modo di migliacci. Poni il paiuolo al fuoco con acqua e quando bolle, poni lo triso in su in uno taglieri, fallo andare colla cazza nel paiuolo, e quando sono cotti, poni sopra li taglieri e getta su assai cacio grattugiato (Gu 33).

Wenn du Gnocchi willst.
Nimm frischen Käse und zerdrücke ihn. Nimm dann Mehl und mische es mit Eigelb, wie um *migliacci* zu machen. Setze einen mit Wasser gefüllten Kessel aufs Feuer, und wenn es zu kochen beginnt, lege die Mischung auf einen Schneideteller und laß sie von einer Kelle in den Kessel gleiten. Und wenn sie gar sind, lege sie auf die Schneideteller und überstreue sie mit viel geriebenem Käse.

Heute bezeichnet der Ausdruck *Gnocchi* in Wasser gegarte Teigbällchen auf der Basis von Mehl, von Brei aus Kartoffeln oder Kürbis und Eiern, oder flache Grießklößchen, die im Ofen überbacken werden. Nichts von all dem scheint im Mittelalter zu existieren; das ist nicht überraschend, denn die Kartoffel kam einige Jahrhunderte später aus Amerika zu uns. Hier sind die Gnocchi winzige Klöße, die aus Mehl, Frischkäse und Eigelb gemacht und im kochenden Wasser pochiert werden. In einem anderen italienischen Text bestehen die Gnocchi aus Mehl, Brotkrume und Eiern.

Sie können nur gewinnen, wenn Sie sich für diese Gnocchi entscheiden, auch wenn Sie einmal nicht mittelalterlich kochen wollen, denn sie sind einfach zuzubereiten, leicht und wohlschmeckend. Versuchen Sie sie auch zu einem Hasenpfeffer oder sogar als Beilage zu einigen unserer mittelalterlichen Fleischsuppen.

Dieses Rezept für Gnocchi wurde dem von Olindo Guerrini 1887 edierten Traktat entnommen. Im 19. Jahrhundert war es bei italienischen Gelehrten Brauch, aus Anlaß einer Hochzeit die Ausgabe eines kurzen Textes zu schenken, am liebsten nahm man eine literarische oder historische Kuriosität. So konnten sich auch seriöse Leute anläßlich einer

Hochzeit mit den Dingen des Alltags beschäftigen. In einer Zeit, als Geschichte nur von Politikern und Soldaten handelte, erhielt die Küche tatsächlich nur als Kuriosum Beachtung. Guerrini schenkte also seinem Freund Giosuè Carducci — der, wie er selbst, Professor in Bologna war und außerdem Dichter und zukünftiger Nobelpreisträger (1906) — zur Hochzeit seiner Tochter Laura die Edition dieses Traktats.

Dieses Traktat ist in demselben *codex* der Universitätsbibliothek von Bologna enthalten wie das, welches Francesco Zambrini herausgegeben hat, und geht ihm unmittelbar voraus. Beide befinden sich am Ende des Bandes, der übrigens, ganz entgegen den handschriftlichen Traditionen, nur literarische und fromme Texte enthält. Das Buch, das Laura Carducci als Geschenk erhielt, ist wie das andere in Toskanisch verfaßt (aber der Autor hat die Orthographie verändert); es gehört zu der Gruppe der Rezeptsammlungen für zwölf Gäste, wie die von S. Morpurgo und L. Frati edierten Texte und wie die unveröffentlichte Handschrift der Bibliothek von Nizza.

GNOCCHI AUS FRISCHKÄSE

ZUTATEN:

600 g Frischkäse der Doppelrahmstufe
(Fromage de Troyes, Saint-Céols, frischer Brie, Gervais etc.)
200 g Mehl
6 Eigelb
6 bis 8 Löffel frisch geriebener Parmesan
Salz

ZUBEREITUNG:

Den Käse zerdrücken und zur Creme verarbeiten. Sollte er etwas fest sein, ihn durch ein Sieb passieren. Mit der Hand dem Mehl untermischen. Salzen, dann die Eigelb zugeben. Mit der Hand vermischen, so daß man eine recht homogene Masse erhält, die weder zu fest noch zu weich ist.

Einen großen Topf mit Salzwasser erhitzen. Die Masse in einen Teller gießen. Wenn das Wasser kocht, teelöffelweise vom Teig nehmen und in den Topf gleiten lassen. Schneller geht es, wenn man das zu zweit macht.

Einige Minuten garen lassen. Die Gnocchi sind gar, wenn sie an die Oberfläche steigen. Abtropfen lassen, dann in einen vorgewärmten Teller geben. Großzügig mit geriebenem Parmesan überstreuen und sofort servieren.

10. Improvisierte Suppe
Potage improvisé

Souppe despourveue.
Aiez du percil et frisiez en beurre, puis gettez de l'eaue boulant dessus et faites boulir: et mettre du sel, et dréciez vos souppes comme en purée.
Aliter, à jour de char, prenez du chaudeau de la char, et aiez pain trempé ou maigre de l'eaue de la char, puis broyez, et six œufs: puis coulez et mettez en un pot avec de l'eaue grasse, espices, vertjus, vinaigre et saffran; faictes boulir un bouillon, puis dréciez par escuelles (MP 145-146).

Unvorhergesehene Suppe.
Laßt Petersilie in Butter braten, gebt kochendes Wasser hinzu und bringt [alles] zum Kochen. Salzt und gebt Eure Brotschnitten [in die Teller] wie bei Erbsenbrühe.
Aliter, am Fleischtag nehmt eine Fleischbrühe und haltet Brot bereit, das im mageren Teil dieser Brühe eingeweicht ist, dann zerdrückt es und [mischt es] mit sechs Eiern. Treibt dies [durch das Beutelsieb] und gebt es in einen Topf mit Brühe, Gewürzen, Verjus, Essig und Safran. Laßt es einmal aufkochen und tragt es in Schalen auf.

Wasser, ein wenig Petersilie, ein walnußgroßes Stück Butter, einige Scheiben Brot, ein oder zwei Eier, ein Schuß Essig und einige Gewürze: Schon haben wir eine hervorragende Samtsuppe, deren leicht säuerlicher Geschmack an eine Sauerampfercreme erinnert. Die »unvorhergesehene« Suppe improvisiert man, wie der Name sagt, wenn man überrascht wird. Wir schlagen vor, die einfachste Version auf der Basis von Wasser zu nehmen, stellen Sie diese aber am Ende wie eine Fleischbrühe fertig. In den Küchen der *hostelleries* verfügte man immer, selbst wenn man von der Ankunft unerwarteter Kunden überrascht wurde, über diese kostbare Flüssigkeit, um eine Suppe zuzubereiten!

Improvisierte Suppe

Zutaten:

1 Handvoll feingehackte Petersilie
1 walnußgroßes Stück Butter
1/2 Scheibe Brot pro Person
1 Ei pro Person
1/4 l Wasser pro Person
1 Schuß Essig

1 Schuß Verjus
(oder der Saft einer halben Zitrone, mit 1 Eßlöffel Wasser verdünnt)
1 Prise Ingwerpulver
1 Prise geriebene Muskatnuß
1 Prise Nelkenpulver
Salz

ZUBEREITUNG:

Das Brot in Wasser einweichen.

Butter zerlassen und die Petersilie auf kleiner Flamme dünsten. Wasser zugeben und zum Kochen bringen.

Inzwischen das Brot ausdrücken, wenn es gut weich ist, und mit einem Stößel oder einer Gabel zerdrücken. Die Eier aufschlagen und mit einer Gabel verquirlen. Mit dem Brot vermischen und alles durch ein Sieb passieren.

Gewürze, Verjus und Essig zur Brotmasse geben. Mit der vorher zubereiteten Brühe vermischen. Zum Kochen bringen und ein- oder zweimal aufkochen lassen. Salzen und abschmecken. Servieren.

11. SUPPE MIT MANDELMILCH
POTAGE AU LAIT D'AMANDES

Lait d'amandes.
Pourboulez et pelez vos amandes, puis les mettez en eaue froide, puis les broyez et destrempez de l'eaue où les oignons auront cuit et coulez par une estamine: puis frisiez les oignons, et mettez dedans un petit de sel, et faites boulir sur le feu, puis mettez les souppes. Et se vous faites lait d'amandes pour malades, n'y mettez aucuns oignons, et ou lieu de l'eaue d'oignons pour destremper les amandes et dont dessus est parlé, mettez-y et les destrempez d'eaue tiède nette et faites boulir, et n'y mettez point de sel, mais succre foison au boire (MP 241).

Mandelmilch.
Überbrüht und schält Eure Mandeln, dann laßt sie in kaltem Wasser quellen. Zermahlt sie dann und löst sie in Wasser auf, worin Zwiebeln gekocht wurden. Treibt sie durch ein Beutelsieb. Dann dünstet die Zwiebeln [im Fett]. Gebt ein wenig Salz hinzu und laßt es auf dem Feuer aufkochen. Dann gebt eure Brotschnitten [hinein]. Und wenn ihr die Mandelmilch für Kranke zubereitet, gebt keine Zwiebeln hinein. Und anstatt die Mandeln mit dem Zwiebelwasser aufzulösen, von dem oben die Rede ist, löst sie in reinem und warmem Wasser auf, laßt sie kochen. Gebt auch kein Salz hinein, sondern eine große Menge Zucker.

Diese Suppe, von der es eine Version »für Kranke« ohne Zwiebeln, dafür aber mit Zucker gibt, ist eine große Delikatesse; perfekt, wie sich der feine Mandelgeschmack mit dem des Zwiebelwassers verbindet. Beinahe alle kulinarischen Traktate des Mittelalters enthalten ein Kapitel mit Speisen für Kranke. Man empfiehlt ihnen Nahrung, die nicht scharf gewürzt ist, leichtes Essen wie Mandelmilch oder stärkendes wie eine »wiederherstellende« Hühnerbrühe, ein echtes Geflügelelixir. In diesem Rezept wird der Zucker wegen seiner medizinischen Eigenschaften verwendet. Er war ein seltener und teurer Nährstoff, wurde importiert und von Apothekern wie ein Gewürz verkauft.

SUPPE MIT MANDELMILCH

ZUTATEN:

200 g ungeschälte Mandeln
300 g Zwiebeln
etwa 2 l Wasser
2 oder 3 Scheiben Landbrot
1 walnußgroßes Stück Butter

ZUBEREITUNG:

Zwiebeln schälen und waschen, dann 20 Minuten auf kleiner Flamme im Wasser ganz kochen. Herausnehmen und beiseite stellen.

Die Mandeln überbrühen, mit kaltem Wasser abschrecken und schälen. Zusammen mit dem Zwiebelwasser mixen (es bleiben noch etwa 1 1/2 l übrig). Mit Wasser auffüllen, falls etwas mehr verdampft sein sollte. Mixen, bis man eine schöne weiße Flüssigkeit erhält. Durch ein Tuch, ein Spitzsieb oder Gaze filtern, um die Mandelmilch zu erhalten.

Die gekochten Zwiebeln kleinhacken und mit der Butter in einer Pfanne anbraten.

Die Mandelmilch erhitzen, bis sie kocht. Vom Feuer nehmen, die Zwiebeln zugeben. In eine Suppenschüssel auf dünne Brotscheiben gießen.

PORÉES UND GEMÜSE

PORÉES ET LEGUMES

Die *Porée* ist eines der klassischen Gerichte der französischen Küche des Mittelalters. Man bereitete sie mit Frischgemüse zu, damals »Blätter« (*feuilles*), genannt, also Mangold, Spinat, Kresse oder Lauch usw. Eine der Hauptaufgaben des Kochs besteht darin, den Porées Farbe zu verleihen oder ihre Farbe zu bewahren: grün, schwarz oder weiß. Da wir über keine Mengenangaben der Flüssigkeiten verfügen, die in diese Gerichte gegeben wurden, wissen wir nicht genau, wie die Konsistenz dieser Zubereitungen war — klar wie die Kräutersuppe oder dick wie ein Gemüsepüree? Jedenfalls wurden sie in Schalen serviert und mit dem Löffel gegessen; wie wir in den folgenden Rezepten sehen werden, konnten sie mal dicker, mal dünner sein.

12. WEISSE PORÉE
PORÉE BLANCHE

Porée blanche.
Porée blanche est dicte ainsi pour ce qu'elles est faite du blanc des poreaux, à l'eschinée, à l'andoulle et au jambon, ès saison d'automne et d'iver, à jour de char; et sachez que nulle autre gresse que de porc n'y est bonne.
Et premièrement, l'en eslit, lave, mince et esverde les poreaux, c'est assavoir en esté, quant iceulx poreaux sont jeunes: mais en yver quant iceulx poreaux sont plus viels et plus durs, il les convient pourboulir en lieu esverder, et se c'est à jour de poisson, après

Weiße Porée.
Man sagt von der Porée, daß sie weiß ist, weil sie aus dem Weißen vom Lauch gemacht wird. Sie wird an fetten Tagen im Herbst und Winter zusammen mit Schweinelende, Kaldaunenwurst oder Schinken [aufgetragen]. Ihr müßt aber wissen, daß kein anderes Fett als das vom Schwein für ihre Zubereitung gut ist.
Zuerst verliest, wäscht, schneidet und entgrünt[7] man den Lauch, wenn er jung ist, das heißt im Sommer. Im Winter aber, wenn besagter Lauch älter und härter ist,

[7] »entgrünen«: s. Rezept Nr. 14

ce que dit est, il les convient mettre en un pot avec de l'eau chaude et ainsi cuire, et aussi cuire des oignons mincés, puis frire les oignons, et après frire iceuls poireaux avec les oignons qui jà sont fris; puis mettre tout cuire en un pot et du lait de vache, se c'est en charnage et à jour de poisson; et se c'est en karesme l'en y met lait d'amandes. Et se c'est à jour de char, quant iceulx poreaux d'esté sont esverdés, ou les poreaux d'iver pourboulis comme dit est, l'en les met en un pot cuire en l'eaue des saleures, ou du porc et du lart dedans.
Nota que aucunesfois à poreaux, l'en fait lioison de pain (MP 139-140).

überbrüht man ihn besser, anstatt ihn zu entgrünen. An Fischtagen, wenn man ihn zubereitet hat, wie eben gesagt wurde, muß man ihn in einen Topf mit heißem Wasser geben und so zum Kochen bringen. Man muß auch Zwiebeln in Scheiben schneiden, garen und dann die Zwiebeln anbraten. Man muß auch den besagten Lauch zusammen mit den Zwiebeln braten. Dann muß man alles in einem Topf mit Kuhmilch garen, egal, ob es ein Fleisch- oder Fischtag ist. Wenn aber Fastenzeit ist, nimmt man statt dessen Mandelmilch. Und wenn es ein fetter Tag ist, der Sommerlauch entgrünt oder der Winterlauch überbrüht ist, wie oben gesagt wurde, gibt man ihn in einem Topf mit der Brühe von Salzfleisch oder mit Schweinefleisch oder Speck darin und gart ihn.
Nota: man bindet manchmal den Lauch mit Brot.

Dieses Rezept zeigt deutlich, welche Unterscheidung man auf kulinarischem Gebiet zwischen den einzelnen Tagen und Abschnitten des Jahres machte. Zu dem prinzipiellen Gegensatz zwischen »Fleischtagen« (*charnage*) und »Fischtagen« (*jours à poisson*), also solchen Wochentagen, an denen das Fleisch durch Fisch ersetzt wurde, kommt die Fastenzeit hinzu, in der man auf jedes Produkt tierischer Herkunft verzichten mußte. Man sieht hier eine interessante Abstufung: An fetten Tagen nimmt man Fleischbrühe, aber auch Kuhmilch; an mageren Tagen Kuhmilch; an Fastentagen oder in der Fastenzeit nur Mandelmilch, weil das Verzehren eines Tierprodukts verboten war.

Wir gehen hier davon aus, daß wir im Winter sind und »harten und alten Lauch« zubereiten müssen!

Weisse Porée

Zutaten:

2 kg Lauch
1 1/2 l Kuhmilch
3 schöne Zwiebeln
100 g trockene Brotkrume,
Öl, Salz

Zubereitung:

Den Lauch sorgfältig waschen und nur das Weiße behalten. In Stücke schneiden und einige Minuten in kochendem Salzwasser überbrühen. Abtropfen lassen und beiseite legen.

Die Zwiebeln schälen und kleinschneiden. In 2 Eßlöffeln Öl dünsten, bis sie glasig sind, sie dürfen aber keine Farbe annehmen.

Das Brot in 1/2 l lauwarme Milch einweichen.

Die restliche Milch in einen Topf geben, den Lauch und die Zwiebeln zugeben.

Das Brot mit der Gabel zerdrücken und durch ein Sieb passieren. Die Brotmasse zu der Mischung geben. Eine knappe halbe Stunde auf kleiner Flamme garen, bis sie gut eingekocht ist.

Salzen. Falls sie zu dick sein sollte, Milch zugeben.

Wie eine Suppe servieren.

13. Weisse Porée mit Mandelmilch
Porée blanche au lait d'amandes

Porrata bianca.
Se vuoli fare porrata bianca per XII persone, togli due libre di mandorle e una oncia di gengiove fine bene pesto, e togli IIII maçi di porri, e mettigli a lessare; e quando sono bene cotti, pure il bianco, scolali dell'acqua e battigli. E togli le mandorle ben lavate e ben monde e stemperate con acqua poca e bene colate; e mettile a bollire col porro, e fallo bene cuocere, e mettivi del detto gengiove che tu ai. Questa vivanda vuol esere biancha e bene spessa; e poni spetie sopra scodella (Mo 21).

Weiße Porée.
Wenn du eine weiße Porée für 12 Personen machen willst, nimm 2 Pfund Mandeln und eine Unze gut zerstampften, feinen Ingwer. Und nimm 4 Stangen Lauch, bringe sie zum Kochen, und wenn sie recht gar sind, vor allem das Weiße, nimm sie aus dem Wasser und hacke sie klein. Dann nimm die Mandeln, gut gewaschen, gut geschält und in ein wenig Wasser aufgelöst und gut gefiltert. Bringe sie zusammen mit dem Lauch zum Kochen, laß sie gut garen und gib einen Teil von besagtem Ingwer hinzu. Diese Speise muß weiß und recht dick sein, streue Gewürze über die Schalen.

Dieser Text ist einem Traktat in toskanischem Italienisch entnommen, von dem 57 Rezepte übriggeblieben sind. Sie waren Teil einer uneinheitlichen Handschrift der Bibliotheca Riccardiana von Florenz und wurden von S. Morpurgo ediert. Das Traktat gehört zu jener in der Einleitung erwähnten Gruppe von Rezepten, in der die Speisen für zwölf Gäste gedacht und bemessen sind; es ist besonders interessant, weil es ausführlicher als die anderen die Zubereitung beschreibt und das Verhältnis der verschiedenen Zutaten genau festhalten will.

WEISSE PORÉE MIT MANDELMILCH

ZUTATEN:

1 Stange Lauch (etwa 700 g)
300 g Mandeln
12 g Ingwerpulver

Gewürzmischung (Pulverform)
1/4 Teelöffel Kardamom
1/4 Teelöffel Muskatnuß
1/4 Teelöffel Zimt
1 Messerspitze Nelken
Salz

ZUBEREITUNG:

Das Weiße des Lauchs in sprudelndem Salzwasser kochen, abtropfen lassen und durch die Gemüsemühle passieren. Mandeln schälen, indem man sie für einige Minuten in kochendem Wasser überbrüht; dann im Mixer zu einem Pulver verarbeiten, dieses in Wasser auflösen, bis man eine dickflüssige Creme erhält, dann filtern. Unter den Lauch mischen. Den Ingwer zugeben und alles einkochen lassen.

Heiß und mit Gewürzen überstreut als Gemüsegericht servieren.

14. GRÜNE PORÉE
PORÉE VERTE

Porée de bettes.
Porée de bettes qui est lavée, puis mincée et pourboulie, se tient plus vert que celle qui

Porée von Mangold.
Eine Porée von Mangold, der gewaschen, kleingeschnitten und dann in Wasser

premièrement est pourboulie et puis hachée. Mais encores est plus verte et meilleur celle qui est esleue, puis lavée et puis mincée bien menu, puis esverdée en eaue froide, puis changer l'eaue et laissier tremper en autre eaue, puis espraindre par pelottes et mettre au pot boulir ou boullon avec le lart et de l'eaue de mouton; et quant elle a un petit bouli et l'en le veult drécier, que l'en mette dedens du percil esleu, lavé et haché, et un petit de fanoul jeune, et boulir un boullon seulement (MP 141).

gegart wurde, bleibt grüner als die, bei der man ihn man zuerst im Wasser gart und dann kleinhackt. Aber noch grüner bleibt sie, wenn man ihn verliest, wäscht, gut kleinschneidet und dann in kaltem Wasser entgrünt, das man zweimal wechselt. Danach weicht man ihn in anderem Wasser ein, drückt ihn mit der Hand gut aus und gibt ihn in einen Topf, damit er in Fleischbrühe mit Speck und Hammelbrühe kocht. Wenn er ein wenig gekocht hat und man ihn servieren möchte, gibt man verlesene, gewaschene und gehackte Petersilie und ein wenig jungen Fenchel hinzu. Nur einmal aufkochen lassen.

Man ist der Auffassung, daß dieses ganze kulinarische Verfahren dazu gedacht ist, die grüne Farbe der Speise zu bewahren. Wie soll man aber das Rezept interpretieren, wenn man das Verb *esverder* mit »überbrühen« übersetzt, wie es häufig in den Kommentaren geschieht? Tatsächlich muß man hier den Mangold in kaltem Wasser »entgrünen« und nicht in kochendem Wasser, wie es viel häufiger der Fall ist. Man sollte also diesen Begriff möglichst wörtlich verstehen als »das Grüne entziehen«, das heißt »alles entziehen, was bitter oder zu grün ist«, wie auch immer das Vorgehen aussehen mag, mit dem man dies erreicht: einweichen oder überbrühen. Wenn man nämlich den rohen Mangold fein hackt und dann einweicht, wie es dieses Rezept beschreibt, dann färbt sich das Wasser grün, als hätte man dem Mangold »das Grün entzogen«! Ob diese Vorgehensweise im weiteren Verlauf der Zubereitung wirklich eine Auswirkung auf die Farbe hat, können wir nicht mit Sicherheit sagen, aber als wir diese Porée ausprobiert haben, fanden wir sie wunderbar grün!

Grüne Porée

Zutaten:

1,7 kg Mangoldblätter oder sehr jungen Mangold
200 g gepökelte Schweinebrust, in Streifen geschnitten
2 Eßlöffel gehackte Petersilie
1 Eßlöffel gehackter Fenchel
1 l Fleischbrühe
Salz

Zubereitung:

Den Mangold putzen, dabei die weißen fleischigen Teile entfernen. Sorgfältig waschen und in feine Streifen (Julienne) schneiden. In kaltem Wasser einweichen, das Wasser einmal wechseln, dann herausnehmen. Sorgfältig ausdrücken.

Inzwischen die Brühe mit der Schweinebrust zum Kochen bringen. Man kann der Brühe einen Knochen aus der Lammkeule oder -schulter zufügen, den man sich beim Metzger besorgt hat. Wenn die Brühe kocht, den Mangold etwa 15 Minuten garen lassen. Danach Petersilie und Fenchel zugeben. Abschmecken und heiß servieren.

15. Grüne Porée für magere Tage
Porée verte pour jours maigres

Porée verte à jour de poisson.
Soit eslite, mincée, puis lavée en eaue froide sans pourboulir, puis cuite au verjus et pou d'eaue, et mettre du sel, et soit drécée toute boulant bien espoisse sans cler, puis l'en mettra dedens, au fons de l'escuelle, dessoubs la porée, du beurre salé ou frais qui veult, ou frommage ou frommagée ou vertjus viel (MP 142).

Grüne Porée am Fischtag.
Man verlese ihn, schneide ihn klein, wasche ihn dann in kaltem Wasser, ohne ihn zu überbrühen. Dann gare man ihn in Verjus und ein wenig Wasser, in das man Salz gibt, und trage ihn dann kochendheiß und recht dick auf. Dann kommt auf den Grund der Schale unter die Porée gesalzene oder frische Butter oder Käse oder alter Verjus.

Dieselbe Porée wie die vorhergehende, nur dicker und ohne Speck. Leicht verdaulich!

Grüne Porée für magere Tage

Zutaten:

1,5 kg Mangoldblätter
20 cl Verjus (oder 10 cl Apfelessig, mit 10 cl Wasser vermischt)
20 cl Wasser
Butter
Salz

Zubereitung:

Den Mangold waschen, dann in feine Streifen (Julienne) schneiden.
In kaltem Wasser einweichen, das Wasser einmal wechseln.
Den Verjus mit dem Wasser mischen, salzen und zum Kochen bringen. Den gehackten Mangold darin 20 bis 30 Minuten auf kleiner Flamme garen.
Wenn er recht gar ist, sorgfältig abtropfen lassen.
In der Servierschüssel einige walnußgroße Butterstücke unterziehen, bis die Mischung gut sämig scheint. Abschmecken. Servieren.

16. Porée von Kresse für die Fastenzeit Porée de cresson en carême

Porée de cresson en karesme au lait d'amandes.
Prenez votre cresson et le mettez parboullir et une pongnée de bettes avec hachées, et les friolez en huile puis la mettez boullir en lait d'amandes; et en charnage, friolez au lart et au beurre tant qu'il soit cuit, puis destrempez de l'eaue de la char; ou au frommage et dressiez tantost, car il roussirait. Toutesvoies, se l'en y met precil, il ne doit point estre esverdé (MP 140).

Porée aus Kresse mit Mandelmilch für die Fastenzeit.
Nehmt Eure Kresse und kocht sie mit einer Handvoll gehacktem Mangold. Bratet sie dann in Öl und setzt sie mit Mandelmilch zum Kochen auf. An Fleischtagen bratet sie mit Speck und Butter, bis sie gar ist. Dann gießt sie mit Fleischbrühe auf, oder nehmt Käse. Und tragt schnell auf, denn sonst verbrennt sie. Wenn man indessen Petersilie hinzufügt, muß sie nicht entgrünt werden.

Wir haben hier zwei Versionen für die Porée von Kresse, die erste, für die Fastenzeit gedacht, interpretieren wir als Suppe; die zweite, für normale Tage, als ein Gemüsegericht mit Frischkäse.

Porée von Kresse für die Fastenzeit

Erste Version (Suppe)

Zutaten:

4 oder 5 Bündel Kresse
1 gute Handvoll Mangoldblätter
1 l Mandelmilch *(Rezept Nr. 151), Öl, Salz*

Zubereitung:

Kresse und Mangold verlesen und waschen. Mangold kleinhacken. In sprudelndem Salzwasser etwa 8 Minuten kochen lassen.

Herausnehmen und sorgfältig abschütteln. Mit einem Eßlöffel Öl in einem Schmortopf andünsten, dann Mandelmilch zugeben. Zum Kochen bringen und einige Minuten garen. Abschmecken und servieren.

Zweite Version (Gemüsegericht)

Zutaten:

4 oder 5 Bündel Kresse
1 gute Handvoll Mangoldblätter
Butter
100 g Quark
Salz

Zubereitung:

Wie oben vorgehen, um das Gemüse zu garen. Wenn es gut abgetropft ist, in einem reichlich walnußgroßen Stück Butter andünsten, dann den Quark zugeben. Gut vermischen und einige Minuten köcheln lassen.

Abschmecken und servieren.

17. Schwarze Porée
Porée noire

Porée noire.
Porée noire est celle qui est faite à la ribelette de lart; c'est assavoir que la porée est esleue, lavée, puis mincée et esverdée en eaue boulant, puis fritte en la gresse des lardons; et puis alaier d'eaue chaude frémiant [...], puis convient mettre sur chascune escuelle deux lardons (MP 142).

Schwarze Porée.
Schwarze Porée ist jene, welche man mit feinen Speckscheiben macht. Das heißt, daß die Porée verlesen, gewaschen, dann kleingeschnitten, im kochenden Wasser entgrünt und dann im Fett der Speckstreifen gebraten wird. Danach mit kochendem Wasser übergießen. Man legt zwei Speckscheiben in jede Schale.

Nach einem weißen Gericht mit Milch, hier nun ein schwarzes Gericht mit gebratenem Speck !

Schwarze Porée

Zutaten:

1,5 kg Mangoldblätter
200 g getrocknete und gesalzene Schweinebrust, sehr fett
1 l Wasser
Salz

Zubereitung:

Den Mangold waschen und feinschneiden. Einige Minuten überbrühen (in kochendes Wasser geben und warten, bis es wieder kocht). Herausnehmen und abschütteln.

Inzwischen die Schweinebrust in Würfel schneiden und in einem Schmortopf langsam auslassen. Den gut abgeschüttelten Mangold zugeben und eine gute Viertelstunde dünsten. Wasser zugeben, aufkochen und etwa 10 Minuten köcheln lassen. Abschmecken und servieren.

18. Tredura oder gehackter Lauch
Tredura ou hachis de poireaux

Tredura.
A ffare tredura, toy lo bianco delli porri e mitilo a lessare intriego e poy li batte con coltello ben trito; poy lo frizi con lo grasso della carne che tu coxi; toy pan e gratillo e mitilo a moglo in acqua calda; toy una peza de carne e bati lo pan e la carne con coltello, poy to ove batute e zafarano assay el bati in sema e miti su quelli porri fritti cum specie assay e serà bon (Fr 62).

Tredura.
Um Tredura zu machen, nimm das Weiße vom Lauch, setze es ganz zum Kochen auf und hacke es dann mit dem Messer recht klein. Brate es dann mit Fett von dem Fleisch, das du kochst. Nimm Brot und reibe es und weiche es in warmem Wasser ein. Nimm ein Stück Fleisch und hacke mit dem Messer das Brot und das Fleisch. Nimm dann geschlagene Eier und viel Safran, schlage alles zusammen auf und gib es über diesen gebratenen Lauch mit vielen Gewürzen. Dann wird es gut.

Dieses Rezept stammt aus einem hübschen kleinen Kochbuch (ediert von L. Frati), das im 15. Jahrhundert in einem italienischen Dialekt geschrieben wurde, der dem Nordosten von Italien, nämlich Venetien zugeordnet wird. Die Rezepte darin sind nicht einmal typisch oder gar ausschließlich venezianisch, weil sie, wie schon erwähnt, zirkulierten. So stellen wir fest, daß die *tredura* oder *tridura* genannte Speise in florentinische Rituale Eingang fand. In Florenz besaßen die Familien Tosinghi, Visdomini, Aliotti und Ughi das Patronatsrecht über die Kathedrale. Das Patronat war im Mittelalter territoriale und persönliche Macht, die von weltlichen Herren über die Inhaber eines kirchlichen Amtes ausgeübt wurde. In Florenz wurde diesem Anspruch dadurch Genüge getan, daß der Bischof seinen Schutzherren an den hohen Festtagen um Weihnachten und Ostern rituelle Gaben darzubringen hatte, und auch an Sankt Johannes, dem 24. Juni, denn Johannes der Täufer war der Schutzheilige der Stadt. Ein Notar, Ser Lorenzo Tani, erzählt, wie sich die Zeremonie zu St. Johannes im Jahr 1356 abspielte (Benefiziali di Ser Lorenzo Tani):

»Wir hatten gehobelte Tannenbretter mit zwei Griffen an jeder Seite, und darauf haben wir besagte Speisen gestellt, als da waren: zuerst als Gekochtes auf jedem Schneideteller ein Stück gepökeltes Schweinefleisch von vier Pfund und eine Schale *tridura*. Und als Gebratenes auf jedem Schneideteller eine gebratene Hammelschulter. Alle Schneideteller und alle Schalen waren weiß und neu. Auf jedes Brett hatte wir eine Reihe Gebratenes und eine Reihe Gekochtes mit der *tridura* gestellt. An jedem Ende des Brettes hatten wir einen Diener postiert, der es an diesen Griffen trug. Und so zogen sie einer nach dem anderen vorbei, auch Ser Manno und ich mit zwei Bediensteten.

Als wir am Tor des Bischofs angelangt waren, warteten dort Niccolò und Guccio aus der Familie der Ughi. Jedem von ihnen haben wir einen Schneideteller mit Gekochtem und einen mit Gebratenem und eine Schale *tridura* gegeben. Allerdings haben wir ihnen die Schneideteller und Schalen nicht überlassen, sondern sie hatten ihre eigenen Schneideteller und Schalen dabei, und wir haben die ihrigen aus den unsrigen gefüllt, die wir behielten. Und dann ging Ser Manno mit einem Teil besagter Bretter fort, und mit einem seiner Bediensteten ging er durch die Via di Neta und über den Platz San Giovanni. Und von San Michele ging er in den Hof der Visdomini; er machte an den Bänken der Loggia Halt und rief die Visdomini (welche den Treueeid auf den Bischof leisten) bei ihrem Namen, als wollte er sie versammeln. Manche kamen persönlich, und manche schickten einen Diener oder einen Bediensteten. Jedem gab er einen Schneideteller mit Gekochtem und einen mit Gebratenem und eine Schale *tridura*, indem er Schneideteller und Schalen für sich behielt, wie es oben beschrieben ist. Nach der Verteilung ging er zu den Aliotti und tat desgleichen.

Ich ging mit einem weiteren Bediensteten und mit weiteren Brettern ... und ich tat ebenso (bei den Ughi und Tosinghi).« (Benefiziali di Ser Lorenzo Tani).

Der Brauch sieht ähnliche Gaben am ersten und zweiten Tag nach Weihnachten vor, am Gründonnerstag, am Ostermontag und -dienstag. Gewöhnlich ist das gekochte Fleisch von frischem oder gesalzenem Schwein, das gebratene Fleisch von frischem Schwein, und es kommen noch Fleischpasteten hinzu, außer an Sankt Johannes, wo der Bischof als Gebratenes lediglich Hammelschulter darbieten muß, wie Sie es im obigen Text gelesen haben.

Man mußte eine magere Version für den Gründonnerstag vorsehen und für den Fall, daß der 26. oder 27. Dezember auf einen Freitag fiel. Am Gründonnerstag gehörten zur Gabe »eine Platte Schleien von 18 Unzen Gewicht und ein Aal von 15 Unzen, der in einem Teigmantel zubereitet war«. Am Freitag waren Eier und Milchprodukte erlaubt; also opferte der Bischof am 26. Dezember, der auf einen Freitag fiel, »einen halben Pisaner Käse mit einem Gewicht von 2 Pfund, gekocht mit der *tridura*, und das Viertel einer Torte aus Eiern und Käse, in der fünfzig Eier verbacken waren.« (G. Lami).

Tredura oder gehackter Lauch

Zutaten:

1 kg Lauch
200 g gesalzene Schweinebrust (sie darf nicht allzu lange kochen)
100 g trockenes Brot
3 Eier
etwa 15 Safranfäden
Salz

Gewürzmischung (Pulverform)
jeweils 1/4 Teelöffel:
Ingwer
Zimt
Muskatnuß

Zubereitung:

Das Brot in warmem Wasser einweichen. Den Lauch zusammen mit dem Fleisch in sprudelndem Wasser garen. Den Lauch abtropfen lassen und mit dem Messer kleinhacken. Das Fett von dem garen Fleisch entfernen und in einem Schmortopf auslassen. Den Lauch zugeben und dünsten.

Das eingeweichte Brot ausdrücken und zu einer Masse verarbeiten. Das verbliebene magere Fleisch nehmen und kleinhacken, Brot, Eier, Safran zugeben.

Kurz vor dem Servieren diese Masse über den Lauch gießen und erhitzen, nicht aufkochen!

Abschmecken. Die Platte oder die gefüllten Teller mit Gewürzen überstreuen.

19. Blattgemüse und Fenchel
Menues feuilles et fenouil

Delle foglie minute.
Togli spinacci e triplice biete: scieglile bene e fà bollire. Poi le cava, e battile col coltello fortemente: poi togli petroselli, finocchi, anesi, cipolle, e battile e tritale col coltello e soffriggi con olio bene; e prendi altre erbe minute e soffriggile insieme e mettivi uno poco d'acqua e lassa bullire, e mettivi del pepe e de le specie; e dà mangiare.
In questo modo si possono ponere dentro ova dibattute, polpa di pesce senza spine, carne di castrone e di porco; o carne insalata, e diversificare secondo pare a la discrezione di buono cuoco; e torre maggiorana, trasmarino, petrosello con bone spezie, cum garofani; e di queste erbe, peste forte nel mortaro, cum pesce o carne battuta, porestine fare mortadelli, comandelli e molte altre cose: a questo modo puoi torre erbe domestiche, ovvero salvatiche, se d'orti non si potesseno avere.

Über feine Blätter
Nimm Spinat und Mangold. Reinige sie gut und koche sie. Nimm sie dann heraus und hacke sie recht kräftig mit dem Messer. Nimm dann Petersilie, Fenchel, Anis (?), Zwiebeln, hacke sie klein, zerdrücke sie mit dem Messer und brate sie gut in Öl. Nimm andere feine Blätter, brate sie zusammen und gib ein wenig Wasser hinzu. Koche sie und gib Pfeffer und Gewürze hinzu. Gib dies dann zu essen.
Bei dieser Weise kann man geschlagene Eier hinzugeben, grätenlose Teile vom Fisch, Fleisch vom Hammel oder Schwein; oder auch gesalzenes Fleisch. Jeder gute Koch wird Varianten zu wählen und zu finden wissen. Man kann Majoran nehmen, Rosmarin, Petersilie mit guten Gewürzen und mit Nelken. Diese Kräuter, im Mörser fein gestampft, kannst du, wenn du gehackten Fisch oder Fleisch hinzugibst, zu Würsten formen oder in viele andere Formen bringen. Um das zu tun, kannst du angebaute Pflanzen nehmen

oder auch wilde, wenn du sie im Garten nicht haben kannst.

Del medesmo mangiare con borraggine
Togli borragine, spinacci e biete trepice e simili; poni in acqua fredda a bullire; poi gittata via l'acqua, s'attritino forte col coltello; poi rimetti a cuocere con latte d'amondole e, messovi dentro battuto di tinca, potrai dare la quaresma al Signore, con le specie e con zaffarano, messovi del zuccaro.

Dieselbe Speise mit Borretsch
Nimm Borretsch, Spinat und Mangold und ähnliches, setze sie im kalten Wasser zum Kochen auf, dann gieße das Wasser ab. Man muß sie mit dem Messer kräftig hacken. Gib sie dann in Mandelmilch zum Garen. Und wenn du gehacktes Fleisch von der Schleie hinzufügst, kannst du das deinem Herrn zur Fastenzeit vorsetzen, mit Gewürzen und Safran, Zucker darübergestreut.

Del predetto
Anche tollendo finocchio intero, bullito, cotto con cennamo, pepe e zaffarano, e mettivi ova perdute e carne di polli, o altra carne o quello che tu vuoli.

Wie oben beschrieben
Du kannst auch einen ganzen Fenchel nehmen, gekocht und zusammen mit Zimt, Pfeffer und Safran gegart. Gib auch geschlagene Eier hinzu und Fleisch vom Huhn oder anderes Fleisch, oder was du willst.

Del predetto
Anche tollendo erbe minute odorifere, bullite, battute, cotte col petto de la gallina, peste nel mortaro, et aggiunte de le foglie, si possono dare al Signore, o al'infermo per avere soluzione di ventre.

Wie oben beschrieben
Du kannst auch feine aromatische Kräuter nehmen, gekocht, gehackt, zusammen mit Hühnerbrust gegart und im Mörser zerstampft. Das machst du an die Blätter. Man kann sie dem Herrn geben oder dem Kranken, um den Bauch zu erleichtern.

Del predetto
Togli finocchio bianco trito minuto e poi lo fà friggere con un poco di bianco di porro trito minuto, con ovo, o lardo, e ponvi uno poco d'acqua e zaffarano e sale, e fà bullire, e ponvi ova dibattute, se vuoli, dentro.

Wie oben beschrieben
Nimm kleingehackten weißen Fenchel und brate ihn mit ein wenig kleingehacktem weißem Lauch, mit einem Ei oder Speck. Gib ein wenig Wasser, Safran und Salz hinzu und bringe es zum Kochen. Wenn du willst, mische geschlagene Eier hinein.

Del predetto
Togli finocchio ben lavato, poi fà allessare, e gittata l'acqua, friggilo con oglio, o lardo, sale e dà mangiare (Za 3-6).

Wie oben beschrieben
Nimm gut gewaschenen Fenchel, laß ihn kochen und gieße das Wasser ab. Brate ihn in Öl oder Speck, salze und gib ihn zu essen.

Man versteht ohne Mühe, daß mit dieser Aufzählung die Gemüse der jeweiligen Jahreszeit abgehandelt werden. In diesem von F. Zambrini edierten Buch aus dem Toskanischen des 14. Jahrhunderts steht die Aufzählung an derselben Stelle wie in dem lateinischen Buch (Lc, ediert von Marianne Mulon), das ganz ähnlich ist, etwa in jenem Kapitel, das die Garmethoden für all das, was wir Frischgemüse oder Blattgemüse nennen, vorstellt — Kräuter nennt sie der lateinische Text: Kohl, Lauch, Portulak,

Lattiche — aber auch Trockengemüse wie: dicke Bohnen, Linsen (Rezept Nr. 24), Erbsen oder Kichererbsen; und Sie werden weiter unten finden, wie man Spargel und Champignons zubereitet (Rezept Nr. 20 und 21). Hier geht es nicht so sehr um ein kulinarisches Bestreben, sondern eher darum, daß der Koch sich dem Angebot des Marktes oder dem, was man sammeln kann, anpaßt. Es ist eine bescheidene Küche, wie sie charakteristisch ist für Rezeptarien, die mehr als andere verwandte Formen mit Traktaten über Ackerbau oder Krankendiät zu tun haben; übrigens verweist unser Autor auf die heilende Kraft der Kräuter und der Blätter, die den »Bauch erleichtern«. Tatsächlich stoßen wir in *Le Régime du corps* (Diät für den Körper), das im 13. Jahrhundert von Aldebrandin von Siena auf Französisch geschrieben wurde, in der dritten Abteilung (Diätetik) »Von den einfachen Dingen, die man gebrauchen sollte«, auf ein Kapitel, das »allen Arten von Kräutern« gewidmet ist. Man kann darin lesen, daß Mangold und Spinat zum heißen Temperament passen, durchaus nahrhaft sind und Erleichterung verschaffen; dagegen gilt der Fenchel als nicht nahrhaft, aber er kann eine heilende Wirkung haben (harntreibend und gegen Blasensteine).

Wir stellen hier zwei Bearbeitungen vor, aber Sie können auch den Originaltext lesen und Ihre eigenen Rezepte kreieren, je nach Jahreszeit, Ihrem Geschmack und Ihrem Kalorienbedarf.

1. Gehackter Mangold und Spinat mit aromatischen Kräutern

Zutaten:

700 g Spinat
700 g Mangold
1 große Zwiebel
Kräuterstrauß:
Petersilie, Fenchelgrün, Koriander, Dill, Majoran, Rosmarin, Basilikum, Ysop oder jedes andere frische Kraut.
Meiden Sie Estragon und Thymian, die in der mittelalterlichen Küche fehlen
(aber nicht im mittelalterlichen Garten)
2 Eßlöffel Olivenöl
1 Prise Pfeffer
1 Messerspitze Nelken
1/4 Teelöffel Muskatnuß
Salz

Zubereitung:

Spinat und Mangold gut putzen, dann entstielen.

Zuerst das Mangoldgrün und dann den Spinat in sprudelndem Salzwasser etwa zehn Minuten kochen; herausnehmen und dann mit dem Messer kleinhacken.

Alle aromatischen Kräuter zusammen mit der Zwiebel kleinhacken und im Öl dünsten, ein Glas Wasser zugeben, dann den gehackten Mangold und Spinat, schließlich die Gewürze.

Durchmischen und erneut einige Minuten garen. Heiß oder warm servieren, als ganze Mahlzeit oder als Beilage zu Eiern, Fleisch oder Fisch.

2. Fenchel und Lauch in Safran

Zutaten:

1 kg Fenchel
500 g Lauch
50 g gesalzener Speck
etwa 10 Safranfäden
Salz

Zubereitung:

Den Fenchel waschen, nur das Weiße behalten und feinschneiden; mit dem Weißen des Lauchs ebenso verfahren.

Den in Stücke geschnittenen Speck in einem Schmortopf anbraten, Fenchel, Lauch und dann ein Glas Wasser zugeben, salzen (zurückhaltend, wegen des Specks).

Behutsam auf sehr kleiner Flamme etwa dreißig Minuten garen lassen, je nachdem, ob man das Gemüse weich mag oder nicht, verlängert oder verkürzt man die Garzeit.

Kurz vor dem Servieren ein ganzes Ei mit dem Safran schlagen, mit etwas Gemüseflüssigkeit verrühren und dann untermischen.

Heiß oder warm servieren.

20. Spargel mit Safran
Asperges au safran

De li sparaci.
Togli li sparaci, e fàlli bollire; quando sieno bulliti, ponili a cocere con oglio, cipolle, sale e zaffarano, e spezie trite, o senza (Za 8).

Über die Spargel.
Nimm die Spargel und koche sie. Wenn sie gekocht sind, brate sie in Öl, mit Zwiebeln, Salz und Safran, mit zerstampften Gewürzen oder ohne.

Das Traktat auf Toskanisch ist im ganzen gesehen am reichhaltigsten in Gemüserezepten (siehe Rezept Nr. 19) und tatsächlich das einzige, das den Spargel erwähnt, der hier in denkbar einfacher Weise zubereitet wird. Aber was für ein Geschmack! Kaum in kochendem Wasser zart gemacht, dann in einem Schuß kaltgepreßtem Olivenöl mit einer kleinen Frühlingszwiebel, Safran, Muskatnuß und Pfeffer schmorend, sind die Spargel nicht wiederzuerkennen und haben nichts mehr gemein mit jenem wassergequollenen Gemüse, zu dem man uns in den allermeisten Fällen die ewige Mayonnaise vorsetzt.

Spargel mit Safran

Zutaten:

1 kg grüner Spargel
(aber weißer Spargel geht auch)
2 Eßlöffel Olivenöl
2 gehackte Frühlingszwiebeln
(sie kommen zusammen mit dem Spargel auf den Markt!)
frisch geriebene Muskatnuß
7 oder 8 Safranfäden
Salz
Pfeffer aus der Mühle

Zubereitung:

Die Spargelstangen sorgfältig schälen und die holzigen und harten Enden abschneiden. Waschen und in sprudelndem Salzwasser oder in Wasserdampf etwa 10 Minuten garen lassen. Sie müssen noch leicht knackig sein und dürfen sich nicht biegen.

In einer Pfanne Olivenöl erhitzen und die Zwiebeln dünsten, sie dürfen nicht braun werden. Die Spargelstangen und den Safran zugeben. Auf kleiner Flamme etwa 7 Minuten bedeckt köcheln lassen. Dann wenden, salzen, pfeffern und mit einer Prise Muskat bestreuen; etwa 10 Minuten bedeckt und auf kleiner Flamme weiterköcheln lassen. Auftragen, wenn sie leicht goldbraun geworden sind.

21. In Gewürzen gedünstete Champignons
Champignons sautés aux épices

Fungi di monte.
Toglie fungi di monte, e lessali: e gittatene via l'acqua, mettili poi a friggere con cipolla tritata minuto, o con bianco di porro, spezie e sale e dà a mangiare (Za 24).

Bergpilze.
Nimm die Bergpilze und bringe sie in Wasser zum Kochen. Schütte das Wasser ab und brate sie zusammen mit feingeschnittenen Zwiebeln oder dem Weißen vom Lauch, Gewürzen und Salz. Gib sie zu essen.

Ein weiteres Rezept aus dem toskanischen Buch. Hier sind es wilde Pilze, deren Namen man nicht kennt. Versuchen Sie es mit einfachen Champignons de Paris, wenn Sie keine anderen finden, Sie werden sie nicht wiedererkennen.

In Gewürzen gedünstete Champignons

Zutaten:

500 g wilde Champignons
oder rosafarbene Champignons de Paris
1 kleine Zwiebel
Olivenöl
1 Prise frisch gemahlener Pfeffer
1 Prise Ingwerpulver
1 Prise frisch geriebene Muskatnuß
2 Prisen Korianderpulver
Salz

Zubereitung:

Die Pilze schälen und waschen. Wenn sie groß sind, halbieren oder vierteln.

Etwa zehn Minuten in sprudelndem Wasser kochen, dann sorgfältig abtropfen lassen.

Inzwischen die Zwiebel feinhacken, dann in einem Schuß Olivenöl glasig dünsten. Pilze zugeben und bei großer Flamme für einige Augenblicke leicht anrösten.

Salzen und Gewürze zugeben, die Flamme kleinstellen und etwa 1/4 Stunde bedeckt köcheln lassen. Das Garen überwachen, von Zeit zu Zeit umrühren und servieren, wenn sie schön goldbraun sind.

22. Frische dicke Bohnen mit Kräutern
Fèves fraîches aux herbes

Fave fresche con brodo di carne.
Piglia le fave et mondale con l'acqua calda come se fanno le amandole, et poi le mitti a bollire in bon brodo. Et quando ti pareno cotte mette con esse un pocho di petrosillo et menta battuta facendogli bollire etiandio de bona carne salata. Et questa menestra volle essere un pocho verde che pare più bella. Et similmente poi fare i peselli, et ogni altro leghume frescho, ma nota che non voleno essere mondati con l'acqua calda como le fave, ma lasciali pur cosi con quella sua scorza sottile (Ma 149).

Frische dicke Bohnen in Fleischbrühe.
Nimm die Bohnen und schäle sie mit heißem Wasser, wie man es bei den Mandeln tut. Dann gib sie in eine gute Fleischbrühe zum Kochen. Und wenn sie dir gar scheinen, füge ein wenig Petersilie und gehackte Minze hinzu und koche sie zusammen mit gutem Salzfleisch. Diese Suppe soll ein wenig grün sein, weil sie dann schöner aussieht. Du kannst dasselbe mit jungen Erbsen machen und mit jedem anderen frischen Gemüse, aber beachte, daß diese nicht wie die Bohnen mit heißem Wasser geschält werden müssen, sondern laß ihnen ihre feine Haut.

Frische dicke Bohnen zu schälen ist ein wenig entmutigend, wenn man allein in der Küche ist, aber zu mehreren nimmt es wenig Zeit in Anspruch. Dieses Frühlingsgericht ist äußerst köstlich. Wieder einmal beweist Maestro Martino hier sein überwältigendes Können in der Zubereitung von frischem Gemüse, ein Wissen, das sich die Italiener bewahrt haben. Ähnliche Gerichte kann man noch zu dieser Jahreszeit in der Gegend um Rom und Neapel kosten. Heute gibt man häufig noch eine Handvoll Nudeln dazu.

Hier ein Vorschlag für experimentierfreudige Leser.

Junge Erbsen, die man lediglich aus der Schote nimmt, eignen sich ebenfalls hervorragend für dieses Gericht.

Frische dicke Bohnen mit Kräutern

Zutaten:

1/2 l Rinderbouillon *oder* Geflügelbouillon *(Rezept Nr. 152)*
2 kg frische dicke Bohnen
100 g gesalzene Schweinebrust oder getrockneter, gesalzener Speck guter Qualität
1 Eßlöffel feingehackte Petersilie
1 Eßlöffel frische Minze, im letzten Augenblick gehackt
Salz

Zubereitung:

Die Bohnen aus der Hülse nehmen, dann kurz überbrühen.

Abtropfen lassen und unter kaltem Wasser abschrecken. Jede Bohne mit dem Fingernagel oder dem Messer einstechen und schälen.

Die Schweinebrust in ganz kleine Würfel schneiden.

Die Bouillon, die Bohnen und die Speckwürfel in einen Topf geben. Zum Kochen bringen und ungefähr zehn Minuten garen lassen, bis die Bohnen zerfallen, aber bevor sie zu Püree werden. Gehackte Petersilie und Minze zugeben. Einige Male aufkochen lassen. Salzen, abschmecken und servieren.

23. Püree aus kleinen Bohnen oder Ackerbohnen
Purée de févettes ou féveroles

Fève fresé en potaige.
Metz ta fève fresé, bien nettoyée et lavée, emprès le feu, et quand commencera à boullir, exprimis l'eaue et la metz hors du pot, et y en metz de rechef de fraiche par autant que surmonte quelque deux doyz et y metz du sel à ton advis, et fais bouillir ta

Geschälte Bohnen in Suppe.
Nimm geschälte, gut gereinigte und gewaschene Bohnen, setze sie aufs Feuer, und wenn sie zu kochen beginnen, nimm sie heraus und gieße das Wasser ab. Dann fülle den Topf erneut mit frischem Wasser, so daß es die Bohnen zwei Fingerbreit

potée bien couverte loing de la flambe, pour cause de la fumée, et ce jusques ta dicte potée sera bien cuyte et redigée forment en paste. Après, la mettras au mortier et agiteras, et mesleras icelle très bien, et la reduyras en ung corps, puis, de rechief, la tourneras à son dict pot et le feras chauffer. Et quand vouldras faire tes platz ou escuelles, confiras ta viande en ceste composte qui sensuit. Et cuyras, premièrement, des oignons decoupez bien menu en huyle fervent dedans ung pot, y mettras de la saulge, des figues ou des pommes, decoupées bien menu à petits loppins. Et ceste confection toute boulant et fervente infondiras, et mettras dedans tes platz ou escuelles où sont tes dictes fèves, et présenteras sur table; aulcuns y veulent par dessus inspargir des espices (VT XV 206).

überdeckt, gib Salz nach Belieben hinzu und laß deinen Topf bei kleiner Hitze kochen, bedeckt und weit von der Flamme entfernt, wegen des Rauches, bis besagter Topf recht gar ist und eine Art Teig bildet. Dann gibst du ihn in den Mörser und rührst und mischst ihn gut und machst daraus eine Masse. Du gibst ihn wieder in besagten Topf und erhitzt ihn. Wenn du deine Platten oder Schalen richten willst, bereitest du deine Speise wie folgt zum Auftragen zu: Du garst zuerst feingeschnittene Zwiebeln in heißem Öl und du gibst Salbei und Feigen oder in kleine Stücke geschnittene Äpfel hinzu. Und du füllst diese Speise recht heiß und kochend auf die Platte oder in die Schalen, in denen sich schon die Bohnen befinden und trägst sie dann auf. Manche streuen Gewürze darüber.

Ein erstaunliches Gericht, dieses wohlschmeckende Püree aus dicken Bohnen mit zerschmolzenen Äpfeln und Zwiebeln, aromatisiert mit Salbei. Auch außerhalb eines mittelalterlichen Menüs werden Sie Feinschmecker für sich gewinnen, wenn Sie dieses Originalgericht mit einem einfachen Schweinebraten oder einer Bratente servieren! Diese Ackerbohnen, kleine getrocknete Bohnen, gelb und geschält, gibt es in guten Feinkostgeschäften, Samenhandlungen und in gewissen orientalischen Läden. Der *Ménagier de Paris* enthält auch mehrere Rezepte für Bohnen, die man frisch oder getrocknet verzehrte. Der Autor erklärt sogar, daß man einem Püree aus getrockneten Bohnen den Geschmack frischer Bohnen verleihen kann, indem man einfach eine Handvoll junger Sprossen dieses Gemüses mitkocht; deshalb sollte man jeden Monat Bohnen anpflanzen, um die Sprossen immer zur Hand zu haben. Daraus kann man die damalige Bedeutung dieses Gerichts ablesen. Das Püree wird mit »geschälten« Bohnen zubereitet, das heißt, mit getrockneten, schon ausgehülsten Bohnen, die man schält, indem man sie kocht, bis die »Schale faltig und schrundig« wird, eine Arbeit, die zur Osterzeit anfiel.

Püree aus kleinen Bohnen oder Ackerbohnen

Zutaten:

500 g kleine Bohnen oder Ackerbohnen
500 g Äpfel (Renette, Boskop etc.)
4 Zwiebeln
5 cl Olivenöl
4 oder 5 frische Salbeiblätter (nach Belieben)
Salz

Zubereitung:

Am Tag zuvor: Bohnen waschen und einweichen.

Die Bohnen in einen großen Topf geben und mit kaltem Wasser bedecken. Einmal aufkochen lassen. Abgießen, einen guten Teil des kochendheißen Wassers in den Topf zurückgeben; garen, bis die Bohnen zwischen zwei Fingern zerquetscht werden können. Am Ende des Garens salzen.

Abgießen und durch eine Gemüsemühle passieren, um ein schönes sämiges Püree zu erhalten.

Die Zwiebeln schälen und in Ringe schneiden. Die Äpfel schälen und in dünne Spalten schneiden. Das Olivenöl in einer Pfanne erhitzen und die Zwiebeln auf kleiner Flamme bräunen. Wenn sie halb gar sind, zuerst die Äpfel, dann den Salbei zugeben und auf kleiner Flamme etwa 15 bis 20 Minuten garen. Sie müssen zu einem Püree zerfallen.

Kurz vor dem Servieren das Bohnenpüree aufwärmen.

Auf eine Platte geben und in der Mitte das Apfelpüree mit den Zwiebeln anrichten.

24. Linsenpüree
Purée de lentilles

Lenti altramente.
Togli le lenti bene lavate e nette da le pietre, et poni a cuocere con erbe odorifere, oglio, sale e zaffarano. E quando saranno cotte,

Linsen auf andere Weise.
Nimm gut gewaschene und von Steinchen befreite Linsen, setze sie zum Kochen auf, zusammen mit aromatischen Kräutern, Öl,

tritale bene; e messovi su ova dibattute, e cascio secco tagliato, dà mangiare (Za 22-23).	Salz und Safran. Und wenn sie gar sind, zerstampfe sie gut; und gib geschlagene Eier darüber, [in Stücke] geschnittenen trockenen Käse, und gib sie zu essen.

Dieses Rezept, aus dem kulinarischen Traktat auf Toskanisch, steht für eine ganze Reihe von Zubereitungen von Hülsenfrüchten: Kichererbsen, Erbsen, dicke Bohnen und Ackerbohnen, die zum Schluß mit geschlagenen Eiern legiert und häufig mit Käse verfeinert werden. Es handelt sich hier allerdings schon um eine ausgesuchte Fertigstellung, denn dieses »trockene« Gemüse konnte auch viel einfacher zubereitet werden, mit Salzfleisch, Gewürzen oder Öl, wie es zahlreiche Rezepte aus dieser Sammlung bezeugen.

LINSENPÜREE

ZUTATEN:

500 g grüne Linsen
1 Kräuterstrauß (Petersilie, Salbei, Rosmarin, Basilikum...)
3 Eßlöffel gutes Olivenöl
5 oder 6 Safranfäden
6 Eßlöffel frisch geriebenen Parmesan
4 geschlagene Eier
Salz

ZUBEREITUNG:

Die Linsen auf kleiner Flamme in vierfacher Menge Wasser mit dem Öl, dem Safran und dem Kräuterstrauß kochen. Am Ende des Kochens salzen. Wenn viel Wasser übrigbleibt, die Linsen abgießen, ansonsten durch die Gemüsemühle drehen oder mit einem Stößel zerstampfen.

Die geschlagenen Eier mit dem Käse vermischen.

Die Linsen wieder erhitzen, dann vom Feuer nehmen. Die Masse aus Eiern und Käse zugeben und gut untermischen. Das Gericht wird ein schönes sämiges Püree von kräftigem Geschmack.

25. Kürbiscreme
Crème de courge

Cocer zucche.
Mondale como vogliono essere, et poi cocile con brodo di carne, overo con acqua et mettevi un pocha de cipolla secundo la quantità che tu vorrai fare. Et quando parerà cotta cacciala fore, et passa ogni cosa per la cocchiara straforata, overo pistale molto bene, et metteli accocere in una pignatta con brodo grasso, et con un pocho d'agresto. Et siano un pocho gialle di zafrano; et quando sono cotte toglile dal focho et lasciale un pocho refredare. Dapoi togli di rossi d'ova secundo la quantità et sbattili con un pocho di caso vecchio et gittagli in le ditte zucche menando continuamente col cocchiaro acciò che non si prendano: et fà le menestre et mectevi sopra spetie dolci (Ma 148).

Kürbisse.
Schäle sie, wie es sich gehört, koche sie dann in Fleischbrühe oder Wasser und gib ein wenig Zwiebel hinzu, je nach der Menge, die du zubereiten willst. Und wenn sie dir gar erscheinen, nimm sie heraus und treibe sie alle durch das Beutelsieb oder zerstampfe sie sehr gut. Dann setze sie in einem Schmortopf mit fetter Brühe und ein wenig Verjus zum Kochen auf. Sie sollen mit Safran ein wenig gelb gefärbt werden. Wenn sie gar sind, nimm sie vom Feuer und laß sie ein wenig abkühlen. Nimm dann Eigelb je nach der Menge, schlage es mit ein wenig altem Käse und gieße das zu den Kürbissen und rühre dabei ständig mit dem Löffel, damit es nicht gerinnt. Fülle deine Schalen und streue süße Gewürze darüber.

Wieder ein hervorragendes Rezept von Maestro Martino: eine gut gewürzte Kürbiscreme, aromatisch durch Zwiebeln und Käse, sämig dank einer Legierung mit Eigelb. Sie ist den französischen Zubereitungen zugegebenermaßen bei weitem durch ihre Eleganz überlegen.

Kürbiscreme

Zutaten:

2 kg Kürbis
1 dünngeschnittene Zwiebel
40 cl Bouillon
2 Eßlöffel Verjus
(oder 1 Eßlöffel Apfelessig, mit 1 Teelöffel Wasser vermischt)
2 Eßlöffel frisch geriebener Parmsan
2 Eigelb
4 oder 5 Safranfäden
1/3 Teelöffel Süßes Gewürz *(Rezept Nr. 150), Salz*

Zubereitung:

Den Kürbis schälen, in Stücke schneiden und mit der Zwiebel in 1 l Salzwasser kochen, bis er sehr weich ist. Herausnehmen und durch die Gemüsemühle drehen. Die Bouillon und den Essig zugeben und aufkochen lassen. Mit dem Safran färben.

Die Eigelb zusammen mit dem Parmesan aufschlagen.

Die Kürbissuppe vom Feuer nehmen und die geschlagenen Eigelb unter ständigem Schlagen mit dem Schneebesen zugeben. Wieder auf kleiner Flamme erhitzen, aber nicht kochen lassen.

Mit Süßem Gewürz überstreuen, dann servieren.

26. Salat aus gebratenen Zwiebeln
Salade d'oignons rôtis

De la insaleggiata di cipolle.
Togli cipolle; cuocile sotto la bragia, e poi le manda, e tagliale per traveso longhette et sottili: mettili alquanto d'aceto, sale, oglio, e spezie, e dà a mangiare (Za 90).

Über den Salat aus Zwiebeln.
Nimm Zwiebeln; gare sie unter der Glut, dann schäle sie und schneide sie quer in lange dünne Scheiben. Füge ein wenig Essig, Salz, Öl und Gewürze hinzu und gib es zu essen.

Dieses Rezept befindet sich ganz am Ende des Traktats auf Toskanisch nach den Rezepten für Kranke, es stammt offensichtlich von anderer Hand als der Rest des Traktats. Man sucht es auch vergeblich in anderen zeitgenössischen Rezeptbüchern, und es fehlt sogar bei Martino. Lediglich Platina, der berühmte Bibliothekar von Papst Pius II., wird es als gebildeter Feinschmecker ein Jahrhundert später in seine diätetische und kulinarische Sammlung aufnehmen, die er weise *Die ehrenhafte Wollust* genannt hat. Freilich wird er den Essig durch gekochten Wein ersetzen.

Wie dem auch sei, dieser überraschende Salat ist wohlschmeckend, vor allem wenn man ihn noch fast lauwarm serviert. Er gibt uns auch Gelegenheit, die Glut im Kamin einmal auf originellere Weise zu nutzen als für im Feuer gebackene Kartoffeln. In gewissen abgelegenen Orten Spaniens und Italiens, wo man die kulinarische Vielfalt der Zwiebel gut kennt, wird dieses Gemüse noch auf solch ländliche Art zubereitet.

Salat aus gebratenen Zwiebeln

Zutaten:

800 g mittelgroße Zwiebeln einer milden Sorte
(rote Zwiebeln aus Italien oder andere)
Olivenöl
guter Weinessig
1/3 Teelöffel Feines Gewürz *(Rezept Nr. 150)*
Salz
Pfeffer

Zubereitung:

Wenn man über einen Kamin verfügt, die Zwiebeln in der Glut garen, bis sie sehr weich sind. Sonst im sehr heißen Ofen (250 Grad) etwa 1 Stunde garen, nachdem man sie einzeln in Alufolie verpackt hat.

Aus dem Ofen nehmen, die Folie öffnen und ein wenig abkühlen lassen. Die Schale der Zwiebeln ist schwarz und karamelisiert. Schälen, sobald sie nicht mehr zu heiß sind, und in feine Scheiben schneiden.

In eine Salatschüssel geben. Salzen, pfeffern und mit 1/3 Teelöffel Gewürzpulver überstreuen. Einen Schuß Olivenöl und Essig darübergeben. Mischen und servieren.

FLEISCH IN SAUCE

VIANDES EN SAUCE

27. HASENPFEFFER AUS DEM MÉNAGIER
CIVET DE LIÈVRE DU MÉNAGIER

Civé de lièvre.
Premièrement, fendez le lièvre par la poictrine: et s'il est de fresche prise, comme d'un ou de deux jours, ne le lavez point, mais le mettez harler sur le greil, *id est* roidir sur bon feu de charbon ou en la broche; puis aiez des oignons cuis et du sain en un pot, et mettez vos oignons avec le sain et vostre lièvre par morceaulx, et les friolez au feu en hochant le pot très souvent, ou le friolez au fer de la paelle. Puis harlez et brûlez du pain et trempez en l'eaue de la char avec vinaigre et vin: et aiez avant broyé gingembre, graine, giroffle, poivre long, noix muguettes et canelle, et soient broyés et destrempés de vertjus et vinaigre ou boullon de char; requeilliez, et mettez d'une part. Puis broyez vostre pain, deffaites du boullon, et coulez le pain et non les espices par l'estamine, et mettez le boullon, les oignons et sain, espices et pain brûlé, tout cuire ensemble, et le lièvre aussi; et gardez que le civé soit brun, aguisé de vinaigre, attrempé de sel et d'espices (MP 169).
Civé de connins: comme dessus.

Hasenpfeffer.
Zuallererst spaltet den Hasen an der Brust entzwei. Und wenn er frisch geschlachtet wurde oder nur vor einem oder zwei Tagen, dann wascht ihn nicht, sondern laßt ihn auf dem Rost braun werden, oder bratet ihn auf einem guten Holzkohlenfeuer oder am Spieß. Nehmt dann gare Zwiebeln und Schmalz und bratet Eure Zwiebeln mit den Hasenstücken in dem Schmalz, indem Ihr den Topf oft schwenkt, oder bratet sie in einer Pfanne. Dann röstet das Brot und weicht es in Fleischbrühe mit Essig und Wein ein. Und zuvor habt ihr Ingwer gemahlen, außerdem Paradieskörner, Nelken, langen Pfeffer, Muskatnuß und Zimt; löst alles in Verjus und Essig oder Fleischbrühe auf und stellt es beiseite. Dann zerstampft Euer Brot und mischt es mit Fleischbrühe. Treibt das Brot, aber nicht die Gewürze, durch das Beutelsieb. Nehmt die Brühe, die Zwiebeln und das Schmalz, die Gewürze und das gebrannte Brot und laßt alles zusammen garen und den Hasen auch. Achtet darauf, daß das Gericht braun wird, sauer vom Essig und gemäßigt in Salz und Gewürzen.
Kaninchenpfeffer: wie oben.

Hier ein schönes Rezept für Hasenpfeffer[8], für den man auch ein *connin*, ein Wildkaninchen, nehmen kann, wenn sich die Gelegenheit bietet. Die Originalität dieser Zubereitung liegt in der perfekten Konsistenz der Sauce, die mit Brot legiert ist, und in seinem würzigen und pikanten Geschmack. Es wird die Liebhaber säuerlicher und pikanter Speisen entzücken. Ein Essig von hervorragender Qualität ist unbedingt zu empfehlen!

HASENPFEFFER AUS DEM MÉNAGIER

ZUTATEN:

1 Hase (oder 1 schönes Kaninchen von 1,5 oder 1,7 kg),
in Stücke geschnitten
3 Zwiebeln
1 reichlich walnußgroßes Stück Schmalz
2 Scheiben getoastetes Brot
1/2 l Fleischbouillon *(Rezept Nr. 152)*
15 cl Rotweinessig von guter Qualität
10 cl guter Rotwein
5 cl Verjus oder der Saft einer halben Zitrone, mit zwei Teelöffeln
Wasser vermischt
1 Teelöffel Ingwerpulver
1/2 Teelöffel Paradieskörner
1/2 Teelöffel Zimt
1 Messerspitze Nelken
1/4 Teelöffel Muskatnußpulver
1/4 Teelöffel Pfeffer aus der Mühle

ZUBEREITUNG:

Das Brot toasten und in 10 cl Essig, 10 cl Rotwein und 10 cl Bouillon einweichen. Die Hasenstücke über eine große, feuerfeste Platte verteilen und im Ofen unter dem Grill auf einer Seite bräunen. Die Stücke wenden und auf der anderen Seite bräunen.

In einem Schmortopf die gehackten Zwiebeln mit dem Schmalz dünsten. Den Hasen zugeben und alles in kurzer Zeit gut bräunen.

---

[8] Im allgemeinen wird unter »Pfeffer« heute ein mit Blut gedicktes Ragout verstanden. Im Mittelalter nannte man auch im Deutschen jede Sauce »Pfeffer« oder »Pfefferlein«. (S. Eva Hepp, S. 194. Siehe auch das Kapitel über Saucen in diesem Buch.) *Anmerkung des Übersetzers.*

Inzwischen die Gewürze vermischen, indem man sie alle zusammen zerstampft, dann in Verjus bzw. in Zitronensaft und 5 cl Essig auflösen.

Das Brot mit der Gabel zerdrücken. Mit dem Rest der Bouillon auflösen und durch ein Sieb passieren, indem man stark auf das Brot drückt, damit es zu einem Brei wird.

Diesen Brei und die Gewürzmischung zum Hasen geben, salzen und auf kleiner Flamme 1 1/2 bis 2 Stunden bedeckt garen, bei einem Kaninchen nur 3/4 bis 1 Stunde. Sollte die Sauce zu schnell dicken, während des Garens ein wenig heiße Bouillon zugeben.

Servieren wenn das Fleisch weich ist. Die Sauce muß dick sein und gut decken.

28. Pfeffer vom Hasen oder jedem anderen Fleisch
Civet de lièvre ou de toute viande

Civeri di lepore e altre carni.
Smembra il lepore tutto e, con poco lavare, cuocilo in acqua; poi togli il fegato e polmone cotto, pestalo bene nel mortaio, e poi che fia cotto il detto lepore, togli spezie, pepe e cipolla, e soffriggi nel lardo col detto polmone e pane arrostito: e poi che sono tutte cose insieme bullite, dà a taola. Nota che tu dei, il fegato e polmone cotto, tritare e pestare nel mortaio con spezie e pane abbrusciato, e distemperallo con buono vino, e un poco d'aceto. E poi che fie cotto e soffritto il lepore con la cipolla, gitta il detto savore sopra'l lepore, e lassa freddare che sia tiepido, e dà mangiare. E tal modo si pò fare per le pernici, cioè starne (Za 43).

Pfeffer vom Hasen und anderem Fleisch.
Zerteile den Hasen vollständig, und nachdem du ihn ein wenig gewaschen hast, koche ihn in Wasser. Nimm dann die gegarte Leber und Lunge, zerstampfe sie gut im Mörser. Wenn besagter Hase gar ist, nimm Gewürze, Pfeffer und Zwiebeln und brate sie in Speck zusammen mit besagter Lunge und mit geröstetem Brot. Und wenn alles zusammen gekocht hat, trage es zu Tisch. Bedenke, daß du die gare Leber und Lunge zerhacken und zusammen mit den Gewürzen und dem gerösteten Brot im Mörser zerstampfen und alles mit gutem Wein und ein wenig Essig auflösen mußt. Wenn der Hase gar und mit den Zwiebeln braun geworden ist, gieße besagte Sauce über den Hasen und laß sie abkühlen, bis alles lauwarm ist. Gib es dann zu essen. Mit dem Rebhuhn kann man genauso verfahren.

Bei der Lektüre des Textes hat man den Eindruck, daß er zwei Phasen eines Rezepts enthält. Man könnte sich vorstellen, daß ein Koch, der das Rezept ausprobiert hatte, es umformulieren wollte, um den sehr unvollständigen Text zu erklären. Aber in der späteren kulinarischen Literatur war es durchaus üblich, zuerst den allgemeinen Sinn eines Rezepts anzuzeigen, bevor man die Zubereitung angab. Das *Liber de coquina*, verwandt mit dem toskanischen Buch, aus dem dieses Rezept stammt, hat ein ganz abweichendes Rezept für Hasen- oder Kaninchenpfeffer. Das Rezept, das wir zum Nachkochen vorschlagen, ist im Titel für einen Hasen oder anderes Fleisch gedacht, im Text auch für Rebhühner. Wenn man keinen Hasen hat, nimmt man ein schönes Kaninchen.

Es klingt erstaunlich, den Hasen im Wasser zu kochen, aber Sie werden sehen, daß dies weder seinem Geschmack noch seiner Zartheit Abbruch tut.

Pfeffer vom Hasen oder jedem anderen Fleisch

Zutaten:

1 Hase oder Kaninchen von ungefähr 2,5 kg
250 g gesalzener Speck
4 große Zwiebeln
2 schöne Scheiben getoastetes Brot
30 cl leichter Rotwein
5 cl Weinessig

Gewürzmischung (Pulverform)
1/4 Teelöffel Pfeffer
1/4 Teelöffel Ingwer
1 Prise Nelken
Salz

Zubereitung:

Das Kaninchen in Stücke schneiden, waschen und in sprudelndem Salzwasser etwa 1/2 Stunde kochen, einen Hasen etwas länger. Herausnehmen und beiseite stellen.

Den Speck in kleine Würfel schneiden.

Das Brot toasten.

Die vorgekochte Leber und Lunge, dann das getoastete Brot kleinhakken. Die Gewürze, den Wein und den Essig zugeben und diese Mischung kochen, bis sie die Konsistenz einer guten Sauce angenommen hat.

Den Speck und die geschnittenen Zwiebeln dünsten, die Kaninchenstücke zugeben und schön goldbraun werden lassen. Die Sauce zugeben und aufkochen. Lauwarm servieren.

I. Passend zusammengestellte Tafel
mit Stielglas, Teller, Messer, Krug, Salzfaß.

II. Herstellung von *Verjus* und Essigvorrat.

III. Zubereitung des Schweins nach dem Schlachten
im Dezember.

IV. Hochzeitsbankett von König Alexander.

V. Eier werden auf der Glut gekocht.

VI. Die wesentlichen Handgriffe in der Küche.

VII. Eine gut ausgestattete Küche:
Mörser, Kamin mit Kesselhaken, Topf, Rost und Pfanne.

VIII. Farben, Aromen und Düfte.

IX. Janus (Januar) ißt mit einem Kopf
und trinkt mit dem anderen.

X. Königliches Mahl im Zelt mit Anrichte für den Weinausschank.

XI. Aufgaben der Frau: Spinnen und Ernte im Garten.

25

Terra tufule i. Tubera.

Terra tufule i. tubera Complexio frigida et humida in 2°. Electio magna invenitur recipit omnes sapores. Nocumentum auget humorem melencolicum propter earum terrestritatem. Remotio nocumenti cum pipere oleo et sale. Quid generant flegma grossum quod tamen cito incenditur. Conveniunt Iuvenibus calidis hyeme et calidis regionibus.

Die Schwem seind kallt vnnd feicht im anndern grad. Die grossen seind die bessten. Nemen allerlai gesmacks an sich. Meren das Melancolisch gebluet, von wegen jrer jrdischen Natur. Corrigiers mit Pfeffer, öl vnnd Saltz. Machen ain grob das doch bald verbrennt würdt. Füegen iunge hitzigen leütten winnters zeitten vnnd in warmen lannden.

XII. Sammeln in den Bergen.

XIII. Die Molke wird aufgekocht, um Ricotta zu machen.

XIV. Gemeinschaftsofen zum Brotbacken.

29. Rehpfeffer süss-sauer
Civet de chevreuil à l'aigre-doux

Per fare civero de salvaticina.
Per fare civero de carne salvacina in prima coci la carne in aqua miscolata con altrectanto aceto, et come è cotta cavala fori del brodo, aziò che se sciucchi. Asciutta che serrà frigila in bono lardo; et volendo fare duo piatelli del dicto civero, togli una libra de uva passa, et mezza libra de amandole senza mondarle, et pista bene queste chose. Dapoi togli una libra de pane tagliato in fette, et siccato al foco, ma non troppo bruscolato, et ponilo a mollo in uno poco de vino roscio, et pistalo con le predicte chose, poi distemperale col brodo de la dicta carne, et passale per la stamigna in una pignatta, et ponila su la brascia longi dal foco, facendola ben bollire per spazio de meza hora; dapoi vi metti zenzevro, et cannela assai, che sia dolce o forte secundo el commune gusto, o del tuo Signore. Dapoi tolli una cipolla, et cocila in una pignatta et macinala molto bene, et ponila insieme col lardo, nel quel è cocta; et metti ogni chosa in la pignatta ne la qual sono le chose predicte, lassandola bollire anchora un poco più; poi fa li piatelli de la prefata carne, et de sopra gli metti de questo civero, et mandali a tabula (Ma 122).

Um ein Pfeffer vom Wildbret zu machen.
Um ein Pfeffer vom Wildbret zu machen, koche zuerst das Fleisch in Wasser, dem du die gleiche Menge Essig beigemischt hast, und wenn es gar ist, nimm es aus der Brühe, damit es ein wenig trocknet. Wenn es gut trocken ist, brate es in gutem Speck. Und wenn du zwei Teller von besagtem Gericht machen willst, nimm ein Pfund Rosinen, ein halbes Pfund ungeschälte Mandeln und zerstoße all diese Dinge gut. Nimm dann ein Pfund Brot, in Scheiben geschnitten und am Feuer getrocknet, aber nicht zu stark gebrannt, lege es zum Einweichen in ein wenig Rotwein und zerstampfe es zusammen mit den genannten Sachen. Löse dann alles mit der Brühe von besagtem Fleisch auf und treibe es durch das Beutelsieb über einem Schmortopf. Stelle diesen fern vom Feuer auf die Glut und koche das alles gut eine halbe Stunde. Gib dann viel Ingwer und Zimt hinzu, damit es süß oder scharf wird, je nach dem allgemeinen Geschmack oder dem deines Herrn. Nimm dann eine Zwiebel und dünste sie in einem Brattopf und zerdrücke sie gut. Mische sie mit dem Speck, in dem sie gedünstet wurde, und gib alles in den Schmortopf, in dem sich die genannten Sachen befinden. Laß alles noch ein wenig kochen, verteile das Fleisch auf die Teller, gieße die Sauce darüber und bringe es zu Tisch.

Hier sieht man, daß der Koch im Dienste seines Herrn seine Speisen nach dessen Geschmack würzen muß: So wird der Pfeffer eher süß oder eher herb, je nach der Vorliebe des Herrn. Wir fordern Sie ebenfalls auf, die Gewürze nach Ihren Wünschen oder Ihrem Appetit zu bemessen. Die angegebenen Mengen entsprechen einem Minimum, das bei weitem überschritten werden kann!

Rehpfeffer süss-sauer

Zutaten:

2 kg Rehfleisch zum Schmoren
(Schulter, Hals oder die Enden vom Karree)
200 g guter fetter Speck
150 g Rosinen
75 g ungeschälte Mandeln
150 g leicht getoastetes Landbrot
1 1/2 l guter Essig
30 cl Rotwein
1 Teelöffel Ingwerpulver
1 Teelöffel Zimtpulver
1 schöne Zwiebel
Salz

Zubereitung:

Das Fleisch knapp 2 Stunden in 3 l gesalzener Flüssigkeit kochen, die zur Hälfte aus Wasser und zur Hälfte aus Essig besteht. Darauf achten, daß das Fleisch zart, aber nicht zu weich wird, dann das Kochen beenden. Das Fleisch herausnehmen und warmstellen.

Inzwischen die Kruste vom Brot entfernen und die Krume im Wein einweichen. Die Rosinen und Mandeln in den Mixer geben, bis man eine feine Paste hat. Mit dem Brot mischen, das mit der Gabel zu einem Brei verarbeitet wurde. Diese Mischung mit 3/4 l von der Brühe, in der das Fleisch gekocht wurde, verdünnen. Die Masse durchs Sieb passieren und aufsetzen. Die Gewürze zugeben und alles auf ganz kleiner Flamme zum Kochen bringen. 1/2 Stunde köcheln lassen, bis die Sauce gut abbindet. Die Zwiebel schälen und klein schneiden. In 50 g Speck glasig dünsten, aber nicht bräunen. Zu einem Püree verarbeiten und zusammen mit den Speckwürfeln unter die Sauce mischen. Noch ein wenig köcheln lassen.

Den restlichen Speck auslassen und das Fleisch auf allen Seiten anbraten. Gut abtropfen lassen, auf den Servierteller legen. Die Sauce kosten und abschmecken. Man kann durchaus nachwürzen, wenn man findet, daß das Gericht nicht scharf genug ist; die angegebenen Mengen sind eher bescheiden.

Die Sauce über das Fleisch gießen und sofort servieren.

30. Ambrosia vom Huhn mit Trockenfrüchten
Ambroisine de poulet aux fruits secs

Se vuoi ambrogino di polli.
Togli li polli, ismembrali, poi li soffriggi col lardo fresco e uno poco di cipolla tagliata a traverso. Quando è a mezzo cotto, togli latte di mandorle et istempera con buglione et uno poco di vino, e metti con questi polli et iscema in prima del grasso s'egli è troppo, e mettivi cennamo trito col coltello e pochi garofani. E quando s'apparecchia, mettivi susine secche, datteri interi, alquante noci moscate tritate et uno poco di midolla di pane abbrusciata, bene pesta e stemperata con vino e con aceto. Questa vivanda vuole essere agra e dolce, e guarda li datteri che non si rompano (Gu 20).

Wenn du Ambrosia von Hühnchen willst.
Nimm die Hühnchen, zerteile sie, dann brate sie mit frischem Speck und einigen in Ringe geschnittenen Zwiebeln. Wenn sie halb gar sind, nimm die Mandelmilch, verdünne sie mit Brühe und ein wenig Wein, setze sie mit den Hühnchen auf. Entferne vom Fett, was zuviel ist, gib mit dem Messer gehackten Zimt hinzu und wenige Gewürznelken. Und wenn das fertig ist, gib gedörrte Pflaumen, ganze Datteln, einige gehackte Muskatnüsse und ein wenig Brotkrume hinzu, die geröstet, gut zerstampft und in Wein und Essig aufgelöst wurde. Diese Speise soll süß-sauer sein. Und achte darauf, daß die Datteln nicht aufplatzen.

Hat der Originalname dieses Gerichts, in den Büchern *ambrosino* oder *ambrogino*, etwas mit der alten Ambrosia, Nahrung der Götter, zu tun? Tatsächlich ist etwas ungemein Numinoses an diesem komplexen Rezept, das durch seine Kombination von süß, sauer und würzig und durch das Zusammentreffen der beiden Saucen, die sich nicht vermischen, dem Gaumen einen harmonischen Geschmacksreichtum bietet. Der Name findet sich auch in einem Festmenü von Siena, für Dienstag, den 23. Dezember 1326: Nach Weißen Ravioli, gekochtem Kalbfleisch und Wildbret trägt man den neunzig Gästen Geflügel *ad ambrosina aschibeci* auf, dem gebratener Kapaun und kandierte Birnen mit Zuckermandeln folgen (*Cronache Senesi*, S. 445). Die Speisenfolge ist durchaus beeindruckend, denn das Fest wird zu Ehren von Francesco Bandinelli gegeben, einem Knaben aus einer der vornehmsten Familien Sienas, der zum Ritter geschlagen wurde, und dieses Bankett ist nur eines von vieren, die in der Woche vor dem Festtag aufeinander folgen. Die Formulierung ordnet hier die Ambrosia in die Gruppe der *escabèches* ein, was kaum erstaunlich ist, weil man in ihr mehrere klassische Komponenten dieser Gruppe findet, nämlich Wein und Zwiebeln (Rezepte Nr. 61, 62).

Ambrosia vom Huhn mit Trockenfrüchten

Zutaten:

1 Huhn
80 g fetter Speck
2 große Zwiebeln
8 Dörrpflaumen
10 Datteln
2 Brotscheiben
20 cl Weißwein
5 cl Essig
10 cl Bouillon *(Rezept Nr. 152)*
einige Zimtstangen
3 Nelken
1 Messerspitze Muskatnuß
Mandelmilch *(Rezept Nr 151) aus 50 g geschälten Mandeln und 1/2 l warmem Wasser*

Zubereitung:

Das Brot toasten und die Kruste entfernen, so daß nur die Krume übrigbleibt.

Das Huhn in Stücke schneiden und mit Zwiebeln in dem ausgelassenen Speck anbraten.

Die Mandelmilch mit 10 cl Weißwein und der Bouillon mischen. Wenn das Huhn leicht gebräunt ist, salzen, die Mischung Weißwein-Bouillon zugeben, den mit dem Messer grob gehackten Zimt, die Nelken, und alles etwa 1/2 Stunde köcheln lassen.

Gegen Ende der Garzeit das zerkleinerte und mit dem restlichen Wein und Essig aufgelöste Brot zugeben, außerdem die Datteln, die entkernten Pflaumen und das Muskat. Vom Feuer nehmen, sobald die Sauce dickt. Abschmecken. Wenn nötig, nachwürzen.

Vor dem Servieren die Pflaumen und Datteln des zweiten Zubereitungsschritts nehmen — sie sollten ganz geblieben sein — und sie um das Huhn anrichten. Die Sauce über das Huhn gießen.

31. Huhn mit Fenchel
Poulet au fenouil

Polli infinocchiati.
Togli li polli, ismembrali, falli soffrigere e quando sonno sofritti, si vi metti acqua, quella che ti piace; poi togli le barbe dei finocchi, barbe di petroselli e mandorle che non siano monde et queste cose fa bene macinare e stemperare con l'acqua di questi polli e fae bollire ogni cosa e colale con stamigna. Metti con questi polli e mettivi le migliori spezie che si possono avere (GU 45).

Gefenchelte Hühnchen.
Nimm die Hühnchen und zerteile sie, brate sie [in Fett] und wenn sie braun sind, gib Wasser dazu, so viel du willst. Nimm dann den Bart vom Fenchel und den Bart von der Petersilie und Mandeln, die noch nicht geschält sind, und laß all diese Sachen gut zerstoßen mit dem Wasser dieser Hühnchen verdünnen. Laß alles kochen und passiere es dann durch das Beutelsieb. Gib es zu diesen Hühnchen und streue die besten Gewürze darüber, die du finden kannst.

Überraschend, dieses Huhn in beige-grüner Mandelsauce mit dem subtilen Geschmack des Fenchels. Eine weitere leichtbekömmliche Zubereitung, die heute auf den Speisekarten der kreativsten Kochkünstler stehen könnte.

Huhn mit Fenchel

Zutaten:

1 gutes Freilandhuhn
100 g ungeschälte Mandeln
1 Handvoll Fenchelblätter oder Dill
1 Handvoll Petersilie
1/2 l Wasser
1/3 Teelöffel Feines Gewürz *(Rezept Nr. 150)*
1 walnußgroßes Stück Schweineschmalz oder 2 Eßlöffel Öl
Salz

Zubereitung:

Das Huhn vorbereiten und in Stücke schneiden.

In einem Schmortopf das Schmalz zerlassen und die Hühnerstücke auf lebhafter Flamme anbraten. Wenn sie gut braun sind, mit dem Wasser aufgießen, salzen und 40 bis 45 Minuten bedeckt köcheln lassen, je nach Qualität des Huhns.

Inzwischen die Kräuter waschen und mit den Mandeln im Mixer zerkleinern.

Wenn das Huhn fast gar ist, die Stücke aus dem Schmortopf nehmen und im Ofen zwischen zwei Tellern warmstellen.

Die Mandel-Kräutermischung zur Sauce geben und kochen, bis sie dickt.

Die Stücke auf der Servierplatte anrichten. Die Sauce durch ein Sieb passieren und das Huhn überziehen. Mit einer guten Prise Feinem Gewürz überstreuen und servieren.

32. HUHN IN VERJUS
POULET AU VERJUS

De la gratonata di polli.
Polli smembrati, friggili con lardo e con cipolle; e, mentre si friggono, mettivi uno poco d'acqua, sì che si cocano bene nella pentola, e volgili spesso eziandio con la mescola: mettivi su spezie, zaffarano e succhio d'uva agresta, e fà bullire; e per ciascuno pollo togli quattro tuorla d'ova, e distempera coll'agresto, e fà bullire crudo, e sbatti insieme nel catino, e insieme, coll'arte de polli, fà oni cosa bullire; e, bullito, levalo dal foco, e mangia (Za 69).

Über die Gratonata von Hühnchen.
Nimm in Stücke geschnittene Hühnchen, brate sie mit Zwiebeln in Speck. Während sie braten, gib ein wenig Wasser dazu, damit sie gut im Kessel garen, und wende sie häufig mit der Kelle. Gib Gewürze hinein, Safran und Saft von der grünen Traube (Verjus) und laß es kochen. Für jedes Hühnchen nimm vier Eigelb, verrühre sie mit dem Verjus und laß sie allein kochen. Schlage sie in einem Topf zusammen auf und laß alles zusammen mit den Hühnchenstücken kochen. Und wenn die Speise gekocht hat, nimm sie vom Feuer und iß.

Ein Hühnerfleisch, das auf der Zunge zergeht, überzogen von einer goldbraunen, leicht säuerlichen Sauce — so das Gericht, das Sie erhalten werden, wenn Sie diesem Rezept folgen. Dafür lohnen sich die Kosten und Mühen, einmal echten Verjus zu verwenden, dessen fruchtiges und leicht saures Aroma Sie hier zu schätzen lernen werden. Die Mischung Eigelb-Verjus verträgt ein kurzes Aufkochen und gibt der Sauce eine perfekte Sämigkeit.

HUHN IN VERJUS

ZUTATEN:

1 schönes Freilandhuhn
1 mittelgroße Zwiebel
50 g fetter Speck
15 cl Wasser
15 cl Verjus
(oder der Saft einer Zitrone,
mit 3 Eßlöffeln Wasser vermischt)
4 Eigelb
1/2 Teelöffel Muskatblütenpulver
1/2 Teelöffel Ingwerpulver
1 Messerspitze Zimt
1 Messerspitze Pfeffer
1 Prise Safranfäden
Salz

ZUBEREITUNG:

Das Huhn säubern und ausnehmen. In kleine Stücke schneiden. Salzen und pfeffern.

Den Speck in kleine Würfel schneiden und auf kleiner Flamme in einem Schmortopf mit dickem Boden auslassen. Die Zwiebeln in feine Ringe schneiden.

Wenn der Speck gut ausgelassen ist, die Hühnerstücke mit den Zwiebelringen von allen Seiten gut anbraten, ohne sie zu verbrennen. Entfernen, was zuviel an Fett auf dem Boden des Schmortopfs bleibt.

Das Wasser zugeben und aufkochen lassen. Wenn es gut kocht, 5 cl Verjus und die Gewürze zugeben. Die Flamme möglichst klein stellen, den Brattopf bedecken und alles 1/2 bis 3/4 Stunden schmoren lassen, je nach Größe des Huhns. In den Schenkel stechen, um zu überprüfen, ob es gar ist. Das ist dann der Fall, wenn der herausfließende Saft klar und das Fleisch zart ist.

Kurz vor dem Servieren die Eigelb mit dem restlichen Verjus aufschlagen und die Mischung bei kleiner Flamme aufkochen lassen. Beim ersten Aufkochen in den vom Feuer genommenen Schmortopf zu dem Huhn gießen. Gut durchmischen und prüfen, ob die Sauce dick ist. Wenn das nicht der Fall ist, den Brattopf wieder aufsetzen und bei ganz kleiner Flamme warten, bis die Sauce dickt.

Abschmecken und servieren.

33. LIMONIA ODER ZITRONENHUHN
LIMONIA OU POULET AU CITRON

De limonia.
Ad limoniam faciendum, suffrigantur pulli cum lardo et cepis. Et amigdale mundate terantur, distemperentur cum brodio carnis et colentur. Que coquantur cum dictis pullis et speciebus. Et si non habentur amigdale, spissetur brodium cum uitellis ouorum. Et si fuerit prope horam scutellandi, pone ibi succum limonum uel limiarium uel citrangulorum (Lc 402).

Über Limonia.
Um Limonia zu machen, werden kleine Hühner in Speck mit Zwiebeln gebraten, außerdem geschälte Mandeln zerstoßen, mit Fleischbrühe aufgegossen und gefiltert. Das wird mit besagten Hühnchen und Gewürzen gegart. Wenn man keine Mandeln hat, wird die Brühe mit Eigelb gedickt. Und wenn die Zeit des Auftragens kommt, dann gib den Saft von der Zitrone, Limone oder Pomeranze hinein.

Nach neueren Forschungen weiß man, daß die Benennung dieses Rezeptes, in den Texten *limonia* oder *lomonia*, wie andere Namen mit der Endung *-ia* ziemlich sicher aus dem Arabischen stammt (siehe auch das folgende Rezept). Hier erkennt man eine Spur des Arabischen *laymun*, aus dem sich sicher auch das italienische Wort *limone* für Zitrone herleitet.Dennoch sollten wir festhalten, daß dieses Rezept sehr gut den kulinarischen Gewohnheiten des abendländischen Mittelalters angepaßt wurde. Obwohl man etwa bei der Mandelmilch zuerst an die arabische Welt denkt, so findet sie doch auch auf dieser Seite des Mittelmeers Verwendung. Was den Speck angeht, mit dem das Huhn gebräunt wird, so können wir eine Wette riskieren, daß er im ursprünglichen Rezept nicht vorkam, denn die Mohammedaner haben, wie man sich erinnert, das Schweinefleisch aus ihren Küchen verbannt.

LIMONIA ODER ZITRONENHUHN

ZUTATEN:

1 schönes Freilandhuhn
150 g Mandeln
1/2 l Fleischbouillon *(Rezept Nr. 152)*
2 mittelgroße Zwiebeln (etwa 80 g)
60 g fetter Speck
Saft von 1 Zitrone
1 Teelöffel Scharfes Gewürz *(Rezept Nr. 150)*
Salz

Zubereitung:

Die Mandeln schälen und mit der Bouillon nach der bekannten Methode eine Mandelmilch zubereiten (Rezept Nr. 151). Man braucht etwa 30 cl.

Das Huhn ausnehmen und säubern. In Stücke zerschneiden.

Den Speck würfeln und in einem Schmortopf auslassen. Die Hühnerstücke mit den Zwiebeln anbraten, bis sie goldbraun sind. Die verbliebenen Speckwürfel herausnehmen. Salzen und mit Gewürzen überstreuen. Die Mandelmilch zugeben.

Aufkochen lassen, dann die Flamme klein stellen und etwa 30 bis 40 Minuten bei kleiner Flamme garen lassen.

Wenn das Huhn gar ist, abschmecken und den Zitronensaft zugeben. Ein- oder zweimal aufkochen lassen, dann servieren.

Bei diesem Gericht bleibt die Sauce eher klar. Wenn man sie dicker wünscht, kann man etwas weniger Mandelmilch verwenden.

34. Romania oder Huhn in Granatapfelsaft
Romania ou poulet au jus de grenade

De romania.
De romania, suffrigantur pulli cum lardo et cepis et terantur amigdale non mondate et distemperentur cum succo granatorum acrorum et dulcium. Postea, colletur et ponantur ad bulliendum cum pullis et cum cocleari agitetur. Et ponantur species. Potest tamen fieri brodium viride cum herbis (Lc 402).

Über Romania.
Bei der Romania werden Hühner mit Speck und Zwiebeln gebraten, ungeschälte Mandeln zermahlen und mit Saft von sauren und süßen Granatäpfeln aufgelöst. Dies wird dann gefiltert und mit den Hühnern zum Kochen gebracht und mit dem Löffel umgerührt. Es kommen Gewürze dazu. Man kann aber auch eine grüne Brühe mit Kräutern machen.

Ebenso wie die Limonia (Rezept Nr. 33), ist die Romania wahrscheinlich ein Gericht persisch-arabischer Herkunft. Diese Ansicht vertritt Maxime Rodinson, der weiter ausführt, daß der Granatapfel auf Arabisch *rumman* heißt. Halten wir jedoch fest, daß die Verwendung von Speck wie bei der Limonia für ein muslimisches Gericht alles andere als orthodox ist! Während den Kernen des Granatapfels normalerweise allein wegen ihrer dekorativen Schönheit in einigen Rezepten Aufmerksamkeit geschenkt wird, ist hier der Saft dieser Frucht eine wahrhaft kulinarische

Zutat. Der Granatapfelbaum (*Punica granatum*), aus Persien stammend, war schon bei Griechen und Römern bekannt; sie schätzten ihn vor allem wegen seiner herrlichen roten Blüten und seiner Frucht, die im Mittelalter zahlreiche Maler und Webkünstler inspiriert hat.

Von dieser Frucht gab es saure und süße Abarten, wie es das Rezept nahelegt. Anstatt der sauren Granatäpfel, die man leider auf heutigen Märkten vergeblich sucht, haben wir einen Schuß Zitrone an dieses Gericht gegeben, dessen rosa Farbe und süßer Geschmack dem Auge wie auch dem Gaumen schmeicheln.

ROMANIA ODER HUHN IN GRANATAPFELSAFT

ZUTATEN:

1 gutes Freilandhuhn von etwa 1,5 kg
2 möglichst frische Granatäpfel
150 g ungeschälte Mandeln
1 große Zwiebel
50 g fetter Speck
Saft von 1 Zitrone
1/2 Teelöffel Scharfes Gewürz *(Rezept Nr. 150)*
Salz

ZUBEREITUNG:

Die Granatäpfel schälen und alle Kerne sammeln. In den Mixer geben, dann filtern. Man erhält 30 bis 35 cl Saft. Die Mandeln sorgfältig waschen, dann im Mixer zu einem Pulver verarbeiten. Mit dem Saft der Granatäpfel auflösen, dem man den Zitronensaft zugegeben hat. Durch ein Sieb passieren und die Mandelmilch mit dem Saft der Granatäpfel auffangen.

Das Huhn säubern und ausnehmen. In kleine Stücke schneiden und salzen. Den Speck in kleine Würfel schneiden und in einem Schmortopf mit dickem Boden auslassen.

Die Zwiebel schälen und in feine Ringe schneiden. Wenn der Speck ganz ausgelassen ist, die Hühnerstücke zusammen mit der kleingeschnittenen Zwiebel anbraten, bis sie gleichmäßig goldbraun sind. Entfernen, was zuviel an Fett übrigbleibt.

Die Mischung Mandelmilch-Granatapfelsaft und die Gewürze zugeben. Aufkochen lassen, dann 30 bis 45 Minuten, je nach Größe des Huhns, auf kleinster Flamme bedeckt schmoren lassen.

Abschmecken und servieren.

35. BRÜHE VOM KAPAUN
BROUET DE CHAPON

Brouet de chapons.
Cuisiez vos chapons en eaue et en vin, puis si les despeciez par membres et frisiez en sain, puis broiez les braons de vos chapons et les foies et amandes, et deffaites de vostre boullon et faites boulir, puis prenez gingembre, canelle, girofle, garingal, poivre long et graine de paradis, et deffaites de vinaigre et faites boulir; et au dressier, mettez vostre grain par escuelles, et dressiez le potage sus (MP 149).

Brühe mit Kapaunen.
Kocht Eure Kapaune in Wasser und Wein, entbeint sie und bratet sie in Schweineschmalz, zerdrückt dann das Fleisch Eurer Kapaune ebenso wie ihre Leber zusammen mit Mandeln, gießt mit Brühe auf und bringt alles zum Kochen. Nehmt Ingwer, Zimt, Nelken, Galgant, langen Pfeffer und Paradieskörner, löst sie mit Essig auf, [gebt das zur Brühe] und bringt [alles] zum Kochen. Kurz bevor Ihr auftragt, gebt Euer »Korn« in die Schalen und gießt die Suppe darüber.

Man muß den Ausdruck Brühe (*brouet*) im weitesten Sinne verstehen. Es handelt sich hier nicht um eine Suppe, sondern eher um ein Fleischgericht in Sauce mit äußerst origineller Zubereitung. Man wird in der Tat feststellen, daß die wichtigen Bestandteile des Gerichts unabhängig zubereitet werden: Der Kapaun wird zweimal gegart und die dazugereichte »Sauce« wird, von der Kapaunenbrühe ausgehend, eigens hergestellt. Die Verbindung beider Elemente findet erst kurz vor dem Servieren statt.

Den Kapaun, ein kastriertes und gemästetes Geflügel, findet man nur zur Weihnachtszeit zu sehr hohen Preisen; wir ersetzen ihn hier ohne Nachteil durch ein gutes Huhn. Aber lassen Sie sich nicht daran hindern, diese Brühe mit einem echten Kapaun zuzubereiten!

BRÜHE VOM KAPAUN

ZUTATEN:

1 Kapaun (oder ein mit Körnern gefüttertes Freilandhuhn) mit Leber
100 g ungeschälte Mandeln
2 Flaschen guter Rotwein
7 cl guter roter Essig
Schweineschmalz

1/4 Teelöffel Ingwerpulver
1/4 Teelöffel Zimtpulver
1 kleine Prise Nelkenpulver
Galgantpulver
1/4 Kolben langer Pfeffer, im Mörser zerstoßen
4 oder 5 Paradieskörner,
im Mörser zerstoßen oder im Mixer zermahlen
Salz

Zubereitung:

Den Kapaun oder das Huhn säubern und im Wein, dem 1/2 l Wasser zugefügt wurde, aufsetzen. Salzen. Aufkochen und abschäumen. Die Flamme ganz klein stellen. Man muß mit etwa 1/2 bis 3/4 Stunden Kochzeit rechnen, vielleicht ein wenig mehr, wenn es sich um einen Kapaun handelt. Aber er sollte keinesfalls zu gar sein.

Aus dem Topf nehmen und in Stücke schneiden. Eine Brust herausnehmen und im Mixer mit der Leber und den Mandeln zerkleinern. Mit der Kochbrühe anrühren, bis man eine dicke Flüssigkeit hat. Aufkochen und weiter eindicken lassen. Wenn es zu dickflüssig wird, noch ein wenig Brühe zugeben.

Die Gewürze, falls sie ganz sein sollten, im Mörser zerstoßen oder im Mixer zerkleinern. Mit dem Essig mischen. Wenn die »Brühe« eine gute Konsistenz erreicht hat, das heißt, die einer dicken Sauce, die Mischung aus Gewürzen und Essig zugeben und von neuem aufkochen lassen. Nach Geschmack nachwürzen. In der Pfanne die Geflügelstücke in Schmalz anbraten. Auf einem Geschirrtuch oder einem Papiertuch abtropfen lassen und mit der Sauce überzogen servieren.

36. Sarazenenbrühe
Brouet sarrasinois

Del brodo saracenico.
Togli capponi arrostiti, e i fegati loro con le spezie, et pane abbrusticato, trita nel mortaio; e distempera nel mortaio buono vino bianco e succhi agri, e poi smembra i detti capponi, e metti a bollire con le predette cose in una pentola, e mettivi su dattali, uve

Über die Sarazenische Brühe.
Nimm gebratene Kapaune, zerstampfe ihre Leber im Mörser mit Gewürzen und geröstetem Brot und löse sie im Mörser mit gutem Weißwein und sauren Säften auf. Zerteile dann besagte Kapaune, setze sie in einem Brattopf mit den genannten Sa-

grece, prugne secche, amandole monde intere, e lardo sufficiente; e dà a mangiare. Simile modo fà de' pesci marini, pome e pere puoi ponere nei detti brodi (Za 32).

chen zum Kochen auf und füge Datteln, griechische Trauben, gedörrte Pflaumen, geschälte ganze Mandeln und genügend Speck hinzu und gib das zu essen. Mache es bei Meeresfischen auf die gleiche Weise. Du kannst auch Äpfel und Birnen in besagte Brühen geben.

Der Name dieses Gerichts legt einen arabischen Ursprung nahe, aber hier ist Vorsicht angebracht. Erinnern wir uns zuerst daran, daß diese »Brühen« eine sehr verbreitete Form der Ernährung sind und man deshalb in der Gesamtheit der Bücher die meisten »geographischen« Varianten von dieser Sorte Speisen findet. Da kann man sich manchmal die Frage stellen, ob das Exotische nicht eher im Namen als in der Sache liegt.

In unserem Fall erinnert die Verwendung getrockneter und frischer Früchte im Zusammenhang mit Fleisch an die heutige maghrebinische Küche. Die Verwendung von Wein in der muslimischen Küche überrascht; die von Speck ist entschieden unzulässig — aber er könnte ja auch auf seinem weiten Weg hinzugekommen sein. Eine offene Frage, die wir schon im Kapitel *Küchengeschichten* und bei den Rezepten für die Limonia und die Romania (Rezepte Nr. 33 und 34) aufgeworfen haben. Diese Brühe ist von dunkler Farbe, und wir haben schon darauf hingewiesen, daß ein Zusammenhang zwischen dem Attribut »sarazenisch« und der dunklen Hautfarbe der Mauren möglich ist.

Man kann für dieses Rezept die Reste eines Brathuhns nehmen.

SARAZENENBRÜHE

ZUTATEN:

1 schönes Freilandhuhn, falls kein Kapaun zu finden ist
50 g geschälte Mandeln
50 g Rosinen
10 Datteln
10 Dörrpflaumen
2 Brotscheiben
1/4 l Weißwein
1 oder 2 Zitronen und 1 etwas säuerliche Orange
30 g gesalzener fetter Speck, in kleine Würfel geschnitten
1 Apfel, 1 Birne

Gewürzmischung (Pulverform)
1/4 Teelöffel *Muskatnuß*
1/4 Teelöffel Pfeffer
1 Prise Ingwer
1 Prise Nelken
Salz

Zubereitung:

Das Huhn salzen und braten, die Leber sollte nicht herausgenommen werden. Inzwischen das Brot toasten, den Speck in kleine Würfel schneiden, die Zitronen und die Orange auspressen und den Saft mit dem Wein mischen. Den Apfel und die Birne schälen. Die Rosinen, die Pflaumen und die Mandeln waschen.

Das Huhn zerteilen, wenn es gar ist, die Leber herausnehmen und alles beiseite legen.

Die Leber zusammen mit dem getoasteten Brot zerstampfen und die Gewürze zugeben.

Mit der Mischung Wein-Zitrusfrüchtesaft verrühren und in einen nicht zu kleinen Schmortopf geben. Dann die Hühnerstücke, die getrockneten und frischen Früchte und schließlich den Speck zugeben. Aufkochen und etwa 15 bis 20 Minuten kochen lassen. Abschmecken und servieren.

Man kann die Menge der Flüssigkeit verändern, indem man mehr oder weniger Wein nimmt. Das Huhn sollte im Ofen gebraten werden, aber nicht zu gar sein, damit es beim zweiten Garen nicht zerfällt.

37. Tauben mit Mandeln und Gewürzen
Pigeons aux amandes et épices

Se vuoi pippioni in istufa.
Togli li pippioni, ismembrali, mettili nella pentola col lardo battuto, mettivi spezie et uno poco di cipolla tagliata minuta, poni sulla bragia, soffrigi sino a mezzo cotto e mettivi entro XXX mandorle colle corteccie et XXX monde. Togli li fegatelli lessi, pestali bene con uno poco di pane arrostito, stempralo con vino, colalo, metti in su

Wenn du geschmorte Tauben willst.
Nimm die Tauben, zerlege sie, und gib sie in einen Schmortopf mit gehacktem Speck, gib Gewürze und ein wenig feingeschnittene Zwiebel hinzu, setze ihn auf die Glut und brate die Tauben, bis sie halb gar sind. Gib dann 30 Mandeln mit ihrer Haut und 30 geschälte Mandeln hinzu. Nimm die in Wasser gekochte Leber [der

pippioni e metti poi sopra le scodelle ispezie e zuccaro (Gu 24).

Tauben], zerstampfe sie gut mit ein wenig geröstetem Brot, löse dies mit Wein auf, filtere es, gib es über die Tauben und streue dann über die Schalen Gewürze und Zucker.

Dieses Rezept zeigt eine für die Küche des abendländischen Mittelalters außergewöhnliche Verwendung der Gewürze (s. die Einleitungskapitel). Bei den »Suppen« werden sie im allgemeinen am Ende der Zubereitung zugegeben oder mit der Kochbrühe »gegossen« (d.h. vermischt), wahrscheinlich, um möglichst viel von ihrem Aroma zu bewahren. Hier überstreut man das Fleisch dagegen beim Anbraten mit den Gewürzen, dann gibt man am Ende des Garens ein zweites Mal Gewürze hinzu. Diese Vorgehensweise ist charakteristisch für die orientalische Küche, wo man für Ragouts das Fleisch anzubraten pflegt, bevor man die Garflüssigkeit zugibt. Sollte man vielleicht in dieser Art, die Tauben zuzubereiten, doch einen Einfluß der berühmten arabisch-persischen Kochkunst sehen, auch wenn der Name des Gerichts keinerlei Anzeichen dafür aufweist?

Tauben mit Mandeln und Gewürzen

Zutaten:

4 Tauben mit Leber
120 g fetter Speck
4 mittelgroße Zwiebeln (120 g)
30 g getoastetes Brot
40 cl Rotwein
40 ungeschälte Mandeln
40 geschälte Mandeln
1 gestrichener Teelöffel Puderzucker
Salz

Gewürzmischung
2 Teelöffel Korianderpulver
2/3 Teelöffel Ingwerpulver
1/2 Teelöffel Zimtpulver
1 Teelöffelspitze gemahlener Pfeffer
1 gute Prise Nelkenpulver

ZUBEREITUNG:

Die Tauben vierteln. Den Speck hacken.
Die Zwiebeln schälen und ganz fein schneiden.
Die Leber der Tauben in wenig Wasser 5 Minuten kochen.
Den Speck in einem Schmortopf auslassen. Die Taubenstücke zugeben und 5 bis 6 Minuten anbraten. Dann die Zwiebeln, Salz und 3 Teelöffel Gewürzmischung zugeben. Die ungeschälten Mandeln sorgfältig waschen und mit den geschälten zugeben. Kurze Zeit auf ganz kleiner Flamme anbraten, dann bedeckt köcheln lassen, solange die Sauce zubereitet wird (etwa 10 Minuten), dabei darauf achten, daß die Mandeln nicht anbrennen.

Die Leber herausnehmen und mit dem getoasteten Brot im Mixer zerkleinern. Wein zugeben. Diese Sauce durch ein Sieb passieren, man hält es über den Schmortopf, in dem sich die Tauben befinden. Aufkochen lassen, dann die Flamme so klein wie möglich stellen und etwa 10 Minuten zugedeckt schmoren lassen. Dabei dickt die Sauce, wird ganz dunkel und umhüllt die Fleischstücke. Kurz vor dem Servieren mit Gewürzen überstreuen, dann kosten. Abschmecken und leicht mit Puderzucker überstreuen. Der Zucker süßt das Gericht nicht, sondern nimmt den Gewürzen ein wenig von ihrer Schärfe und verhilft der Sauce zu einem harmonischen Geschmack.

38. GRAVÉ VON KLEINEN VÖGELN ODER ANDEREM FLEISCH
GRAVÉ DE PETITS OISEAUX OU D'AUTRE VIANDE

Gravé d'oiselets ou d'autre char.
Soient plumés à sec, puis aiez du gras du lart décoppé comme par morceaulx quarrés, et mettez au fer de la paelle et en traiez la graisse et là les frisiez; puis mettez cuire ou boullon de la char, puis prenez pain hallé sur le gril ou chappelleures de pain trempées ou boullon de la char et un petit de vin; puis prenez gingembre, girofle, graine et fleur de cannelle et les foies, et les broyez; et puis coulez vostre pain et boullon par l'estamine et les espices broyées à fin et sans couler; et mettre boulir avec vos oiselets et un petit de verjus;

Gravé von Vögelchen oder anderem Fleisch.
Man muß sie trocken rupfen. Nehmt dann den fetten Teil vom Speck und schneidet ihn in quadratische Stücke, gebt ihn in eine Pfanne und laßt ihn aus und bratet die Vögelchen darin. Dann kocht sie in Fleischbrühe, nehmt auf dem Rost geröstetes Brot oder Semmelmehl, das in Fleischbrühe und ein wenig Wein aufgelöst wurde. Nehmt dann Ingwer, Nelken, Paradieskörner, Zimtblüte und die Leber, und zerstampft alles, und dann treibt Eure Masse und die Brühe durch das Beutelsieb. Gebt die feingestampften Gewürze hinzu, ohne sie [durch das Beutelsieb] zu

item, qui n'a boullon, si mette purée de pois; *item*, ne doit point estre trop lyant, mais claret; doncques ne convient-il que le pain ou les foies pour lier (MP 150).	treiben. Und setzt sie mit Euren Vögelchen und ein wenig Verjus zum Kochen auf. *Item*, wer keine Bouillon hat, kann das Kochwasser von Erbsen nehmen. *Item* [die Sauce] darf nicht zu dick sein, sondern ein wenig klar; deshalb sind nur Brot und Leber zum Binden geeignet.

Die Zimtblüte, ein im Mittelalter viel verwendetes Gewürz, ist die unreife und getrocknete Blütenknospe des *Cinamomum cassia* oder Chinazimtbaums. Sie sieht einer sehr großen Gewürznelke ähnlich, und ihr Aroma ist delikater und feiner als das der Zimtrinde, die wir normalerweise verwenden. Trotzdem kann man sie ohne Bedenken durch Stangenzimt ersetzen, denn man sucht die Zimtblüte in normalen Geschäften vergeblich.

Kann man in dem Wort *gravé* ein Echo des englischen Begriffs *gravy* heraushören, das heute Fleischsaft bedeutet, wie gewisse Kommentare manchmal nahelegen? Die Vorstellung hat ihren Reiz, aber leider gerät diese Hypothese durch die Existenz des Wortes *grané* ins Wanken, das denselben Typ von Speisen bezeichnet und ganz offensichtlich von dem Wort *grain* (»Korn«) im Sinne von »fester Bestandteil eines Gerichts« kommt. So stehen wir der Bedeutung dieses Wortes letztlich ratlos gegenüber.

Gravé von kleinen Vögeln oder anderem Fleisch

Zutaten:

6 Wachteln, wenn möglich mit ihrer Leber
150 g fetter Speck
3/4 l Fleischbouillon *(Rezept Nr. 152) oder Kochwasser von Erbsenbruch*
1 große Scheibe altbackenes Landbrot
10 cl guter Rotwein
10 cl Verjus
(oder Saft von 1 Zitrone, mit 3 Eßlöffeln Wasser verdünnt)
1/2 Teelöffel Ingwerpulver
1 Messerspitze Nelkenpulver
1 Teelöffel Paradieskörner
1/4 Teelöffel Zimt(blüte) in Pulverform, Salz

Zubereitung:

Das Brot toasten, in Stücke schneiden und in einer Marinade aus gleichen Teilen Wein und Bouillon einweichen. Die Wachteln säubern und ihre Leber beiseite legen.

Den fetten Speck schneiden und in einem Schmortopf auslassen. Wenn er genügend Fett abgegeben hat, die Wachteln auf allen Seiten bräunen. Zuerst die Leber zugeben, dann mit der Bouillon aufgießen, bis alles bedeckt ist, salzen, langsam aufkochen und 10 Minuten köcheln lassen. Inzwischen das Brot zerstampfen und durch ein Sieb passieren. Die Leber herausnehmen und mit den Gewürzen zerstampfen, den Verjus oder verlängerten Zitronensaft zugeben. Brotmasse und Lebermasse miteinander vermischen und zu den Wachteln geben. Weitere 10 bis 15 Minuten garen lassen, bis sie schön zart sind.

Abschmecken und servieren.

Die Sauce sollte recht klar sein.

39. Seymé vom Kalb
Seymé de veau

Gravé ou seymé.
Gravé ou seymé est potage d'hiver. Pelez oignons et les cuisiez tout hachiés, puis les frisiez en un pot; or convient avoir vostre poulaille fendue sur le dos et hallée sur le grill au feu de charbon, ou se c'est veel, aussi; et qu'ils soient mis par morceaulx soit veel, ou par quartiers se c'est poulaille, et les mettez avec les oignons dedans le pot, puis avoir pain blanc harlé sur le gril et trempé au boullon d'autre char: et puis broyez gingembre, clou, graine et poivre long, deffaire de verjus et de vin, sans couler, mettre d'une part: puis broyer le pain et couler par l'estamine et mettre au brouet, et tout couler ensemble et boulir; puis drécier (MP 151).

Gravé oder Seymé.
Gravé oder Seymé ist eine Suppe für die Winterzeit. Schält Zwiebeln und gart sie gehackt, dann bratet sie in einem Topf. Zuvor müßt Ihr Euer Geflügel am Rücken in zwei Hälften teilen und bräunen, indem Ihr es auf den Rost legt, desgleichen, wenn es Kalbfleisch ist. Dann müßt ihr das Fleisch in Stücke schneiden, wenn es vom Kalb ist, oder vierteln, wenn es Geflügel ist, und mit den Zwiebeln in einen Topf geben. Dann müßt ihr noch zuvor Weißbrot auf dem Rost rösten und es in der Brühe von anderem Fleisch einweichen. Mahlt dann Ingwer, Nelken, Paradieskörner und langen Pfeffer; löst dies mit Verjus und Wein auf, aber filtert es nicht; legt es beiseite. Dann das Brot zerstoßen und durch das Beutelsieb treiben und in die Brühe geben. Dies alles durch das Beutelsieb treiben und kochen. Dann anrichten.

Hier wird als Fleisch Geflügel oder Kalb vorgeschlagen; wir wollen für unsere Version Kalbfleisch nehmen.

Das Seymé wird als gleichwertig mit dem Gravé vorgestellt, aber das ist auch alles, was wir im Augenblick darüber wissen.

SEYMÉ VOM KALB

ZUTATEN:

800 g bis 1 kg Kalbsragout in großen Stücken
4 mittelgroße Zwiebeln
2 Scheiben altbackenes Landbrot
1/2 l Fleischbouillon *(Rezept Nr. 152)*
oder Geflügelbouillon
5 cl Rotwein
10 cl Verjus
(oder Saft von 1 Zitrone, mit 3 Eßlöffeln Wasser verdünnt)
1/3 Teelöffel Ingwerpulver
1 Prise Nelkenpulver
1/3 Kolben langer Pfeffer, zerdrückt
Salz

ZUBEREITUNG:

Die Zwiebeln schälen und in Ringe schneiden. Einige Minuten lang in sprudelndem Wasser kochen oder im Wasserdampf garen. Inzwischen die Fleischstücke mit genügend Abstand auf einer feuerfesten Form verteilen, die in den Ofen geschoben wird. Unter dem Grill des Ofens auf einer Seite bräunen. Wenden und auf der anderen Seite bräunen.

Das Brot toasten, in Stücke schneiden und mit 1 l Bouillon übergießen. Aufweichen lassen. Wenn es gut weich ist, mit der Gabel zerdrücken und durch ein Sieb passieren.

Die Gewürze mit dem Verjus und dem Wein mischen. Nach dem Brot durch das Sieb passieren.

Die Zwiebeln in einem Schmortopf dünsten; wenn sie leicht braun sind, das Fleisch zugeben und für einige Augenblicke mit anbraten. Die Brot-Bouillon-Mischung zugeben, ebenso die Gewürze. Salzen. Zum Kochen bringen und eine knappe Stunde bedeckt köcheln lassen. Abschmecken und servieren.

40. Hammeltopf
Haricot de mouton

Héricot de mouton.
Despeciez-le par petites pièces, puis le mettez pourboulir une onde, puis le frisiez en sain de lard, et frisiez avec des oignons menus minciés et cuis, et deffaites du boullon de beuf, et mettez avec macis, percil, ysope et sauge, et faites boulir ensemble (MP 148).

Hammeltopf.
Schneidet ihn in kleine Stücke, dann überbrüht ihn. Bratet ihn dann in Schmalz und bratet ihn mit kleingeschnittenen und gegarten Zwiebeln. Gießt mit Rinderbouillon auf. Gebt Muskatblüte hinzu, Petersilie, Ysop und Salbei, und laßt es zusammen kochen.

Ein Klassiker der traditionellen französischen Küche, aber in dieser alten Version gibt es noch keine grünen Bohnen (frz. *haricot*)! Das ist ganz normal, denn unser *Phaseolus vulgaris* war im Europa des 14. Jahrhunderts noch unbekannt. Als amerikanische Pflanze gehört die grüne Bohne zu den Neuankömmlingen, die Christoph Columbus aus Übersee mitbringen wird.

Die Römer und Griechen bereiteten allerdings den *phasiolus* zu, der im Mittelalter dicke Bohne, *fasole* oder *faséole* genannt wurde, eine Hülsenfrucht afrikanischer Herkunft aus der botanischen Familie der *Vigna*, die dem amerikanischen *Phaseolus vulgaris* sehr ähnlich war. Die dicke Bohne ist heute praktisch verschwunden, aber manche Samenhändler verkaufen noch sogenannte »haricots à l'œil noir« (Schwarzäugige Bohnen), die in gewisser Weise ihre Abkömmlinge sind. Vielleicht haben Sie schon gemerkt, daß deren weiße Samen einen schwarzen Fleck in der Mitte haben, daher der Name.

Was bedeutet aber dieser Begriff *héricot* oder *haricot*, oder auch *héricoq*, der eine ganze Reihe mittelalterlicher Rezepte für einen Hammeltopf bezeichnet? In der am häufigsten vertretenen Hypothese wird behauptet, daß *haricot* von *aricoter* kommt, was »in kleine Stücke schneiden« heißt, das würde sehr gut zu einem Ragout aus »kleinen Fleischstückchen« passen. Man kann sich natürlich fragen, weshalb der amerikanische *Phaseolus* auf Französisch *haricot* genannt wird. Gibt es hier eine phonetische Verwechslung zwischen dem französischen Wort für ein Hammelgericht und einem Wort ungewisser Herkunft für diese Pflanze, die dann dazu geführt haben könnte, daß man beide später in einem Gericht kombinierte? Wie dem auch sei, das kulinarische Ergebnis dieser vermuteten Mischung ist ein großer Erfolg, denn dieses Rezept besteht noch heute.

Auch ohne grüne Bohnen ist dieses mittelalterliche Topfgericht köstlich, die Kombination aus frischen aromatischen Kräutern und der Muskatblüte geben ihm einen sehr frischen Geschmack.

HAMMELTOPF

ZUTATEN:

700 g Lammfleisch aus Keule, Schulter oder Hals, in Stücke geschnitten
3 dicke Zwiebeln, in Ringe geschnitten
3/4 l Rinderbouillon *(Rezept Nr. 152)*
1 walnußgroßes Stück Schmalz
4 Eßlöffel gehackte Petersilie
5 oder 6 Blätter frischer Salbei
1/4 Teelöffel Muskatblütenpulver
1 Eßlöffel frisch gehackter (oder 1 Teelöffel getrockneter) Ysop
Salz

ZUBEREITUNG:

Die Zwiebelringe in Wasserdampf oder sprudelndem Wasser 5 bis 7 Minuten kochen.

Die Lammstücke ganz kurz ins kochende Wasser geben. Das Fleisch herausnehmen, sobald es seine Farbe verändert. In einem Schmortopf in Schmalz anbraten.

Die Zwiebeln zugeben und leicht bräunen. Mit Brühe aufgießen, bis alles bedeckt ist. Die gehackten Kräuter und die Muskatblüte zugeben. Salzen. Auf kleiner Flamme 1 bis 1 1/2 Stunden bedeckt köcheln lassen. Wenn das Fleisch schön zart ist, die Sauce abschmecken und servieren. Das Abbrühen, das uns heute überflüssig erscheint, »säubert« das Fleisch und mindert seine Qualität keinesfalls, im Gegenteil.

Falls man keinen Ysop findet, kann man einen ähnlichen Geschmack durch frische Minze in geringeren Mengen erreichen.

41. HAMMEL AUSOERRE
MOUTON AUSOERRE

Mouton ausoerre.
Despeciez le mouton par pièces, puis lavez et mettez cuire en eaue, puis broyez foison percil et pain, et coulez, et mettez en pot avec espices (MP 148-149).

Hammel ausoerre.
Schneidet den Hammel in Stücke. Dann wascht ihn und setzt ihn in Wasser zum Kochen auf. Mahlt eine gute Menge Petersilie und Brot, treibt [durch das Beutelsieb] und gebt es mit Gewürzen in den Topf.

Wir wissen nicht, was das Wort *ausoerre* bedeutet. Dieses Hammelgericht ist von großer Schlichtheit und perfekt diätetisch wie viele mittelalterliche Suppen, deren »Brühen« nicht ein Gramm Fett enthalten, das nicht vom Fleisch ausgeschwitzt wird. Diese Speise entstammt sicher der mittelalterlichen Alltagsküche, wenn man nach Zutaten und Zubereitungsart urteilt: Hammel, in Wasser gekocht, nur mit Petersilie bereichert, in einer Sauce aus Brot, die mit einigen Gewürzen verfeinert wird. Allerdings kommt sie nur im *Ménagier de Paris* vor, dessen Autor uns häufig mitteilt, daß er sich nicht für einen jener großen Herren hält, die nicht auf die Preise achten!

HAMMEL AUSOERRE

ZUTATEN:

700 bis 800 g Lammfleisch für Ragout (Hochrippe ohne Knochen, Hals, Schulter etc.)
1 Strauß Petersilie
30 bis 40 g trockene Brotkrume
1/2 Teelöffel Feines Gewürz *(Rezept Nr. 150)*
Salz

ZUBEREITUNG:

Das Fleisch in Stücke schneiden und in einen Schmortopf geben.

Mit Wasser aufgießen, bis es bedeckt ist, salzen und auf kleiner Flamme etwa eine knappe Stunde zugedeckt kochen lassen.

Wenn das Fleisch gar ist, herausnehmen und beiseite legen. Die

Brotkrume in einem Teil der Kochbrühe einweichen; sobald sie weich ist, mit der Gabel zerdrücken.

Die Petersilie sehr fein hacken und mit der Brotmasse vermischen. Alles durch ein feines Sieb passieren. Man erhält eine Art grüne Creme, die man zum Fleisch gibt. Erneut aufsetzen und noch einige Minuten köcheln lassen, damit das Fleisch den Petersiliengeschmack annimmt.

Die Gewürze zugeben, untermischen, abschmecken und servieren.

42. SARDAMONE ODER GESCHMORTER HAMMEL
SARDAMONE OU SAUTÉ DE MOUTON

De sardamone di carne.
Togli carne di castrone, del petto: taglia minuto, e fà bullire forte; e quando sirà bullita, acciò che non sapia di beccume, leva via l'acqua e friggi la carne col lardo; poi mettivi su abbastanza di quella acqua, in tanto che poco rimagna di quello brodo; e quando siranno cotte, mettivi su coriandoli e carote bene trite con spezie e zaffarano abbastanza. E se non avessi coriandoli, mettivi del comino, e mangia (Za 69).

Über Sardamone von Fleisch
Nimm Fleisch von der Hammelbrust. Schneide es fein und laß es kräftig kochen. Und wenn es gekocht hat, so daß es nicht mehr nach Bock riecht, gieße das Wasser ab und brate das Fleisch mit Speck. Gib dann eine ausreichende Menge von diesem Wasser hinzu, damit nur noch wenig von dieser Brühe bleibt. Und wenn es gar ist, gib deinen Koriander und gut gehackte Karotten mit Gewürzen und genügend Safran hinzu. Wenn du keinen Koriander hast, gib Kümmel hinzu. Dann iß.

Dieses italienische Rezept für Hammelgeschmortes ist in den französischen Büchern nicht zu finden. Die Zugabe von zerdrückten Korianderkörnern mit gehackten Karotten am Ende des Garens ist unerwartet. Aber das Ergebnis ist optisch wie geschmacklich gelungen. Dieses schlichte Gericht kommt immer gut an. Freilich bleibt unklar, was das für Koriander ist. Und ob es sich hier ganz gegen den Brauch um frisch gehackten Koriander handelt, der genauso köstlich schmeckt und der noch dazu schön grün ist.

Sardamone oder geschmorter Hammel

Zutaten:

1 kg Hammel oder Lamm: Brust (ohne Knochen und Fett) oder Hals
40 g fetter Speck
200 g Karotten
1 Teelöffel Korianderkörner
oder 1 Eßlöffel frisch gehackter Koriander
3 oder 4 Safranfäden
4 dl Wasser oder Bouillon *(Rezept Nr. 152)*

Gewürzmischung (Pulverform)
zu gleichen Anteilen Ingwer, Zimt, Muskatnuß, Pfeffer, Salz

Zubereitung:

Das Fleisch in Würfel schneiden. Kurz abbrühen; bei Lamm ist es nicht nötig, weil dieses Fleisch nicht riecht.

Den Speck in einem Schmortopf auslassen. Die Fleischstücke zugeben und gut anbraten, bis sie braun sind. Salzen, die Bouillon oder Wasser zugeben und auf kleiner Flamme etwa 3/4 Stunde zugedeckt schmoren lassen.

5 Minuten vor Ende der Garzeit die Korianderkörner zerdrücken und die Karotten reiben oder hacken; den Safran und 1/2 Teelöffel der Gewürzmischung zugeben. Alles über das Fleisch geben und das Garen beenden. Abschmecken und Servieren.

43. Karbonade
Charbonnée

Per fare carbonata.
Togli la carne salata che [sia] vergellata di grasso et magro inseme, et taglia in fette, et ponile accocere ne la padella et non le lassare troppo cocere. Dapoi mittele in un piatello et gettavi sopra un pocho di zuccharo, un pocha di cannella, et un pocho di petrosillo

Um Carbonata zu machen
Nimm das gesalzene Fleisch, das mit Fettem und Magerem durchwachsen sein soll, schneide es in Scheiben und gib es zum Garen in die Pfanne, ohne es allzu lange garen zu lassen. Dann gib es auf einen Teller und überstreue es mit ein wenig

tagliato menuto. Et similmente poi fare de summata o presutto, giongendoli in scambio d'aceto del sucho d'aranci, o limoni, quel che più ti piacesse, et farratte meglio bevere (Ma 131).

Zucker, ein wenig Zimt und ein wenig feingeschnittener Petersilie. Und du kannst auf dieselbe Weise gesalzenen Schweinekamm zubereiten, oder Schinken, indem du dann anstelle von Essig Orangensaft oder Zitronensaft hinzugibst, wie es dir besser gefällt. Dann wirst du mehr trinken.

Wenn man dieses Rezept aufmerksam liest, wird man feststellen, daß es in der Tat zwei Versionen enthält: eine normale mit Essig, dessen Verwendung nur angedeutet wird, und eine verfeinerte, in der der Saft von Zitrusfrüchten den Saucenfond darstellt. Übrigens läßt der letzte Satz »Dann wirst du mehr trinken« vermuten, daß diese *carbonata*, in Frankreich *charbonnée* oder auch *carbonnée*, ein ideales Gericht für Zechereien war, weil das Salz, das sie enthielt, immer mehr Durst machte.

Für ein Abendessen ist diese Karbonade schnell zubereitet und wohlschmeckend. Wir schlagen Ihnen hier vor, sie mit gesalzener und getrockneter Schweinebrust (*pancetta*) oder mit rohem Schinken von guter Qualität zuzubereiten, aber magerer Speck, der einfach nur gesalzen ist, geht genausogut und gibt diesem Gericht eine eher ländliche Prägung.

KARBONADE

ZUTATEN:

12 oder mehr (wenn sie sehr klein sind) feine Scheiben Pancetta, Schinken oder gesalzene Schweinebrust
1 Teelöffel Zucker
Saft von 2 Zitronen oder 2 Bitterorangen oder 7 cl Essig
1 Eßlöffel Petersilie
1/4 Teelöffel Zimt

ZUBEREITUNG:

Die Pancetta in einer Pfanne ohne Fett leicht bräunen lassen. Auf einem vorgewärmten Teller beiseite legen. Den Puderzucker in die Pfanne geben, dabei mit einem Holzlöffel schaben, dann sofort den Essig, Zitronen- oder Orangensaft zugeben. Aufkochen lassen, die feingehackte Petersilie und das Zimtpulver zugeben, noch einmal aufkochen lassen und über die Fleischscheiben gießen. Sofort servieren.

44. FEGATELLI ODER NETZWÜRSTCHEN
FEGATELLI OU CRÉPINETTES DE FOIE DE PORC

Dei tomacelli ovvero mortadelle.
Togli il fegato del porco, e lessalo: poi lo cava, e tritalo sulla taola col coltello fortemente e spesso; o vero tu il gratta colla grattusia al modo del cascio secco. Poi abbi maggiorana e altre erbe odorifere, bene peste col pepe, e detto fegato, e nel mortaio distempera con l'ova, tanto che sia spesso. Poi abbi rete di porco e, a modo di monticelli tondi, li copri, e spartitamente li friggi nella padella col lardo; e cotti, cavali e poni in una pentola nova. E prese spezie con zaffarano e pepe, distemperato con bono vino, gettalo sopra essi nella pentola, e falli bullire competentemente, e mangia.

De li fegatelli.
Togli il fegato, taglialo a pezzi e arrostili nel spiedo; e quando non seranno bene cotti, involgi sopra essi la rete del porco, e fà cocere. E, cotti, mettili in una pentola nova e fàlli su il savore come detto è di sopra; e involgendolo ciascuno fegatello per sè in la rete del porco, è migliore (Za 73-74).

Über die Tomacelli oder Mortadelle.
Nimm Schweineleber und koche sie auf. Dann nimm sie vom Feuer und hacke sie auf dem Tisch kräftig mit einem Messer, oder du zerkleinerst sie mit einer Reibe wie für Hartkäse. Nimm dann Majoran und andere aromatische Kräuter, zusammen mit Pfeffer und besagter Leber gut gestampft, und verrühre sie im Mörser mit Ei, so daß es dick bleibt. Nimm dann das Netz vom Schwein und bedecke damit die kleinen runden Haufen [aus Lebermasse]. Brate einen nach dem anderen mit Speck in der Pfanne. Wenn sie gar sind, nimm sie vom Feuer und gib sie in einen neuen Topf. Nimm Gewürze, auch Safran und Pfeffer, löse sie in gutem Wein auf. Gieße diese Flüssigkeit auf jene [Tomacelli] im Topf, laß sie gehörig kochen und iß.

Über die Fegatelli.
Nimm die Leber und schneide sie in Stükke und brate sie am Spieß. Wenn sie noch nicht gar ist, umwickle sie mit dem Netz vom Schwein und laß sie garen. Wenn sie gar ist, gib sie in einen neuen Topf und gib die Sauce hinzu, die weiter oben beschrieben wurde. Es ist besser, die Stücke nacheinander in das Netz zu wickeln.

Solche *fegatelli* sind heute begehrte Leckereien im toskanischen Winter. In den Metzgereien von Siena oder Arezzo kann man sie schon fertig kaufen, aber nur im Winter: rohe Leberstücke, in gut walnußgroße Würfel geschnitten, gesalzen, gepfeffert und mit Fenchelsamen überstreut, mit Schweinenetz umwickelt und zu dreien oder vieren auf kleine Holzspieße gesteckt, abwechselnd mit Lorbeerblättern und feinen Brotscheiben; man muß sie nur noch auf der Glut oder im Ofen backen. Wir haben uns für die Bearbeitung der *fegatelli* und nicht der *tomacelli* entschlossen, um die kulinarische Kontinuität eines Ortes spürbar zu machen. Tatsächlich schmecken sie im Winter besser; vergessen wir nicht, daß man zu dieser Jahreszeit traditionsgemäß die Schweine schlachtete und Innereien verzehrte. Der grundlegende Unterschied zwischen dem alten Rezept und dem heutigen Brauch ist das mehrfache Garen, das durchaus den Gewohnheiten jener Zeit entspricht.

Fegatelli oder Netzwürstchen

Zutaten:

500 g Schweineleber
150 g Schweinenetz
30 cl leichter Rotwein
Majoran und Petersilie, frisch oder getrocknet
etwa 10 Safranfäden

Gewürzmischung (Pulverform)
1/4 Teelöffel Pfeffer
1 Teelöffelspitze Ingwer
1 Prise Nelken
Salz

Zubereitung:

Die Leber in dicke Würfel von etwa 3 Zentimetern Seitenlänge schneiden.

Das Netz — Teil des Bauchfells — waschen und in frischem Wasser einweichen, weil es sich so besser auseinanderfalten läßt. Ausgebreitet auf einem Küchentuch trocknen lassen.

Die Würfel auf dem Spieß oder im Grill nur einige Minuten braten, es genügt, wenn sie leicht braun sind. Herausnehmen und salzen. Petersilie und Majoran hacken und die Leberstücke damit einreiben. Jeden so vorbereiteten Würfel mit einem Stück Netz umwickeln, das auf die richtige Größe zugeschnitten wurde. Man kann das Netz mit kleinen Holzstäbchen (Zahnstochern) befestigen.

Die kleinen Pakete wieder am Spieß oder unter dem Grill 5 bis 7 Minuten braten, damit das Netz sein Fett an die Leber abgibt und goldbraun wird.

In einem Topf den Wein mit den Gewürzen zubereiten und erhitzen.

Die *fegatelli* vom Feuer nehmen, wenn sie goldbraun sind, und im Wein noch einmal 5 Minuten aufkochen.

Heiß oder lauwarm servieren.

45. Vinaigrette ohne Essig
Vinaigrette sans vinaigre

Encor, une vinaigrete.
Et pour donner entendement a celluy qui fera la vinagrete si prenne des foies de porcs et si les lave et puis les mecte sur le gril sur belles brases jusques que il soit assez cuit; et quant il sera cuit si le mecte sur belles postz et puis le trenche par minuz dez; et puis prenne des oignions grant foison et les plume et lave et trenche tresbien minuz et tout cela souffrise tout ensemble en de bon et beau lart. Et pour le potaige de ladicte vinaigrete si prenne de tresbon vin claret du meilleur qu'il pourra avoir selon la quantité dudit potaige et y mecte du boullon du beuf ou du mouton ce qui sera necessaire; et puis prenne de beau pain blanc et le trenche par belles trenches et mecte roustir sur le gril jusques atant qu'il soit bien rousselet, et puis le mectés tremper audit vin et boullon; et quant il sera trempé si prennés d'espices: gingibre blanc, granne de paradis, poyvre et non pas tropt, cynamomy grant foyson ce que en sera necessayre, et du sel aussi, puis tout cela passer et coler par l'estamine bien nectement et appoint, et puis le mectés bullir; et, estre boullir, si lacés ledit grein souffrit dedans. E puis en servés quant s'en devra servir (Ch 181).

Noch eine Vinaigrette.
Um dem Verständnis zu geben, der eine Vinaigrette machen will: Er nehme Schweineleber, wasche sie und lege sie dann auf einen Rost über schöne Glut, bis sie gar genug ist. Wenn sie gar ist, lege er sie auf einen schönen Hackklotz und zerschneide sie dann in kleine Würfel. Dann nehme er viele Zwiebeln, schäle sie, wasche sie und schneide sie sehr fein. Und all dies brate er zusammen in schönem und gutem Speck. Für den flüssigen Teil [potage] dieser Vinaigrette nehme er sehr guten Clairet-Wein, vom besten, den er bekommen kann, so viel, wie er an besagter Suppe wünscht, und gebe noch Rinder- oder Hammelbrühe hinzu, so viel, wie nötig ist. Dann nehme er schönes Weißbrot, schneide es in schöne Scheiben und lege diese zum Rösten auf den Rost, bis sie gut goldbraun sind. Dann lege er sie zum Einweichen in besagten Wein und die Brühe. Wenn es [das Brot] gut eingeweicht ist, nehme er Gewürze: weißen Ingwer, Paradieskörner, aber nicht zu viel Pfeffer, vom Zimt sehr viel, wie es nötig ist, und ebenso Salz. Dann mische er dies mit der Masse und treibe alles recht sauber durch das Beutelsieb, laß dann [diese Mischung] kochen. Wenn sie gekocht hat, gebe er sie zur [zuvor] gebratenen Leber. Schließlich trage er diese Speise in jenem Augenblick auf, wo es sich gehört.

Dieses Gericht hat außer dem Namen mit unserer *vinaigrette* nichts gemein. Und es enthält nicht einmal Essig! Die fünf anderen bekannten Versionen dieses Rezepts erwähnen den Essig allerdings unter den Zutaten, was vermuten läßt — wie Terence Scully, der diesen Text kürzlich ediert hat, zu glauben scheint —, daß Maître Chiquart den Essig vergessen hat. War es Nachlässigkeit oder höchste Auszeichnung? Indem er sich dafür entschied, bei seiner Zubereitung, die übrigens viel raffinierter ist als in den anderen Traktaten, keinen Essig zu verwenden, hat der große Küchenmeister vielleicht seine Handschrift in diesem beliebten, aber seiner Ansicht nach wohl allzubekannten Rezept hinterlassen wollen.

Ihrem Namen zum Trotz ist diese Vinaigrette eine »Suppe« im mittelalterlichen Wortsinn. Sie ist außerdem für diese Kategorie in ihrer Anlage repräsentativ: Ein »Korn«, ein fester Bestandteil, und eine »Suppe«, aromatische Flüssigkeit, werden voneinander getrennt ausgearbeitet und im Augenblick des Servierens zusammengetan.

VINAIGRETTE OHNE ESSIG

ZUTATEN:

250 g Schweineleber
4 Zwiebeln
150 g fetter Speck
10 cl leichter Rotwein guter Qualität
1 l Rinderbouillon *(Rezept Nr. 152)*
1 große Scheibe altbackenes Landbrot
1/2 Teelöffel Ingwerpulver
1/2 Teelöffel zerstoßene Paradieskörner
1 Teelöffel Zimtpulver
einige Umdrehungen aus der Pfeffermühle
Salz

ZUBEREITUNG:

Das Brot toasten, in Stücke schneiden und in der Bouillon und dem Wein einweichen.

Die Leber zuschneiden und von beiden Seiten im Grill des Ofens leicht bräunen. In kleine Würfel schneiden und beiseite legen.

Den Speck würfeln und auf kleiner Flamme auslassen. Die Zwiebeln schälen, kleinschneiden und zusammen mit dem Speck anbraten, bis sie leicht gebräunt sind. Die Leberwürfel zugeben und alles anbraten.

Das Brot mit der Gabel zerdrücken und eine recht flüssige Masse herstellen. Die Gewürze und Salz zugeben. Alles durch ein Sieb passieren. Kochen, bis es dickt.

Kurz vor dem Servieren die Mischung aus Leber und Zwiebeln aufwärmen und zur »Suppe« geben. Abschmecken und servieren.

lacteur
entendement

BRATEN

Rôts de chair

Der Braten ist ein Ergebnis des gelungenen Zusammenspiels zwischen der Kraft des Feuers und dem menschlichen Erfindungsreichtum. Er prägt die mittelalterlichen Menüs an fetten Tagen. Er ist Zeichen für Reichtum, Überfluß und Schlemmerei, denn die Flamme arbeitet nur an dem Fleisch mit Erfolg, das saftig und für diese Art der Zubereitung geeignet ist; essen dürfen es nur jene, die durch ihre Mittel zu diesem Verzehr auserwählt sind.

Wenn man aber heute versuchen wollte, die Bedeutung und den symbolischen Wert des Bratens zu ermessen, indem man sich auf den Stellenwert bezieht, der ihm in den Traktaten eingeräumt wird, so könnte man ihn nur unterschätzen. Kein Autor hielt es für notwendig, das Vorgehen von dem Augenblick an, wo das Fleisch auf den Spieß gesteckt wird, bis zu seinem Tranchieren auf dem Schneideteller (*tailloir*) zu erklären; sogar der Autor des *Ménagier de Paris*, häufig weitschweifiger und pragmatischer als mancher andere, geizt hier mit Einzelheiten. Die Kapitel über Braten in den französischen Traktaten beschränken sich, wenn sie überhaupt existieren, am häufigsten auf eine langatmige Aufzählung von Tiernamen, denen manchmal kurze Aufzeichnungen über die Notwendigkeit eines vorherigen Spickens, Vorgarens oder Begießens folgen, und es wird die Sauce angegeben, die im allgemeinen zum jeweiligen Fleisch gereicht wird, wenn es einmal durchgebraten ist. Aber woher soll man denn wissen, wann es durch ist? Natürlich ist der Braten goldbraun, wie immer wieder gesagt wird, aber ist er weich, saftig oder blutig? Wir werden es nie erfahren.

Dieser Mangel an Ratschlägen, so störend es für den Historiker ist, erklärt sich zweifellos durch die Vertrautheit, die jeder mit dem Feuer, der Feuerstelle und dem Kamin hatte. Das Fleisch wurde aufgespießt — das Garen im Ofen war kaum verbreitet — und dann der Flamme im Kamin ausgesetzt, für jeden sichtbar und nachvollziehbar, der Küchenmeister oder die Köchin hatten nicht immer das Monopol auf diese Tätigkeit. Ein Jäger oder gar ein schlemmender Bürger konnte das Braten seiner kleinen Vögel selbst überwachen.

Man verstand es nicht nur, mit dem Bratspieß umzugehen, sondern auch, das Fleisch nach seiner Eignung auszuwählen; welches Fleisch für den Spieß bestimmt war und welches in den Kochtopf kam, wurde genau unterschieden. Hören wir, was Maestro Martino zu sagen hat, der wieder einmal der Präziseste ist und auf stilistische Effekte völlig verzichtet:

»Das grobe Fleisch vom Ochsen oder der Kuh muß gekocht werden.

Das Kalbfleisch, das heißt die vordere Brust, ist gutes Kochfleisch und das Lendenstück zum Braten, die Keule für Fleischklöße.

Vom Hammelfleisch ist alles gut zum Kochen, außer der Schulter, die guter Braten ist, desgleichen die Keule.

Das Schweinefleisch ist in keiner Weise gesund; jedoch kann der Kamm, wenn er frisch ist, mit Zwiebeln gebraten werden, und der Rest muß gesalzen werden oder zubereitet, wie es dir richtig erscheint.

Das Fleisch vom Zicklein ist sowohl gut zum Kochen wie auch zum Braten, aber der Sattel ist besser gebraten.

Desgleichen beim Lamm.

Das Fleisch der Ziege ist gut im Januar mit einer Knoblauchsauce.

Beim Hirsch ist der vordere Teil gut in einer Brühe mit Speck, die Lenden können gebraten werden, und die Keule ist gut in trockenem Teig oder als Fleischklößchen.

Das Fleisch vom Reh ist gut in derselben Weise.

Das Fleisch des Frischlings kann in einer Pfeffersauce als Ragout zubereitet werden oder in der Brühe mit Speck.

Vom Hasen ist alles gut als Braten, aber der hintere Teil ist besser dafür geeignet, und der vordere Teil ist gut in Sauce, wie man sagt.

Das Fleisch des Kaninchens ist gebraten besser als in jeder anderen Weise, und der Rücken ist sein bestes Stück.

Das Fleisch des Bären ist gut in der Pastete.« (Ma 119).

Wer wollte heute nicht den fachkundigen Ratschlägen Martinos zustimmen?

46. Gebratenes Zicklein in goldbrauner Sauce
Chevrau rôti, sauce dorée

Capretto arrosto in sapore.
Piglia un quarto di capretto et concialo molto bene come vole essere arrosto, et inlardalo et ponevi per dentro assai aglio in spichi mondate a modo se volesci impilottare o

Gebratenes Zicklein in Sauce.
Nimm ein Viertel Zicklein und bereite es genau vor, wie es sich gehört, um gebraten zu werden. Dann spicke es mit vielen geschälten Knoblauchzehen, ebenso mit

inlardare. Dapoi togli de bono agresto, doi rosci d'ova, doi spichi d'aglio ben piste, un pocho de zafrano, un pocho di pepe, et un pocho di brodo grasso, et mescola tutte queste cose inseme et ponile in un vaso sotto il capretto quando s'arroste, et bagnalo qualche volta con questo tal sapore. Et quando è cotto poni il quarto del capretto in un piatto et ponivi di sopra il ditto sapore et un pocho di petrosillo battuto menuto. Et questo quarto di capretto vole essere ben cotto e magnato caldo caldo (Ma 130).

Speck. Nimm dann guten Verjus, zwei Eigelb, zwei gut gehackte Knoblauchzehen, ein wenig Safran, ein wenig Pfeffer und ein wenig fette Brühe. Vermenge all diese Dinge miteinander und gib sie in ein Gefäß unter dem Zicklein, während es brät, und übergieße es von Zeit zu Zeit mit dieser Sauce. Und wenn es gar ist, lege das Viertel Zicklein auf eine Platte und gib besagte Sauce darüber und ein wenig feingehackte Petersilie. Dieses Viertel Zicklein muß vollkommen gar sein und sehr heiß gegessen werden.

Endlich ein gutes Rezept für Zicklein, dessen Fleisch häufig fad ist! Als wir es bei einem Essen unter Freunden vorstellten, wollten diese kaum glauben, daß es aus einem mittelalterlichen Rezeptbuch stammte und nicht aus einem Kochbuch der Nouvelle cuisine, die heute so in Mode ist.

GEBRATENES ZICKLEIN IN GOLDBRAUNER SAUCE

ZUTATEN:

1 Keule vom Zicklein (oder eine Schulter oder eine ganze Hälfte)
50 g fetter Speck
6 ganze Knoblauchzehen
Salz

Sauce
20 cl Rinderbouillon *oder* Hühnerbrühe *(Rezept Nr. 152)*
Saft von 1/2 Zitrone
2 Eigelb
3/4 Teelöffel Pfeffer
4 oder 5 Safranfäden
2 gehackte Knoblauchzehen
1 Eßlöffel Petersilie

ZUBEREITUNG:

Die 6 Knoblauchzehen schälen und kleinschneiden. Das Zicklein mit Speck und etwas Knoblauch spicken.

Die Eigelb schlagen, dann mit der Bouillon und dem Zitronensaft vermischen. Den gemahlenen Pfeffer, den Rest der gehackten Knoblauchzehen und den Safran zugeben.

Diese Mischung in einen Bräter geben, das auch das Zicklein aufnehmen kann, dann das Zicklein salzen und hineinlegen.

Im heißen Ofen 3/4 bis 1 Stunde braten und es von Zeit zu Zeit mit der Sauce übergießen.

Kurz vor dem Servieren ein letztes Mal mit der Sauce beträufeln und mit gehackter Petersilie überstreuen.

47. Hammel mit Petersilie
Pièce de mouton au persil

Mouton rosti au sel menu ou au vertjus et vinaigre.
L'espaule soit première embrochée et tournée devant le feu jusques à ce qu'elle ait getté sa gresse, puis soit lardée de percil: et non plus tost pour deux causes, l'une car adonc elle est meilleur à larder, l'autre car qui plus tost la larderoit, le percil s'ardroit avant que l'espaule fust rostie (MP 177).

Gebratener Hammel mit feinem Salz oder mit Verjus und Essig.
Die Schulter soll zuerst aufgespießt und vor dem Feuer gedreht werden, bis sie alles Fett abgegeben hat. Dann soll sie mit Petersilie gespickt werden und [nicht] zuvor, aus zwei Gründen: einmal weil sie dann leichter zu spicken ist, zum zweiten wäre die Petersilie verbrannt, bevor die Schulter gebraten ist, würde man sie vorher spicken.

Diese mit Petersilie gespickte Schulter ist von großer Schlichtheit! Darauf muß man erst einmal kommen. Es gibt keine bessere Methode, um die Säfte eines Bratens mit dem unvergleichlichen Aroma dieser Pflanze ganz zu durchtränken. Servieren Sie den Braten gleich vom Spieß und überlassen Sie es Ihrem Gast, ihn nach Gutdünken mit Salz zu würzen und mit gutem Essig oder Verjus zu beträufeln, wenn er das Saure liebt.

Hammel mit Petersilie

Zutaten:

1 Schulter vom Hammel oder Lamm (etwa 1,5 kg)
1 Strauß Petersilie
Essig oder Verjus (nach Belieben), Salz

ZUBEREITUNG:

Petersilie verlesen und waschen. Etwa fünfzehn schöne Stengel mit genügend Blättern auswählen.

Die Schulter aufspießen oder für gut 20 Minuten in den heißen Ofen auf eine Abtropfpfanne legen. Aus dem Ofen nehmen, mit einem spitzen Messerchen tief genug einstechen und in jedes Loch einen Zweig Petersilie stecken. Vorsichtig verfahren, damit man sich nicht verbrennt, aber auch rasch genug, damit dem Fleisch keine Zeit bleibt abzukühlen.

Erneut für etwa 40 Minuten in den Ofen stellen. Die Garzeit kann man nach dem Geschmack der Gäste bestimmen. Den Ofen abschalten und die Tür halb öffnen. Den Braten 1/4 Stunde vor dem Servieren ruhen lassen.

Zerteilen und zu Tisch bringen, dazu reicht man Schälchen mit Salz, Essig und Verjus.

48. HAMMELSCHULTER AM SPIESS
ÉPAULE DE MOUTON EN BROCHE

Armus arietis.
Armus arietis lardatur et in ueru ponitur et assatur et sal super aspergitur; inciditur et cum salsa uiridi comeditur (Tr 388).

Widderschulter.
Widderschulter spicken, aufspießen, braten und mit Salz bestreuen; aufschneiden und mit grüner Sauce essen.

Anstatt eine Lammkeule oder -schulter mit den gewohnten Knoblauchzehen zu spicken, deren Geschmack nicht jedem zusagt, schlagen wir Ihnen vor, Ihren Braten mit getrockneter und recht fetter Schweinebrust von hervorragender Qualität zu spicken, wie das im Mittelalter üblich war. Das gibt dem Fleisch mehr Geschmack und macht es zarter. Vergessen Sie auch nicht, wie vorgeschrieben, die berühmte grüne Sauce dazuzureichen (Rezept Nr. 105).

HAMMELSCHULTER AM SPIESS

ZUTATEN:

1 Lammschulter von etwa 1,5 kg
150 g gesalzene und getrocknete Schweinebrust oder Pancetta
Salz

ZUBEREITUNG:

Die Schweinebrust in schmale Streifen schneiden und die Schulter spicken.

Salzen und am Spieß oder im heißen Ofen etwa 1 1/4 Stunden braten.

Den Ofen ausmachen, die Tür halb öffnen und das Fleisch etwa 1/4 Stunde ruhen lassen.

Mit grüner Sauce servieren.

Den Saft aus der Abtropfpfanne zur grünen Sauce geben.

49. GEFÜLLTES SPANFERKEL COCHON DE LAIT FARCI

Pourcelet farci.
Le pourcelet tué et acouré par la gorge soit eschaudé en eaue boulant, puis pelé: puis prenez de la char meigre de porc, et ostez le gras et les issues du porcelet et mettez cuire en l'eaue, et prenez vint oeufs et les cuisez durs, et des chastaignes cuites en l'eaue et pelées: puis prenez les moyeux des oeufs, chastaignes, fin fromage vieil, et char d'un cuissot de porc cuit, et en hachez, puis broyez avec du saffran et pouldre de gingembre grant foison entremellée parmy la char; et se vostre char revient trop dure, si l'alaiez de moyeux d'oeufs. Et ne fendez pas votre cochon parmy le ventre, mais parmy le cousté le plus petit trou que vous pourrez: puis le mettez en broche, et aprés boutez vostre farce dedans, et recousez à une grosse aiguille; et soit mengié ou au poivre jaunet se c'est en yver, ou à la cameline se c'est en esté.
Nota que j'ai bien veu pourcelet lardé, et est très bon. Et ainsi le fait-l'en maintenant et des pigons aussi (MP 178).

Gefülltes Ferkel.
Das getötete und geschächtete Ferkel muß in sprudelndem Wasser erhitzt und dann gehäutet werden. Nehmt dann mageres Schweinefleisch, entfernt das Fett und die Innereien des Ferkels, setzt es in Wasser zum Kochen auf und nehmt zwanzig Eier, kocht sie hart und nehmt auch in Wasser gekochte und geschälte Kastanien. Nehmt dann die Eigelb, die Kastanien, feinen alten Käse und das Fleisch eines gekochten Schinkens und hackt alles. Dann zerstampft Ihr es zusammen mit Safran und mengt der Füllung Ingwerpulver in großer Menge bei. Und wenn Eure Füllung zu fest wird, verdünnt sie mit Eigelb. Aber öffnet Euer Schwein nicht am Bauch, sondern an der Seite, indem Ihr ein Loch macht, so klein Ihr könnt. Dann spießt es auf und danach stopft Eure Füllung hinein und näht es mit einer groben Nadel wieder zu. Es soll mit gelbem Pfeffer gegessen werden, wenn Winter ist, oder mit Kamelin-Sauce, wenn Sommer ist.
Nota bene, daß ich zahlreiche gespickte Ferkel gesehen habe und daß diese sehr gut sind. So bereitet man sie heute zu, und Tauben ebenfalls.

Ein echtes Spanferkel ist nur etwa 2 Wochen alt und wiegt nicht mehr als ungefähr 4 Kilo. Das Ferkel aus diesem Rezept war wahrscheinlich viel älter und viel größer, wenn man nach der Menge der benötigten Füllung geht. Man wird die sorgfältige Zubereitung bemerkt haben. Das Tier darf nicht am Bauch der ganzen Länge nach aufgeschlitzt werden, sondern man muß es durch eine ganz kleine Öffnung, die man in die Seite macht, ausnehmen und füllen. Welche Geschicklichkeit man damals vom Koch verlangte!

Die hier vorgeschlagene Bearbeitung ist auf ein Schwein von etwa 6 Kilo abgestimmt und muß je nach der Größe des zu bratenden Tieres geändert werden.

Um aber dieses Rezept originalgetreu nachkochen zu können, müßte man wahrscheinlich eine eigene Schweinezucht besitzen oder einen fähigen Züchter unter seinen Freunden haben. Denn in dem Ferkel, das man beim Metzger kauft, klafft meistens ein riesiges Loch, und die Innereien sind entfernt. Daher sollte man es vorbestellen und deutlich machen, daß man auch die Lunge, die Leber, die Milz, das Herz und die Nieren des Tieres möchte. Ansonsten sollte es genügen, wenn man es sorgfältig vernäht, um seine Füllung einzuschließen, bevor es gebraten wird.

GEFÜLLTES SPANFERKEL

ZUTATEN:

1 kleines Schwein, ausgenommen, aber mit Innereien
1 schöner Schweinekamm
etwa 450 g gekochter Schinken
50 Kastanien
25 Eier
300 g Parmesan, Grana oder alter Comté
Ingwerpulver
Safranfäden
Salz

ZUBEREITUNG:

Den Schweinekamm und die Innereien des Ferkels (also Leber, Herz, Milz, Nieren, Lunge) in Salzwasser auf kleiner Flamme aufkochen lassen und danach etwa 1 Stunde kochen.

Die Leber nach 20 Minuten herausnehmen, denn sie darf nicht zu lange garen.

Die Kastanien in Wasser kochen und in einem anderen Topf 20 Eier hartkochen.

Die Eier und die Kastanien schälen.

Das Ferkel mit einem sauberen Tuch reinigen, um die restlichen Borsten, Blutspuren oder andere Verunreinigungen zu entfernen. Das Innere großzügig salzen und so lange ruhen lassen, wie die Füllung zubereitet wird.

Kamm und Innereien, wenn sie gar sind, sorgfältig abtropfen lassen und in den Mixer geben. Den Schinken ebenfalls kleinhacken und untermischen.

Die harten Eigelb und die Kastanien zerdrücken. Der Fleischfüllung zugeben. Den Käse reiben und gleichfalls zugeben. Wenn die Füllung zu fest ist, mit einigen rohen Eigelb geschmeidiger machen. Großzügig salzen und 1 guten Eßlöffel Ingwerpulver und 3 gute Prisen Safranfäden zugeben. Die Füllung kosten und mit Salz oder Ingwerpulver nachwürzen. Um besser ihren Geschmack einschätzen zu können, eine kleine Kugel davon in einer Pfanne anbraten.

Das Innere des Ferkels abtupfen und wenn nötig noch einmal salzen. Die Bauchöffnung zu zwei Dritteln mit einer Nadel und Küchengarn zunähen. Die Füllung durch das noch vorhandene Loch stopfen, und wenn das Schwein voll ist, abschließend zunähen, ohne die kleinste Öffnung übrigzulassen.

Das Schwein aufrecht, die Beine unter dem Körper zusammengebunden, auf ein Backblech legen. Die Ohren mit Alufolie umwickeln, damit sie nicht verbrennen.

2 1/2 bis 3 Stunden bei mittlerer Hitze (200 Grad) im Ofen braten und die Bräunung überwachen.

Das Ferkel ist gar, wenn es eine schöne goldbraune Farbe hat. Im Winter mit gelbem Pfeffer servieren (Rezept Nr. 109), im Sommer mit einer Kamelin-Sauce (Rezept Nr. 106, 107).

50. Porchetta

Porchetta.
Per aconciare bene una porchetta. Fa' in prima che sia ben pelata in modo che sia biancha et netta. Et poi fendila per lo deritto

Ferkel.
Um ein Ferkel gut zuzubereiten. Sorge zuerst dafür, daß es gut gehäutet wird, so daß es weiß und rein ist. Dann schlitze es

de la schiena et caccia fore le interiori et lavala molto bene. Et dapoi togli i figatelli de la ditta porchetta et battili bene col coltello inseme con bone herbe, et togli aglio tagliato menuto, et un poco di bon lardo, et un pocho di caso grattugiato, et qualche ovo, et pepero pesto, et un pocho di zafrano, et mescola tutte queste cose et mettele in la ditta porchetta, reversandola à modo che si fanno le tenche, cioè ponendo quello di dentro di fori. Et dapoi cusila inseme et legala bene et ponila accocere nel spedo, o vero su la graticula. Ma falla cocere adascio che sia ben cotta così la carne como etiamdio il pieno. Et fa una pocha di salamora con aceto, pepero et zafrano, et tolli doi o tre ramicelle de lavoro, o rosmarino; et gitta spesse volte di tal salamora sulla porchetta; et simile si pò fare de oche, anatre, gruve, capponi, pollastri, et altri simili (Ma 127).

am Rücken entlang der Wirbelsäule auf, nimm es aus und wasche es sehr gut. Dann nimm die Leber von besagtem Ferkel, hakke sie gut mit dem Messer und zusammen mit guten Kräutern, und nimm kleingeschnittenen Knoblauch und ein wenig guten Speck, ein wenig geriebenen Käse, einige Eier, zerstoßenen Pfeffer und ein wenig Safran. Vermenge all diese Dinge und gib sie in besagtes Ferkel, indem du es umkehrst, wie man es bei Schleien tut. Das heißt, du kehrst das, was innen ist, nach außen. Und dann nähe es zusammen und binde es gut und brate es am Spieß oder auch auf dem Rost. Aber laß es langsam braten, damit es gut gar ist, das Fleisch wie auch die Füllung. Und mache ein wenig Lake mit Essig, Pfeffer und Safran. Nimm zwei oder drei Zweiglein Lorbeer oder Salbei oder Rosmarin und übergieße oft das Ferkel mit dieser Lake. Man kann mit Gänsen, Enten, Kranichen, Kapaunen, Hühnern und anderen ähnlichen Tieren dasselbe tun.

Hier also die berühmte Zubereitung des »umgekehrten Schweins«. Dieses italienische Rezept hat nichts gemeinsam mit dem gefüllten Spanferkel (Rezept Nr. 49). Hier wird alles »verkehrt«. Das Ferkel, von hinten ausgenommen, wird der ganzen Länge nach aufgeschlitzt, während man im Rezept des *Ménagier de Paris* mit großer Vorsicht ein kleines Loch in die Flanke des Tieres machte. Vor allem aber muß das Ferkel »umgekehrt« werden, so daß nach außen kommt, was innen ist. Wie soll man ein solches Vorgehen verstehen? Martino erklärt, daß man es machen soll wie bei der Schleie. Wir haben tatsächlich einige Fische auf diese Weise zubereitet (Rezept Nr. 68 u. 69), indem wir sie entgrätet haben und sie umgekehrt um die Füllung geklappt haben. Das Ergebnis ist hervorragend. Aber wie soll man ein ganzes Schwein »umkehren«? Es ist möglich, daß das Öffnen von hinten eine ganz andere Zubereitung erlaubt; man praktiziert es noch in gewissen Gegenden Frankreichs (in Nord-Lothringen), dabei muß quasi die Wirbelsäule herausgenommen werden. Wenn jemand von unseren Lesern die Möglichkeit hat, die Schlachtung seines Ferkels von Anfang an zu verfolgen, dann raten wir ihm, dieses Rezept wortgetreu zu befolgen und uns das Ergebnis mitzuteilen. Für die anderen ergibt auch die herkömmliche Vorgehensweise ein köstliches Gericht.

PORCHETTA

ZUTATEN:

1 Ferkel von 5 bis 6 kg mit der Leber
etwa 1 kg fetter Speck
etwa 300 g Parmesan oder Grana
etwa 150 g Knoblauch
etwa 200 g Kräutermischung aus Petersilie und Dill oder anderen aromatischen Kräutern
etwa 6 Eier
1/2 l Rotweinessig guter Qualität
Safranfäden
1 Zweig frischer Lorbeer
1 Zweig frischer Rosmarin
Salz
Pfeffer

ZUBEREITUNG:

Das Schwein mit einem Tuch sorgfältig säubern, dann das Innere großzügig mit Salz und Pfeffer bestreuen.

Die Leber, den Speck und die gut gewaschenen und verlesenen Kräuter hacken. Den Knoblauch hacken und zerstoßen. All diese Zutaten vermischen.

Den Käse reiben und untermischen. Die Eier zugeben. Mit Salz, Pfeffer und einigen Safranfäden würzen.

Ein kleines, nußgroßes Stück dieser Füllung in ein wenig Öl anbraten, um die Würzung zu überprüfen. Abschmecken.

Das Schwein wie im vorhergehenden Rezept (Rezept Nr. 49) füllen, allerdings hat die Füllung eher eine aromatisierende Funktion und muß das Schwein nicht vollständig ausfüllen. Man sollte also nicht zögern, sie herzhaft zu würzen.

Wie in Rezept Nr. 49 braten, dabei häufig mit einem Pinsel, bestehend aus einem Zweig Lorbeer und einem Zweig Rosmarin, mit einer Marinade aus Essig, Salz, Pfeffer und einigen Safranfäden bestreichen.

51. Cormary oder Schweinelende in Rotwein gebraten
Cormary ou longe de porc rôtie au vin rouge

Cormarye.
Take colyaundre, caraway smale grounden, powdour of peper and garlec ygrounde, in rede wyne; medle alle thise togyder and salt it. Take loynes of pork rawe and fle of the skyn, and pryk it wel with a knyf, and lay it in the sawse. Roost it whan thou wilt, & kepe that that fallith therfro in the rostyng and seeth it in a possynet with faire broth, & serve it forth with the roost anoon (Fc HB 109).

Cormarye.
Nimm Koriander, fein gemahlenen Kümmel, Pfefferpulver und in Rotwein zerstoßenen Knoblauch; mische all dies zusammen und salze es. Nimm eine rohe Schweinelende und entferne die Schwarte, steche sie gut mit einem Messer ein und lege sie in die Sauce. Brate sie, wie du willst, behalte den Saft, der aus dem Braten fließt, gib ihn in einen Topf mit guter Brühe & trage ihn gleich mit dem Braten auf.

Im Mittelalter haben die Engländer den Knoblauch offenbar nicht verachtet, manchmal wurde er schon vor dem Garen an gewisse Speisen gegeben, während die Franzosen und Italiener ihn offenbar nur für die dazugereichten Saucen verwendet haben. Hingegen mochten diese die Minze, die sie oft für Gemüsetorten verwandten! Seither haben sich die Gewohnheiten stark verändert: Für den Durchschnittsengländer ist der Knoblauch unerträglich geworden, und bei der Minze fiel den Franzosen vor der Verbreitung der vietnamesischen Küche oft nur Zahnpasta ein!

Wie dem auch sei, dieses englische Rezept für Schweinebraten mit Knoblauch und Gewürzen ist es wert, in unser heutiges Repertoire aufgenommen zu werden. Wir empfehlen Ihnen, bei einer modernen Mahlzeit Bohnenpüree (Rezept Nr. 23) dazuzureichen - eine perfekte Geschmacksverbindung.

Cormary oder Schweinelende in Rotwein gebraten

Zutaten:

1 Schweinebraten von 1,5 kg oder 1/2 Schweinelende
1/4 l guter Rotwein
1 dl Bouillon *(Rezept Nr. 152)*
4 schöne Knoblauchzehen, zerstoßen

1 Teelöffel gemahlener Koriander
1 Teelöffel gemahlener Kreuzkümmel oder Kümmel
1/3 Teelöffel gemahlener Pfeffer
Salz

ZUBEREITUNG:

Eine Marinade zubereiten, indem man den Wein, den Knoblauch, den Koriander, den Kümmel und den Pfeffer mischt.
Das Fleisch mit einer Gabel oder einem Messer einstechen. Salzen.
Den Braten in die Marinade legen (man kann ihn mehrere Stunden oder, wenn man will, sogar eine ganze Nacht marinieren).
Im Ofen etwa 1 1/2 Stunden braten, dabei häufig übergießen.
Das Fleisch aus der Sauce nehmen, wenn es gar ist, und warm halten.
Den Bratensaft erhitzen und die Bouillon zugeben.
Aufkochen lassen und mit dem Fleisch servieren.

52. BOURBELIER VOM WILDSCHWEIN
BOURBELIER DE SANGLIER

Bourbier de sanglier frez.
Premièrement il le convient mettre en eaue boullant et bien tost retraire et mettre rostir et baciner de saulse faicte d'espices, c'est assavoir gingembre, canelle, giroffle, grainne de paradis - et mieulx qui peult, du pain bruslé destrempé de vin et de verjus et de vinaigre, et l'en baciner; et puis quant il sera cuit, si bacinez tout ensemble; et soit clairet et noir (VT Vat Scul 94).

Bourbier vom frischen Wildschwein.
Zuerst muß man es in kochendes Wasser geben und rasch wieder herausnehmen. Dann braten und mit einer Sauce aus Gewürzen übergießen, als da sind: Ingwer, Zimt, Nelken, Paradieskörner. Noch besser gibt man geröstetes Brot hinzu, das in Wein, Verjus und Essig eingeweicht wurde, wenn man will, und übergießt es damit. Und wenn es gar ist, die ganze Sauce darübergießen. Es soll glänzend und dunkel sein.

Dieses Wildschweinrezept, auch *bourblier* oder *bourbelier* genannt, ist dem *Viandier* des Taillevent, einer Handschrift aus dem Vatikan, entnommen und ist ein Klassiker der französischen Rezeptbücher. Der Autor des *Ménagier de Paris* erläutert, daß der Begriff *bourbelier* das Rückgrat des Tieres bezeichnet, d.h. den Kamm. Was die dazugereichte Sauce angeht, so heißt sie dort stets *queue de sanglier* (Schwanz vom

Wildschwein). Wir wählten einen Frischling und folgten Maître Chiquart, dem Koch des Herzogs von Savoyen, Amadeus VIII.; er rät, für die *bourbulleys* ein junges Wildschwein zu nehmen. Aber der Braten muß gewaschen, mit Bouillon abgebrüht, gespickt, dann aufgespießt und über dem Feuer gebraten werden.

Wenn er schon fast gar ist, muß man ihn noch mit Nelken spicken und dann einige Augenblicke weiterbraten lassen, bis er vollständig gar ist. Die Sauce, die unabhängig davon zubereitet wird, reicht man zu dem Fleisch. In anderen Handschriften des *Viandier* von Taillevent ist am Ende des Rezepts vorgesehen, daß man das Fleisch aufschneidet, wenn es recht gar ist, und noch in der Sauce köcheln läßt.

Bourbelier vom Wildschwein

ZUTATEN:

1,5 oder 2 kg Frischling zum Braten (Keule, Sattel oder Karree)
1/2 l guter Rotwein
1/4 l guter Weinessig
1/4 l Verjus (oder 15 cl Apfelessig, mit 10 cl Wasser verdünnt)
60 g getoastetes Landbrot
1 Teelöffel Ingwerpulver
1 Teelöffel Zimtpulver
1 Teelöffel Paradieskörner, im Mörser zerstoßen
1 gute Prise Nelkenpulver
12 g grobes Salz

ZUBEREITUNG:

Die Sauce zum Begießen vorbereiten. Den Wein, den Essig, den Verjus, das Salz und die Gewürze mischen. Das Brot darin einweichen; wenn es aufgegangen ist, mit einer Gabel zerdrücken. Man kann alles durch ein Sieb passieren, aber das ist nicht unbedingt notwendig, vor allem wenn man das Brot gut zerdrückt.

Den Braten abbrühen: in kochendes Wasser eintauchen und aus dem Wasser nehmen, sobald er seine Farbe verändert. Diese Vorgehensweise dient dazu, das Fleisch von seinen oberflächlichen Verunreinigungen zu säubern und verringert nicht im geringsten seine geschmackliche Qualität, ganz im Gegenteil.

Den Braten in den heißen Ofen auf einen Rost über eine Abtropfpfanne legen. Etwa mit 20 bis 25 Minuten Garzeit pro Pfund rechnen. Den Braten häufig mit der Gewürzsauce beträufeln, indem man als Pinsel einen Rosmarinzweig nimmt.

Am Ende des Garens den Rest der Sauce über den Braten gießen. Die Abtropfpfanne aus dem Ofen nehmen und die Sauce in eine Saucenschüssel geben, man serviert sie zum Braten.

Wenn die Sauce sehr reduziert ist, kann man die Abtropfpfanne aufs Feuer setzen und mit ein wenig Wasser ablösen, indem man die karamelisierten Säfte abkratzt, die sich festgesetzt haben. Man erhält einen schönen gebräunten Saft, kostet ihn, schmeckt mit Salz ab und trägt dann auf.

53. Hase am Spiess
Lièvre en broche

Lyevres en rost.
Sans laver, lardez-le; et le mengez à la cameline ou au saupiquet, c'est assavoir en la gresse qui en chiet en la lechefricte, et y mettez des ongnons menuz couppez, du vin et du verjus et ung pou de vinaigre, et le gectez sur le lièvre quant il sera rosti, ou mettez par escuelles (VT Vat Scul 93).

Hase am Spieß.
Wascht ihn nicht, spickt ihn. Eßt ihn mit Kamelin-Sauce oder scharfer Sauce, das heißt mit dem Fett, das in die Abtropfpfanne herausfließt. Und gebt kleingehackte Zwiebeln hinein, Wein und Verjus, auch ein wenig Essig, gießt das über den Hasen, wenn er gebraten ist. Oder gebt es in Schalen.

Versuchen Sie diesen schlichten Hasenbraten, aber wählen Sie ein frisches, junges Tier aus. Denn im Gegensatz zu dem, was allgemein über mittelalterliche Ernährungsgewohnheiten berichtet wird, ließ man ihn nicht unbedingt sehr lange abhängen. »Nota, daß wenn man einen frischen Hasen nimmt und bald ißt, das Fleisch zarter ist, als wenn man ihn aufbewahrt«, sagt uns der Autor des *Ménagier de Paris*, der an anderer Stelle erläutert, daß ein mitten im Winter geschlachteter Hase sich nicht länger als acht Tage hält, im Sommer nicht mehr als vier Tage, allerdings unter der Bedingung, daß man ihn nicht der Sonne aussetzt. Wenn Sie aber aus purer Neugier das Alter ihres künftigen Bratens wissen wollen, dann folgen Sie dem Rat unseres Autors: »Ihr könnt das Alter des Hasen an den Löchern unter dem Schwanz erkennen, denn er hat so viele Öffnungen wie Jahre.« Viel Glück!

HASE AM SPIESS

ZUTATEN:

1 junger Hase von guter Qualität
100 g fetter Speck
1 Zwiebel
10 cl Weißwein
5 cl Verjus
(oder Saft von 1/2 Zitrone, mit einem Eßlöffel Wasser vermischt)
1 Eßlöffel guter Weinessig
Salz

ZUBEREITUNG:

Die glänzende Haut, die das Fleisch des Hasen bedeckt, mit Hilfe eines kleinen und gut geschärften Messers entfernen, indem man es zwischen Haut und Fleisch schiebt. Ebenso die am Fleisch hängenden Nerven ganz vorsichtig abschneiden, ohne es zu beschädigen.

Den Speck in schmale Streifen schneiden und das ganze Fleisch in regelmäßigen Abständen spicken.

Den Hasen aufspießen und am Spieß braten oder ihn auf einen Rost über die Abtropfpfanne legen. Die Garzeit beträgt etwa 1/2 Stunde im sehr heißen Ofen. Regelmäßig mit dem Bratensaft übergießen. Man ißt ihn rosa, das heißt wunderbar zart und saftig.

Inzwischen die Zwiebel sehr fein schneiden und nach der Hälfte der Garzeit das Zwiebelgehackte in die Abtropfpfanne geben. 5 Minuten vor Ende der Garzeit den Wein, den Verjus und den Essig dazugeben.

Wenn der Hase gar ist, den in der Abtropfpfanne aufgefangenen Saft, wenn nötig, einige Minuten einkochen lassen, während man den Hasen zerlegt. Die Sauce und die Fleischstücke salzen. Kurz vor dem Servieren die Sauce über das Fleisch gießen.

54. Rinderbraten
Côte de bœuf

Assatura bouina. Assatura bouina, cum costis iuxta dorsum acceptum, simpliciter in ueru assatur et cum bullito pipere administratur (Tr 388).	**Rinderbraten.** Rinderbraten, von der Rippe nah am Rükken genommen, einfach am Spieß braten und mit gekochtem Pfeffer auftragen.

In englischen oder französischen Traktaten sucht man vergeblich nach Hinweisen auf *roast beef*. Das Rindfleisch wird von den zeitgenössischen Autoren und Ärzten als »grobes Fleisch« angesehen, das nur zum Kochen geeignet ist. Das heißt, es ist nicht subtil und fein genug für »die Adligen, die von Vögeln leben« und die, im Gegensatz zu den »Bauern und anderen Leuten mit harter Arbeit«, keine starke Verdauung haben. Wie könnten sie mit ihren schwachen physischen Kräften ohne Gefahr ein so kaltes und trockenes Fleisch verdauen? Aber hier haben wir es erstaunlicherweise mit einem Rinder*braten* zu tun, dessen Rezept in einer ganzen Liste von Bratenfleisch auftaucht: Gans, Schweinelende, Hammelschulter etc. Allerdings widerspricht der Autor nicht der vorherrschenden Auffassung seiner Zeit: »Im allgemeinen ist alles Fleisch, das man in Wasser kochen muß, vom Schwein, vom Rind und vom Hammel«. Die Sauce aus gekochtem Pfeffer hatte — wie oft die Gewürze — die Rolle eines Korrektivs, damit dieses »ungesunde« Fleisch besser rutschte, obwohl es vielleicht gar nicht so schlecht schmeckte!

Rinderbraten

Zutaten:

1 Leiterstück vom Rind, 1 bis 1,4 kg
2 Eßlöffel schwarze Pfefferkörner
15 cl Wasser
Salz

Zubereitung:

Das Rindfleisch zurechtschneiden und aufspießen, so daß das Gewicht um den Spieß gleichmäßig verteilt ist. Wenn man keinen Spieß hat, das

Fleisch auf einen Rost nicht zu nah am Grill in den Ofen legen. Etwa 20 bis 30 Minuten bei regelmäßigem Drehen braten, oder indem man es einmal nach der halben Garzeit wendet, wenn man es nur auf dem Rost brät.

Inzwischen die Pfefferkörner im Mörser oder mit einem Nudelholz zerdrücken oder in den Mixer geben. Einige Minuten im Wasser kochen. Leicht salzen.

Wenn das Fleisch gar ist, einige Augenblicke bei geöffneter Ofentür ruhen lassen, damit das Blut sich regelmäßig im Fleisch verteilt. In gleichmäßige Scheiben schneiden, mit Salz überstreuen und mit dem gekochten Pfeffer servieren.

55. RINDERROULADEN
ALOYAUX DE BŒUF

Alloyaux de beuf.
Faictes lesches de la char du trumel, et enveloppez dedans mouelle et gresse de beuf: puis embrochiez, rostissiez et mengiez au sel (MP 177).

Rinderrouladen.
Schneidet feine Scheiben von der Hesse des Rindes und rollt in sie ein wenig Mark und Fett vom Rind ein. Spießt sie auf, bratet sie und eßt sie mit Salz.

Die Hesse ist ein Teil der Rinderkeule, die man zu Eintopf oder Ragout verwendet. Der Einfall, dieses Stück vom Rind zu braten, mag vielleicht erstaunen, aber wenn das Fleisch in sehr feine Scheiben geschnitten wird, ist es sehr wohlschmeckend. Alles hängt vom guten Willen und der Geschicklichkeit Ihres Metzgers ab. Man kann auch normales Beefsteak so zubereiten. Das bringt Abwechslung und schmeckt sehr gut.

RINDERROULADEN

ZUTATEN:

6 sehr dünne Scheiben vom Rind, aus der Hesse geschnitten
100 g Nierenfett vom Rind
80 bis 100 g Rindermark
Salz
Zahnstocher aus Holz

ZUBEREITUNG:

Den Metzger bitten, die Fleischscheiben möglichst dünn zu machen, wie für Kalbsschnitzel.

Das Fett in 6 Stücke schneiden, ebenfalls so dünn wie möglich.

Das Mark in feine Rädchen schneiden.

Jede Fleischscheibe mit Salz bestreuen und eine Scheibe Fett darauflegen, dann mit den Markrädchen überstreuen. Zu einer Roulade rollen. Mit einem hölzernen Zahnstocher verschließen. Auf dem Rost 10 Minuten braten, nach 5 Minuten wenden.

Mit feinem Salz servieren.

56. GEBRATENE RINDERZUNGE
LANGUE DE BŒUF RÔTIE

Langue de beuf.
Langue de beuf fresche soit parboulie, pelée, lardée et rostie, et mengée à la cameline.
Item, est assavoir que la langue du vieil vault mieulx que la langue de jeune beuf, si comme aucuns dient; autres dient le contraire (MP 177).

Rinderzunge.
Die frische Rinderzunge muß vorgekocht, geschält, gespickt und gebraten werden, man ißt sie mit Kamelin-Sauce.
Ebenso ist zu wissen, daß die Zunge eines alten Rindes besser ist als die eines jungen, wie manche sagen; andere sagen das Gegenteil.

Ein überraschend gutes Rezept für Rinderzunge. Das Vorkochen in Wasser macht das Fleisch zart, während das Braten sie leicht karamelisiert und ihr so sehr viel Geschmack verleiht. Das Spicken vermeidet das Austrocknen und macht sie im Gegenteil ganz besonders saftig-weich und wohlschmeckend. Wenn Sie Zunge mögen und über eine Räucherkammer oder einen großen Kamin verfügen, dann rät der Autor des *Ménagier de Paris*, Rinderzungen nach einem Brauch der Gascogne vorzukochen, sie zu schälen, sie für acht Tage einzusalzen und dann den ganzen Winter über in den Kamin zu hängen; so sind sie lange haltbar, sagt er. Um sie zu verzehren, kocht man sie in Wasser und Wein, und man ißt sie mit Senf. Ausprobierenswert!

GEBRATENE RINDERZUNGE

ZUTATEN:

1 schöne Rinder- oder Kalbszunge von etwa 1,5 kg
80 bis 100 g fetter Speck
Salz

ZUBEREITUNG:

Die Zunge zuschneiden und abbürsten, dann in frischem Wasser etwa 1 Stunde wässern.

In einen großen Schmortopf legen und mit etwa 3 l kaltem Wasser bedecken. Etwa 7 g grobes Salz pro Liter zugeben. Zum Kochen bringen. Abschäumen. Den Schmortopf zudecken und die Flamme so einstellen, daß es etwa 1 1/2 Stunden köchelt.

Man muß pro Kilo Fleisch mit 1 Stunde Garzeit im Wasser rechnen; hingegen muß man etwa 1 Stunde und 20 Minuten rechnen, wenn man sie lediglich im Sud kochen möchte.

Die Zunge aus dem Sud nehmen und ein wenig abkühlen lassen. Die Haut ablösen, indem man sie am einen Ende hochnimmt und abzieht, ohne das Fleisch zu beschädigen.

Den Speck in kleine Streifen schneiden und die Zunge über die ganze Oberfläche spicken, indem man sie mit einem kleinen Messer oder besser noch mit der Spicknadel einsticht.

Die Zunge in eine Abtropfpfanne legen und im heißen Ofen (250 Grad) etwa 20 Minuten braten, bis sie schön braun wird. Mit einer Kamelin-Sauce Ihrer Wahl (Rezept Nr. 106, 107) aufgeschnitten servieren.

57. GEFÜLLTE WACHTELN AM SPIESS
CAILLES FARCIES À LA BROCHE

Menus oysaulx en rolz.
Plumey les a sec, puis ostés les gavions et les brouailles et le bruler à feu sans fumer et les hastés et la ribelette de lart entredeux et des feulles de loriez, et emplisiez les ventres de fin froumaige fondant et miole de beuf; et

Kleine Vögel am Spieß.
Rupft sie trocken [ohne sie zu überbrühen], dann entfernt ihren Kropf und nehmt sie aus. Flämmt sie über einem Feuer ohne Rauch, dann spießt sie auf, indem ihr zwischen jeden Speckscheiben und Lorbeer-

se mainge a sel menu, et se servent à couvert entre deux escuelles ou entre deux plas (VT Maz Scul 97).

blätter steckt. Füllt sie mit feinem schmelzenden Käse und Rindermark. Man ißt sie mit feinem Salz und trägt sie auf, indem man sie zwischen zwei Schalen oder Platten warm hält.

Das Kapitel mit den Braten ist in den kulinarischen Traktaten oft eine Enttäuschung, denn es beschränkt sich im allgemeinen auf eine Liste von Tieren und Fleischstücken und geht davon aus, daß man sie einfach nur braten muß. Deshalb ist dieses Rezept so kostbar für uns, denn es beschreibt in allen Einzelheiten, wie man gebratene Vögel zubereitet, angefangen beim Rupfen bis zum Braten selbst. Mit Wachteln ist dieses Gericht ganz einfach köstlich. Die zuerst mit fettem Käse und Mark gefüllten, dann mit Speck umwickelten und mit Lorbeer gewürzten Vögel haben ein Aroma und einen Schmelz, den keine andere Garmethode ihnen verleihen könnte.

GEFÜLLTE WACHTELN AM SPIESS

ZUTATEN:

Für jeweils 2 Wachteln
(man rechnet 1 pro Person, wenn sie groß sind):
2 Wachteln
1 Frischkäse mit 40 oder 60% Fett i. Tr.
2 walnußgroße Stücke Rindermark
(frisch aus einem Markknochen entnommen)
4 Scheiben fetter Speck (oder recht fette, gesalzene Schweinebrust oder sogar guter roher Schinken)
frische Lorbeerblätter
Salz
Pfeffer
Zahnstocher aus Holz

ZUBEREITUNG:

Das Innere der Wachteln salzen und pfeffern. Ein walnußgroßes Stück Mark in den Bauch legen, dann mit dem Frischkäse füllen, dabei so kräftig wie möglich stopfen.

Ein Lorbeeerblatt auf Rücken und Bauch jeder Wachtel legen, dann mit 2 Scheiben Speck umwickeln. Mit einem Zahnstocher verschließen.

Man kann sie entweder miteinander aufspießen oder in ein Bratgeschirr legen. Im ersten Fall nicht vergessen, eine Abtropfpfanne unter die Vögel zu schieben, um den mit geschmolzenem Käse vermischten Saft aufzufangen, mit dem man kurz vor dem Servieren die Vögel übergießt.

Die Vögel auf dem Rost etwa 20 bis 25 Minuten langsam grillen, dabei den Bratvorgang überwachen. Man kann sie auch im heißen Ofen braten, muß sie dann nach der halben Garzeit wenden. Wenn sie schön braun sind, auf eine Platte geben. Mit dem eigenen Saft übergossen und mit Salz bestreut servieren. Eine echte Delikatesse!

Man kann die Wachteln nach dem Füllen zunähen, um zu verhindern, daß der Käse herausläuft, man kann sie aber auch offenlassen: Der leicht geschmolzene Käse ergibt einen delikaten und dickflüssigen Saft.

58. GEBRATENE GANS
OIE RÔTIE

Del paparo.
Taglia la gola al paparo o oca; pelalo bene e bruscia; taglia i piedi, cavali l'interiori e lava bene: poi togli agresto, aglio, e se tali cose non poi avere togli erbe odorifere, bagnate in aceto, e ricusci di sotto, e poni in spiedo, e arrostilo; e se non fosse grasso, mettivi dentro del lardo. E poni un poco d'acqua in una scudella, e togli il grasso che esce d'inde. E quando serà assai cotto, levalo dal fuoco, e dà mangiare col succo d'aranci, o di limoncelli, o di lumie (Za 30).

Über das Gössel.
Schneide dem Gössel oder der Gans den Hals ab. Rupfe es gut und flämme es. Schneide die Füße ab, nimm es aus und wasche es gut. Nimm dann Verjus und Knoblauch, und wenn du nichts davon hast, nimm in Essig eingeweichte aromatische Kräuter, nähe es zu, stecke es auf den Spieß und brate es dann. Wenn es nicht fett war, lege Speck ins Innere. Und gib ein wenig Wasser in eine Schale und fang das Fett auf, das herausläuft. Wenn es durch ist, nimm es vom Feuer. Tische es mit Saft von der Orange, der Zitrone oder der Limone auf.

Gössel ist eine sehr junge Gans; das Fleisch ist noch zart und weich und war im Mittelalter sehr beliebt. Alle Traktate stellen es im Kapitel über die Braten vor. Dagegen wurde die ausgewachsene Gans, die in Italien an Allerheiligen und in Nordeuropa an St. Martin gegessen wird, vielleicht ein bißchen weniger geschätzt. Die *oyers* (Gänsemetzger) oder *vendeurs* (Verkäufer) oder *rôtisseurs* (Brater) der Viertel Saint-Merri und Saint-Séverin in Paris, waren bekannt dafür, daß sie das Tier kunstvoll zuzubereiten verstanden: Sie mästeten es, bevor sie es brieten, konnten es perfekt zerlegen, aber vor allem bereiteten sie aus den Schlachtabfällen (Kopf, Leber, Flügel, Füße und Innereien) ein kaltes Gericht zu, das »Gänseklein« (*petite oie*) genannt wurde. Das aß man, während man wartete, bis die Gans fertig gebraten war. In den französischen Traktaten werden zur Gans oft Saucen gereicht, Knoblauchsauce, weiße oder grüne Sauce oder Pfeffersauce. Hier verlangt die italienische Version, daß der Saft aus dem Bratgeschirr mit dem von Zitrusfrüchten vermischt wird. Knoblauch wird bei den Kräutern, die das Fleisch während des Garens würzen, nicht vergessen. Maître Chiquart rät, den Gänsebraten mit Jance (Rezept Nr. 111) zu servieren, einer Sauce, die im Mittelalter sehr bekannt ist; eine von Maître Chiquart ausgearbeitete Version paßt hervorragend zu diesem saftigen Fleisch. Das Gössel ist auf den Märkten keine gewöhnliche Ware, aber dieses Rezept gelingt ebenso mit einer recht fetten Ente.

GEBRATENE GANS

ZUTATEN:

1 schöne junge Gans von 2,5 bis 3 kg
1/4 l guter Essig
2 saftige Zitronen oder 2 Bitterorangen
1 Strauß Petersilie
3 oder 4 frische Lorbeerblätter
1 Zweig Salbei
1 Zweig Rosmarin
4 oder 5 große Knoblauchzehen
Salz

ZUBEREITUNG:

Die Gans ausnehmen und binden wie jedes andere Geflügel.

Die Knoblauchzehen zerdrücken. Alle Kräuter grob hacken. Mit dem Knoblauch vermischen und in ein Gefäß mit dem Essig geben. Alles gut durchmischen.

Das Innere der Gans salzen, dann die Essig-Kräuter-Mischung in ihren Bauch geben. Die Öffnung zunähen. Im heißen Ofen braten, und zwar 15 bis 18 Minuten pro Pfund für eine junge Gans bzw. 20 Minuten pro Pfund für eine fette Gans.

Wenn die Gans gar ist, die Abtropfpfanne aufs Feuer setzen. Einen Teil des Fettes abschöpfen, wenn die Gans viel davon verloren hat. Den Saft der Abtropfpfanne aufkochen lassen, dann 15 cl Wasser zugeben. Aufkochen, indem man mit einem Holzlöffel den karamelisierten Bratensatz ablöst, und um ein Drittel einkochen lassen. Dann den Zitrusfrüchtesaft zugeben und noch ein paarmal aufkochen lassen. Abschmecken und nachwürzen, wenn nötig. Die Gans zerlegen und mit der Sauce servieren.

59. HUHN IN ORANGE
POULET À L'ORANGE

Pollastro arrosto.
Per fare pollastro arrosto si vuole cocere arrosto; et quando è cotto togli sucho di pomaranci overo agresto con acqua rosata, zuccaro et canella, et mitti il pollastro in un piattello; et dapoi gettavi questa tal mescolanza di sopra et mandalo ad tavola (Ma 127).

Gebratenes Hühnchen.
Um ein gebratenes Hühnchen zu machen, mußt du es braten. Und wenn es gar ist, nimm bitteren Orangensaft oder Verjus und Rosenwasser, Zucker und Zimt. Lege das Hühnchen auf einen Teller; beträufle es dann mit dieser Mischung und tische es auf.

Wie kann man einem einfachen Brathuhn einen unerwartet verlockenden Geschmack verleihen? Indem man dem Ratschlag des Maestro Martino folgt, es mit einem fruchtigen und süß-sauren Gemisch zu übergießen, wenn es aus dem Ofen kommt. Probieren Sie dieses Rezept bei zaghaften Gästen, Sie werden sie sofort zur mittelalterlichen Küche bekehren. Das Huhn in Orange wird auch solche Feinschmecker verführen, die auf ihre Linie achten, denn man brät es ohne jeden Zusatz von Fett.

HUHN IN ORANGE

ZUTATEN:

1 schönes Freilandhuhn 1,5 bis 2 kg
der Saft von 3 Bitterorangen (Januar-Februar) oder 15 cl Verjus (oder der Saft von 2 Zitronen, mit 6 Eßlöffeln Wasser verdünnt), vermischt mit 1 Eßlöffel Rosenwasser
1/2 Teelöffel Zucker
1 Messerspitze Zimtpulver
Salz

ZUBEREITUNG:

Das Huhn säubern und ausnehmen; von innen salzen und in eine Abtropfpfanne legen. Im heißen Ofen braten, dabei häufig mit dem Bratensaft übergießen.

Wenn es schön braun und durchgebraten ist, aus dem Ofen nehmen und in der Abtropfpfanne mit dem Bitterorangensaft oder der Verjus-Rosenwasser-Mischung, der man Zucker und Zimt zugegeben hat, übergießen.

Das Huhn auf eine Servierplatte legen und zusammen mit der in der Pfanne aufgefangenen Sauce servieren.

Der Saft der Bitterorange kann nicht durch den Saft einer normalen Orange ersetzt werden; wenn man es trotzdem tut, sollte man zumindest später keinen Zucker mehr, dafür aber einen Schuß Zitronensaft zugeben.

60. KAPAUN IN JANCE
CHAPON À LA JANCE

Chapons, gélines, hettoudeaulx.
En rost, à la saulce de moulst en esté, ou à la poitevine en yver, ou à la jance; et si fait l'en bien celle saulce comme le moulst en yver, c'est à savoir, de vin et de succre bolu ensemble (VT Vat Scul 90).

Kapaune, Masthühner, junge Kapaune.
Gebraten, in Mostsauce im Sommer oder in Poitiers-Sauce im Winter, oder in Jance. Man kann im Winter auch eine Sauce machen, wie sie mit Most gemacht wird, nämlich mit Wein und Zucker, die zusammen gekocht werden.

Hétoudeaux sind junge Kapaune oder große Hähnchen, die verschnitten sein können. Gemästetes Geflügel, wie vor allem die Poularde und der Kapaun, das heißt der gemästete und kastrierte Hahn, haben ein außergewöhnlich weiches und saftiges Fleisch. Der Kapaun gehörte wegen seines Fleisches im Mittelalter zu den beliebtesten Schlachttieren. Und sein Ruf verblaßte in den folgenden Jahrhunderten nicht, denn man findet ihn häufig in allen kulinarischen Texten des 17. und 18. Jahrhunderts. Braten Sie ihn, um seine Qualitäten schätzen zu lernen.

Heute kann man zur Zeit der Feste am Ende des Jahres überall Kapaune

[8] Das gilt natürlich für Frankreich. In Deutschland ist Kapaun nicht erhältlich. Man kann statt dessen ein großes Jungmasthuhn nehmen. (Anmerkung des Übersetzers)

kaufen[8]. Wenn sie auch recht teuer sind, lohnt sich diese Ausgabe dennoch. Das weiche Fleisch wird Sie ohne Mühe die trockenen und mehligen Puten vergessen lassen, die erst nach der Entdeckung Amerikas in unsere Gefilde vordringen konnten.

Kapaun in Jance

Zutaten:

1 schöner Kapaun von 3 bis 4 kg
Salz

Zubereitung:

Lassen Sie das Geflügel von Ihrem Metzger vorbereiten, und bitten Sie ihn, es gut zu schnüren.

Innen und außen salzen und auf mittlerer Hitze (180 - 200 Grad) braten, man muß 18 bis 20 Minuten pro Pfund rechnen. Der Ofen darf nicht zu heiß sein, damit das Huhn nicht zu schnell braun wird, und um zu vermeiden, daß das Fleisch an der Oberfläche austrocknet. Mit dem Fett aus der Abtropfpfanne übergießen.

Mit einer dicken Nadel in den Schenkel stechen, um zu überprüfen, ob der Kapaun gar ist. Das Geflügel ist noch nicht völlig gar, wenn der Saft ein wenig rosa ist, er muß farblos sein.

Zerlegen und die Teile leicht salzen. Bevor man sie aufträgt, mit einem Eßlöffel Bratensaft übergießen.

Zwei Saucenschüsseln servieren, eine mit dem Bratensaft, die andere mit Jance (Rezept Nr. 111).

FISCH

Poissons

Fisch hat im Mittelalter mehrere Bedeutungen. Vor allem ist er Bußspeise, weil er das Fleisch in den Zeiten ersetzt, in denen es verboten ist. Eine echte Buße ist das freilich nur bei Stockfisch und getrocknetem Hering, die vom Nordmeer importiert werden. Und selbst diese wurden durch das Wechselspiel der Zubereitungen und Saucen veredelt (Rezept Nr. 73).

Fisch war auch eine unerwartete Speise, denn obwohl die Städte große Anstrengungen unternahmen, um den Markt zu organisieren, blieb der Fischfang doch immer unsicher, die Frische heikel und der Transport schwierig. Am Ende des Freitagsmarktes forderten die Armen die noch nicht verkauften Fische für sich; die städtischen Erlasse gaben ihnen das Recht dazu, weil man vermeiden wollte, daß diese Fische wieder auf den Markt kamen, obwohl sie nicht mehr frisch waren. Auf dem Land war Meeresfisch wahrscheinlich unbekannt, wenn man sich nicht in Küstennähe befand. Man träumte von Aalen, aber meist mußte man sich mit Rotaugen begnügen.

Fisch war trotzdem eine Leckerei, denn Unsicherheit und Unerwartetes erwecken Sehnsüchte und beflügeln die Phantasie.

Selbstverständlich haben wir nicht vor, Sie büßen zu lassen. Wir wollen Ihnen vielmehr helfen, Ihre Lust am Schlemmen zu befriedigen, und das ist nicht schwierig, weil das kulinarische Bestreben auf alles eine Antwort fand. Die Köche kannten sich mit Fisch gut aus, sie wußten, wie man ihn in Gebratenes verwandelt (Rezept Nr. 63), ihn in einer Torte oder Pastete (Rezepte Nr. 89 bis 91) verarbeitet oder in Brühe zubereitet (Rezept Nr. 62); Alle vom Fleisch her bekannten Saucen wurden auch zu Fisch gereicht, freilich mit ein wenig Fruchtsaft und Gewürzen verstärkt, um die feuchte Kälte der Fastenspeise abzumildern. Und sie bemühten sich, den Fisch in Salz, Marinade oder Escabèche (Rezepte Nr. 61, 62, 64) zu konservieren, um für die Tage des Fastens gerüstet zu sein.

Die Beschleunigung der Transporte und die Kälteindustrie haben heute den Fischmarkt grundlegend verändert. Machen Sie sich das zunutze!

61. Escabèche nach Art des Schankwirts
Escabèche de taverne

De la gelatina di pesci senza oglio.
Metti a bullire vino con aceto, e mettivi dentro a cocere i pesci bene lavati; e, cotti, cavali e poni in un altro vaso. E in lo detto vino e aceto metti cipolle tagliate per traverso, e fà tanto bullire, che torni alla terza parte: poi mettivi dentro zaffarano, comino e pepe, e getta tutto sopr'al pesce cotto, e lassa freddare. Questa è schibezia da tavernaio (Za 75).

Über das Gelee von Fischen ohne Öl.
Koche Wein mit Essig und laß darin die gut gewaschenen Fische garen. Wenn sie gar sind, nimm sie heraus und lege sie in ein anderes Gefäß. In besagten Wein mit Essig gib Zwiebeln, die längs geschnitten sind, und laß dies kochen, bis es um ein Drittel eingekocht ist. Gib dann Safran, Kümmel und Pfeffer hinzu, gieße alles über den schon garen Fisch und laß es abkühlen. Das ist die Escabèche der Schankwirte.

In Schenken aß man gezwungenermaßen eher zufallsbedingt. Sie hatten Gerichte anzubieten, die rasch mit haltbar gemachten Produkten zu verwirklichen waren, wie die Karbonade (Rezept Nr. 43), oder schon fertig vorbereitete Speisen, die sofort zur Verfügung standen: zu ihnen gehört die *escabèche*. Sie ist eine Art, den Fisch zuzubereiten und gleichzeitig zu konservieren. Aber das gilt nicht nur für Fisch, sondern auch für Geflügel (Rezept Nr. 30, Ambrosia vom Huhn mit Trockenfrüchten, heißt in einem Menü »pollastri ad ambrosina aschibeci«). Die Art der Zubereitung ist dadurch gekennzeichnet, daß in Bratfett gegart und dann in eine saure Flüssigkeit (Wein und/oder Essig) eingelegt wird. Häufig gibt man Zwiebeln und Safran dazu. Der Charakter der Speise als »Konserve«, läßt die Fischart unbestimmt. Dies wurde auch durch die Ungewißheit der Belieferung verursacht, denn der Markt hielt manche Überraschung bereit, und so kaufte man meistens den Fisch, den man bekommen konnte.

Noch heute gibt es im Süden Italiens und in Spanien Escabèches, auch bieten italienische Bars oft marinierte Sardellen an, die ganz ähnlich sind, selbst wenn sie anders heißen.

Der Name wie auch der Inhalt des Rezepts könnten, wie wir in der Einleitung gesagt haben, eine der Anleihen der mittelalterlichen Küche bei arabischen Quellen (*sikbaj*) sein.

ESCABÈCHE NACH ART DES SCHANKWIRTS

ZUTATEN:

800g bis 1 kg Fisch (Seehecht, Makrele, Kabeljau etc.)
3 Zwiebeln
1 l Wein (rot oder weiß, je nach der gewünschten Farbe)
1/4 l Weinessig
6 oder 7 Safranfäden
1/2 Teelöffel ganzer Kümmel
1/2 Teelöffel Pfefferpulver
Salz

ZUBEREITUNG:

Wein und Essig mischen, Salz zugeben und aufkochen. Den Fisch in diese weinsaure Mischung legen und in der sprudelnden Flüssigkeit 5 bis knapp 10 Minuten garen.

Den Fisch mit dem Schaumlöffel herausnehmen und in ein tiefes Gefäß, am besten aus Steingut, legen.

Die Flüssigkeit wieder aufsetzen, die in Ringe geschnittenen Zwiebeln zugeben und bei kleiner Flamme eine gute 1/2 Stunde einkochen lassen.

Vom Feuer nehmen, die Gewürze zur Flüssigkeit geben.

Über den Fisch gießen und kalt werden lassen; der Saft geliert.

Kalt servieren.

62. FISCH SÜSS-SAUER
POISSON AIGRE-DOUX

Del brodo del pesce.
Pesce ben lavato, quanto si conviene: friggilo con l'oglio abbundantemente, poi lassa freddare: poi abbi cipolle tagliate per traverso; friggile con oglio rimanente del pesce: poi prendi amandole monde, uva secca, ienula secca e prugne, e friggi con le dette cipolle insieme, e leva via l'oglio che avanza, e togli pepe e zaffarano, e altre spezie elette, bene trite, e distempera con le

Über die Fischbrühe.
Gut gewaschenen Fisch, so viel, wie es sich geziemt. Brate ihn in reichlich Öl, laß ihn dann kalt werden. Nimm quer geschnittene Zwiebeln und brate sie im Öl, das vom gebratenen Fisch übrigbleibt. Nimm dann geschälte Mandeln, Rosinen, getrockneten Alant, gedörrte Pflaumen und brate sie zusammen mit besagten Zwiebeln. Entferne, was an Öl zuviel ist. Nimm Pfef-

cipolle predette, e vino e aceto; e, distemperato fortemente, metti a fuoco fino che bolla: poi levalo dal fuoco, e poni in altro vaso, e mettilo ordinatamente a solaio col pesce predetto. E se'l volessi dolce, ponvi o vino cotto, o zuccaro competentemente (Za 29).

fer, Safran und andere erlesene Gewürze, gut zerstampft, und löse sie mit den Zwiebeln, Wein und Essig auf. Wenn diese Mischung recht gut aufgelöst ist, setze sie aufs Feuer, bis sie kocht. Nimm sie dann wieder vom Feuer, fülle sie in ein anderes Gefäß und lege sie in regelmäßige Schichten mit besagtem Fisch. Wenn du es süß magst, gib gekochten Wein und geziemend Zucker hinzu.

Auf den ersten Blick ist das Rezept mit seinen verschiedenen Mischungen verwirrend. Es ist jedoch durchaus charakteristisch für die italienische Vorliebe fürs Süß-Saure und die im Mittelalter fehlende Unterscheidung zwischen süß und salzig. Es ordnet sich in die Gattung des Escabèches ein, obwohl dieser Begriff im Rezept nicht auftaucht. Von den Escabèches gibt es im selben Buch eine vereinfachte Fassung, welche die Schankwirte ihren Gästen anboten (Rezept Nr. 61). Hier haben wir dagegen eine mit verschiedenen süßen Aromen angereicherte Variante, denn die Süße der Zwiebel wird durch die Trockenfrüchte beachtlich verstärkt.

Wir haben keinen Alant zugegeben, weil wir nicht wissen, welcher Teil der Pflanze hier zu verwenden wäre.

FISCH SÜSS-SAUER

ZUTATEN:

800g bis 1 kg Seeteufel (oder ein anderer festfleischiger Fisch)
4 große Zwiebeln
100 g geschälte Mandeln
100 g Rosinen
20 Dörrpflaumen
15 cl Weiß- oder Rotwein
5 cl Essig
5 cl Olivenöl
etwa 10 Safranfäden
1/4 Teelöffel gemahlener Pfeffer
1 Teelöffelspitze Ingwerpulver
1 Teelöffelspitze Kardamompulver
Salz

ZUBEREITUNG:

Den in Stücke geschnittenen Fisch in heißem Olivenöl braten. Herausnehmen und beiseite legen. Die in Ringe geschnittenen Zwiebeln im restlichen Öl braten. Die gut gewaschenen Mandeln, Rosinen und Pflaumen zugeben, dann den Wein und den Essig. Etwa 20 Minuten kochen lassen.

In einem vorzugsweise irdenen tiefen Teller je eine Lage Fisch, dann eine Lage Sauce etc. verteilen.

Kalt oder lauwarm servieren. Man kann im letzten Augenblick noch 1/2 Glas Muskateller darübergießen.

63. AALSPIESSCHEN ZU SANKT VINZENZ
BROCHETTES D'ANGUILLE DE LA SAINT-VINCENT

Recette du curé.
Prima pellaro quella anguilla con l'acqua bollita e cavaro quello dentro, e mozzaro la coda e la testa, poi lavaro bene a sei acque, poi ne fecero rocchij agugliati d'uno palmo l'uno o meno, e miserli in uno spedone con frondi d'alloro in mezzo tra'rocchj acciocché non s'attaccassero insieme, e così temperatamente l'arrostiro: e avendo prima messo in una conchetta sale, aceto e uno gocciolino d'olio, con quattro speziarie dentro, cioè pepe, specie, garofani e celamo fino, di ognuno di questi una mezza oncia, e con una rametta di osmarino, sempre di questa zenezaverata l'andavano ognendo: e quando fu bene cotta e spolpata, la trassero in una conca da gelatina, e ivi i rocchj assettaro; poi su vi premettero sei melegrane con bene vinti aranci, e con molto fine specie sopra essa, poi con una teglia da migliacci caldetta la copersero, acciocché calda si mantenesse infine che fossero a tavola (Sermini, nouvelle 29).

Rezept des Pfarrers.
Zuerst entfernten sie die Haut des Aals mit kochendem Wasser und nahmen ihn aus, schnitten Schwanz und Kopf ab und wuschen ihn dann sechs Mal in Wasser. Dann machten sie Stücke von weniger als anderthalb Handbreit, steckten sie mit Lorbeerblättern zwischen den Stücken auf einen Spieß, weil sie nicht zusammenkleben sollten. So ließen sie die Stücke bei mäßiger Hitze braten. Sie hatten zuvor Salz, Essig und einen kleinen Tropfen Öl in ein Gefäß getan, dazu vier Gewürze, nämlich Pfeffer, Gewürze, Nelken und feinen Zimt, von jedem die Hälfte einer Unze. Und mit einem Zweig Rosmarin salbten sie unablässig den Aal mit diesem Ingwerwasser. Und als er recht gar und das Fleisch von den Gräten abgelöst war, legten sie ihn in ein Gefäß mit Gelee und verteilten darin die Stücke. Dann preßten sie darüber sechs Granatäpfel und gut zwanzig Orangen aus und überstreuten reichlich mit feinen Gewürzen. Dann bedeckten sie ihn mit einer warmen Tortenplatte, damit er warm bleibe, bis man sich zu Tisch begab.

Der Leser wird den erzählerischen Stil dieses Rezepts bemerkt haben, das wir nicht in einem Kochbuch gefunden haben. Hören Sie zuerst die Geschichte, die uns Gentile Sermini, ein Novellenschreiber aus dem Siena Anfang des 15. Jahrhunderts, erzählt.

Ser Meoccio war Pfarrer von Pernina, einer Kirche der Montagnola, dem »kleinen Berg«, der sich am Horizont Sienas gegen Sonnenuntergang abzeichnet. Mehr als alles andere liebte er eine gute Mahlzeit und ließ sich von seinen Pfarrkindern beschenken. Er forderte Gaben für sich als Stellvertreter Gottes, dem einzigen, der, wie er sagte, ein Anrecht auf Almosen habe. Denn es sei nicht gerechtfertigt, die Armen zu beschenken, da sie die Güter mißbrauchten, noch die Gefangenen, denn sie wären nicht im Gefängnis, wenn sie keine erbärmlichen Personen wären. Die leichtgläubigen Bäuerinnen schmückten also den Altar der Kirche mit allem, was ihr Garten, ihr Hühnerhof und ihre Herden hergaben. Ser Meoccio bestand besonders auf der Wichtigkeit solcher Gaben, die für den Heiligen des Namenstages abgegeben wurden.

In jenem Jahr fiel Sankt Vinzenz (22. Januar) auf einen Freitag; ein Mann namens Vinzenz kaufte also für den Pfarrer einen schönen Aal von 10 Pfund (3,3 kg) und trug ihn ins Pfarrhaus, aber er kam zu spät, der Pfarrer war schon gegangen, um die Messe zu zelebrieren. Dessen ratloser Koch ging zur Kirche und zog im Portal stehend die Aufmerksamkeit des Priesters auf sich, indem er heftig gestikulierend den Aal zeigte. Der Pfarrer verstand; er war aber gerade dabei, von den Wundern und dem Martyrium des Heiligen Vinzenz zu erzählen, also änderte er seine Predigt, indem er eine offensichtlich etwas schwache Überleitung wählte: »Sankt Vinzenz aß und trank mäßig; er war nicht wie jene Freßsäcke von heute, und deshalb werde ich euch eine Geschichte erzählen, deren Zeuge ich war ...« Und er erzählte, wie sein Herr und vier junge Kameraden einen dicken Aal kochten; er selbst bediente am Tisch. Das Rezept wird also als Exemplum von der Kanzel herab verkündigt. Exemplum ist eine bilderreiche, mit Selbsterlebtem grundierte Erzählung, die ein Priester in seine Predigt einflocht, um seine Schäfchen zu überzeugen. Nach dem Rezept schildert der Pfarrer das Menü, um dann mit einem hastigen Redeschluß zu enden, denn Ser Meoccio ist in Eile, er möchte zu Hause die Vorbereitungen des Festmahls überwachen. Sechs Priester schlagen sich den Bauch voll, berichtet Sermini weiter, während Vinzenz und seine Familie in einer benachbarten Hütte Bohnen und Kleinkram essen.

Die Geschichte könnte hier enden, aber Sermini ist in Fahrt gekommen.

Die satten Priester verfallen in ekstatische Zustände und stimmen das *Te Deum* an. Aufgescheucht durch die Schreie und den Gesang, eilen Vinzenz und seine Familie herbei. Um den exzessiven Gesang zu rechtfertigen, erfindet Ser Meoccio die Erscheinung des heiligen Vinzenz, der ihm überschwenglich für ein Festmahl gedankt habe, von dem er keinen Bissen abbekommen hatte. Der Pfarrer verbreitet Wundereffekte mit einem Duft von Heiligkeit, indem er Rosenwasser über der frommen Familie versprengt.

Wir sind im 15. Jahrhundert, und der Unwille gegen eine korrupte Kirche steigt. Lodovico Salerni, ein Stadtbürger, klüger als die Bauern, demaskiert den schlechten Priester: Sermini ist immer unbarmherzig, sowohl mit Kirchenleuten als auch mit Erdenmenschen. Im Eifer des Gefechts nimmt Lodovico das Brevier des Pfarrers an sich: »Darin standen nur Kochrezepte, in denen alle denkbaren Speisen und Leckereien aufgeführt waren, außerdem die Art, sie zuzubereiten, die Saucen, zu denen sie zu essen waren, und die Jahreszeit, wann man sie zu kochen hatte.«

Auf dieses Gebetbuch bezieht sich ganz sicher auch das Rezept zu Ehren von Sankt Vinzenz, kehren wir nun dahin zurück und überlassen wir Ser Meoccio seinem traurigen Schicksal, denn er flieht aus Angst vor dem Inquisitor und dem Bischof, wird von Piraten gefangen und erleidet Schiffbruch in der Tibermündung; schließlich findet er als einzige Abhilfe vor Hunger und Armut die Barmherzigkeit von Lodovico Salerni.

Noch heute wird am Ufer des Trasimenischen Sees der Aal gewöhnlich so zubereitet. Vorzugsweise sollte er auf einem Barbecue gegart werden, denn dort ist er leichter zu rösten als in einem Ofen am Spieß. Da die Orangen des Mittelalters nicht süß waren, schlagen wir eine Mischung aus Zitronen und Orangen vor. Sie können aber auch Orangen oder Mandarinen von nicht veredelten Bäumen verwenden.

In unserer Bearbeitung haben wir den Gattungsnamen »Gewürz« als Ingwer interpretiert, denn der Autor nennt die Würzflüssigkeit, mit der man den Aal überträufelt, *zenzaverata*, »Ingwerwasser«.

Aalspiesschen zu Sankt Vinzenz

Zutaten:

1 oder 2 Aale von insgesamt 1,5 kg
5 bis 10 cl Essig
2 Eßlöffel Öl
4 Orangen
3 Zitronen
1/2 Granatapfel
1 Zweig Rosmarin
20 frische Lorbeerblätter

Salz
Kardamom
Ingwer

Gewürzmischung (Pulverform)
jeweils 1/4 Teelöffel:
Pfeffer
Nelken
Zimt
Ingwer

Zubereitung:

Lassen Sie den Aal von Ihrem Fischhändler ausnehmen, sorgfältig säubern und in Stücke schneiden.

Die Aalstücke auf Spießchen stecken, dazwischen Lorbeerblätter.

Eine Mischung aus Essig, Öl und der Gewürzmischung vorbereiten und in ein Gefäß gießen, in das man den Rosmarinzweig taucht.

Die Spießchen in etwas Entfernung von der Glut rösten und häufig mit der obigen Mischung mit Hilfe des Rosmarinzweigs überträufeln. Das Garen gut überwachen, damit der Aal nicht zerfällt.

Wenn der Aal gar ist, die Stücke in einem tiefen Teller verteilen und den Saft der Orangen, Zitronen und des halben Granatapfels darübergießen, mit 1/4 Teelöffel gemahlenem Ingwer und Kardamom überstreuen.

Warm halten und lauwarm servieren.

64. Marinierte Forellen
Truites marinées

Carpionar trutte al modo di carpioni.
Netta le trutte molto bene et cavane fora l'interiori, pugnendole in molti lochi con la punta del coltello da ogni parte, et farai una salimora d'acqua et aceto tanto dell'uno quanto dell'altro, mettendogli del sale assai, el quale farai strugere molto bene, et dentro gli mettirai le trotte per un mezo giorno o più. Et facto questo le cavarai sopra una tavola mettendole in soprescia per tre o

Die Forellen wie den Carpione zubereiten.
Säubere die Forellen sehr gut und nimm sie aus. Dann stich sie mit der Messerspitze an vielen Stellen beiderseits ein und bereite eine Lake mit Wasser und Essig in gleichen Mengen, in die du viel Salz tust, das du sehr gut auflöst. In diese gibst du die Forellen für einen halben Tag oder mehr. Und wenn das geschehen ist, nimmst du sie heraus und legst sie auf ein Brett für

quattro hore, et frigerale bene in olio bono et assai, che sian ben cotte et non arse. Et queste trutte poterai conservare un mese frigendole dell'altre volte se ti piacerà et refacendole a modo di carpioni (Ma 202).

drei bis vier Stunden unter eine Presse, dann läßt du sie in genügend gutem Öl gut braten, bis sie recht gar sind, aber ohne sie verbrennen zu lassen. Du kannst diese Forellen einen Monat lang aufbewahren, indem du sie ein weiteres Mal brätst, wenn es dir gefällt, und sie wieder wie den Carpione zubereitest.

Die hier auf Forellen angewandte Zubereitung war anfänglich für den *carpione (Salmo trutta Carpio L.)* bestimmt, einen Süßwasserfisch, der mit dem Lachs und der Forelle verwandt ist und heute nur noch im Gardasee vorkommt. Schon zur Zeit des Maestro Martino schien diese Zubereitung so gut für den *carpione* geeignet, daß sein Name für das Verb *carpionare* Pate stand, mit dem diese Art, Süßwasserfisch zu kochen, bezeichnet wird. Man findet noch eine Spur in einem Traktat über die mailändische Küche von 1863, in dem von einer »Marinade für den Carpione und jeden anderen Süßwasserfisch« die Rede ist. Gewiß gewinnt das Fleisch des Süßwasserfischs, das häufig zwar fein, aber auch ein wenig weich ist, durch die Marinade an Aroma und Konsistenz; ganz abgesehen davon, daß sie der Konservierung dient.

Hier geht es also darum, ein Nahrungsmittel in einer Essig-Lake zu marinieren, es dann zu braten; das ist die umgekehrte Vorgehensweise zu jenem Rezept, bei dem man zuerst brät und dann in einer sauren Flüssigkeit beizt, das heute »Escabèche« und im Mittelalter *alla scapetia* genannt wird (Rezept Nr. 61). Erstaunlicherweise scheinen sich beide Formen in der heutigen Küche des Piemont gegenseitig aufgehoben zu haben, wo man im Sommer alle Arten von kalten Speisen nach Art des *carpione*, in Wirklichkeit aber den Prinzipien der Escabèche folgend zubereitet. Von den Köchinnen, die wir dazu befragt haben, konnte keine uns die Bedeutung des Wortes *carpion* erklären. Erst nachdem wir Maestro Martino aufmerksam gelesen hatten, konnten wir den Zusammenhang zwischen seinem Rezept und den köstlich erfrischenden Speisen herstellen, die man uns in einer kleinen Stadt des Piemont anbot, in die wir gerade gekommen waren, um ein mittelalterliches Bankett auszurichten, das von Martino inspiriert war!

MARINIERTE FORELLEN

ZUTATEN:

6 Forellen
Olivenöl

Marinade
100 g graues Meersalz
30 cl Wasser
30 cl Essig

ZUBEREITUNG:

Forellen ausnehmen und waschen. Überall an der Oberfläche mit einem gut geschärften Messer einstechen. Eine Marinade aus dem Salz, dem Wasser und dem Essig zubereiten. Die Forellen etwa 3 Stunden marinieren. Die Forellen herausnehmen und für zwei Stunden unter eine leichte Presse (etwa 1 kg) legen.

4 Eßlöffel Olivenöl in eine große Pfanne geben und sehr heiß werden lassen. Die Forellen zuerst mit einer Seite ins heiße Fett legen, dann die Hitze vermindern und 7 bis 8 Minuten schön braun braten. Wenden und genauso vorgehen. Man muß darauf achten, daß sie innen gar werden und außen nicht anbrennen. Heiß oder als kalte Vorspeise servieren.

65. GEBRATENE ALSE
ALOSE RÔTIE

Aloze.
La fresche entre en saison en mars. La convient appareiller par l'oreille, escharder... *Item* aloze appareillée comme dessus, sans escharder, puis rostir au four avec percil et moitié verjus, l'autre moitié vin et vinaigre; et est en saison depuis Février jusques en Juin (MP 188).

Alse.
Die Saison der frischen [Alse] beginnt im März. Man nimmt sie durch die Kiemen aus, schuppt sie ...
Item die Alse wie oben ausnehmen, ohne sie zu schuppen. Dann im Ofen zusammen mit Petersilie und zur einen Hälfte Verjus und zur anderen Hälfte Wein und Essig dünsten. Ihre Zeit ist Februar bis Juni.

Wie der Autor des *Ménagier* hier feststellt, ist der Fang dieses auch Maifisch genannten Fischs, der manchmal eine beeindruckende Größe erreicht, saisonbedingt. Er steigt im Frühjahr zum Laichen aus dem Atlantik in die Flüsse auf. Man kann ihn dann auf unseren Märkten finden, und im Südwesten Frankreichs wird er immer noch häufig verzehrt. Diese säuerliche Zubereitung eignet sich gut für das fette, weiche und aromatische Fleisch der Alse. Wie Terence Scully bemerkt, der kürzlich den *Viandier* von Taillevent edierte, der auch dieses Rezept enthält, ist es für die damalige Zeit außergewöhnlich, daß der Fisch im Ofen gedünstet wurde, wo man im Prinzip nur Brot, Pasteten, Torten etc. backte. Das ist eine Neuerung, sagt er, die eine große Zukunft vor sich hat.

Gebratene Alse

Zutaten:

1 große Alse von 2 kg
(man kann sie vom Fischhändler filetieren lassen, dann geht es einfacher)
10 cl Verjus
(oder Apfelessig, mit 1/3 Wasser verdünnt)
5 cl Weißwein
5 cl guter Weinessig
1 Eßlöffel gehackte Petersilie
Salz

Zubereitung:

Den Fisch waschen und trocknen. Mit Salz bestreuen und einige Minuten ruhen lassen. Die Mischung aus Verjus, Essig und Wein in eine ofenfeste Form gießen und die gehackte Petersilie zugeben. Die Alse in dieForm legen.

Im heißen Ofen je nach Größe 20 bis 25 Minuten backen. Regelmäßig mit der aromatischen Flüssigkeit übergießen.

Vor dem Servieren die gegrillte Haut entfernen und den Fisch ein letztes Mal mit der Sauce übergießen.

Wenn etwas von diesem Gericht übrigbleibt, servieren Sie es ruhig kalt; das Fleisch der Alse in der gelierten Sauce, ist für einen kalten Verzehr sehr gut geeignet.

66. Chaudumé vom Hecht
Chaudumé de brochet

Pour faire chaudumé.
Prenés brochet, et les eschardés, et les mettés par pièces ou tous entiers hallés sur le gril, et halés du pain, et les mettés tramper avec purée de poys; et puis quand le pain sera trampé, prenés du vert jus et du vin blanc, et de la purée, et passés vostre pain tout ensemble; et quand il sera passé, pour quatre platz destrampés une unce de gingembre dedens le boullon, et ung peu de safran parmy, et mettés le poisson avec le boullon, et du beurre frais ou salé (VT XV 179).

Um ein Chaudumé zu machen.
Nehmt Hechte und schuppt sie, dann bratet sie auf dem Rost in Stücken oder ganz. Röstet Brot und legt es zum Einweichen in Erbsenbrühe. Wenn das Brot aufgeweicht ist, nehmt Verjus, Weißwein und [Erbsen-]Brühe und treibt alles zusammen mit dem Brot durch ein Beutelsieb. Wenn es durchgetrieben ist, gebt für vier Teller eine Unze Ingwer und ein wenig Safran hinzu. Legt den Fisch mit der Brühe darauf und gebt frische oder gesalzene Butter hinzu.

Dieses Rezept für Hecht ist ebenso köstlich mit Lachs, der heute auf den Märkten leichter zu finden ist. Es ist kinderleicht und eignet sich für die Zubereitung zahlreicher Fische. Der säuerliche Geschmack der Sauce, kaum durch die Butter gemildert, harmoniert ebenso wie ihre goldbraune Sämigkeit mit dem feinen Fleisch des Fisches.

Chaudumé vom Hecht

Zutaten:

1 Hecht von etwa 1 kg
1 Scheibe Landbrot
20 cl Brühe von Hülsenfrüchten (Erbsenbruch oder Bohnen)
oder Wasser
15 cl guter Weißwein
10 cl Verjus
(oder Saft von 1 Zitrone, mit 3 Eßlöffeln Wasser verdünnt)
1 Teelöffel Ingwerpulver
oder 1 schöne Scheibe frischer Ingwer
50 g Butter
3 oder 4 Safranfäden
Salz

Zubereitung:

Das Brot toasten, in Stücke schneiden und in der Brühe einweichen.
Den Fisch säubern und waschen, dann in große Stücke schneiden. Mit einem Tuch gut trocknen und mit Salz bestreuen.

Den Weißwein und den Verjus oder Zitronensaft zum eingeweichten Brot geben. Eine Brotmasse herstellen, indem man alles durch ein Sieb passiert.

Den Fisch im Ofen grillen, nach der Hälfte der Garzeit wenden. Inzwischen die Brotsauce erhitzen und bei kleiner Flamme 10 bis 15 Minuten kochen, bis sie ein wenig dickt. Salzen und abschmecken. Einige Safranfäden zugeben. Vom Feuer nehmen, die Butter in Stücken zugeben und untermischen, indem man den Topf mit seinem Inhalt schwenkt, damit die Emulsion schön sämig wird.

Den Fisch, wenn er gar ist, in die Sauce legen und mit ihr übergießen. Wenn nötig, auf dem Feuer erhitzen, aber nicht aufkochen lassen! Dann servieren.

67. Gegrillte Makrelen
Maquereaux grillés

Maquerel.
Maquerel frais entre en saison en Juin, jàsoit-ce que l'en en treuve dès le mois de Mars. Affaitiez par l'oreille, puis l'essuiez d'un net torchon, et sans laver aucunement soit mis rostir, puis mengié à la cameline ou à sel menu (MP 196).

Makrele.
Die frische Makrele hat ihre Zeit im Juni, auch wenn man sie von März an finden kann. Nehmt sie durch die Kiemen aus und säubert sie mit einem reinen Tuch. Und ohne sie überhaupt zu waschen, soll sie gebraten werden. Dann eßt sie mit Kamelin-Sauce oder feinem Salz.

Dieses Rezept empfiehlt, die Makrele zu garen, ohne sie aufzuschneiden, nachdem man sie einfach durch die Kiemen ausgenommen und mit einem Tuch abgerieben hat. Wenn Sie es dennoch vorziehen sollten, sie zu waschen, dann raten wir Ihnen, den Fisch sorgfältig abzutrocknen, bevor Sie ihn braten. Zu diesem Gericht gibt es entweder Salz — sehr einfach zu verwirklichen! — oder die bekannte Kamelin-Sauce, von der man sehr vielfältige Rezepte in Frankreich wie auch in Italien findet. Für die gegrillte Makrele haben wir die Winter-Kamelin-Sauce gewählt, auch »aus

Tournai« genannt (Rezept Nr. 107). Kosten Sie während des Kochens, ob sie stark genug gesalzen und gezuckert ist, aber urteilen Sie nicht ohne den Fisch. Selbst wenn Sie finden, daß ihr Geschmack etwas unerwartet ist, denken Sie daran, daß sie zum Fisch gegessen wird, und zu ihm paßt sie sehr gut.

Gegrillte Makrelen

Zutaten:

4 recht frische mittelgroße Makrelen,
ausgenommen und gewaschen
Salz

Zubereitung:

Die Fische salzen.
Etwa 20 cm unter dem Grill auf jeder Seite 7 bis 8 Minuten grillen.
Mit Kamelin-Sauce (Rezept Nr. 107) servieren.

68. Umgedrehte Sardinen mit Füllung
Sardines farcies à l'envers

De allectibus et sardis implendis.
Ad implendum allectia uel sardellas, ponantur in acqua calida remotis dapitibus et spinis, ita quod sint diuisa per dorsum. Postea tere maioranum, ros marinum, saluiam, bonas species, crocum et pulpas alicorum piscium. Et imple de predicta impletura allectia uel sardellas, ita quod corium siue cutis sit es parte impleture, et pars exterior sit interius; et coniunge dictas partes insimul, ita quod dicta impleta sit in medio. Postea, frige cum oleo. Et possunt comedi cum succo citrangulorum (Lc 415).

Über gefüllte Anchovis und Sardinen.
Um Anchovis oder Sardinen zu füllen, lege sie in warmes Wasser, nachdem Kopf und Gräten entfernt sind, so daß sie am Rükken geteilt sind. Dann zerstoße Majoran, Rosmarin, Salbei, gute Gewürze, Safran und das Fleisch einiger Fische. Und gebe besagte Füllung in die Anchovis oder Sardinen, so daß die Haut auf der Seite der Füllung und das Äußere innen ist. Verbinde besagte Teile, so daß sich besagte Füllung in der Mitte befindet. Dann brate sie in Öl. Sie können mit Zitronensaft gegessen werden.

Hätten Sie, selbst in den kühnsten Momenten Ihrer kulinarischen Phantasie, jemals die Idee gehabt, einen Fisch am Rücken aufzuschneiden, die Gräte und den Kopf zu entfernen, ohne die Bauchhaut zu verletzen, auf diese glatte Haut eine Füllung zu legen und alles auf eine Weise wieder zu verschließen, daß das Fleisch *außen* ist, um es dann zu braten? Und doch schlägt der Autor unseres Rezepts Ihnen dieses vor, und andere mit ihm. Ein Ferkel, am Rücken aufgeschnitten und dann ganz umgestülpt wie ein Strumpf, dann gebraten, so ist das Rezept des Maestro Martino (Rezept Nr. 50). Der »Aal« wird im *Ménagier de Paris* »umgekehrt« oder in den italienischen Traktaten *rovesciata* und mit dem Fleisch nach außen gegart.

Das Rezept, das wir hier bearbeitet haben, übernimmt diese riskante Übung, aber diesmal wird es auf kleine Teile angewandt. Fische sind oft an ihrem Namen schwer zu erkennen, selbst heute noch wechselt er von einer Region zur anderen. Das Wort *allex*, oder *hallex* steht normalerweise in nordischen Ländern für den Hering. Dagegen spricht die Verbindung in diesem Rezept und auch dem, das im selben Traktat folgt, von *allectes* und *sarde* oder *sardelle*, außerdem der Gebrauch der verschiedenen Ableitungen von *allex, allicium* im mittelalterlichen Latein, zur Bezeichnung aller Sorten von kleinen Fischen, und schließlich der Vergleich mit dem heutigen Italienisch: *alice* für Anchovis. All das hat uns dazu geführt, für dieses Rezept Anchovis und Sardinen zu nehmen. Man kann übrigens vermuten, daß die Sardinen leicht gesalzen verkauft wurden, damit sie sich länger hielten; das wäre eine Erklärung, weshalb man sie in warmes Wasser legen mußte, um Kopf und Gräten zu entfernen.

Schwer zu sagen, welche kulinarischen Vorteile die Köche jener Zeit einer solchen Zubereitung abgewannen, aber gewiß verliert fettes Fleisch — dieses Rezept betrifft nur Ferkel und fetten Fisch — sein Fett durch direktes Garen, und aus geschmacklicher Sicht ist das Ergebnis hervorragend.

UMGEDREHTE SARDINEN MIT FÜLLUNG

ZUTATEN:

24 nicht ausgenommene Sardinen
300 g fettes Fischfleisch (Sardinen, Hering, Makrele etc.)
Zitronenspalten
1 Teelöffel gehackter Majoran oder Oregano
(oder 1/2 Teelöffel derselben Kräuter, getrocknet)
1 Teelöffel gehackter Rosmarin

(oder 1/2 Teelöffel getrockneter Rosmarin)
2 Blätter gehackter frischer Salbei
1/2 Teelöffel Ingwer und Muskat, zu gleichen Teilen gemischt
1 gute Prise frisch gemahlener Pfeffer
3 oder 4 zerstoßene Safranfäden
Salz

Nadel und Faden

ZUBEREITUNG:

Wir werden vom Rezept ein wenig abweichen, indem wir Kopf und Gräten der Fische entfernen, ohne sie zuvor in warmes Wasser zu tauchen, denn dies ist ein unnützes, wenn nicht verhängnisvolles Verfahren bei frischen Sardinen.

Mit einem äußerst spitzen Messer entlang der Rückengräte auf beiden Seiten einschneiden und vorsichtig das Fleisch lösen. Gleichzeitig den Kopf entfernen. Gut aufpassen, daß man nicht in die Bauchhaut schneidet.

Gleichzeitig mit dem Ablösen der Rückengräte und des Kopfes den Fisch ausnehmen. Man erhält zwei Filets, die am Bauch zusammenhängen.

Nur die dicksten Gräten entfernen, die anderen werden durch das Braten deutlich sichtbar und können so ohne Schwierigkeiten von jedem Gast selbst entfernt werden.

Dieselbe Operation bei den anderen Fischen vornehmen.

Die Fische sorgfältig waschen und auf einem Stück Küchentuch trocknen lassen.

Beide Seiten pfeffern und salzen und ruhen lassen, solange die Füllung zubereitet wird.

Die Füllung in einem Mixer zusammen mit den Kräutern, den Gewürzen und Salz zerkleinern. (Wenn man sie nicht sofort verbraucht, in den Kühlschrank stellen.) Wenn es sehr heiß ist, auf Eis arbeiten.

Um die Fische leichter füllen zu können, raten wir Ihnen, sie zuvor ein wenig zuzunähen, so daß man eine Art Tasche mit dem Fleisch nach außen, der Haut nach innen, erhält.

Diese Taschen füllen und endgültig zunähen. Die Füllung bleibt an der Kopfseite sichtbar, weil diese Seite offen bleibt.

Zwei Eßlöffel (Oliven-)Öl in einer Pfanne erhitzen und die Fische auf mittlerer Flamme von jeder Seite 3 bis 4 Minuten braten. Zudecken, die Flamme klein stellen und noch ein paar Augenblicke schmoren lassen. Prüfen, ob die Füllung gar ist, bevor man serviert. Mit Zitronensaft übergossen und mit Zitronenspalten garniert servieren.

69. MIT KRÄUTERN UND GEWÜRZEN GEGRILLTER FISCH
POISSON GRILLÉ AUX HERBES ET AUX ÉPICES

Pesce arrostito.
Se vuoi pesce arrostito in su gradella. Togli lo pesce, lavalo e poi lo fendi e getta su della salina. Togli buone spezie, getta sulla buccia di fuori ripiegala si che le buccie stiano insieme, metti buone erbe ollienti tra buccia, legalo con un filo, ungi lo pesce con frasuccia di salvia, ponlo in su brascia senza fumo, volgi spesso e togli o vuoi salsa o vuoi salina (Gu 33).

Gerösteter Fisch.
Wenn du Fisch auf dem Rost braten willst, nimm den Fisch, wasche ihn, dann schneide ihn auf und bestreue ihn mit Salz. Nimm gute Gewürze und bestreue damit die Haut von außen. Falte ihn wieder zusammen, daß die Häute [auf beiden Seiten] zusammenkommen. Gib gute aromatische Kräuter zwischen beide Häute, binde den Fisch mit einem Faden zusammen, und salbe ihn mit einem [in Öl getauchten] Salbeizweig. Lege ihn über Glut ohne Rauch und wende ihn oft. Nimm ihn dann vom Feuer, und iß ihn mit Sauce oder Salz.

Ein weiteres Rezept, in dem beschrieben wird, daß man den Fisch »falten« soll, so daß das Fleisch außen und die Haut innen ist, wie in dem Rezept für umgedrehte Anchovis und Sardinen (Rezept Nr. 68). Aber hier geizt der Autor mit Erläuterungen. Wenn man die Weise erahnt, wie dieser Fisch zubereitet werden soll, dann nur deshalb, weil man das Geheimnis schon kennt. Man muß tatsächlich damit beginnen, den Fisch zu entgräten, aber das wird nicht erwähnt, als wüßte der Koch von vornherein, was zu tun ist. Wie dem auch sei, diese Zubereitung ist mit einfachen Makrelen absolut delikat. Bestimmt erzielt man mit dem direkten Garen eines fettfleischigen Fisches, ohne den Umweg über die Haut, ein hervorragendes Ergebnis. Zusätzlich verleihen ihm die direkt auf die Haut aufgetragenen Gewürze und Kräuter einen unvergleichlichen Geschmack.

MIT KRÄUTERN UND GEWÜRZEN GEGRILLTER FISCH

ZUTATEN:

1 fetter Fisch pro Person (Makrele, Bonito, große Sardine etc.)
1 Strauß Petersilie
1 Strauß frischer Salbei
Olivenöl
Salz

Gewürzmischung
1 Teelöffel Ingwerpulver
1/2 Teelöffel Korianderpulver
1/4 Teelöffel Muskatnußpulver
1/4 Teelöffel gemahlener grauer Pfeffer

Zubereitung:

Die Fische waschen und ausnehmen. Am Bauch öffnen und die Rückengräte entfernen, dabei darauf achten, daß die Rückenhaut nicht verletzt wird.

Auf allen Seiten salzen und 5 bis 10 Minuten ruhen lassen. Die Haut großzügig mit der Gewürzmischung bestreuen.

Die Fische umgekehrt falten, Haut gegen Haut, dabei einige Stengel Petersilie und Salbei dazwischen stecken. Mit Küchengarn festbinden, so daß beide Hälften der Fische gut zusammenhalten.

Einen kleinen Zweig Salbei in einige Löffel Olivenöl tauchen und das Fleisch des Fisches bestreichen.

Im Grill bei kleiner Hitze braten, von einer Seite 5 Minuten, dann von der anderen genausolange. Das geröstete Fleisch darf nur leicht braun sein. Sofort servieren, wenn nötig, mit Salz.

70. Thunfisch in gelbem Pfeffer
Thon au poivre jaunet

Ton.
Ton est un poisson qui est trouvé en la mer ou estans marinaulx des parties de Languedoc, et n'a aucunes areste fors l'eschine, et a dure pel, et se doit cuire en eaue et se mengue au poivre jaunet (MP 196).

Thunfisch.
Thunfisch ist ein Fisch, den man im Meer findet oder in den Seeteichen des Languedoc, und der keine Gräte außerhalb des Rückgrats hat. Er hat eine harte Haut, man muß ihn in Wasser garen und ißt ihn mit gelbem Pfeffer.

Hier ein weiteres, nach unseren heutigen Kriterien ganz und gar diätetisches Rezept. Einfach in Salzwasser gekocht, bleibt der Thunfisch zart und hat einen sehr guten Geschmack. Die dazugereichte Sauce, säuerlich, aromatisch und mager, paßt hervorragend zu ihm.

Thunfisch in gelbem Pfeffer

Zutaten:

800 g Thunfisch in Scheiben oder an einem Stück
Wasser zum Kochen, mit 15 g grobem Salz pro Liter gesalzen

Zubereitung:

Den Fisch waschen und trocknen. In kaltes Salzwasser legen. Zum Kochen bringen und auf kleiner Flamme 15 bis 20 Minuten garen lassen. Mit der Messerspitze prüfen, ob der Fisch gar ist. Auf eine Platte legen, die Sauce namens »Gelber Pfeffer« (Rezept Nr. 109) darübergießen und sofort servieren.

71. Seezungen in Saft von Bitterorangen
Soles au jus d'oranges amères

Soglie.
Vogliono essere fritte, e di sopra gli buttarai un poco di sal trito, di suco di naranci o dell'agresto, et del petrosillo tagliato pure assai (Ma 186).

Seezungen.
Man muß sie braten und ein wenig feines Salz, Orangensaft oder Verjus und reichlich gehackte Petersilie über sie geben.

Wider alle Erwartungen hängen die Seezungen auch dann nicht in der Pfanne an, wenn man sie nicht in Mehl gewälzt hat. Man muß nur zuvor das Öl gut heiß werden lassen. Sie sind in wenigen Minuten gar, und die vorgeschlagene Würzung, erfrischend und originell, paßt hervorragend zum feinen Fleisch dieses Fisches. Wenn Sie über Bitterorangen oder andere saure Zitrusfrüchte verfügen, brauchen Sie keine Zitrone!

Seezungen in Saft von Bitterorangen

Zutaten:

6 frische Seezungen, vom Fischhändler gehäutet
3 Eßlöffel Olivenöl

Saft von 2 Orangen
Saft von 1 Zitrone
3 Eßlöffel ganz fein geschnittene Petersilie
Salz

ZUBEREITUNG:

Die Seezungen waschen, trocknen und salzen.

Das Öl in der Pfanne langsam erhitzen.

Wenn es gut heiß ist, die Seezungen zuerst von der einen Seite 3 bis 4 Minuten anbraten, dann von der anderen Seite etwa die gleiche Zeit. Wenn sie gar und schön braun sind, die Flamme auf kleinste Hitze stellen, den Orangen- und Zitronensaft über den Fisch gießen, dann mit Petersilie bestreuen. Sofort servieren.

72. ROCHEN IN KNOBLAUCHSAUCE
RAIE EN AILLÉE

Rax.
Rax uel canis marinus perfrustra incisus aliquantulum in acqua dequoquitur; post, deponitur et a pelliculis mundatur; et iterum in acqua monda dequoquitur donec satis fit. Et cum aleata comeditur (Tr 390).

Rochen.
Der Rochen, oder Meerhund, wird in Stükke geschnitten und in Wasser gekocht; dann herausgenommen und von seiner Haut befreit; und wieder in Wasser gekocht, bis es genug ist. Er wird mit Knoblauchsauce gegessen (Tr 390).

Das ist wirklich etwas anderes als der »Rochen mit brauner Butter« aus dem bürgerlichen Repertoire der französischen Küche, oder sogar die »Flossen vom Rochen an kleinem Salat« der Nouvelle cuisine. Mit dieser knoblauchgewürzten Sauce aus Mandel- oder Nußmilch übergossen, wird der Rochen Ihnen völlig neu erscheinen.

ROCHEN IN KNOBLAUCHSAUCE

ZUTATEN:

2 kg gehäuteter Rochen
Essig
grobes Salz
Knoblauchsauce *(Rezept Nr. 100)*

ZUBEREITUNG:

Heute findet man leicht schon gehäuteten Rochen auf den Märkten oder beim Fischhändler; es ist also überflüssig, ihn zu überbrühen, wie es im Rezept beschrieben ist, um ihn zu häuten.

Den Rochen mit Wasser bedecken, Essig und Salz zugeben (12 cl Essig und 12 g Salz pro l Wasser).

Zum Kochen bringen. Abschäumen. Die Flamme ganz klein stellen und den Fisch etwa 1/4 Stunde pochieren lassen; das Wasser darf kaum sichtbar kochen.

Herausnehmen. Die Gräten entfernen, auf einer Platte anrichten und mit der Knoblauchsauce übergießen.

73. STOCKFISCH IN KNOBLAUCHSAUCE
MORUE EN AILLÉE

Morua.
Morua in aqua dequoquitur et cum synapi comeditur uel cum aleata, hoc modo: teruntur allea et mica panis et cum lacte amigdalarum uel nucum distemperatur. Et ponitur in cepis in oleo frixatis cum morua et aliquantulum bulliri permitatur (Tr 390).

Stockfisch
Der Stockfisch wird in Wasser gekocht und mit Senf oder mit Knoblauchsauce gegessen, die man folgendermaßen macht: Man zerdrückt Knoblauch und Brotkrume, die in Mandel- oder Nußmilch eingeweicht wurde. Hinzugegeben werden Zwiebeln, die in Öl mit dem Stockfisch gebraten wurden, und man kann es ein wenig kochen.

Diese Zubereitung des Stockfischs ist einem lateinischen Traktat unbekannter Herkunft entnommen, dessen Autor aber große kulinarische

Ambitionen hat (er erklärt, seine Rezepte in der ganzen Welt gesammelt zu haben). Es scheint der Vorfahre des provenzalischen Stockfisch-Pürees (*brandade provençale*) zu sein. Hier allerdings nicht mit Kuhmilch, sondern mit Mandelmilch. Fisch, vor allem Stockfisch, ist Symbol für die magere Küche, er muß mit pflanzlichen Produkten zubereitet werden.

STOCKFISCH IN KNOBLAUCHSAUCE

ZUTATEN:

500 g Stockfisch
60 g trockene Brotkrume
1/2 l Mandelmilch *(Rezept Nr. 151)*
3 Knoblauchzehen
2 Zwiebeln
Olivenöl
Salz (wenn nötig)

ZUBEREITUNG:

Am Tag zuvor: den Stockfisch entsalzen und einweichen, das Wasser mindestens einmal wechseln. Die ganze Nacht über wässern.

Das Brot in kleine Stücke schneiden und in Mandelmilch einweichen. Die Zwiebeln schälen und kleinschneiden. In Olivenöl anbraten, bis sie ganz leicht braun geworden sind. Den Stockfisch in würziger Fischbrühe auf sehr kleiner Flamme 20 Minuten pochieren.

Entgräten und enthäuten.

Das Brot mit der Gabel zerdrücken, so daß man zusammen mit der Milch eine Paste erhält. Aufsetzen. Die Zwiebeln zugeben, dann den zerdrückten Knoblauch. Den Stockfisch einarbeiten und knapp 1/4 Stunde schmoren lassen. Abschmecken, servieren.

74. Tintenfisch schwarz
Seiches au noir

Seppie.
Se vuoi seppie fate come funghi. Togli la seppia, lavala bene, fendila, tranne fuori lo savore nero che v'e entro, e lo latte per se, e poi la lava anche e mettila a bollire: e quando hae bollito uno buono bollore, trae fuori, minuzzala come funghi e mettile nel pentolo a soffrigere coll'olio dolce, e metti buoni erbucci e alietti e porro trito e pesta buone spezie: minuzza il latte che ne traesti, mettivil entro e mettivi lo savore che v'era entro nero e fa cuocere forte, imperò c'hae gran cocitura; e ponvi su li testi caldi e mesta spesso sì che non s'appicchi (Gu 34).

Tintenfische.
Wenn du Tintenfische wie Pilze machen willst. Nimm den Tintenfisch, wasche ihn gut, schneide ihn auf, entferne den schwarzen Saft, der darin ist, auch die Milch. Wasche und koche ihn dann. Und wenn er einmal gut gekocht hat, nimm ihn heraus und hacke ihn wie die Pilze. Dann brate ihn in einem Topf in süßem Öl, gib gute Kräuter, Knoblauch, gehackten Lauch und gute gestampfte Gewürze hinzu. Hacke die Milch, die du beiseitegelegt hast, und gare sie mit. Gib den schwarzen Saft hinzu und gare auf großer Flamme, so daß es sehr gar wird. Gib es in heiße *testi*[9] und rühre gut um, damit es nicht anhängt.

Dieses Rezept zeigt, daß sein Autor, ein anonymer Italiener, sowohl große Kenntnisse über die Tiere des Meeres hatte besonders über jene Kopffüßler, zu denen die Tintenfische gehören, als auch ein unbestreitbar großes kulinarisches Können. Tatsächlich rät er, den Tintenfisch zu säubern, indem man den Tintenbeutel und das, was er »die Milch« nennt, beiseite legt. Jeder weiß, daß der Tintenfisch ein perfektes System der Verteidigung besitzt, das es ihm erlaubt, seinen Angreifer in eine dunkle Wolke aus Tinte zu hüllen. Aber man muß Koch sein, um zu wissen, daß dieses Tier in seinem Körper noch einen weiteren Beutel verborgen hält, der eine dickflüssige, weiß-gelb gefärbte Substanz enthält, die man auch für seine Zubereitung verwendet. In der Tat haben wir auch in einigen italienischen Rezepten von heute diese genauen Angaben über die beiden Beutel im Innern des Tintenfischs gefunden. Der kontrastreiche Inhalt dieser Beutel dient noch heute dazu, den Geschmack des Tintenfisch-Risottos zu verfeinern und seine Farbe zu verdunkeln; es ist eine der geschätztesten Spezialitäten der heutigen römischen Küche.

[9] Kochgerät, das sich aus einer Sohle und einer Glocke aus Steingut oder Metall zusammensetzt. Auf dem Land ersetzten die *testi* den Ofen und wurden in den Kamin gestellt. Hier kommt das Gericht ganz offensichtlich auf den unteren Teil, der hier die Rolle einer Wärmeplatte spielt (s. »Pasteten, Kuchen und Torten« S211 und Rezept Nr. 78).

Dieses Gericht ist köstlich und verdient es, ausprobiert zu werden. Auch wenn es etwas Geduld erfordert, verpassen Sie vor allem dann nicht die Gelegenheit, es zuzubereiten, wenn Sie frische Tintenfische auf dem Markt finden, was leider nicht oft vorkommt.

TINTENFISCH SCHWARZ

ZUTATEN:

1 kg frische ganze Tintenfische
1 Stange Lauch
1 Strauß frische Minze
1 Strauß Petersilie
einige Zweige Basilikum
2 Salbeiblätter
1 Teelöffel Scharfes Gewürz *(Rezept Nr. 150)*
Salz

ZUBEREITUNG:

Die Tintenfische säubern: Die Tentakeln vom Rest des Kopfes abschneiden, dann vorsichtig den Kopf entfernen, dabei darauf achten, das keiner der beiden Beutel platzt. Den Knochen entfernen, indem man die Haut des Sackes aufschneidet. Den Sack öffnen, die Beutel entfernen und beiseite legen.

Die Augen aus dem Kopf entfernen, ihn öffnen und säubern.

Die Haut dieses Teils, wie auch die der Tintenfischkörper, entfernen, so daß das Fleisch schön weiß ist.

Einen Topf mit kaltem Wasser füllen, Salz zugeben und die Tintenfische etwa 1/4 Stunde garen. Herausnehmen, abtropfen lassen und beiseite legen.

Während die Tintenfische kochen, den Lauch vom Grün befreien und säubern. Die Kräuter waschen und alles miteinander hacken, so daß man 3 oder 4 Eßlöffel Kräutergehacktes erhält. Die Tintenfische hacken oder in recht feine Streifen schneiden. 2 gute Eßlöffel Olivenöl in einem Schmortopf erhitzen und den Tintenfisch anbraten, bis er leicht gebräunt ist.

Die Flamme ganz klein stellen und das Kräutergehackte zugeben, ein wenig andünsten, Gewürze und Salz zugeben. Auf ganz kleiner Flamme eine gute 1/2 Stunde zugedeckt garen, dabei das Garen überwachen, damit es nicht anhängt. Im Verlauf des Garens, wenn nötig, ein paar Tropfen

Wasser zugeben. 5 Minuten vor Ende der Garzeit den milchigen Teil zugeben (wenn es denn gelungen ist, diesen zu identifizieren und beim Ausnehmen der Tintenfische abzutrennen!), dann einen Tintenbeutel über dem Schmortopf aufschneiden. Schnell untermischen. Die Sauce dickt sofort, und das Gericht wird vollständig schwarz. Abschmecken und sofort servieren.

75. GEBACKENE AUSTERN
HUÎTRES À LA BRAISE

Ostriche.
Ostriche si cocono sopra la brascia viva et quando s'aprono sonno cotte, et così si possono magnare. Et se lo voli altramente cavale fora di quella sua cortice, et frigile un pochetto in l'olio, et metterali di sopra dell'agresto et de spetie forti (Ma 189).

Austern.
Austern gart man auf heißer Glut; wenn sie sich öffnen, sind sie gar, und man kann sie so essen. Und wenn du sie anders willst, nimm sie aus ihrer Schale, brate sie in ein wenig Öl und gib Verjus und scharfe Gewürze darüber.

Im Mittelalter werden Austern vor allem als Ragout zubereitet; zahlreiche Traktate halten dafür Rezepte bereit. Wir haben hier jedoch beschlossen, uns Maestro Martino anzuvertrauen, weil wir von ihm eine andere Art der Zubereitung lernen. In der eigenen Substanz pochiert, ohne die geringste Hilfe durch einen kulinarischen Kniff, erlangen diese Austern eine delikate Vollendung. Von der Glut direkt auf den Teller, präsentieren sie sich dem Gast, der sie kostet, so, wie sie sind: warm, saftig, meerig.

GEBACKENE AUSTERN

ZUTATEN:

3 Dutzend flache Austern, Größe 00

ZUBEREITUNG:

Im Kamin
Ein großes Holzfeuer im Kamin machen oder ein Feuer aus Holzkohle. Warten, bis sich ein schöner Haufen rotglühender Glut bildet.

Die Austern auf einem großen Rost aufreihen und auf die Glut setzen. Etwa zehn Minuten erhitzen. Sie sind fertig, wenn man ein kleines Schwitzgeräusch hört oder das Geräusch von entweichendem Dampf. Bei manchen hebt sich die obere Schalenhälfte ein wenig. Aber auch bei den anderen hat sie sich von dem unteren Teil gelöst, wenn auch nicht sichtbar, und man kann sie leicht anheben.

Sofort verzehren, indem man die obere, schon gelöste Schalenhälfte mit einem Messer anhebt. Die Austern sind kaum aufgewärmt und beginnen, leicht gar zu werden. Ein echter Genuß.

Im Ofengrill

Wenn man nicht über einen Kamin verfügt, kann man die Austern in eine Bratform legen, darunter eine etwa 1 cm dicke Schicht von grobem Salz, damit sie nicht umfallen.

Die Austern unter die Grillstäbe schieben, die gut rot sein müssen, und eine knappe 1/4 Stunde erhitzen. Dann wie oben verfahren.

PASTETEN, KUCHEN UND TORTEN

PÂTÉS, TOURTES ET TARTES

Im Mittelalter ist die Herstellung von Gerichten im Teig, ob süß oder salzig, die Spezialität der Pastetenbäcker (*pâtissiers*). Sie haben nur diesen Aufgabenbereich, denn Waffeln, *oublies* und Kuchen sind das Werk der Kuchenbäcker (*oubloyers*). Heute ist alles anders, die *pâtisserie* (Konditorei) ist das Reich der süßen Desserts. Die Pastete (*pâté*) ist mit der Torte nur noch entfernt verwandt, wenn man von einer bestimmten Sorte, der »Pastete im Teig« (*pâté en croûte*), einmal absieht.

Der mittelalterliche Koch verfügte, wie wir wissen, nicht immer über einen Backofen, also arbeitete er mit einem Pastetenbäcker zusammen, dem er manchmal seine Füllungen und seine Beilagen bringen ließ, um sie in Teig setzen und backen zu lassen. So erklärt sich auch das Schweigen der Handbücher für Köche, die beinahe keinen Hinweis auf die Zusammensetzung dieser Hülle enthalten, sondern nur auf Konsistenz, Dicke und die gewünschte Form eingehen, denn sie richten sich an Eingeweihte. Für seine *pâtés nurriz* fordert Maître Chiquart von seinen Kollegen *croûtelettes petites et hautelettes* (»kleine und hohe Teigstückchen«).

Allerdings kam es manchmal vor, daß der Koch sich an diese oder jene einfache Torte wagte (Rezept Nr. 78, 79, 81, 82, 94); er legte sie dann in eine bedeckte und von Glut umgebene Pfanne und verfolgte aufmerksam das Resultat. Die Italiener hatten sogar ein Gerät namens *testo* erfunden, das speziell für dieses häusliche Backen bestimmt war. Aber auch bei ihnen ist dem Text nicht die geringste Andeutung über die Herstellung des Teigs zu entlocken.

Beim Genuß von Pasteten mußte man sich manchmal durchaus auf eine Überraschung gefaßt machen, denn der Teig verbarg nicht nur zarte Haschees, er konnte auch Tiere umschließen oder ganze, nicht entbeinte Stücke. Man suchte sich zartes Fleisch aus, spickte manchmal, würzte häufig, ab und zu kombinierte man auch Unterschiedliches miteinander, wie etwa in einer Pastete, die sechs große Wachteln umschloß, welche sich auf drei Rebhühner »stützten«, die selbst wieder von einem Dutzend

Lerchen gehalten wurden; sie ist nur dank eines Rezept-Gedichts nicht in Vergessenheit geraten, das Gaces de la Bugne, Erster Kaplan der Könige Karl V. und Karl VI. verfaßte.

Dieser Aufmachung fiel somit die Rolle einer Festungsmauer zu, die die kostbaren Säfte des delikaten Fleisches vor dem Angriff der direkten Hitze am Spieß oder im Ofen schützte. Der Teig selbst wurde zum Ofen, der durch seine Übertragung eine maßvolle Hitze verteilte. Das ist wahrscheinlich der Grund, weshalb ein fettes Haschee, das in einem Topf eingelegt wird, sich in eine *pâté* verwandelt, obwohl es von gar keinem Teig (*pâte*) umgeben ist (»Pastete von Lammkeule im Topf«, Rezept Nr. 85). Der Topf war damals aus einfachem Ton hergestellt und hatte keinen großen Wert. Er war nicht auf Dauerhaftigkeit angelegt und hat hier die Aufgabe einer Hülle, nicht anders als der Teig eines Pastetenbäckers.

Bedeutet das, daß die Teigkrusten der Pastetenbäcker nicht unbedingt verzehrt wurden, sobald sie ihre Funktion als Behälter und Isolator erfüllt hatten? Wenn man manche Fleischsorten wirksam schützen will, wie es die damaligen Autoren empfehlen, wird eine schlichte Mischung aus Mehl und Wasser, in der richtigen Dicke aufgetragen, durch das Backen zu einem hervorragenden Schutz. Was für eine harte Angelegenheit, wenn es darum geht, zuzubeißen! Gaces de la Bugne selbst fand, daß die Umhüllung ihrem Inhalt im Geschmack ebenbürtig sein solle. Er versichert: *Si tu veux que du pâté tâte/ Fais mettre des œufs en la pâte* (»Wenn du willst daß die Pastete schmeckt / sorge für Eier im Teig«).

Was die Torten angeht, so mochte man sie am liebsten leicht umhüllt, nämlich mit einem dünnen Teigblatt, das in einer großzügig eingefetteten Pfanne lag, selbst noch durchtränkt von Schmalz oder Öl, und das man manchmal offen auf der Glut leicht hart werden ließ, bevor man es füllte. Dieses Vorgehen gab auch dem schlichtesten Teig Geschmack und Schmelz.

Die Ungarische Torte (Rezept Nr. 88) ist hierfür ein hervorragendes Beispiel; 18 Teiglagen, fein wie Membrane übereinander geschichtet, aber durch eine Lage zerlassenen Speck vor allzu intimem Kontakt bewahrt, umhüllen eine Zusammenstellung von gewürztem Fleisch, der ihre blättrige Hülle Form verschafft. In Geist und Ausführung kündigt diese Ausnahme tatsächlich den modernen Blätterteig an, von dem man ebenfalls verlangt, daß er auf der Zunge zergeht, nachdem er die zartesten Füllungen geschützt hat.

Salzige Pasteten, Kuchen und Torten

Pâtés, tourtes et tartes salés

76. Knoblauchtorte
Tourte d'ail

Torta d'agli
Toy li agli e mondali e lessali; quando sono cocti metili a moglio in aqua freda e poy pistali e metili zafarano e formazo assay che sia fresco e lardo batuto e specie dolze e forte e distempera con ova e mitili ova passa e poy fa la torta (Fr 55).

Knoblauchtorte.
Nimm Knoblauch, schäle und koche ihn. Wenn er gar ist, weiche ihn in kaltem Wasser ein. Zerdrücke ihn dann, gib Safran hinzu und viel Käse, der frisch sein muß, außerdem gehackten Speck, süße und scharfe Gewürze. Löse dies mit Eiern auf, gib Rosinen hinzu und mache dann die Torte.

Die meisten Kochbücher haben zahlreiche Rezepte für Torten zu bieten, die mit Knoblauch, Zwiebeln oder Schalotten zubereitet werden. Im vorliegenden Rezept sehen wir ein ganz klassisches Verfahren. Weil der Knoblauch gegart ist, herrscht er nicht vor; die Kombination von Knoblauch, Safran und Käse ergibt einen feinen und ausgewogenen Geschmack.

Knoblauchtorte

Zutaten:

Mürbeteig *(Rezept Nr. 153/2)*
250 g Mehl
125 g Butter
entsprechend Salz und Wasser

Füllungsmasse
5 Knoblauchknollen
200 g Schweinebrust, gesalzen oder frisch
300 g gut abgetropfter Quark
3 Eier
80 g Rosinen
10 Safranfäden
Salz (wenn Sie frischen, ungesalzenen Speck benutzt haben), sonst nach Geschmack

Gewürzmischung (Pulverform)
je 1 Teelöffel
Nelken
Muskatnuß
Zimt
Ingwer
Pfeffer

Zubereitung:

Den Teig einige Stunden vorher (oder sogar am Vorabend) zubereiten und kalt stellen.

Den Knoblauch schälen und in sprudelndem Wasser 1/4 Stunde kochen lassen. Abtropfen lassen und in kaltem Wasser einweichen.

Die garen Knoblauchzehen zerstampfen, dann den Käse, den vorher gehackten Speck, die Gewürze, den Safran, die Eier und die gewaschenen Rosinen zugeben. Die Mischung gut glätten.

Den Teig ausrollen und eine Kuchenform auslegen. Die Auflage hineingeben und mit einer zweiten Teigplatte abdecken, dabei die Ränder gut verschließen. Im heißen Ofen (200 Grad) 3/4 bis 1 Stunde backen.

77. Zwiebelkuchen
Tarte à l'oignon ou à l'échalote

Torta de schalogne o de cepolle etc.
Se tu voy fare torta de queste do cosse, toy quale tu voy e fay ben allessare. Pone prima l'aqua fuora ben con stamegna e po'le bati

Torte mit Schalotten oder Zwiebeln etc.
Wenn du eine Torte von diesen beiden Sachen machen willst, nimm, welche du willst, und laß sie gut kochen. Laß sie

finalmente e toy lardo fino e batillo bene; toy l'ova e caxo frescho e zafarano e bati insiema e fay la torta (Fr 54).

zuerst mit dem Beutelsieb gut abtropfen, dann hacke sie fein. Nimm guten Speck und hacke ihn gut. Nimm Eier, frischen Käse, Safran, hacke alles miteinander und mache die Torte.

Hier wird nicht genau gesagt, ob man den Kuchen mit einer zweiten Teigplatte abdecken soll, wie es in anderen Texten oft der Fall war. Wir wollen uns genau an den Text halten und ihn möglichst einfach umsetzen. Dieser Kuchen ähnelt ein wenig der Quiche Lorraine, aber er unterscheidet sich durch seine Leichtigkeit und seinen feinen Geschmack.

ZWIEBELKUCHEN

ZUTATEN:

Mürbeteig *(Rezept Nr. 153/2)*
200g Mehl
100 g Butter
entsprechend Salz und Wasser

Füllungsmasse
500 g Zwiebeln oder Schalotten
125g gesalzene und getrocknete Schweinebrust
300 g gut abgetropfter Quark oder Frischkäse
1 Ei
4 oder 5 Safranfäden
Salz

ZUBEREITUNG:

Den Teig zubereiten und 1 oder 2 Stunden kalt stellen.

Die Zwiebeln schälen und waschen. In sprudelndem Salzwasser etwa 20 Minuten kochen. Abtropfen und kalt werden lassen.

Die Schweinebrust fein hacken, dann die Zwiebeln und alles mit dem Quark mischen. Das Ei schlagen und in die Mischung geben, den Safran einarbeiten.

Eine dünne Teigplatte ausrollen und eine Form für 4 Personen auslegen. Die Auflage zugeben und 3/4 bis 1 Stunde im heißen Ofen (225-250 Grad) backen, dabeibleiben. Wenn die Auflage zu flüssig scheint, ist es besser, die leere Teigplatte 20 Minuten vorzubacken.

78. KRÄUTERTORTE
TOURTE DE MENUES FEUILLES

Torta de herbe.
Se tu voy fare torta de herbe per XII persone, toi VI cassi grandi e toy granda quantità de herbe zoè blede, petrosemolo, spinaze, menta, e do libre de lardo salato e octo ova; toy queste herbe ben necte e ben batute e ben spremute del sugo, toy il caxo e trialo con herbe bene grosso tagliato e toy lo lardo che tu ay ben batuto al piú che tu poy e toy l'ova che tu ay e mescola questo cosse insema e miti dentro do croste in el testo e fay zalla la crosta de sovra questa torta molto vole essere grasso e assay caxo e molte herbe e voy essere voa e se voy per men persone, toy le cosse a questa mesura (Fr 50).

Kräutertorte.
Wenn du eine Kräutertorte für 12 Personen machen willst, nimm 6 große Käse und eine große Menge Kräuter, als da sind Mangold, Petersilie, Spinat, Minze, außerdem zwei Pfund gesalzenen Speck und acht Eier. Nimm diese Kräuter, nachdem sie gut gesäubert und gehackt wurden und ihr Saft gut ausgedrückt wurde, nimm den Käse und zerstampfe ihn mit den Kräutern. Nimm Speck, den du so fein wie möglich gehackt hast, und nimm die Eier. Vermenge diese Sachen miteinander, gib sie in beiden Teigkrusten in den *testo* und färbe die obere Kruste gelb. Die Torte muß recht fett sein, viel Käse, viele Kräuter und Eier [enthalten]. Wenn du sie für eine geringere Anzahl von Personen machst, richte dich nach diesem Verhältnis.

Diese Kräutertorte und die Bologneser Torte ähneln sich wie Schwestern, obwohl sie von unterschiedlicher Zusammensetzung sind. Hier gibt die Minze dem ganzen eine unerwartet frische Note.

Die Torte wird in einem *testo* gebacken, das heißt unter einer Tonglocke oder zwischen zwei Platten, die in die Feuerstelle gesetzt und mit Glut bedeckt werden. Der *testo* wurde in ländlichen Gebieten Norditaliens bis Anfang des 20. Jahrhunderts benutzt; man gart darin heute noch manchmal einige typische Gerichte. In Frankreich gab es *tourtières*, die in den kulinarischen Traktaten seit dem 17. Jahrhundert erwähnt werden. Darin garte man ebenfalls Kuchen und Torten ohne Hilfe des Backofens. Im Mittelalter hatten Pfannen und Schüsseln manchmal diese Funktion, so etwa in einigen der folgenden Rezepte (Nr. 80, 93, 94).

Kräutertorte

Zutaten:

Mürbeteig *(Rezept Nr. 153/2)*
300 g Mehl
150 g Butter
entsprechend Salz und Wasser

Füllungsmasse
etwa 150 g Mangoldblätter
150 g Spinat
1 Handvoll Petersilie
1 Handvoll frische Minzblätter
250 g gesalzene und getrocknete Schweinebrust oder fette Pancetta
300 g abgetropfter Quark oder frischer Tomme
oder Saint-Florentin
4 Eier
1 Eigelb zum Färben,
mit ein paar Safranfäden vermischt
Salz

Zubereitung:

Den Teig zubereiten und 1 bis 2 Stunden kalt stellen.

Die Petersilie und das Gemüse putzen und waschen, die Mangoldrippen und Spinatstiele entfernen. Sehr fein hacken, dann in ein Tuch packen und gut ausschütteln.

Den Käse zerdrücken und mit dem gehackten Gemüse und der Petersilie vermischen. Die Schweinebrust hacken und in die Mischung einarbeiten. Die Eier zugeben und gut vermischen. Salzen.

Eine erste dünne Teigplatte ausrollen. Eine Form auskleiden. Diese mit der Mischung füllen. Eine zweite Teigplatte ausrollen, die als Deckel dient. Die Ränder gut verschließen.

Mit einem Pinsel das geschlagene Eigelb mit den Safranfäden auftragen.

Im heißen Ofen (225-250 Grad) mindestens 1 Stunde backen. Der Deckel der Torte muß schön braun sein. Überprüfen, ob der Boden gar ist.

79. TORTE DES MÉNAGIER
TOURTE DU MÉNAGIER

Pour faire une tourte.
Prenez quatre pongnées de bettes, deux poignées de percil, une pongnée de cerfueil, un brain de fanoil et deux pongnées d'espinoches, et les eslisez et lavez en eau froide, puis hachiez bien menu: puis broyez de deux paires de frommages, c'est assavoir du mol et du moïen, et puis mettez des œufs avec ce, moyen et aubun, et les broyez parmi le frommage; puis mettez les herbes dedans le mortier et broyez tout ensemble, et aussi mettez-y de la pouldre fine. Ou en lieu de ce aiez premièrement broyé au mortier deux cloches de gingembre, et sur ce broyez vos frommages, œufs et herbes, et puis gettez du vieil frommage de presse ou autre gratuisé dessus celles herbes, et portez au four, et puis faites faire une tartre et la mengez chaude (MP 218).

Um eine Torte zu machen.
Nehmt vier Handvoll Mangold, zwei Handvoll Petersilie, eine Handvoll Kerbel, ein Büschel Fenchel und zwei Handvoll Spinat. Verlest und wascht sie in kaltem Wasser, hackt sie dann recht fein. Dann zerstampft Käse zweier Sorten, weichen und weniger frischen, und mischt die Eier hinein, Weiß und Gelb zusammen, und zerstoßt sie im Käse. Gebt das Gemüse und die Kräuter in den Mörser und zerstoßt alles miteinander. Gebt auch feines Pulver hinzu. Oder aber zerstampft im Mörser vorher zwei Ingwerstücke und zerstampft darüber Euren Käse, Eier und Kräuter. Gebt alten, gepreßten Käse dazu oder einen anderen, der über die Kräuter gerieben wird. Und tragt das zum Ofen, laßt davon eine Torte machen und eßt sie heiß.

Wie bei anderen Rezepten ist es hier schwer zu erfahren, ob diese Torte mit einer Teiglage bedeckt war, denn es wird nichts Derartiges erwähnt. Der letzte Hinweis »gebt alten, gepreßten Käse dazu [...], der über die Kräuter gerieben wird«, läßt vermuten, daß dieser geriebene Käse zum Überbacken gedacht war. Das ergibt aber nur Sinn, wenn die Torte ohne Bedeckung blieb. Demnach ist die Reihenfolge der Anweisungen recht unklar, denn der Autor rät zuerst: »tragt das zum Ofen« und fügt dann hinzu: »laßt davon eine Torte machen«! Man kann entweder vermuten, daß die Arbeitsgänge umgekehrt aufgezeichnet wurden, oder aber, daß die »Kruste« anderswo von einem Pastetenbäcker zubereitet wurde, daß es also genügte, die Füllung der Torte zuzubereiten, denn Inhalt und Hülle kamen erst beim *fournier* zusammen, wenn sie gebacken wurden. So hätten wir eine Erklärung für die rätselhafte Formulierung »tragt das zum Ofen«, der »laßt davon eine Torte machen« folgt. Denn die Torte wird wohl im Ofen gebacken, und das fand zwangsläufig außerhalb des Hauses unseres Pariser Bürgers statt. Wahrscheinlich konnte man eine derart gewöhnliche Torte grundsätzlich ganz und gar im häuslichen Rahmen herstellen. Die Handschrift des in der Bibliothèque Mazarine aufbewahrten *Viandier* enthält ein Rezept (Nr. 80), das dem unseren in seiner Zusammensetzung sehr ähnlich ist. Aber die Torte wird hier, wie die italienischen Zubereitungen im *testo* (Rezept Nr. 78), in einer »Schüssel« gegart, die auf die »Kohlen« der Feuerstelle gestellt wird. Sie wird mit einer weiteren »Schüssel« abgedeckt und beidseitig (»oben wie unten«) durch Feuer erhitzt. Das feine Gewürzpulver, auch »feines Gewürz« genannt, das hier Verwendung findet, ist eine Gewürzmischung in Pulverform, die man schon fertig zubereitet beim Apotheker kaufen konnte.

Torte des Ménagier

Zutaten:

Mürbeteig *(Rezept Nr. 153/2)*
200 g Mehl
100 g Butter
entsprechend Salz und Wasser

Füllungsmasse
200 g Mangoldblätter
1 Sträußchen Kerbel
1 Sträußchen Petersilie
1 Sträußchen Dill oder das Grün einer Fenchelknolle
200 g Spinat
250 g Saint-Florentin oder Frischkäse
150 g frischer Tomme, frischer Tomme de Savoie oder Raclette etc.
2 Eier
1 Teelöffel Feines Gewürz *(Rezept Nr. 150)*
1 Teelöffel Ingwerpulver
80 g geriebener Käse oder frisch geriebener Parmesan
Salz

Zubereitung:

Einige Stunden zuvor den Mürbeteig zubereiten und kalt stellen.

Das Gemüse und die Kräuter waschen, sorgfältig abschütteln und ganz fein hacken. Den Saint-Florentin zerdrücken, den frischen Tomme reiben und unter die Kräuter und das Gemüse mischen. Die geschlagenen Eier, den Ingwer und das feine Gewürz zugeben. Salzen.

Eine Teigplatte ausrollen und eine recht hohe Kuchenform auskleiden. Bohnen hineinfüllen, um zu vermeiden, daß der Teig aufgeht. Dann 1/4

Stunde vorbacken. Die Füllung in die leere Teigkruste gießen. Mit geriebenem Käse überstreuen und im heißen Ofen (250 Grad) etwa 1 Stunde backen.

80. Grüne Torte
Flan vert

Tourtel.
Prener perresi, mente, bedtes, espinoches, letuees, marjolienne; basilique et pilieux, et tout soit broyer ensamble en ung mortiez et destranmper d'aigue clère et espreignez le jus; et rompez œuf grant foison avec le jus et y mecter poudre de gigimbre, de cannelle et poivre long et fin fromaige gratusiez, et du sel, tout batez ensamble; et puis faicte vostre paste bien teine pour mectre en voste bacin, et la grandeur du bacin et puis chassez bien vostre bacin, et puis y mecter du sain de port dedans et puis vostre paste après dedans le dit bacin, et mecter vostre bacin sur les charbons et remecter dedans le paste du sain de porc; et quant il sera fonduz, mectez vostre grain dedans vostre paste et le couvrez de l'aultre bacin et mecter du feu dessus comme dessoubz et lessez vostre tourtel ung pol sechiez, puis descouvrés le bacin dessus, et mecter sur vostre torte par bone manière V moyeux d'euf et de la fine poudre, puis remecter vostre bacin dressez comme devant et le lessez po à pol cuire et à petit feu de charbon, et regarder souvent qu'elle ne cuise tropt; puis mecter du succre dessus a dressiez (VT Maz Scul 232).

Kleine Torte.
Nehmt Petersilie, Minze, Mangold, Spinat, Lattich, Majoran, Basilikum und Poleiminze, und alles zusammen soll in einem Mörser zerstampft und in klarem Wasser aufgelöst werden. Dann preßt den Saft heraus. Schlagt eine große Zahl Eier zusammen mit diesem Saft und gebt Pulver von Ingwer, Zimt, langem Pfeffer und geriebenen Käse guter Qualität und Salz hinzu. Schlagt das alles miteinander. Macht dann Euren Teig recht fein, um ihn in Eure Schüssel zu geben, so groß wie diese Schüssel, damit er gut in Eure Schüssel paßt. Gebt Schweineschmalz hinzu, und gebt Euren Teig in besagte Schüssel. Stellt Eure Schüssel auf die Kohle und gebt wieder Schweineschmalz auf den Teig. Wenn es geschmolzen ist, schüttet Eure Füllung über den Teig und bedeckt das mit einer weiteren Schüssel. Legt Feuer darüber wie darunter und laßt Eure Torte ein wenig trocknen. Nehmt dann die obere Schüssel weg und gebt auf Eure Torte auf schöne Weise 5 Eigelb und feines Pulver. Bedeckt sie wieder mit Eurer Schüssel wie zuvor, laßt sie nach und nach auf kleinem Kohlenfeuer garen und schaut oft nach, daß sie nicht zu stark gart. Streut dann Zucker darüber und tragt auf.

In der Reihe der Rezepte von Torten und Kuchen mit Kräutern und Gemüsen, die wir Ihnen hier vorstellen, nimmt dieses eine besondere Stellung ein, weil nicht das Blattgemüse selbst Verwendung findet, sondern sein Saft, der mit Wasser und geschlagenen Eiern vermischt wird. Das ergibt eine zarte Füllung mit einer herrlichen jadegrünen Farbe. Dieselbe Vorgehensweise finden wir auch bei der Zubereitung eines wunderbar frischen Kräuteromeletts (Rezept Nr. 212). Wir laden Sie dazu ein, dem Text des Rezepts genau zu folgen, und wenn Sie wünschen, einen einfachen Wasserteig ohne Butter zuzubereiten, der ganz fein ausgerollt wird. Um ihn anzureichern, genügt es, die Backform mit Schmalz einzufetten, bevor man sie mit Teig auslegt; dann bestreicht man den Teig erneut mit Schmalz, bevor man ihn belegt.

Die Poleiminze (*Mentha pulegium*), ist eine Art der Minze, die man heute auf den Märkten nicht mehr findet; ihr Aroma ist anscheinend dem Thymian ähnlich.

Grüne Torte

Zutaten:

Gewöhnlicher Auslegeteig *(Rezept Nr. 153/1)*
100 g Mehl
entsprechend Salz und Wasser

oder Mürbeteig *(Rezept Nr. 153/2)*
200 g Mehl
100 g Butter
entsprechend Salz und Wasser

Belag
1 Handvoll Petersilie
1 Handvoll frische Minze
1 Handvoll Mangoldblätter
1 Handvoll Spinat
einige Blätter Lattich
einige Büschel frischer Majoran (oder 1 Teelöffel getrockneter Majoran oder Oregano)
1 kleine Handvoll Basilikumblätter
6 Eier, 3 Eigelb
1/2 l Wasser
Schweineschmalz
1 gestrichener Teelöffel Ingwerpulver
1 gestrichener Teelöffel Zimtpulver
1 kleiner Kolben langer Pfeffer

(oder 1/3 Teelöffel gemahlener schwarzer Pfeffer)
1/3 Teelöffel Feines Gewürz *(Rezept Nr. 150)*
40 g geriebener Parmesan
Salz
Puderzucker

Zubereitung:

Teig

Wenn man sich dafür entscheidet, das Rezept mit einem Mürbeteig herzustellen, diesen zubereiten und einige Stunden kalt stellen.

Den Teig ausrollen, die Backform auskleiden und im heißen Ofen etwa 20 Minuten vorbacken. Den folgenden Absatz überspringen und mit dem übernächsten Absatz fortfahren.

Wenn man sich dafür entscheidet, den Kuchen mit einem Wasserteig zu machen, einen recht geschmeidigen Wasserteig zubereiten und etwa 1 Stunde ruhen lassen. Nachdem man den Belag zubereitet hat, den Teig sehr dünn ausrollen. Die Backform mit Schmalz einfetten und mit dem Teig auslegen. Den Teig mit Schmalz bestreichen und in den sehr heißen Ofen stellen, bis der Teig ein wenig gar ist; das Schmalz sollte glänzen und ganz zerschmolzen sein.

Belag

Die Kräuter und Gemüse putzen und waschen. Sehr fein hacken oder im Mixer zerkleinern, bis man ein Püree erhält. Sorgfältig mit Wasser mischen, dann filtern. Die 6 Eier mit einem Quirl schlagen und mit der grünen Flüssigkeit vermischen. Gewürze zugeben.

Wenn der Teig gut trocken ist, die Kuchenform aus dem Ofen nehmen. Den Belag hineingeben. Im heißen Ofen (220 Grad) fast 1 Stunde backen, dabei darauf achten, daß der Boden gar wird. 1/4 Stunde vor Ende der Backzeit, die Eigelb mit den Gewürzen aufschlagen und die Oberfläche des Kuchens damit bestreichen.

Mit einer ganz dünnen Lage Puderzucker servieren.

81. Bologneser Torte
Tourte bolognaise

Torta bolognese.
Pigliarai altretanto cascio como è ditto nel capitolo di sopra de la torta biancha, et grattalo. Et nota che quanto è più grasso il cascio tanto è meglio: poi habi de le vietole, petrosillo et maiorana; et nettate et lavate che l'avrai, battile molto bene con un coltello, et mittirale inseme con questo cascio, menandole et mescolandole con le mani tanto che siano bene incorporate, agiongendovi quattro ova, et del pepe quanto basti, et un pocho di zafrano, item di bono strutto overo botiro frescho, mescolando et incorporando tutte queste cose molto bene inseme como ho ditto. Et questo pieno mettirai in una padella con una crosta di sotto et una di sopra, daendoli il focho temperatamente; et quando ti pare che sia meza cotta, perché para più bella, con un roscio d'ovo battuto con un pocho di zafrano la farai gialla. Et acconoscere quando ella è cotta ponerai mente quando la crosta di sopra si levarà et alzarà in suso, che allora starà bene et poterala levare dal focho (Ma 159).

Bologneser Torte.
Nimm so viel Käse, wie in dem Rezept für die Weiße Torte[10] gesagt wird, und reibe ihn. Bedenke: Je fetter der Käse ist, desto besser ist er. Nimm dann Mangold, Petersilie und Majoran. Wenn du sie gut gesäubert und gewaschen hast, hacke sie gut mit dem Messer und vermische sie mit diesem Käse. Knete und vermenge alles mit den Händen, bis es gut vermengt ist. Gib vier Eier und Pfeffer, so viel wie nötig, hinzu, und ein wenig Safran, ebenso gutes Schmalz oder frische Butter. Menge und verarbeite all diese Sachen gut untereinander, wie ich schon gesagt habe. Und diese Füllung legst du in eine Pfanne, eine Kruste darunter und eine darüber, und gibst ihr mäßig Feuer. Wenn dir erscheint, daß sie halb gar ist, färbst du sie mit einem geschlagenen Eigelb und ein wenig Safran gelb, damit sie schöner aussieht. Und um zu erkennen, wann sie gar ist, denke daran, wenn die obere Kruste sich hebt und steigt, dann ist sie gut und du kannst sie vom Feuer nehmen.

Eine köstliche Torte mit delikater, safranwürziger Füllung. Sie können allerdings auch auf dieses Gewürz verzichten, wenn sein eigentümlicher Geschmack Ihren Gästen nicht zusagen sollte. Falls man die ursprüngliche Art der Zubereitung beibehalten will, genügen 3 oder 4 Fäden zum Würzen.

Das Garen wird einfach dadurch erreicht, daß man eine Pfanne auf Glut setzt. Nichts scheint dafür vorgesehen zu sein, den oberen Teil der Torte zu garen. Man ahnt nur, daß es ihn geben muß, weil es im Text heißt, die obere Kruste würde sich heben, wenn sie gar ist. Bedeutet das, daß die Pfanne mit einer erhitzten Platte bedeckt wird oder mit einem *testo* wie in anderen Rezepten? (S. beispielsweise Rezept Nr. 78.)

---

[10] Das heißt 1 1/2 Pfund. (Rezept Nr. 94).

BOLOGNESER TORTE

ZUTATEN:

Mürbeteig *(Rezept Nr. 153/2)*
250 g Mehl
125 g Butter
entsprechend Salz und Wasser

Füllungsmasse
450 g frischer Tomme
(ganz trocken oder etwas feuchter wie der Saint-Florentin,
kleine Gervais Frischkäse eignen sich auch sehr gut)
200 g Mangoldblätter
1 Handvoll Petersilie
1 Teelöffel Majoran oder getrockneter Oregano
50 g Butter in Zimmertemperatur
4 Eier, 1 Eigelb
Safran
schwarzer Pfeffer
Salz

ZUBEREITUNG:

Den Teig vorbereiten und 1 oder 2 Stunden kalt stellen.

Den Tomme reiben oder den Frischkäse zerdrücken.

Die Kräuter und Gemüse verlesen und waschen. Mit einem Hackmesser, einer Moulinette oder im Mixer kleinhacken. Mit dem Käse vermischen, um eine schöne grüne Füllung zu erhalten. Die Eier schlagen und zur Füllung geben. Großzügig salzen und pfeffern. 3 oder 4 Safranfäden zugeben, dann die etwas weiche Butter.

Einen Teil des Teigs ausrollen und die Backform auslegen. Den restlichen Teig ausrollen und beiseite legen. Die Füllung in die Form gießen und mit der zweiten Platte bedecken.

Im heißen Ofen (225 Grad) 15 Minuten backen. Inzwischen das Eigelb mit einigen kleingeschnittenen Safranfäden aufschlagen. Die Torte aus dem Ofen nehmen und den Deckel mit dieser Mischung mit einem Pinsel bestreichen. Wieder in den Ofen stellen und noch einmal 3/4 bis 1 Stunde backen.

82. Einfache Torte
Simple tourte

Torta comune.
Habi di bon caso con octo ova et con bon grasso di porcho o di vitello, overo del buttiro, dell'uva passa integra, del zenzevro, de la cannella, et un pocho di pan gratato, con un pocho di brodo grasso che sia giallo de zafrano et conciare la farai como di sopra è ditto de la torta bianca (Ma 163).

Gewöhnliche Torte.
Nimm guten Käse mit acht Eiern, gutem Fett vom Schwein oder Kalb, oder auch Butter, dazu ganze Rosinen, Ingwer, Zimt, ein wenig Semmelmehl, das mit ein wenig fetter Brühe gemischt und mit Safran gefärbt ist. Gib all dies zusammen, um eine Torte zu machen, wie es für die Weiße Torte angegeben ist.

Eine »gewöhnliche Torte«, deren Zubereitung dem Rezept für die »Weiße Torte« (Rezept Nr. 94) folgt; sie wird auch aus feinem Teig gemacht, der in einer »Pfanne« gegart und von oben und unten befeuert wird (s. Rezepte Nr. 78 und 80).

Einfache Torte

Zutaten:

Mürbeteig *(Rezept Nr. 153/2)*
250 g Mehl
125 g Butter
entsprechend Salz und Wasser

Belag
700 g frischer Tomme oder sehr gut abgetropfter Frischkäse
100 g cremig gerührte Butter
100 g Rosinen
100 g Semmelmehl
3 Eier
3 Eßlöffel Bouillon oder Wasser (nach Belieben)
1/2 Teelöffel Zimtpulver
1/2 Teelöffel Ingwerpulver
4 oder 5 Safranfäden
Salz

Zubereitung:

Den Teig zubereiten und 1 bis 2 Stunden kalt stellen.

Den Käse reiben oder zerdrücken, bis aus ihm ein homogener Teig wird. Dieser Mischung zuerst die geschlagenen Eier, dann die Butter zugeben. Mit dem Schneebesen vermischen, bis dieser Belag recht glatt ist.

Die Rosinen, das Semmelmehl und die mit Safran gefärbte Bouillon mischen, wenn die Masse zu dick werden sollte (sonst die Safranfäden direkt in die Mischung geben), der Belag muß etwas geschmeidig bleiben. Die Gewürze zugeben.

Den Teig fein ausrollen. Eine Backform auslegen und den Belag hineingießen.

Im heißen Ofen (225 Grad) etwa 1 Stunde backen, dabei darauf achten, daß der Boden gar ist. Andererseits beim Backen aufpassen, daß der Belag nicht zu braun wird.

83. Kaninchenpastete
Pâté de lapin

Pastés de connis.
Quand sont vieulx, doivent estre mis par pièces, et les jeunes entiers, et du lart menu haché dessus; et pour espices, clou, gingembre, graine et poyvre (VT XV 171).

Kaninchenpastete.
Wenn sie alt sind, müssen sie in Stücke geschnitten werden, aber die jungen bleiben ganz. Man gibt gehackten Speck darüber und als Gewürze Nelken, Ingwer, Paradieskorn und Pfeffer.

Im Mittelalter ist das *connis* ein Wildkaninchen. Wir haben ein für die mittelalterlichen Teigpasteten typisches Rezept ausgewählt. Der Teig umschließt ein ganzes Fleischstück mit seinen Knochen. Die Hülle, die fest sein muß, wurde als eine Art Ofen angesehen, der es zuließ, das Tier sanft zu braten.

Die Kaninchenpastete kann die Gelegenheit zu einem schönen Spaß bieten. Wählen Sie ein recht fettes junges Kaninchen und richten Sie es auf, um ihm die Pose eines Hasen in der Sasse zu geben. Das ist nicht einfach; Sie brauchen kleine Holzspieße, um den Kopf zu halten. Umgeben Sie es mit einem festen Teig, der sich den Umrissen des Kaninchens gut anpaßt, und aus den Resten formen Sie Ohren und Schwanz; öffnen Sie ihm mit zwei schwarzen Bohnen die Augen und backen Sie es im Ofen, bis es schön braun ist. Ihr Bildwerk wird bei Ihren Gästen einen bleibenden Eindruck hinterlassen!

Kaninchenpastete

Zutaten:

Pastetenteig *(Rezept Nr. 153/3)*
1 kg Mehl
250 g Butter
1 Ei
entsprechend Salz und Wasser

Füllung
1 junges Kaninchen mit Leber
300 g gesalzener fetter Speck
1 Prise Nelken in Pulverform
1 Teelöffel Ingwerpulver
1 Teelöffel zerstampfte Paradieskörner (Malaguettapfeffer)
oder 1 Teelöffel gemahlener schwarzer Pfeffer
1 gestrichener Eßlöffel Salz

Zubereitung:

Einen festen Pastetenteig zubereiten und 1 bis 2 Stunden kalt stellen, besser, man macht ihn schon am Vorabend.

Den Speck hacken und die Gewürz-Salz-Mischung herstellen.

Den Teig dick, etwa 1,5 cm, rechteckig ausrollen und auf ein Blech legen. Das Kaninchen vorbereiten und in die Position eines »Hasen in der Sasse« auf eine Seite der Teigplatte legen, auf der anderen Seite des Kaninchens den größeren Teil der Teigplatte freilassen, weil man sie später hochklappen wird. Der Kopf wird von kleinen Holzspießen aufrecht gehalten (abgeschnittene Eßstäbchen oder Schaschlikspießchen sind dazu sehr gut geeignet).

Das Kaninchen an der ganzen Oberfläche mit dem gehackten Speck belegen. Großzügig mit Gewürzen und Salz bestreuen. Das Kaninchen mit dem Teig umhüllen und beide Ränder unter dem Kaninchen verschließen. Den Formen des Kaninchens anpassen, so daß sie sichtbar werden durch den Teig, der möglichst eng am Fleisch kleben sollte. Überschüssigen Teig wegnehmen, mit Wasser befreuchten und wieder an den Teig kleben.

Die Stelle der Schnauze nachzeichnen. Die Ohren aus einem Rest Teig ausschneiden und an die Seiten kleben. Für den Puschel genauso vorgehen. Die schwarzen Bohnen als Augen eindrücken.

Im heißen Ofen etwa 1 1/2 Stunde backen. Das Kaninchen gart in seiner Hülle sehr gut. Es ist nicht nötig, es zu lange garen zu lassen, denn sonst trocknet es aus. Wenn der Teig eine schöne Bräune erreicht hat, ist es fertig.

Als Ganzes auftragen, vor den Gästen an der Rückseite öffnen und wie einen Hasenbraten zerlegen. Den Teig nur den Gästen anbieten, die ihn wirklich kosten wollen, denn er ist äußerst sättigend!

84. ZICKLEINPASTETE
PÂTÉ DE CHEVREAU

Del pastello dei capretti. Altramente.
Togli uno capretto minuzzato, o polli smembrati, e friggili col lardo fresco e cipolle minuzzate, e erbe odorifere trite con zaffarano, e tuorla d'ova, e distempera fortemente, e mesta con ova, e metti tutto in uno vaso sopra la bragia, e volgi spesso, fine che sia spesso: giongivi spezie abbastanza; colorarlo con tuorla d'ova, e fà la forma de la pasta, e rinchiudi tutto: fà cuocere, e mangia (Za 57-58).

Über die Pastete von Zicklein. Auf andere Weise.
Nimm ein in Stücke geschnittenes Zicklein oder zerlegte Hähnchen und brate dies in frischem Speck, kleingehackten Zwiebeln und gehackten aromatischen Kräutern mit Safran. Nimm Eigelb, löse es gut auf und vermenge es mit Eiern. Gib dann alles in ein Gefäß über der Glut und rühre oft um, damit es dickt. Gib reichlich Gewürze dazu und färbe mit einem Eigelb. Mache deine Form aus Teig [schütte Deine Füllung hinein] und verschließe alles. Laß es garen und iß.

Die italienischen Traktate enthalten hervorragende Rezepte für die Zubereitung des Zickleins, dessen Fleisch oft etwas fad ist. In dieser Pastete wird es recht herzhaft, wenn der Koch nicht mit Gewürzen geizt.

Zickleinpastete

Zutaten:

Mürbeteig *(Rezept Nr. 153/2)*
400 g Mehl
150 g Butter
Salz und Wasser

Füllung
2 Zickleinkeulen
200 g fetter Speck
300 g Zwiebeln
3 Eier, 3 Eigelb
2 Eßlöffel Petersilie, Kerbel und Schnittlauch, gehackt
Safran
Salz
Gewürzmischung (Pulverform)
1 Teelöffel Ingwer
1/2 Teelöffel Zimt
1/2 Teelöffel gemahlener schwarzer Pfeffer
1/2 Teelöffel Muskatnuß
1 Prise Nelken

Zubereitung:

Den Teig zubereiten und 1 bis 2 Stunden kalt stellen.

Die Keulen entbeinen und grob hacken oder in Würfel schneiden. Den Speck fein würfeln. In einer Pfanne langsam auslassen, dann das Fleisch mit den feingehackten Zwiebeln anbraten. Die gehackten Kräuter zuerst mit den Eigelb, dann mit den ganzen Eiern vermischen. Diese Mischung zum Fleisch geben. Die Flamme klein stellen und alles einkochen lassen, während man mit einem Kochlöffel ständig rührt. Vom Feuer nehmen, die Gewürze zugeben und je nach Geschmack salzen. Die Pastete sollte sehr würzig sein. Abkühlen lassen.

Den Teig fein nach der Größe der Backform ausrollen. Man kann eine Kuchenform oder eine Pastetenform benutzen. Die Fleischfüllung hineingießen. Mit Teig abdecken und im Ofen bei 225 Grad etwa 1 gute Stunde oder mehr backen, bis die Pastete eine schöne Färbung aufweist.

85. Pastete von Lammkeule im Topf
Pâté de gigot d'agneau en pot

Pasté en pot de mouton.
Prenez de la cuisse, et gresse ou mouelle de beuf ou de veel haché menu et oignons menus hachiés, et faictes boulir et cuire en un pot bien couvert a bien petit de boulon de char ou autre eaue, puis mettez boulir dedans espices, et un petit de vinaigre pour aiguiser, et dréciez en un plat (MP 148).

Pastete im Topf vom Hammel.
Nehmt eine Keule und feingehacktes Fett oder Mark vom Rind oder Kalb und feingehackte Zwiebeln. Laßt dies in einem Topf kochen und garen, gut bedeckt mit einem klein wenig Fleischbrühe oder anderem Wasser. Dann kocht es mit Gewürzen und ein klein wenig Essig zum Säuern. Tragt es auf einer Platte auf.

Wie wir gesehen haben, bezeichnet die »Pastete« im Mittelalter ein Bratenstück, das von einem Teigmantel umhüllt wird. Der Ausdruck »Pastete im Topf« ist also durchaus verblüffend. Übrigens findet man hierfür nur wenige Rezepte. Die Formulierung läßt vermuten, daß der Tontopf, der diese besondere »Pastete« enthält, dieselbe Funktion wie der Teig hat. Wie dem auch sei, diese Pastete im Topf wurde nach dem Garen sofort serviert. Ist sie vielleicht ein Vorläufer unserer Bauernpasteten, wobei man später herausfand, daß die Reste kalt noch besser schmeckten? Das Fleisch für die Topfpastete wird mit Speck gehackt, dann mit einer sanften Garung eingekocht, wie es bei den Napfpasteten auch heute noch der Fall ist. Das Rezept des *Ménagier de Paris*, das wir hier wiedergeben, ist in diesem letzten Punkt recht undeutlich, aber zum Glück läßt der Koch des Patriarchen von Aquileja, Maestro Martino, an Klarheit nichts zu wünschen übrig; anläßlich seines *pastello in una pignatta* führt er aus, daß man »den Topf auf die Glut weitab vom Feuer« stellen muß!

Also raten wir Ihnen, diese herzhafte Lammkeulenpastete zu essen, wie sie aus dem Ofen kommt, aber lassen Sie noch etwas übrig, um es kalt mit einem guten grünen Salat zu essen. Die vortreffliche Würze dieser Pastete sollte uns dazu anregen, Kalbsfett anstelle von Speck zu verwenden: Sein feines Aroma harmoniert vollkommen mit dem Lamm und verleiht dieser preiswerten Napfterrine, die auch leicht herzustellen ist, eine perfekte Konsistenz.

Pastete von Lammkeule im Topf

Zutaten:

300 g Lammfleisch aus der Keule oder Schulter
200 g Kalbsfett
2 mittelgroße Zwiebeln (etwa 100 g)
3 Eßlöffel Weinessig guter Qualität
2 Eßlöffel Wasser
1 Teelöffel Ingwerpulver
1 Teelöffel gemahlener Pfeffer
1/3 Teelöffel Muskatnußpulver
Salz

Zubereitung:

Das Fleisch und das Fett bei mittlerem Einsatz durch den Fleischwolf geben. Die Zwiebeln hacken. Alles vermischen. Salzen und noch einmal vermischen.

Diese Mischung in eine kleine Terrine geben, 2 Eßlöffel Wasser zugeben und auf ganz kleiner Flamme aufsetzen (ein Kochgitter verwenden). Bedeckt 3/4 Stunden köcheln lassen.

Den Essig und die Gewürzmischung zugeben. Noch 1/2 Stunde weiterkochen lassen.

Sofort servieren oder warten, bis die Pastete vollkommen kalt geworden ist.

86. Kalbspastete
Pâté de Veau

Pastés de veau.
Prenés veau et gresse de beuf, et hachés tout ensemble bien menu, et les espices qui appartiennent sont gingembre, synamome; et, en façon d'hyver, y soit mis fromage fin (VT XV 169).

Kalbspastete.
Nehmt Kalbfleisch und Rinderfett, und hackt alles miteinander fein. Die Gewürze, die dazu passen, sind Ingwer und Zimt. Im Winter muß man guten Käse hinzugeben.

In diesem Rezept im Telegrammstil, das die Zutaten nur als Gedächtnisstütze erwähnt, fehlt jeglicher Hinweis auf die Zubereitung eines Teigs. Die Zubereitung wird beim Leser, der wahrscheinlich von Beruf Koch ist, als bekannt vorausgesetzt. Diese Pastete im Teig, sehr einfach in Ausführung und Zusammensetzung, schmeckt kalt und warm gleichermaßen.

KALBSPASTETE

ZUTATEN:

Mürbeteig *(Rezept Nr. 153/2)*
300 g Mehl
100 g Butter
entsprechend Salz und Wasser

Füllungsmasse
750 g entbeinte Kalbsbrust
250 g (Nieren-)Fett vom Rind oder notfalls Kalbsfett
1 1/2 Teelöffel Ingwerpulver
1 Teelöffel Zimtpulver
Salz

ZUBEREITUNG:

Den Teig zubereiten und 1 oder 2 Stunden kalt stellen.

Das Fleisch und das Fett bei feinem oder mittlerem Einsatz durch den Fleischwolf drehen. Mit der Hand gut vermischen.

Je nach Geschmack salzen und mit 1 1/2 Teelöffel Ingwerpulver und 1 Teelöffel Zimtpulver würzen. Um sicherzugehen, einen Teelöffel der Füllungsmasse in einer Pfanne anbraten und kosten. Wenn nötig, nachwürzen.

Den Teig recht dünn ausrollen und eine Backform für Pasteten oder eine Terrine auslegen. Mit der Fleischfüllung ausgießen und den Teig ringsum gut verschließen; in der Mitte der Pastete muß ein kleiner Kamin ausgespart bleiben.

Im heißen Ofen (225 Grad) etwa 2 Stunden backen. Das Garen überprüfen, indem man mit einer Stricknadel in die Mitte der Pastete sticht. Wenn die Nadel heiß herauskommt, ist die Pastete gar.

87. Torte von König Manfred
Tourte du roi manfred

Torta manfreda bona e vantagiata.
Toy ventre e figatelii de polli e toy panza de porcho e pesta insiema con coltello, poy mitige pever; habii uno lavezo e fali frizer, poy tray fuora, faili arefredare, poy mitige ova e fay la crosta, poy mitila in la padella e faila coxere adassio (Fr 57).

Die gute und hochberühmte Torte Manfreds.
Nimm Mägen und Leber von Hühnchen, nimm Schweinebauch, und hacke alles miteinander mit dem Messer, gib dann Pfeffer hinzu. Nimm ein [Gefäß] und brate alles, nimm es dann vom Feuer und laß es abkühlen. Gib Eier hinzu und mache den Teig. Gib dies in die Pfanne und laß es sanft garen.

Da wir keinerlei Mengenangaben haben, richtet sich unsere Bearbeitung nach der Konsistenz, die nötig ist, um eine Art Pastete im Teig zuzubereiten.

Der Titel ist seltsam. Er bezieht sich zweifellos, wie auch ein nebenstehendes Rezept in derselben Sammlung, die »Torte von frischen Bohnen des Königs Manfred« (Fr. 56), auf den König von Sizilien, einen illegitimen Sohn von Kaiser Friedrich II. Dante sah ihn im Purgatorium:

»Ich ... fand ihn blond und schön, von edlen Zügen / Und einer Braue Schwung vom Schwert zerhauen« (Dante, *Purgatorium*, 3. Gesang, 106-108, übersetzt von August Vezin).

Als Abkömmling der deutschen Kaiser und normannischen Könige von Sizilien war er das Idol der italienischen Gibellinen, die der römischen Kirche feindlich gegenüberstanden; der Papst bannte ihn als Ketzer. Er starb exkommuniziert, nachdem er tragisch besiegt worden war, und im Jahre 1266 auf dem Schlachtfeld von Benevent von seinen Gegnern, bestehend aus der Guelfenkoalition des Papstes und dem Grafen Charles d'Anjou, Bruder des heiligen Ludwig, umgebracht wurde. Die Kirchenleute hätten ihn sicher zur Hölle fahren lassen, aber Dante war aus Treue zum Kaiserreich nachsichtiger und wies ihm einen Platz im Purgatorium zu, im Kreis der guten Christen, die gestorben waren, ohne daß ihnen Zeit zur Reue blieb.

König Manfred ist als tragische Figur im Gedächtnis der Italiener geblieben, ein Verdienst Dantes, wenn auch nicht ausschließlich. Viel schwieriger ist zu verstehen, was ihn mit Bohnen oder Geflügelinnereien verbindet. Da diese beiden Rezepte, die ihm in gewisser Weise gewidmet sind, aus bescheidenen Zutaten und relativ billigen Gewürzen bestehen, kann man sich diese Gerichte weniger bei den Prassereien des Hofes von

Palermo vorstellen, sondern eher in den gefahrvollen Küchen eines Königs im Krieg, der wie alle anderen seine Leute losschickte, um die Gärten und Hühnerhöfe zu plündern.

TORTE VON KÖNIG MANFRED

ZUTATEN:

Mürbeteig *(Rezept Nr. 153/2)*
200 g Mehl
100 g Butter
entsprechend Salz und Wasser

Füllung
250 g Geflügelleber
250 g Geflügelmägen
250 g frischer Schweinebauch oder frische Schweinebrust
2 walnußgroße Stücke Schweineschmalz
4 Eier
1 Teelöffel gemahlener Pfeffer
Salz

ZUBEREITUNG:

Einige Stunden zuvor (oder sogar am Vorabend) den Mürbeteig zubereiten und kalt stellen.

Das Fleisch durch den Wolf drehen. Nach Geschmack pfeffern und salzen und in Schmalz anbraten. Beseite stellen und abkühlen lassen. Nacheinander die Eier in die kalte Masse einarbeiten.

Den Teig ausrollen und eine Kuchen- oder Terrinenform auslegen, die Füllung hineingießen und mit einer zweiten Teigplatte bedecken. Im heißen Ofen (225 Grad oder Stufe 6) 3/4 bis 1 Stunde backen. Heiß oder kalt servieren.

88. Ungarische Torte
Tourte de hongrie

Torta ungaresca per XII persone.
Toy uno capone ben grasso e toy uno lombolo de porco grande e do cepole grosse e meza libra de specie dolze e fine e toy tre libre d'onto fresco che non sia salato e toy tanta farina che sia tre pani, la migliore, che tu poi avere; e toy lo caponi e'l lombolo del porco [e] fane morselletti e de le do cepole fane morselletti e meti queste cosse a sofriger in lo songiazo fresco [in] quantità; e de le dite dolze e zafarano assay e un poco de sala; e quando è ben sofrito mitige un bichiero d'aqua ch'el se coca senza compimento, e toli la farina e destruta con aqua fresca insalata con un pocho de salina e menala molto forte, e quando è ben menato, toy uno testo de ramo ben stagnato e onzilo ben de quasto lardo fresco che tu ay. Toy la pasta e menala e sotiliala con una mescola e fala sotille, e siate due a trae sotille a foglio con lardo e fane infina a XVIII fogli, et postea toy questo batuto de capon e de altre cosse fane uno solo suso questa metà, e poni altre tante fogle sopra quasto solo ben inaffiato ziaschuno pe si di lardo e fa una crosta de sopra per vardia. Questa torta vole poco foco sotto e bon foco di sopra, e poy fare per più, o per men, toiando le cosse a questa mesura (Fr 59).

Ungarische Torte für 12 Personen.
Nimm einen recht fetten Kapaun und nimm eine große Schweinelende und zwei große Zwiebeln und ein halbes Pfund süße und feine Gewürze. Nimm auch drei Pfund frisches Fett, das nicht gesalzen ist, und nimm Mehl, so viel wie für drei Brote, vom besten, das du bekommen kannst. Und nimm den Kapaun und die Schweinelende und schneide sie in kleine Stücke, und schneide auch die zwei Zwiebeln in kleine Stücke. Brate all dies in reichlich frischem Schweineschmalz mit besagten süßen [Gewürzen] und viel Safran und ein wenig Salz. Wenn es gut gebraten ist, gib ein Glas Wasser hinein, damit es langsam gart. Nimm das Mehl und verdünne es mit frischem Wasser, das mit ein wenig Salz gesalzen ist, und knete es sehr kräftig. Wenn es gut geknetet ist, nimm eine Tortenform aus gut verzinntem Kupfer und fette sie gut mit dem frischen Speck, den du hast, ein. Nimm den Teig, knete ihn und rolle ihn mit einer Kelle aus und mache ihn recht dünn. Zu zweit sollt ihr ihn ziehen und Blatt für Blatt [getrennt] mit dem Speck ausbreiten, davon mache bis zu 18 Blätter. Und danach nimm die Füllung aus Kapaun und anderem und breite sie in einer Lage über die Hälfte [der Blätter] aus, verteile dann ebenso viele Blätter über dieser Lage, jedes für sich mit Speck gut gefettet, und mache eine Teigkruste zum Schutz darüber. Diese Torte fordert wenig Feuer von unten und ein gutes Feuer von oben. Du kannst für mehr oder weniger [Personen] die Sachen in diesem Verhältnis nehmen.

Dieses Rezept ist außergewöhnlich, weil es dort präzise Angaben macht, wo die Autoren normalerweise schweigen. Während man sonst niemals genau erfährt, woraus und wie der Teig für eine Torte gemacht wird, erfährt man hier mit Erstaunen, daß bis zu achtzehn extrem dünne Teigblätter übereinanderzulegen sind, die voneinander durch Speck getrennt werden, um eine Füllung aus Fleisch, gewürzt mit Zwiebeln, aufzunehmen. Dieser eigenartige Blätterteig, denn um ihn handelt es sich hier natürlich, erinnert in gewisser Weise an die schwierige Arbeit, die bei der Anfertigung einer marokkanischen Pastilla anfällt, jener berühmten Taubenpastete, die durch das Aufstapeln von »Teighäutchen« gemacht wird, oder auch an die Zubereitung der *tourtière languedocienne*, einer köstlichen Apfel- oder Pflaumentorte, mit Armagnac verfeinert, deren Kruste eine mehrmals gefaltete durchsichtige Decke ist.

Wir besitzen zwei Versionen dieses Rezeptes, beide aus Italien, aber wir konnten nicht feststellen, weshalb dieses Gericht »ungarisch« sein soll.

Die Verwirklichung der Ungarischen Torte erfordert viel Zeit und Geduld, aber welche Befriedigung, wenn sie goldbraun aus dem Ofen kommt und man sie unter den bewundernden Blicken seiner Freunde auf den Tisch stellt.

UNGARISCHE TORTE

ZUTATEN:

Gewöhnlicher Auslegeteig *(Rezept Nr. 153/1)*

1 kleiner Kapaun oder 1 schönes Landhuhn
500 g frischer Schweinekamm
2 schöne Zwiebeln
500 g Schweineschmalz bester Qualität
Süßes Gewürz *(Rezept Nr. 150)*
Safran
Salz

ZUBEREITUNG:

Den Auslegeteig zubereiten, er sollte von weicher Konsistenz sein. Man muß ihn lange kneten, damit er elastisch wird und man ihn ausziehen kann. 1 oder 2 Stunden kalt stellen. Inzwischen das Geflügel entbeinen und in kleine Würfel schneiden. Ebenso den Schweinekamm schneiden, dann die geschälten Zwiebeln.

200 g Schmalz in einem Schmortopf auslassen und die Zwiebel, das Schweine- und Geflügelfleisch anbraten. Salzen und großzügig mit Süßem Gewürz (je nach Geschmack 1 gestrichener Eßlöffel) und mit mehreren

Prisen Safran bestreuen. Wenn das Fleisch schön braun ist, ein Glas Wasser zugeben und alles knapp 1/4 Stunde köcheln lassen. Vom Feuer nehmen und kalt werden lassen. Abschmecken.

Den Auslegeteig in kleine Kugeln formen und diese nacheinander, möglichst dünn, mit dem Nudelholz ausrollen. Sie müssen fast durchsichtig sein und dürfen beim Auslegen nicht zerreißen. Eine große Kuchenform mit hohem Rand mit Schmalz einfetten. Das erste Teigblatt einlegen, mit einem Pinsel mit flüssigem Schmalz bestreichen, ein zweites Teigblatt darüberlegen, erneut mit Schmalz bestreichen und so siebenmal fortfahren. Die Kanten der Blätter müssen über die Form hinausragen.

Wenn die 9 Blätter übereinandergelegt sind, die erkaltete Fleischfüllung hineinschütten. Mit weiteren 9 Blättern bedecken, diese gleichfalls mit Schmalz bestreichen. Die Kanten einknicken und gut verschließen. Den Deckel der Torte mit einer guten Lage Schmalz bestreichen. Im heißen Ofen zwischen 200 und 225 Grad 1 gute Stunde backen, bis die Torte schön goldbraun geworden ist.

89. Aaltorte mit Spinat
Tourte d'anguille aux épinards

Torta di anguille.
Scorticarai l'anguilla et tagliaraila in pezoli larghi doi dita, facendola un pocho lessare, che non sia troppo cotta. Et farai del lacte di amandole bello et biancho, passando le ditte amandole con bono agresto et con acqua rosata per la stamegna, et che'l ditto lacte sia ben spesso, cioè stritto. Et pistarai un pocha de uva passa molto bene con tre o quattro fiche secche. Poi prenderai de li spinaci rompendoli menuti con le mani per traverso, et frigerali un pocho nell'oglio, agiongendovi un pocho di petrosillo tagliato menuto, item una oncia di uva passa integra, et una oncia di pignoli mondi et necti e del zenzevero et de la canella et del pepe et del zafrano discretamente secundo la quantità che voli fare. Et tutta questa compositione mescolando con le mani incorporarai molto bene inseme et mettirai la crosta di sotto in la padela, et dentro li concirai questo tal

Torte von Aalen.
Nimm den Aal aus und schneide ihn in zwei Finger große Stücke, dann laß ihn ein wenig kochen, ohne daß er zu gar wird. Und dann machst du schöne, weiße Mandelmilch, indem du besagte Mandeln mit gutem Verjus und Rosenwasser durch ein Beutelsieb treibst, besagte Milch muß recht dick, das heißt dicht sein. Du zerstampfst recht sorgfältig einige Rosinen mit zwei oder drei getrockneten Feigen. Dann nimmst du Spinat, zerkleinerst ihn, indem du ihn mit der Hand querschneidest, und brätst ihn ein wenig in Öl, gibst dabei ein wenig kleingeschnittene Petersilie hinzu, ebenso eine Unze von ganzen Rosinen und eine Unze geschälte und gesäuberte Piniolen, Ingwer und Zimt, mäßig Pfeffer und Safran, je nach der Menge, die du machen willst. Diese Mischung vermengst du mit den Händen und

pieno et compositione facendone prima un solo sopra la ditta crosta, et poi un altro solo de anguilla; cosi di grado in grado, piacendoti, poterai fare tanto che sia fornita questa compositione; et di sopra gli metterai l'altra crosta facendola cocere molto adagio, dandoli il focho temperatamente di sotto et di sopra. Et quando serà meza cotta pigliarai un pocha de agresta et d'acqua rosata con del zuccharo; et fa'de molti buchi in la crosta di sopra perché queste cose possino penetrare, li metterai di sopra lasciandola anchora tanto al focho, che sia molto ben cotta (Ma 165).

verarbeitest alles gut. Du legst die Kruste unten in die Pfanne, gießt diese Füllung und Mischung darauf, indem du zuerst eine Lage davon auf den Teig legst, dann eine andere Lage Aal, und so Schritt für Schritt, wie du willst, bis du nichts mehr von dieser Mischung hast. Darüber legst du die andere Kruste und läßt es ganz leise garen, indem du oben wie unten mäßig Feuer einsetzt. Wenn sie halb gar ist, nimmst du ein wenig Verjus und Rosenwasser mit Zucker. Mache viele Löcher in die obere Kruste, damit diese Dinge eindringen können, wenn du sie darübergibst. Laß die Torte noch recht lange auf dem Feuer, damit sie sehr gut gar werde.

Aal war im Mittelalter der Fisch, der in der Phantasie der Menschen den größten Raum einnahm, wenn er auch nicht gerade der beliebteste war. In der Literatur ist von ihm häufig die Rede, angefangen beim *Roman de Renart* bis zu den Fabeln und Novellen. Deshalb stellen wir mehrere Aal-Rezepte vor, Spießchen (Rezept Nr. 63), Torten und Pasteten. Gab ihm seine Schlangenform das ideale Äußere für die Buße in der Fastenzeit? Jedenfalls war er, wie schon erwähnt, untrennbar mit den Schlemmereien der Kleriker verbunden, und Maestro Martino, der Koch eines Prälaten war, kann natürlich mit mehreren Rezepte für Aal aufwarten. Diese Torte ist kompliziert und erfordert eine gewisse Zubereitungszeit, aber das Ergebnis kann sich sehen lassen.

Die Gäste werden vielleicht überrascht sein, in der Torte Gräten vorzufinden; das Rezept sieht nicht vor, daß man sie entfernt, außerdem sind Aalgräten leicht auszusortieren (einfache Rückengräte).

Es ist nicht immer leicht, sich Aal zu verschaffen. Im allgemeinen muß man ihn bestellen und die Augen offen halten, um ihn lebendig beim Fischhändler zu finden.

Aaltorte mit Spinat

Zutaten:

Mürbeteig *(Rezept Nr. 153/2)*
200 g Mehl
100 g Butter
entsprechend Salz und Wasser

Füllungsmasse

1 schöner Aal von 700 g oder besser 4 Tiere von gleichem Gewicht
150 g Mandeln
20 cl Verjus
etwa 10 cl Rosenwasser
1 Eßlöffel Zucker
50 g Rosinen
3 oder 4 getrocknete Feigen
800 g Spinat
2 Eßlöffel Öl
1 schöner Strauß Petersilie
25 g Pinienkerne
1 Teelöffel Ingwerpulver
1 Teelöffel Zimtpulver
1/2 Teelöffel Pfefferpulver
1 gute Prise Safranfäden, Salz

Zubereitung:

Einige Stunden vorher den Teig zubereiten und kalt stellen. Den Spinat waschen und abtropfen lassen.

Die Aale vom Fischhändler ausnehmen lassen. Den gehäuteten Aal (ohne Kopf und Schwanzflosse) innen säubern und in 3 oder 4 cm große Stücke schneiden.

Die Stücke in reichlich kaltes Salzwasser legen, zum Kochen bringen, einige Augenblicke ziehen lassen und herausnehmen. Die Mandeln mahlen und in 10 cl Verjus und 5 cl Rosenwasser auflösen, dann die Mischung durch ein Sieb passieren.

20 g Rosinen mit 3 getrockneten Feigen zerstampfen.

Die Petersilie hacken.

Den Spinat mit den Händen recht klein zupfen, dann in Olivenöl andünsten, bis er schrumpft, ohne ihn zu garen. Die Petersilie zugeben. Wenn er kalt ist, mit der Mandelmilch, den Feigen und Rosinen vermischen, außerdem die Pinienkerne und die ganzen Rosinen zugeben. Alles mit den Gewürzen durchkneten, um eine homogene Füllung zu machen.

Den Teig ausrollen und eine Soufflé-Form auslegen. Eine Lage der Füllung verteilen, dann eine Lage Aal und so weiter, bis alles aufgebraucht ist. Mit einer weiteren Teigplatte bedecken. Im heißen Ofen (225 Grad oder Stufe 6) backen. Nach 25 Minuten aus dem Ofen nehmen. Mit einer großen Holzstricknadel an verschiedenen Stellen des Teigdeckels einstechen und die Mischung aus dem restlichen Verjus und Rosenwasser hineingießen. Noch gut 20 Minuten backen. Heiß servieren.

90. AALTORTE
TOURTE D'ANGUILLE

Se vuoi torta d'anguille fresche.
Togli l'anguille, lessàle a mezzo e mettivi a cuocere con esse pretisemoli e menta e persa, poi fa affreddare e poi le fila con mano. Getta via il cuoio e le spine. Togli noci fine, mondale coll'acqua bollita, poi le pesta uno poco. E togli una libra di mandorle, fanne latte e cuocilo tanto che sia bene ispesso e ponlo a freddare e sia giuncada. Poi metti queste cose in tegghie, fa crosta e l'erbe siano battute, e metti su spezie forti, zaffarano e XII dattari tritati. E quando è cotta, trannela; e se non fossono grasse, mettivi olio fine (Gu 39-40).

Wenn du eine Torte von frischen Aalen willst.
Nimm die Aale, koche sie, bis sie halb gar sind, zusammen mit Petersilie, Minze und anderen Kräutern. Dann laß sie abkühlen und zupfe sie mit den Händen klein. Wirf Haut und Gräten fort. Nimm feine Nüsse, schäle sie in kochendem Wasser und zerstampfe sie dann ein wenig. Nimm ein Pfund Mandeln, mache eine Milch daraus und koche sie, damit sie recht dick wird, laß sie abkühlen, damit sie wird wie eine *giuncada*. Gib dann diese Sachen in ein Backblech, mache einen Teig. Die Kräuter müssen geschlagen werden, gib scharfe Gewürze, Safran und 12 gehackte Datteln dazu. Wenn sie gar sind, nimm sie heraus. Wenn die Aale nicht fett sind, gib gutes Öl hinzu.

Dieses Rezept sieht im Gegensatz zu dem vorhergehenden das Entfernen der Gräten vor, bevor man die Torte zubereitet. Sie ist also leichter zu essen. Wenn Ihre Gäste zerstreut, faul, zu jung oder kurzsichtig sind, sollten Sie diese Torte der anderen vorziehen.

Der Wortlaut des Rezepts hat uns dazu veranlaßt, die Füllung ohne Teigmantel in eine Soufflé-Form zu geben. Dann versiegeln wir die Form mit einer Teigkruste als Deckel.

Interessiert liest man im Kommentar des Autors, daß er die eingedickte Mandelmilch mit einer *giuncada* vergleicht. Das ist ein Frischkäse, der zum Abtropfen in einen kleinen Binsenkorb gegeben wird. Viele Rezeptarien halten Rezepte der *giuncada* oder *jonchée* für die Fastenzeit bereit, also ist das ein pflanzlicher Käse auf der Basis von Mandelmilch, wie in unserem Rezept. So ist das vorliegende Gericht eine ausgesprochene Schlemmerei für die Fastenzeit.

Aaltorte

Zutaten:

Mürbeteig *(Rezept Nr. 153/2)*
150 g Mehl
75 g Butter
entsprechend Salz und Wasser

Füllung
1 großer Aal oder besser 2 bis 4 Aale mit etwa 700 g Fleisch
1 schöner Strauß Minze
1 schöner Strauß Petersilie
12 Walnüsse, 12 Datteln
etwa 10 Safranfäden
1 Teelöffel gemahlener Pfeffer
1 Teelöffelspitze Nelkenpulver
1/4 Teelöffel Muskatnußpulver
Salz

Mandelmilch *(Rezept Nr. 151)*
200 g Mandeln
1/4 l Wasser

Zubereitung:

Eine cremige Mandelmilch zubereiten und 1/2 Stunde auf kleiner Flamme kochen, damit sie eindickt. Abkühlen lassen.

Die Nüsse grob zerstampfen.

Den Aal in reichlich kaltem Salzwasser zusammen mit Minze und Petersilie zum Kochen bringen. Das Feuer abstellen und einige Minuten ziehen lassen, dann alles herausnehmen.

Haut und Gräten entfernen, dann das Aalfleisch zerteilen.

Die Kräuter und die Datteln hacken. In einer Soufflé-Form, die mit etwas Olivenöl eingefettet wurde, die Nußstücke, das Aalfleisch, die Kräuter und die Datteln verteilen, den Mandel-»Käse« darübergießen, salzen und mit den Gewürzen bestreuen. Die Form mit einer Platte Mürbeteig abdecken.

Im heißen Ofen (225 Grad oder Stufe 6) 1/2 bis 3/4 Stunden backen.

91. Aalpastete
Pâté d'anguille

Pasticcio d'anguilla.
Habi l'anguilla scorticata e netta, e volendo altro pesce simelmente concio et netto, et tagliarane pezoli larghi doi deta; habi anchora di bon grasso et lacte di pesce, et tagliato menuto lo mettirai con li sopra ditti pezoli. Item prenderai un pocha di menta et di petrosillo tagliati ben menuti. Item una oncia de uva passa, de la canella, zenzevero, del pepe, et di garofani pesti. Et tutte queste cose molto bene mescolarai et incorporarai inseme. Poi habi la pasta sua ben fatta et stascionata, et dentro mettirali questa tale compositione; agiognendoli sopra un pocho di bon oglio il metterai a cocere, et quando è presso che cotta habi doi once d'amandole nette et ben piste, distemperate con agresto et passate per la stamegna, et mettendole dentro vi sopragiognerai nel sopra ditto pastello mettendogli ancora un pocho de zafrano; et anchora di novo lassarai bollire et cocere un pocho più tutte queste cose inseme, tanto che sia cotto molto bene, che così vole essere. Et nota che in tempo di magnare ova poterai mettere et distemperare con l'agresto, inseme con l'altre cose sopra dicte, doi rosci d'ova che gli dirando molto bono et non serà niente piggiore (Ma 169-170).

Aalpastete.
Du brauchst einen ausgenommenen und gesäuberten Aal oder, wenn du willst, einen anderen vorbereiteten und in derselben Art gesäuberten Fisch, du schneidest ihn in Stücke von 2 Fingern Größe. Du brauchst auch gutes Fett und Fischmilch, die du kleingeschnitten über die besagten Stücke gibst. Ebenso nimmst du ein wenig gut kleingeschnittene Minze und Petersilie. Ebenso eine Unze Rosinen, Zimt, Ingwer, Pfeffer und Nelken zerstampft. Und all diese Sachen vermischst du gut und verarbeitest sie miteinander. Dann brauchst du deinen Teig, gut gemacht, lange gelagert. In ihn gibst du besagte Mischung; du gibst ein wenig gutes Öl darüber und setzt ihn zum Garen auf. Wenn er beinahe gar ist, brauchst du 2 Unzen geschälte und gut zerstampfte Mandeln, aufgelöst in Verjus und durch ein Beutelsieb getrieben. Du gibst sie auch in besagten Teig und gibst ein wenig Safran dazu. Von neuem läßt du all dies ein wenig mehr miteinander kochen und garen, so daß es sehr gut gar wird, denn so muß es sein. Und bedenke, daß an Tagen, wo es erlaubt ist, Eier zu essen, du welche hinzufügen und mit Verjus auflösen kannst, gleichzeitig mit den anderen Dingen, die oben aufgezählt wurden, nämlich 2 Eigelb, die sehr gut dazu passen, und davon wird es nur besser.

Wenn man schöne Aale und Fischmilcher bekommen möchte, sollte man dieses Rezept vorzugsweise im Winter umsetzen. Aber dann wird es schwerfallen, frische Minze und Petersilie zu finden; man muß sich also nach den Angeboten des Marktes richten. Zu klein sind die Aale nicht fleischig genug; zu groß sind sie zu fett; ideal ist ein Gewicht von etwa 150 bis 200 g. Im Mittelalter war der Aal ein gesuchter Fisch, aber er war auch damals nicht leicht zu finden. Daher läßt der Koch die Möglichkeit offen, ihn durch einen anderen Fisch zu ersetzen, was auch Ihnen die Zubereitung des Rezepts erleichtern kann.

Es ist nicht vorgesehen, die Gräten vor der Zubereitung der Pastete zu entfernen.

Aalpastete

Zutaten:

Mürbeteig *(Rezept Nr. 153/2)*
200 g Mehl
100 g Butter
entsprechend Salz und Wasser

Füllung
1 schöner Aal von 700 g
oder besser 4 Tiere, die das gleiche Gewicht ergeben
Fischmilcher
1 schöner Strauß Minze
1 schöner Strauß Petersilie
30 g Rosinen
1 Teelöffel Zimtpulver
1 Teelöffel Ingwerpulver
1/2 Teelöffel gemahlener Pfeffer
1/4 Teelöffel Nelkenpulver
6 oder 7 Safranfäden
3 Eßlöffel Öl
60 g geschälte Mandeln
20 cl Verjus
2 Eigelb
Salz

Zubereitung:

Den Teig einige Stunden zuvor oder am Vorabend zubereiten und kaltstellen.

Die Aale vom Fischhändler ausnehmen lassen. Den gehäuteten Aal (ohne Kopf und Schwanzflosse innen säubern, in 3 oder 4 cm große Stücke schneiden und in ein Gefäß mit dem kleingeschnittenen Fischmilcher geben.

Die Petersilie und die Minze mit den Gewürzen und den Rosinen kleinhacken. Diese Zutaten mit den Aalstücken und dem Fischmilcher vermischen.

Die Mandeln sorgfältig zerstampfen und mit dem Verjus vermischen. Durch ein Beutelsieb passieren und die so erhaltene Milch mit zwei Eigelb und dem Safran aufschlagen.

Den Teig ausrollen und eine Kuchenform mit hohen Rändern auslegen. Die Aalfüllung verteilen. Salzen und einen Schuß Öl darübergeben.

Diese Pastete wird nicht mit einer weiteren Teigplatte bedeckt.

Im heißen Ofen (225 Grad oder Stufe 6) backen. Nach 25 Minuten Backzeit die Mandelmilch-Eigelb-Mischung über die Auflage gießen. Noch gut 20 Minuten mit derselben Temperatur backen. Heiß servieren.

92. Forellen im Teig
Truites en croûte

Pastelli secchi.
Pastelli secchi facti con pesce sano. Piglia lo pesce netto et concio, et findilo d'ogni lato presso a la schina un pocho, et con sale et bone spetie mescolate inse me salerai molto bene tutto questo pesce dentro et di fora. Poi haverai una pasta un pocho grossa et dentro gli conciarai et ligarai il ditto pesce, et cocilo nel forno bene ad ascio che sia ben cotto (Ma 170).

Trockene Pasteten.
Trockene Pasteten, mit frischem Fisch gemacht. Reinige den Fisch und bereite ihn vor. Schneide ihn auf beiden Seiten um die Rückengräte ein wenig ein und würze diesen ganzen Fisch sehr gut mit einer Mischung aus Salz und guten Gewürzen, innen und außen. Dann brauchst du einen etwas dicken Teig und legst diesen Fisch hinein. Backe ihn gut im Ofen auf kleiner Flamme, damit er recht gar werde.

Wir erfahren nichts über die Fischsorte, die zu diesem Rezept paßt. Wir haben es mit Forellen probiert, und das Ergebnis war hervorragend. Ziel von Maestro Martino, dem Autor, war es, Fische in enger Verbindung zum Teig zu garen, um so zu begünstigen, daß die Gewürze das Fleisch durchsetzen, und gleichzeitig zu vermeiden, daß es austrocknet. Man kann sogar vermuten, daß der Teigmantel nur diese Schutzfunktion hatte, wie bei der Mehrzahl der Pasteten von ganzen Tieren, und daß er nicht gegessen wurde. Sie können das Rezept also mit einem einfachen Teig aus Mehl und Wasser zubereiten. Sollten Sie jedoch Feinschmecker genug sein, diesen Teig ganz essen zu wollen, hüllen Sie Ihren Fisch ruhig in einen guten Mürbeteig. Dieser wird dann ebenso köstlich sein wie der Fisch!

FORELLEN IM TEIG

ZUTATEN:

Mürbeteig *(Rezept Nr. 153/2)*
400 g Mehl
200 g Butter
entsprechend Salz und Wasser

4 recht frische Forellen (gewöhnliche oder Lachsforellen)
1 Eßlöffel Salz
1 Eßlöffel Ingwerpulver
1 Teelöffel Pfefferpulver
1 Messerspitze Nelken
1/2 Teelöffel Muskatnußpulver

ZUBEREITUNG:

Den Teig zubereiten und einige Stunden kalt stellen.

Die Forellen ausnehmen und sorgfältig waschen. Mit einem Papier oder Tuch abtrocknen.

Das Salz und die Gewürze mischen.

Jede Forelle auf beiden Seiten an der Rückengräte 8 bis 10 cm mit Hilfe eines gut geschärften Messers einschneiden.

Das Innere des Bauches, die Einschnitte und die Haut des Fisches mit der Salz-Gewürze-Mischung bestreuen. Man kann ruhig großzügig würzen.

Vier recht dicke Teigplatten in eher viereckiger Form ausrollen.

Die Fische nacheinander einwickeln, indem man jeder kleinen Pastete die Form eines Bootes gibt und an beiden Enden eine kleine Mündung offenläßt.

Im Ofen (225 Grad) backen, bis der Teig gut goldbraun ist. Recht heiß servieren.

SÜSSE PASTETEN, KUCHEN UND TORTEN

PÂTÉS, TOURTES ET TARTES SUCRÉS

93. KÜRBISKUCHEN
TARTE DE COURGE

Zucche.
Habi le zucche et mondale molto bene, et grattale como gratti il cascio, et farale un pocho bollire in un bono brodo, overo in bon latte. Et pigliarai tanta quantità di cascio frescho quanto e ditto in li sopra ditti capitoli, giongendovi con esse et miscolandovi un pocho di cascio vecchio che sia bono. Et pigliarai una libra di bona ventresca di porco, overo una tetta di vitella cotta molto bene allessa et battuta assai col coltello. Et volendo poterai in loco de queste doi cose sopra ditte, se più ti piace, usare il butiro, overo il strutto, giongendovi meza libra di zuccharo, un pocho di zenzevero et di cannella, con un bicchieri di lacte, et sei ova. Et como ti pare che le preditte zucche siano cotte, tirale fora dell'acqua, et passale per la stamegnia; et farai gialla questa compositione col sesanime; poi la mitterai in una padella solo con una pasta sottile di sotto et non di sopra, et darali il focho temperatamente di sotto et di sopra, et quando ti pare meza cotta gli gitterai di sopra, in loco de la crosta, de le lasagne ben minute. Et quando serà cotta abastanza vi metterai suso di bono zuccharo et acqua rosata (Ma 160).

Kürbisse.
Nimm Kürbisse, schäle sie sehr gut, reibe sie, wie du Käse reibst, und laß sie in guter Brühe oder in guter Milch kochen. Und du nimmst so viel frischen Käse, wie in den beiden obigen Kapiteln gesagt wird, außerdem gibst du ein wenig alten Käse hinzu, der gut sein muß, und vermengst den Käse. Du nimmst ein Pfund guten Schweinebauch oder Euter vom Kalb, sehr gut in Wasser gekocht und ganz fein gehackt. Und anstelle dieser beiden obengenannten Dinge kannst du, wenn es dir gefällt und besser erscheint, Butter oder Schmalz verwenden. Gleichzeitig gibst du ein halbes Pfund Zucker hinzu, ein wenig Ingwer und Zimt, dazu ein Glas Milch und sechs Eier. Und wenn besagte Kürbisse dir gar erscheinen, nimm sie aus dem Wasser und treibe sie durch ein Beutelsieb. Du färbst diese Mischung mit *sesanime*[11] gelb. Dann gibst du sie in eine Pfanne, nur mit einem feinen Teig darunter, aber nicht darüber, und gibst ihr mäßig Feuer, von unten wie von oben. Wenn sie dir halb gar erscheint, verteilst du über sie sehr feine Lasagne anstelle von Teig. Und wenn sie recht gar ist, gibst du guten Zucker und Rosenwasser darüber.

[11] *Sesanime* oder vielleicht *sesamine*: ein Farbstoff, den wir nicht identifizieren konnten.

Ein süßer Kuchen aus Italien von köstlichem Geschmack und schöner ockerbrauner Farbe. Lassen Sie Ihre Gäste raten, welche Zutaten in ihm verbacken wurden. Die Wette gilt: Keiner von ihnen wird vermuten, daß er Parmesan enthält!

Und doch verleiht ihm die perfekte Verbindung aus der Süße der gezuckerten und mit Rosenwasser aromatisierten Kürbisse, dem pikanten Geschmack des Zimts, der Schärfe des Ingwers, der Sämigkeit der Butter und dem dosiert herben Geschmack des Parmesans seinen Charme. Die »Lasagne«, die man auf den Kuchen gibt, wenn er halb gar ist, haben nichts mit den Lasagne zu tun, die wir heute kennen, also mit den flachen, großen Nudeln, die in Sauce zubereitet und im Ofen überbacken werden. Hier steht das Wort für eine *Form*. Ein fein ausgerollter Teig wird in *schmale, dünne Streifen* geschnitten, wie jene Lasagne, die man als Verzierung auf den Deckel einer salzigen Torte legt. Hier hat sich die Bedeutung verändert. Später wird man davon sprechen, eine Torte zu »bebändern« (*bander une tourte*), oder davon, sie zu »vergittern« (*grillager*).

KÜRBISKUCHEN

ZUTATEN:

Mürbeteig *(Rezept Nr. 153/2)*
250 g Mehl
125 g Butter
entsprechend Salz und Wasser

Belag
750 g Kürbis
1/4 l Milch
300 g gut abgetropfter frischer Quark
200 g Butter
100 g Zucker
50 g frischer Parmesan, gerieben
4 Eier
1/2 Teelöffel Ingwerpulver
1/2 Teelöffel Zimtpulver
Salz

Guß
2 Eßlöffel Zucker
2 Eßlöffel Rosenwasser

Zubereitung:

Den Teig zubereiten und 1 bis 2 Stunden kalt stellen.

Den Kürbis etwa 1/4 Stunde in der Milch kochen. Die Butter cremig schlagen und unter den Quark mischen, dabei weiterhin gut mit dem Schneebesen rühren. Den Parmesan zugeben, die 100 g Zucker, die geschlagenen Eier und die Gewürze. Den Kürbis zerdrücken und durch ein Sieb passieren. Dann in diese Mischung unterheben.

Den Teig recht dünn ausrollen und eine Backform auskleiden. Den Belag hineingießen und 20 Minuten bei 250 Grad backen. Regelmäßige Streifen aus dem ausgerollten Rest des Teiges schneiden. Den Ofen öffnen und den Kuchen leicht aus der Öffnung ziehen. Die Teigstreifen in Form eines regelmäßigen Gitters über den Belag verteilen.

Wieder in den Ofen schieben und 40 Minuten weiterbacken. Den Backvorgang überwachen. Wenn der Kuchen zu schnell braun wird, mit einer Alufolie abdecken.

Aus dem Ofen nehmen, mit Zucker überstreuen und mit Rosenwasser übergießen.

Leicht lauwarm servieren.

94. Weisse Torte
Tarte blanche

Torta bianca.
Piglia una libra et meza di bono cascio frescho, et taglialo menuto, et pistalo molto bene, et piglia dodici o quindici albume o bianchi d'ova, et macinali molto bene con questo cascio, agiogendovi meza libra di zuccharo, et meza oncia di zenzevero del più biancho che possi havere, similemente meza libra si strutto di porcho bello et biancho, o in loco di strutto altretanto botiro bono et frescho, item de lo lacte competentemente, quanto basti, che serà assai un terzo di bocchale. Poi farrai la pasta overo crosta in la padella, sottile come vole essere, et mectiraila a cocere dandoli il focho a bell'agio di sotto et di sopra; et farai che sia di sopra un pocho colorita per el caldo del focho; et

Weiße Torte.
Nimm eineinhalb Pfund guten frischen Käse, schneide ihn in kleine Stücke, und zerdrücke ihn gut. Nimm zehn oder fünfzehn Eiweiß und vermische sie sehr gut mit diesem Käse. Gib ein halbes Pfund Zucker dazu und eine halbe Unze Ingwer, vom weißesten, den du bekommen kannst. Gib ebenso ein halbes Pfund schönes und weißes Schweineschmalz hinzu, oder anstelle von Schweineschmalz ebensoviel frische und gute Butter, außerdem Milch, gerade so viel, wie nötig, das heißt, gut ein Drittel Pokal. Dann machst du den Teig oder die Kruste in der Pfanne, so fein sie sein kann, und garst [die Torte] auf gute Art mit Feuer oben und unten. Und du

quando ti pare cotta, cacciala fore de la padella, et di sopra vi metterai del zuccharo fino et di bona acqua rosata (Ma 158).

sorgst dafür, daß sie oben ein wenig Farbe bekommt durch die Hitze des Feuers. Wenn sie dir gar scheint, nimm sie aus der Pfanne, und von oben gibst du feinen Zucker und gutes Rosenwasser darüber.

Diese Torte hat eine Farbe, die im Mittelalter für Reinheit und Asketentum steht, und sie ist einer der größten kulinarischen Erfolge von Maestro Martino. Bei unseren mittelalterlichen Essen stieß sie auf große Zustimmung, besonders bei den weiblichen Gästen. Sie ist vielleicht das beste Beispiel dafür, wie man das Rosenwasser in unseren Konditoreien rehabilitieren könnte. Die subtile Nunance dieser Blumenessenz verbindet sich perfekt mit der Schärfe des Ingwers und der kaum süßen Sämigkeit des Frischkäses.

WEISSE TORTE

ZUTATEN:

Mürbeteig *(Rezept Nr. 153/2)*
250 g Mehl
125 g Butter
entsprechend Salz und Wasser

Belag
300 g gut abgetropfter Frischkäse vom Typ Saint-Florentin
oder ein anderer, weniger salziger Käse
(frischer Tomme, frischer Brie de Meaux, Gervais)
6 Eiweiß
125 g Zucker
125 g cremig gerührte Butter
3/4 Teelöffel Ingwerpulver
1/4 l Milch
Salz

Guß
2 Eßlöffel Zucker
1 Schuß Rosenwasser

XV. Umherziehender Händler verkauft Gemüse (Rüben).

XVI. Kürbisernte.

XVII. Melonenernte.

XVIII. Entstielen von unreifen Trauben zur Herstellung von *Verjus*.

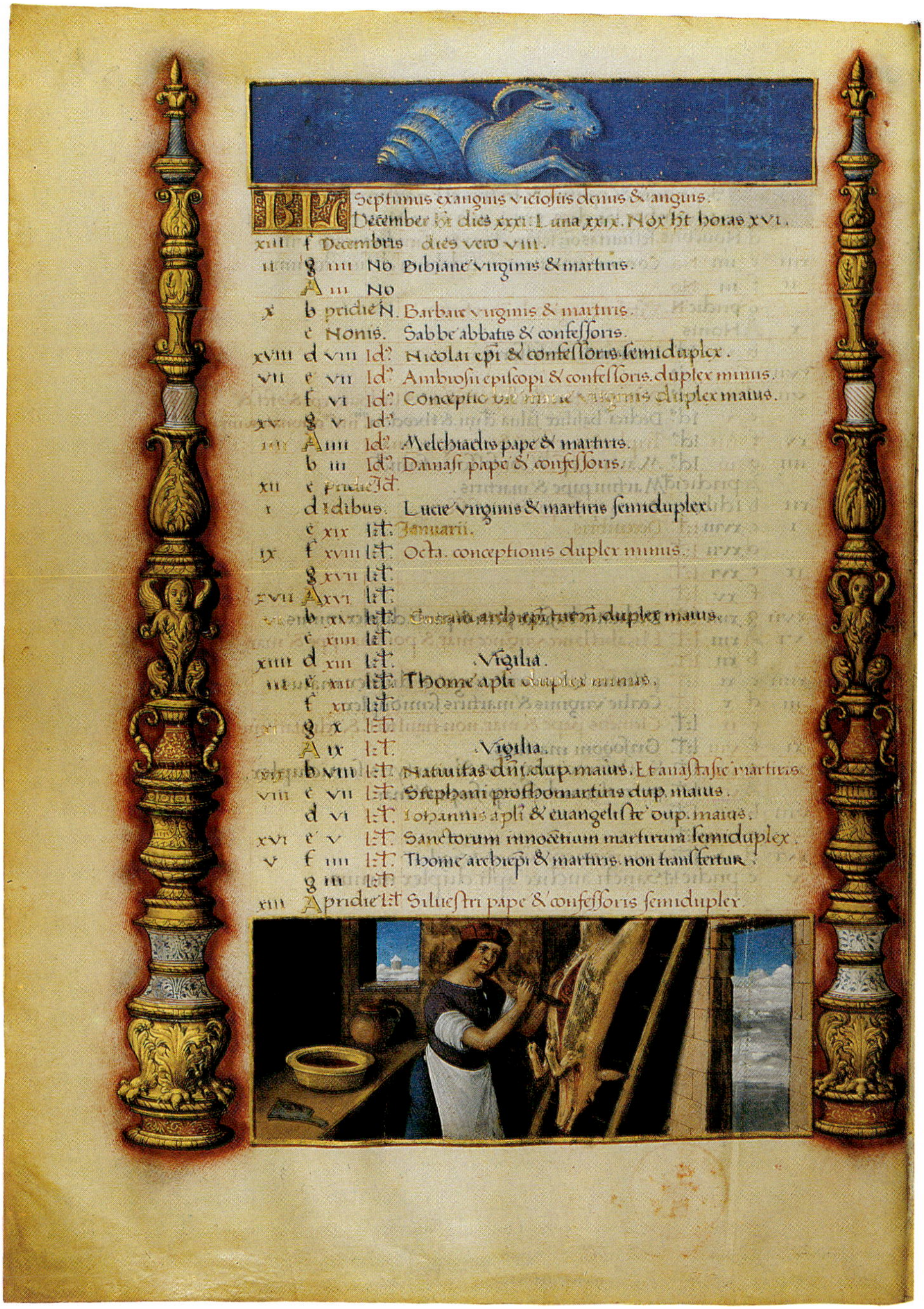

XIX. Im Dezember weidet der Metzger das Schwein aus.

XX. Herstellung von Farben.

XXI./XXII. Fleischliche Versuchungen und Genüsse im Schwitzbad.

XXIII. Fisch in Essig gebeizt.

XXIV. Verkauf von Schlachtabfällen auf der Schlachtbank.

XXV. Galantes sommerliches Mahl:
Galantine vom Huhn und von Taube.

XXVI. Zwiebeln sind unentbehrlich in der Küche und diesem Text zufolge auch für die Liebe.

XXVII./XXVIII. Prunkmahle am Hof von König Alexander.

Zubereitung:

Den Teig vorbereiten und 1 bis 2 Stunden kalt stellen. Inzwischen den Käse zerdrücken und mit dem leicht aufgeschlagenen Eiweiß vermischen. Den Zucker, die Butter und den Ingwer einarbeiten. Gut durchmischen. Diese Masse mit ein wenig Milch auflösen, bis sie eine cremige Konsistenz hat.

Den Teig dünn ausrollen und eine Tortenform mit hohem Rand auskleiden. Den Belag hineingießen und im heißen Ofen (225 Grad) mindestens 1 Stunde backen. Den Backvorgang überwachen: Der Boden muß gut durchgebacken sein, während der Belag nur leicht gebräunt sein darf — es handelt sich um eine *weiße* Torte! Den Belag mit einer Alufolie abdecken, wenn er zu schnell braun wird. Aus dem Ofen nehmen, mit Zucker bestreuen und mit Rosenwasser besprengen.

95. Torte aus Siena
Flan siennois

Tartara alla senese.
Piglia vinti amandole e falle ben bianche he pistale quanto se po. Da poi habi meza libra de zucaro, XII ova he una foglietta di latte he doi quatani de canella he sale asufficientia he mezo quarto de probatura fresca tanto pistata che piu non bisogna pistarla. Dapoi inbrata una tiela de butiro he poi infarinala he desopra gli ponerai la dita compositione. Et pone la tiella sive padella lontano dal foco, coperta, cum foco moderato. Et nota che in la predita compositione ci potrai ponere uno ramaiolo de lasagne cote in bono brodo. He como sia cotto pone desopra zucaro he aqua rosata (Bü 49v-50).

Torte nach Art von Siena.
Nimm zwanzig Mandeln, schäle sie gut und zerstampfe sie so fein wie möglich. Dann brauchst du ein halbes Pfund Zukker, zwölf Eier und einen Krug Milch, zwei *quatani*, [?] Zimt und genügend Salz, ein halbes Quart frische *probatura*, so gut wie möglich zerstampft. Dann bestreiche eine Form mit Butter und mehle sie ein, und darüber gibst du diese Mischung. Setze die Form oder Pfanne weitab vom Feuer auf kleiner Flamme auf und decke sie zu. Bedenke, daß du dieser Mischung eine Schöpfkelle voll Lasagne beigeben kannst, die in guter Brühe gekocht sind. Wenn sie gar ist, gib Zucker darüber und Rosenwasser.

Wir haben dieses Rezept gewählt, weil es das einzige in unseren Büchern ist, von dem gesagt wird, daß es aus Siena stammt. Obwohl es, wie viele Torten der neapolitanischen Sammlung, mit *tartara* überschrieben ist, ähnelt das Gericht vielmehr einem Pudding. Wir finden in ihm keine Analogien zu einem typischen Gericht der heutigen sienesischen Küche, und der *provatura* ist, wie wir gesehen haben (Rezept Nr. 8), eher ein Käse aus dem Süden.

TORTE AUS SIENA

ZUTATEN:

10 geschälte Mandeln
80 g Zucker
6 Eier
1/4 l Milch
2 Eßlöffel gut abgetropfter Frischkäse vom Typ Saint-Florentin oder Mozzarella
5 cl Rosenwasser
6 g Zimtpulver
1 Prise Salz

ZUBEREITUNG:

Die Mandeln im Mixer mahlen.

Den Käse sorgfältig zerdrücken.

In einer Schüssel das Mandelpulver, den Zucker, den Zimt, die Eier und die Milch aufschlagen und den zerdrückten Käse zugeben. Vermischen und salzen.

Eine Form mit sehr hohem Rand buttern und mehlen. Die Masse in die Form gießen. Bei leichter Hitze (150 - 170 Grad oder Stufe 3) 3/4 Stunden backen.

Abkühlen lassen und wenn möglich umstürzen (nicht einfach). Mit Rosenwasser begießen und mit Zucker bestreuen.

96. BECHERPASTETE
DARIOLE

Diriola.
Conciarai la pasta in forma d'un pastello et impiela ben di farina che stia deritta

Dariole.
Forme den Teig zu einer Pastete und fülle ihn gut mit Mehl, damit er recht steif wird,

cocendola in la padella tanto che sia un poco secca. Et facto questo cava fora la ditta farina, et prendirai alcuni rosci d'ova, de lo lacte, del zuccaro, et de la cannella. Et facta di queste cose una compositione la mettirai in la dicta pasta facendola cocere al modo de una torta, movendola tutta volta et volgendola spesso col cocchiaro. Et como tu vidi che incomincia a pigliarsi sopragiogneli un poca d'acqua rosata, et volta bene collo cocchiaro. Et quando serà fornita di prendere, serà cotta. Et nota che non vole cocere troppo et vole tremare como una ionchata (Ma 172).

und erhitze ihn in der Pfanne, damit er ein wenig trocken wird. Wenn das getan ist, schüttest du besagtes Mehl heraus und nimmst einige Eigelb, Milch, Zucker und Zimt. Und du machst aus all dem eine Mischung und gibst sie in besagten Teig, und backst ihn, wie man einen Kuchen backt, rührst dabei häufig mit einem Löffel. Und wenn du siehst, daß es zu dicken beginnt, gib etwas Rosenwasser darüber und rühre gut mit dem Löffel. Und wenn er schließlich vollständig gebunden ist, ist er gar. Und bedenke, daß er nicht zu sehr garen darf, und zittern muß wie eine *ionchata.*

Heute kann man in Haushaltswarenläden und Fachgeschäften für Backartikel noch immer Formen für *darioles* (Becherpasteten) kaufen. Das sind kleine Metallformen mit sehr hohem Rand, die wie ein Becher aussehen. Alle Koch- und Backbücher hatten noch bis in jüngste Zeit ein Rezept für diesen kleinen Milch- oder Mandelpudding, der mit allen Arten von Essenzen parfümiert wurde.

Die Dariole war einer der Klassiker im traditionellen Repertoire der französischen Backkunst. Im Mittelalter sind es allerdings nicht die französischen Traktate, in denen wir etwas über sie erfahren. Ihr Name taucht gerade einmal in gewissen Menüs des *Ménagier de Paris* auf; das einzige französische Rezept, über das wir verfügen, ist unverständlich und stammt aus der 15. Edition des *Viandier* von Taillevent. Und doch überliefert der Autor des *Ménagier de Paris* die Redensart: »Zur französischen Hochzeit gehören Darioles.«

Dafür enthalten englische Texte vielfältige Anweisungen, *darioles, darials* oder *daryols* zuzubereiten. Die italienischen Autoren scheinen keine Ahnung von ihrer Existenz zu haben, den großen Martino natürlich ausgenommen, dessen Rezept wir ausgewählt haben, denn es führt zu einem außergewöhnlichen Resultat und ist sehr präzise. Wie man die Teigplatte vorbackt, indem man sie mit Mehl füllt, damit sie sich nicht verformt; wie man erfährt, ob der Pudding gar ist: Er soll zittern wie eine *ionchata*, sagt er; seine Konsistenz ähnelt also der eines ganz frischen Käses, der in seiner Binsenform geronnen ist. Man sollte übrigens beachten, daß die *diriola* des Maestro Martino eine große Torte ist und dieses Wort noch nicht die individuell portionierten Stücke meint.

BECHERPASTETE

ZUTATEN:

Mürbeteig *(Rezept Nr. 153/2)*
250 g Mehl
125 g Butter
entsprechend Salz und Wasser

Belag
75 cl frische Milch
6 Eigelb
300 g Puderzucker
1 gehäufter Teelöffel Zimtpulver
Rosenwasser

ZUBEREITUNG:

Den Mürbeteig zubereiten und 1 bis 2 Stunden kalt stellen.

Den Teig ausrollen und eine Kuchenform mit sehr hohem Rand auskleiden. Den Teig im heißen Ofen (220 Grad) etwa 20 Minuten blindbacken, dabei mit Bohnen füllen — oder sogar mit Mehl, wie es Maestro Martino vorsieht!

Inzwischen die Eigelb mit Zucker aufschlagen, Milch zugeben und wieder mit dem Schneebesen schlagen. Mit Zimt würzen. Eine kleine Prise Salz zugeben.

Den Belag in den vorgebackenen Teig gießen und in heißem Ofen (220-250 Grad) etwa 1 Stunde backen, den Backvorgang dabei gut beobachten. Wenn die Torte oben zu braun wird, mit einer Alufolie abdecken.

Sobald der Belag dick ist, das heißt, er muß in einem Stück leicht wackeln, wenn man die Dariole anstößt, ist die Torte fertig. Aus dem Ofen nehmen und mit 2 oder 3 Eßlöffeln Rosenwasser besprengen. Randbemerkung: Wir folgen nicht genau der Vorgehensweise von Maestro Martino, der vorschreibt, den Belag während des Garens mit einem Löffel umzurühren. Die Verwendung unserer geschlossenen Backöfen schließt diese Möglichkeit beinahe aus.

97. Pastete aus rohen Birnen
Pâté de poires crues

Pastés de poires crues.
Mises sur bout en pasté, et emply le creux de sucre à trois grosses poires comme ung quarteron de sucre, bien couverte, et dorée d'œufz ou de saffran, et mis au four (VT XV 175).

Pastete von rohen Birnen.
Drei große Birnen werden aufrecht in eine Pastete gestellt und die Hohlräume mit ungefähr einem Quart Zucker gefüllt, gut zugedeckt, mit Eiern oder Safran goldgelb gefärbt und in den Ofen gestellt.

Diese Zubereitung, auf den ersten Blick recht einfach, war, nach der vorgeschriebenen Menge Zucker zu urteilen, wahrscheinlich recht kostspielig.

Wenn man wirklich die Zwischenräume der Birnen mit Zucker füllen will, muß man recht großzügig sein.

Beim Schmoren verwandelt sich der Saft der Birnen in eine Flüssigkeit, die dem Karamel sehr nahekommt. Er macht dieses Gericht zu einer echten Köstlichkeit. Man muß allerdings befürchten, daß das Kunstwerk in sich zusammenbricht, wenn man es aus der Form nimmt. Der Sirup, der während des Backens herausläuft, ist ein so starker Klebstoff, daß es recht schwer ist, die Birnen beim Servieren unversehrt in ihrer Hülle zu belassen.

Pastete aus rohen Birnen

Zutaten:

Für 2 Kuchenformen
Mürbeteig *(Rezept Nr. 153/2)*
500 g Mehl
250 g Butter
entsprechend Salz und Wasser

6 Bergamotte-Birnen
etwa 250 g Puderzucker

ZUBEREITUNG:

Den Teig einige Stunden vorher zubereiten und kalt stellen.

Die Kuchenformen reichlich mit Butter einfetten und dann mit Mehl bestäuben.

Zwei Teigplatten von 1/2 cm Dicke ausrollen.

Die Formen sorgfältig auslegen.

Die Birnen schälen, der Stiel darf nicht entfernt werden. In jede Form drei Birnen nebeneinanderstellen. Die Freiräume mit Puderzucker füllen. Mit Teig abdecken und gut verschließen, die Stiele müssen herausschauen. Sie werden als Kamin dienen, damit der Dampf während des Backens entweichen kann. Mit einem geschlagenen Ei einpinseln.

1 1/2 Stunden bei 200 Grad backen.

Abkühlen lassen, bevor man sie aus der Form nimmt.

98. SCHICHTENTORTE MIT TROCKENFRÜCHTEN
TOURTE À ÉTAGES DE FRUITS SECS

Torta in balconata per dodeze persone. Toy farina più biancha che tu poy avere in quantità de tre libre o toy do onze de zucharo e toy una libra de mandole e XXXVI noce bone e meza libra de uva passa e XXV datali e mezo quarto de garofali e toy bona quantità de late de mandole, toy la farina che tu ay destruta con aqua sì che sia ben spesso e toy la padella e onzella ben de olio e de questa farina fassi crosta ad una polverizata de zucaro e delle dite specie, e toy la noce possa li datali minuzati e l'uva passa ben lavata e garofali russi e tute queste croste su chaschauna la suva parte e poni crosta sopra tute queste cose e sì che sia torta (Fr 53).

Torte in Stufen für zwölf Personen. Nimm drei Pfund vom weißesten Mehl, das du bekommen kannst, und nimm zwei Unzen Zucker, und nimm ein Pfund Mandeln und 36 gute Nüsse und ein halbes Pfund Rosinen und 25 Datteln und ein Viertelquart Nelken. Nimm auch reichlich Mandelmilch, nimm Mehl, gib Wasser hinzu, um einen dichten Teig zu machen. Nimm die Pfanne und fette sie gut mit Öl ein, und aus diesem Mehl mache eine Kruste, mit Zucker und den oben genannten Gewürzen überstreut. Und nimm die Nüsse, dann die kleingeschnittenen Datteln und die gut gewaschenen Rosinen und rote Nelken. Zwischen jede dieser Lagen kommt eine Kruste, und lege eine weitere Kruste über all diese Dinge, damit eine Torte daraus wird.

Diese Schichtentorte könnte man ohne Schwierigkeiten in unsere Kategorie der süßen Desserts einreihen. Sie enthält Trockenfrüchte, für die Ärzte des Mittelalters das gesündeste Obst, und sie ist tatsächlich recht kräftigend. Da sie sehr gehaltvoll ist, ißt man sie in kleinen Mengen. Man macht sie im Winter, weil dann die Trockenfrüchte von besserer Qualität sind; sie paßt auch gut in diese Jahreszeit. Ein großartiges Rezept, das den Verdienst hat, daß es uns beinahe alle Mengenangaben mitteilt. Außerdem kommt es immer sehr gut an.

SCHICHTENTORTE MIT TROCKENFRÜCHTEN

ZUTATEN:

Mürbeteig *(Rezept Nr. 153/2)*
450 g Mehl
200 g Butter
entsprechend Salz und Wasser

Mandelmilch *(Rezept Nr. 150)*
150 g Mandeln
1 l Wasser

Füllung
25 g Zucker
75 g Rosinen
18 Walnüsse
13 Datteln
1,5 g Nelkenpulver

ZUBEREITUNG:

Den Mürbeteig einige Stunden vorher zubereiten und kaltstellen.

Die Rosinen waschen.

Den Teig ausrollen, mit Zucker und Nelken überstreuen, die man mit einem Nudelholz in den Teig drückt. Eine Kuchenform auslegen.

Die Nüsse über die Teigplatte verteilen und mit Mandelmilch begießen. Mit einer weiteren, sehr dünnen Teigplatte bedecken, auch sie mit Zucker und Nelken überstreut.

Die kleingeschnittenen Datteln darüber verteilen und mit Mandelmilch begießen.

Mit einer weiteren Teigplatte bedecken. Die Rosinen verteilen und mit einer letzten Teigplatte bedecken.

Im heißen Ofen (220 Grad oder Stufe 6) 1 gute Stunde oder mehr backen. Als Dessert servieren.

SAUCEN

SAUCES

Die Sauce, *sauce, salsa*, ist das, was den Geschmack, *saveur, sapore* oder *savore* ergibt, all diese Wörter bedeuten dasselbe. Auch der Sud einer Brühe wird so bezeichnet, denn er enthält tatsächlich flüssige Bestandteile (Wein, Mandelmilch, Fruchtsaft) und Gewürzpulver, die dem Gericht Geschmack verleihen und es bestimmen. Folglich können wir dieselben Namen finden, um Brühen und Saucen zu bezeichnen, so etwa Pfeffer-, Kamelin- oder Sarazenensauce.

Das folgende Kapitel ist jedoch jenen Flüssigkeiten gewidmet, die man reine Saucen nennen könnte. Ihre geschmackliche Wirkung kommt erst beim Essen zum Zuge, wenn die Gäste bei Tisch diese oder jene Sauce wählen, um ihren Braten oder das gekochte Fleisch- oder Fischgericht durch diese würzige Beilage zu verfeinern, so, wie wir heute zögern, ob wir Gewürzgurken oder Senf nehmen sollen.

Die Saucen haben eine schöne Farbe und eine schöne Konsistenz, sind geschmacklich eindeutig, häufig sauer oder süß-sauer; sie lassen den Gaumen erwachen.

Von ihrer ästhetischen Funktion haben wir schon gesprochen, man darf jedoch auch ihre diätetische Rolle nicht vergessen. Sie sind meist ohne Fett gebunden, vom Mandelfett abgesehen. Mit ihrer Fruchtigkeit und Würze verleihen sie den Speisen die »Hitze«, die für eine gute Verdauung notwendig ist.

99. KNOBLAUCHSAUCE
AILLÉE

Agliata.
Agliata a ogni carne, toy l'aglio e coxilo sotto la braxa, poi pestalo bene e mitili aglio crudo, e una molena de pan, e specie dolçe, e brodo;

Knoblauchsauce.
Knoblauchsauce für jedes Fleisch.Nimm Knoblauch und gare ihn unter Glut, zerstampfe ihn dann gut und gib rohen

et maxena ogni cossa insema a fala un pocho bolire e dala chalda (Fr 2).

Knoblauch hinzu, Brotkrume, süße Gewürze und Brühe. Zerstampfe all dies miteinander und koche diese Sauce ein wenig. Trage sie heiß auf.

Die Knoblauchsauce wurde in aller Regel mit gekochtem Fleisch und auch in Sud gekochtem Fisch serviert. Folgore de San Gimignano, der Ende des 14. Jahrhunderts das toskanische Jahr in höfischen Sonetten besingt, die vom Lärm der Pferderennen, Jagdpartien, Turniere erfüllt sind, an deren Ende immer ein Bankett steht, rät im Juli zur Knoblauchsauce, »für alle, die sie lieben«, zum gekochten Kapaun und zum Zicklein, nach den Gelees, gebratenem Rebhuhn und jungem Fasan. Knoblauch wird also nicht von den großen Tafeln ferngehalten, wenn er nur durch eine kluge kulinarische Zubereitung verfeinert wird, denn sonst kennzeichnet sein Geruch den Stand der Bauern.

Diese Knoblauchsauce ist einfacher als die anderen, unverfälscht im Geschmack und paßt zu kräftigem Fleisch wie Rind oder Wild.

KNOBLAUCHSAUCE

ZUTATEN:

20 Knoblauchzehen
40 g trockene Brotkrume
1/4 l Bouillon *(Rezept Nr. 152)*

Gewürzmischung (Pulverform)
1/4 Teelöffel Ingwer
1/4 Teelöffel Zimt
1 Prise Nelken
Salz

ZUBEREITUNG:

In Glut oder im Ofen 18 ungeschälte Knoblauchzehen 30 Minuten garen (220 Grad oder Stufe 6), die in Alufolie eingepackt sind.

Die Brotkrume in ein wenig Bouillon einweichen.

Den garen Knoblauch und 2 rohe Zehen schälen.

Alles zerdrücken, das Brot zugeben und alles zusammen zerstampfen, dabei die Gewürze und die Bouillon nach und nach zugeben, bis eine sämige Konsistenz erreicht ist. Salzen, zum Kochen bringen und einige Minuten kochen lassen.

Heiß servieren.

100. WEISSE KNOBLAUCHSAUCE
AILLÉE BLANCHE

Agliata bianca.
Piglia de le amandole monde molto bene et falle pistare, et quando sonno mezze piste metti dentro quella quantità d'aglio che ti pare, et inseme le farai molto bene pistare buttandogli dentro un pocha d'acqua frescha perché non facciano olio. Poi pigliarai una mollicha di pane biancho e mettirala a mollo nel brodo magro di carne o di pesce secundo i tempi; et questa agliata poterai servire et accomodare a tutte le stagioni grasse et magre como ti piacerà (Ma 157).

Weiße Knoblauchsauce.
Nimm sehr gut geschälte Mandeln und laß sie zerstampfen, und wenn sie zur Hälfte zerstampft sind, gib die Menge Knoblauch hinzu, die du willst. Laß alles sehr gut miteinander zerstampfen, indem ein wenig frisches Wasser hineingegossen wird, damit die Mandeln kein Öl abgeben. Dann nimmst du die Krume von Weißbrot und weichst sie in magere Brühe von Fleisch oder Fisch ein, je nach der Zeit. Du kannst diese Knoblauchsauce zu allen fetten oder mageren Zeiten des Jahres auftragen und abwandeln, wie es dir gefällt.

Bei Knoblauchsaucen kann man mit der Schärfe des Knoblauchs den Geschmack regulieren. Mit der Einweichflüssigkeit für das Brot, kann man sich an magere oder fette Tage anpassen und mit der Farbe ihre ästhetische Seite verändern (s. das nächste Rezept). Hier mildert die Mandel elegant die Schärfe des Knoblauchs. Sie können diese Sauce zubereiten, wenn Sie ein Suppenhuhn oder einen Eintopf kochen und dabei die zuvor entfettete Brühe verwenden.

WEISSE KNOBLAUCHSAUCE

ZUTATEN:

70 g Mandeln
3 Knoblauchzehen
1 kleine Scheibe Brot ohne Kruste
40 cl gut entfettete Fleischbouillon *(Rezept Nr. 152)*
Salz

ZUBEREITUNG:

Die Mandeln schälen, zerstoßen oder im Mixer zerkleinern, dabei die Knoblauchzehen unter ständigem Stoßen nacheinander zugeben.

Die Brotkrume in einem Teil der Brühe einweichen, gut zerdrücken, glätten und zu der Mandel-Knoblauch-Paste geben.

Diese Mischung aufschlagen, indem man Brühe zugibt, bis die gewünschte Konsistenz erreicht ist. Vor dem Servieren salzen und abschmecken.

101. ROSA KNOBLAUCHSAUCE
AILLÉE ROSE

Agliata pavonazza.
Sequirai l'ordine del capitolo sopra scripto, excepto che non bisogna gli metti brodo, ma pigliarai dell'uva negra et con le mani la romperai molto bene in una pignatta, o altro vaso; et faralo bollire per meza hora; poi collerai questo mosto, col quale distemperarai l'agliata; et il simele si pò fare con le cerase. Et questa agliata si pò dare al tempo di carne, o di pesce, como si vole (Ma 157).

Rosa Knoblauchsauce.
Du folgst den Anweisungen des vorhergehenden Kapitels. Man muß nur keine Brühe hinzugeben, vielmehr nimmst du schwarze Trauben und zerdrückst sie gut mit den Händen in einem Topf oder einem anderen Behälter. Und du kochst sie für eine halbe Stunde. Dann filterst du diesen Most, mit dem du die Knoblauchsauce auflösen wirst. Dasselbe kann man auch mit Kirschen machen. Diese Knoblauchsauce kann an Fleischtagen oder Fischtagen aufgetragen werden, wie man will.

Martino hat im dritten Kapitel seines Buches dreiundzwanzig Rezepte für Saucen zu bieten, wobei er unter einer Überschrift oft noch Varianten vorschlägt. So unterscheidet sich die Rosa Knoblauchsauce von der vorhergehenden durch ihre Farbe, aber es ist mehr als das.

Der durch Kochen eingedampfte Traubensaft schafft einen subtilen süßen Kontrast.

ROSA KNOBLAUCHSAUCE

ZUTATEN:

70 g Mandeln
3 Knoblauchzehen
1 kleine Scheibe Brot ohne Kruste
40 cl frischer roter Traubensaft, etwa der Saft von 1/2 kg Trauben
Salz

ZUBEREITUNG:

Die Trauben mit der Hand ausdrücken oder auch in einen Mixer geben oder durch eine Gemüsemühle mit feinem Einsatz drehen. Den Saft auf kleiner Flamme 1/2 Stunde kochen, dann filtern.

Die Mandeln schälen, dann zusammen mit den Knoblauchzehen zerstoßen oder im Mixer zerkleinern.

Die Brotkrume in einem Teil des Traubensaftes einweichen, gut zerdrücken und glätten, die Mandel-Knoblauch-Paste zugeben.

Diese Mischung aufschlagen, indem man sie mit dem Traubensaft verdünnt, bis die gewünschte Konsistenz erreicht ist.

Vor dem Servieren salzen und abschmecken.

102. KNOBLAUCHSAUCE ZU FISCH
AILLÉE POUR POISSONS

Aleata.
Aleata, hoc modo: teruntur allea et mica panis et cum lacte amigdalarum uel nucum distemperatur (Tr 390).

Knoblauchsauce.
Knoblauchsauce, auf diese Weise: Der Knoblauch wird zerstoßen und mit in Mandelmilch oder Nußmilch eingeweichter Brotkrume aufgelöst.

Die Geschmeidigkeit dieser Knoblauchsauce ist unvergleichlich, sie ist eine sehr passende Beigabe zu Fisch. Im *Tractatus* wird sie zu Rochen und Stockfisch gereicht.

KNOBLAUCHSAUCE ZU FISCH

ZUTATEN:

160 g recht saubere, halbreife Walnußkerne
1 schöne Weißbrotscheibe ohne Kruste
1/4 l Wasser
3 Knoblauchzehen
Salz

ZUBEREITUNG:

Die Nüsse im Mixer möglichst fein mahlen. Das Wasser zugeben und noch einige Sekunden mixen, bis man eine schöne Paste erhalten hat. Durch eine doppelte Gaze filtern, um eine cremige Milch zu erhalten.

Das Brot in diese Flüssigkeit einweichen.

Den Knoblauch schälen, zerdrücken und fein zerstampfen, bis er ein Püree ergibt.

Das Brot mit der Gabel zerdrücken, um eine Brotmasse zu erhalten. Das Knoblauchpüree zugeben. Salzen, kosten und abschmecken.

Die Konsistenz ist die einer etwas dickeren Sauce. Falls sie zu dick sein sollte, mit ein wenig Wasser verdünnen; im gegenteiligen Fall etwas eingeweichte Brotkrume zugeben.

103. HIMMELBLAUE SOMMERSAUCE
SAUCE BLEU CÉLESTE D'ÉTÉ

Sapor celeste de estate.
Piglia de li moroni salvatiche che nascono in le fratte, et un poche de amandole ben piste, con un pocho di zenzevero. Et queste cose distemperarai con agresto et passarale per la stamegnia (Ma 156).

Himmelblaue Sauce für den Sommer.
Nimm wilde Brombeeren, die in den Hekken wachsen, und einige gut zerstoßene Mandeln mit ein wenig Ingwer. Dann verdünne diese Sachen mit Verjus und treibe sie durch das Beutelsieb.

Diese blaue spätsommerliche Sauce wird Ihre Fleischgerichte im September, zur Erntezeit der Brombeeren, beleben. Das Pektin der Brombeeren macht aus ihr ein schönes nachtblaues Gelee, das optisch wie geschmacklich mit dem weißen Fleisch vom Kalb oder Geflügel harmoniert.

HIMMELBLAUE SOMMERSAUCE

ZUTATEN:

1/2 l Saft von Brombeeren
50 g ungeschälte Mandeln
15 cl Verjus (oder 10 cl Apfelessig, mit 5 cl Wasser vermischt)
1/3 Teelöffel nicht zu trockener Ingwer, zermahlen oder gerieben
Salz

ZUBEREITUNG:

Die Brombeeren in der Gemüsemühle zerdrücken, den Saft filtern. Die Mandeln zusammen mit dem Ingwer zerstampfen oder im Mixer zerkleinern, dann mit dem Brombeersaft vermischen, damit durch Oxidation die dunkelblaue Farbe entsteht.

Alles mit Verjus verdünnen und von neuem filtern.

Salzen und abschmecken.

104. GRÜNE SAUCE
SAUCE VERTE

Salsa viridis.
Salsa viridis hoc modo fit: accipe zinziber, cinamomum, piper, nucem muscatam, gariofilos, petrosillum atque salviam. Terantur primo species, post herbe et ponatur tertia pars salvie et petrosilum, et qui voluerit 3 uel 2 spice de aleis. Distemperentur aceto vel agresta. Nota quod in omni salsamento et condimento, sal est apponendum, et mica panis ad inspissandum (Tr 394).

Grüne Sauce.
Grüne Sauce wird so gemacht: Nimm Ingwer, Zimt, Pfeffer, Muskatnuß, Gewürznelken, Petersilie und Salbei. Zuerst werden die Gewürze zerstampft, dann die Kräuter, ein Drittel Salbei und die Petersilie hinzugegeben und, wenn man will, 2 oder 3 Knoblauchzehen. Man befeuchtet mit Essig oder Verjus. Bedenke, daß man in alle Saucen und alle Würzsaucen Salz und Brotkrume geben muß, damit sie dick werden.

Die grüne Sauce ist ein großer Klassiker der mittelalterlichen Küche; jedes Traktat stellt sie in einem Rezept vor. Sie wurde damals, wie der Senf, von *traiteurs* verkauft und war sehr populär. Sie besteht immer aus verschiedenen aromatischen Kräutern, von denen sie ihren Namen hat, und einer sauren Flüssigkeit wie Essig oder Verjus.

Die letzte Anmerkung in diesem Rezept, daß man in die Saucen Brot als Bindemittel und Salz als Geschmacksbelebung geben muß, ist deshalb interessant, weil sie zeigt, daß die Traktate häufig als Gedächtnisstütze für professionelle Köche konzipiert sind, für die nur das Wesentliche zählt und die natürlich sehr wohl wissen, daß alle Saucen Brot und Salz enthalten.

GRÜNE SAUCE

ZUTATEN:

1 Scheibe altbackenes Landbrot (etwa 40 bis 50 g)
5 Eßlöffel feingehackte Petersilie
2 feingehackte frische Salbeiblätter
1 Prise gemahlener Pfeffer
1 Prise Nelkenpulver
1 Prise geriebene Muskatnuß
1/4 Teelöffel Zimt- und Ingwerpulver
3 Eßlöffel Weinessig
2 Knoblauchzehen (nach Belieben)
10 cl Wasser
Salz

ZUBEREITUNG:

Das Brot in Wasser einweichen. Wenn es aufgequollen ist, mit einer Gabel zerdrücken. Die Kräuter und Gewürze zugeben, außerdem, wenn man will, den zerdrückten Knoblauch, dabei kräftig mit dem Stößel stampfen. So kommt der Geschmack der Kräuter gut heraus, und man erhält ein echtes Püree. Mit Essig verdünnen. Kosten und salzen. Durch ein Sieb passieren und zur Lammkeule oder jedem anderen Braten servieren.

105. GRÜNE SAUCE ZU GEKOCHTEM FLEISCH
SAUCE VERTE POUR VIANDES BOUILLIES

Salza verde a capretto e ad altre carni alesse.
Toy petrosemolo e zenzevro e garofali e fiore de canella e un poco de sale e pista ogni cossa inseme e distempera con bono aceto; fay che sia temperato e non vole stare che se guasta (Fr 44).

Grüne Sauce für Zicklein und anderes gekochtes Fleisch.
Nimm Petersilie, Ingwer, Gewürznelken, Zimtblüte und ein wenig Salz, zerstampfe alle Sachen miteinander und verdünne sie mit gutem Essig. Sorge dafür, daß sie nicht zu scharf wird, auch darf sie nicht stehen, denn dann verdirbt sie.

Hier haben wir eine grüne Sauce, die man — wie sogar im Titel erwähnt — zu gekochtem Fleisch und besonders zu Zicklein ißt. Dieses Rezept aus einem Traktat in venezianischem Italienisch sieht kein Binden mit Brot vor, wie das vorhergehende (Rezept Nr. 104). Wir wissen jedoch, daß ein solcher Hinweis stillschweigend mitgedacht wurde. Wir haben allerdings die Vorschriften wörtlich befolgt; wir haben alle Zutaten gemahlen, ohne ihnen eine Brotmasse zuzugeben und ohne sie durch ein Sieb zu passieren. Nachdem wir die schon feingehackte Petersilie mit einer kleinen Prise grobem Salz im Mörser zerstampft haben, erhielten wir ein echtes Püree, das wir dann mit Essig verdünnt und mit den Gewürzen aromatisiert haben. Der so gewonnene »Saft« der Petersilie hat sein ganzes Aroma an unsere Grüne Sauce abgegeben, wohingegen eine einfache Mischung aus gehackter Petersilie, Essig und Gewürzen nur einen starken Essiggeschmack hat, der sich im Mund durchsetzt. Die Farbe dieser wunderbaren Sauce trübt sehr schnell ein, wie der Autor dieses Rezepts sehr richtig anmerkt. Man sollte sie also kurz vor dem Servieren zubereiten.

GRÜNE SAUCE ZU GEKOCHTEM FLEISCH

ZUTATEN:

Grundmengen für ein Schälchen
4 Eßlöffel Weinessig guter Qualität
3 Eßlöffel feingehackte Petersilie
1 Teelöffelspitze Ingwerpulver
1 Teelöffelspitze Zimtpulver
1 Messerspitze Nelkenpulver
1 Prise grobes Salz

ZUBEREITUNG:

In einem Mörser die Petersilie zusammen mit dem groben Salz zerstampfen, bis man ein saftiges Püree erhält. Die Gewürze zugeben und nochmals zerstampfen. Mit dem Essig verdünnen.

Man erhält eine zwar nicht gebundene aber ausreichend dicke Sauce. Zu jedem kalten oder warmen gekochten Fleisch servieren.

106. ÄUSSERST KÖSTLICHE KAMELIN-SAUCE
SAUCE CAMELINE FORT EXCELLENTE

Savore camelino optimo.
A ffare savore camelino optimo, toy mandole monde e masenale e colali, toy uva passa e canella e garofani un pocho de molena de pan e masena ogni cossa in seme e distempera con agresta ed è fato (F 48).

Beste Kamelin-Sauce.
Um die beste Kamelin-Sauce zu machen, nimm geschälte Mandeln, zerstampfe und filtere sie. Nimm Rosinen, Zimt, Gewürznelken und ein wenig Brotkrume und zerstampfe all dies miteinander. Verdünne es mit Verjus, und schon ist die Sauce fertig.

Die Kamelin-Sauce ist ein Klassiker der mittelalterlichen Tafel. Zusammen mit der Knoblauchsauce und irgendeiner grünen Sauce, wird sie in Frankreich, Italien, England, Katalonien und anderswo beinahe obligatorisch zu allem Gekochten oder Gebratenen gereicht. Der Name Kamelin könnte sich von Kaneel (Zimt) oder der »Kamelhaarfarbe« dieser Zubereitung herleiten, denn alle Saucen wurden nach ihrer Farbe oder dem vorherrschenden Gewürz benannt. Aber wie bei dem Blanc-manger ist es recht schwierig, jenseits der Namensgleichheit sichere Elemente der Definition zu finden, wenn man von der Verwendung von Zimt absieht. Die italienischen Kamelin-Saucen werden mit Nelken kombiniert, während die Franzosen Ingwer nehmen; bei den Engländern und Katalanen variieren die Gewürze noch stärker; Nelken, Ingwer und Muskat finden Verwendung, jedoch steht Zimt immer im Mittelpunkt.

Die Kamelin-Sauce, die wir hier vorstellen, ist süß-sauer, und damit der Geschmack des Zimts vorherrschend bleibt, muß man recht sparsam mit Nelken sein.

Äusserst köstliche Kamelin-Sauce

Zutaten:

70 g geschälte Mandeln
40 g Rosinen
40 g trockenes Brot ohne Kruste
30 cl Verjus (oder 20 cl Apfelessig, mit 10 cl Wasser vermischt)
1 Teelöffel Zimtpulver
1/4 Teelöffel Nelkenpulver
Salz

Zubereitung:

Die Rosinen waschen, dann für 1 Stunde einweichen. Die Mandeln zerstampfen oder im Mixer zerkleinern, dann mit ein wenig Wasser verdünnen. Die gewonnene Mischung filtern. Die Rosinen mit den Gewürzen in den Mixer geben, außerdem mit der zuvor in ein wenig Wasser eingeweichten Brotkrume. Die Mandelmilch mit den Rosinen mischen, dann den Verjus zugeben. Die Zutaten gut verbinden, leicht salzen und abschmecken. Die Konsistenz muß flüssig, die Farbe gleichmäßig kamelfarben sein.

107. Kamelin-Sauce aus Tournai
Sauce cameline de tournai

Cameline.
Nota que à Tournay, pour faire cameline, l'en broye gingembre, canelle et saffren et demye noix muguette: destrempé de vin, puis osté du mortier; puis aiez mie de pain blanc, sans bruler, trempé en eaue froide et broyez au mortier, destrempez de vin et coulez, puis boulez tout, et mettez au derrain du succre roux: et ce est cameline d'yver. Et en esté la font autelle, mais elle n'est point boulie (MP 230).

Kamelin-Sauce.
Nota, daß man in Tournay, um Kamelin-Sauce zu machen, Ingwer, Zimt, Safran und eine halbe Muskatnuß mahlt. Man verdünnt mit Wein, gießt es dann aus dem Mörser. Nehmt dann die Krume von Weißbrot, das nicht geröstet [sondern] in kaltem Wasser eingeweicht wurde. Zerstoßt es in einem Mörser, verdünnt mit Wein, filtert und kocht alles und gebt zum Schluß braunen Zucker dazu. Dies ist eine Kamelin-Sauce für den Winter. Im Sommer macht man sie genauso, aber sie wird nicht gekocht.

Hier haben wir ein Beispiel für eine französische Kamelin-Sauce dem *Ménagier de Paris* entnommen. Unsere Experimente mit der mittelalterlichen Küche haben uns oft davon überzeugt, daß die italienischen Kamelin-Saucen den französischen überlegen waren, vielleicht weil sie häufig eine süße Zutat enthielten, die in anderen Versionen fehlt. Wie dem auch sei, diese Kamelinsauce aus Tournai, die man zu gegrillten Makrelen servieren soll, perfektioniert den Geschmack dieses Fischs. Liegt es daran, daß sie, im Gegensatz zu den anderen französischen Versionen, auch ein wenig Zucker enthält?

Kamelin-Sauce aus Tournai

Zutaten:

1/2 Scheibe Landbrot
30 cl Weißwein
1/2 Teelöffel Ingwerpulver
1 Teelöffel Zimtpulver
einige Safranfäden
2 oder 3 Teelöffel feiner, brauner Kristallzucker
Muskatnuß
Salz

Zubereitung:

Die Brotscheibe in Stücke schneiden und in 1/4 l Wasser einweichen.

Die Gewürze und den Wein auflösen.

Wenn das Brot gut weich ist, aus dem Wasser nehmen und mit einem Stößel oder einer Gabel zerdrücken, die Mischung aus Wein und Gewürzen zugeben.

Alles durch ein Sieb passieren.

Aufkochen und auf kleiner Flamme einige Minuten kochen lassen, bis es dickt.

Salzen und dann je nach Geschmack Zucker zugeben.

Zu gegrilltem Fisch servieren.

108. SCHWARZER PFEFFER
POIVRE NOIR

Poivre noir. Broiés gingembre et pain brullé et poivre, deffaites de vin aigre et de verjus et faites boullir (VT BN Scul 227).	**Schwarzer Pfeffer.** Mahlt Ingwer mit geröstetem Brot und Pfeffer, verdünnt dann mit Essig und Verjus und laßt es kochen.

Das denkbar einfachste Rezept für eine Sauce. Damit ihr Aussehen auch ihrem Namen gerecht wird, rät der Autor, sie mit dunkel geröstetem Brot zu binden. Wir haben sie mit einem gegrillten Rinderbraten versucht, und sie kam sehr gut an.

SCHWARZER PFEFFER

ZUTATEN:

1 Scheibe Landbrot
10 cl Verjus (oder 5 cl Apfelessig, mit 5 cl Wasser vermischt)
1 Eßlöffel Weinessig
1/4 Eßlöffel gemahlener schwarzer Pfeffer
1/4 Teelöffel gemahlener Ingwer
Salz

ZUBEREITUNG:

Das Brot toasten, bis es sehr dunkel ist.

In dem Verjus und dem Essig einweichen, bis es vollkommen aufgelöst ist.

Mit der Gabel zerdrücken und Gewürze zugeben. Aufsetzen und bei kleiner Flamme aufkochen lassen.

Mit dem Kochlöffel beim Garen umrühren, bis sie dickt. Salzen. Man kann sie, wenn man eine homogenere Sauce möchte, durch ein Sieb passieren.

109. GELBER ODER SÄUERLICHER PFEFFER
POIVRE JAUNET OU AIGRET

Poivre jaunet ou aigret.
Prenez gingembre, safren, puis preignel'en pain rosty deffait d'eaue de char (et encores vault mieux la meigre eaue de choulx), puis boulir, et au boulir mettre le vinaigre (MP 232).

Gelber oder säuerlicher Pfeffer.
Nehmt Ingwer, Safran und geröstetes Brot, das in Fleischbrühe eingeweicht wurde (oder besser noch in magere Kohlbrühe), und kocht es, beim Kochen den Essig beigeben.

Trotz ihres Namens, enthält die Version, die der *Ménagier de Paris* uns von dieser Sauce gibt, keinen Pfeffer, aber sie ist gelb! Das Wort »Pfeffer« (*poivre*)bedeutet hier, wie im letzten Rezept, ganz einfach »Sauce«. Der Gelbe Pfeffer gehört zu den klassischen »gekochten Saucen«, die in allen französischen Traktaten des Mittelalters vorkommen. Wir empfehlen ihn besonders zu fettem Fleisch, weil er den Geschmack hebt und die Verdauung erleichtert.

GELBER ODER SÄUERLICHER PFEFFER

ZUTATEN:

1 schöne Scheibe Landbrot
15 cl Fleischbouillon *(Rezept Nr. 152), oder Kohlbrühe, oder Wasser*
5 cl guter Essig
1/2 Teelöffel Ingwerpulver
1 gute Prise Safranfäden
Salz

ZUBEREITUNG:

Die Brotkruste entfernen und das Brot toasten. In Bouillon einweichen.

Das Brot sorgfältig zerdrücken, die Gewürze zugeben und die Brotmasse aufsetzen. Wenn sie aufkocht, den Essig zugeben und auf kleiner Flamme kochen, bis sie dickt. Salzen und abschmecken. Man kann sie auch, wenn man eine homogenere Sauce will, durch ein Sieb passieren.

Das Fleisch oder den Fisch damit übergießen und servieren.

110. PFEFFERSAUCE OHNE PFEFFER
POIVRADE SANS POIVRE

De la peverada.
Togli pane abbrusticato, un poco di zaffarano che non colori, spezie e fegati triti e pesti nel mortaio, e distempera con aceto o vino e bruodo predetto, e fàllo dolce o acetoso, come tu vuoli. E tale peverata si può dare con carne domestica, salvatica e con pesce (Za 42).

Über die Pfeffersauce.
Nimm geröstetes Brot, ein wenig Safran, der nicht färbt, Gewürze und Leber, die gehackt und im Mörser zerstoßen wurde. Verdünne dies mit Essig oder Wein und besagter Brühe. Mache diese Pfeffersauce süß oder sauer, wie du willst. Man kann sie zu Schlachtfleisch, Wild oder Fisch geben.

Der Titel, den wir diesem Rezept gegeben haben, ist etwas herausfordernd, denn der Oberbegriff »Gewürze« könnte ja durchaus auch den Pfeffer umfassen, von dem das Buch reichlich Gebrauch macht. Aber es bleibt ungewöhnlich, daß er nicht eigens erwähnt wird; daher fällt diese Pfeffersauce recht unterschiedlich zu jener aus, die im *Liber de coquina* steht, und die Pfeffer und Safran enthält, aber keine Leber. Wir haben für den Ausdruck »Safran, der nicht färbt« keine Erklärung gefunden. Ist es eine besondere Sorte oder nur der Hinweis, daß der Safran hier seines Aromas und nicht seiner Farbe wegen genommen wird? Wir haben den gewöhnlichen Safran verwendet. Diese Sauce ist leicht bitter und paßt eher zu kräftigem Fleisch.

PFEFFERSAUCE OHNE PFEFFER

ZUTATEN:

2 Scheiben getoastetes Brot
150 g Geflügel- oder Schweineleber
5 cl Wein
5 cl Bouillon *(Rezept Nr. 152)*
5 oder 6 Safranfäden
1 Prise Zimtpulver
1 Messerspitze Muskatnußpulver
1 Prise gemahlener Pfeffer
Salz

ZUBEREITUNG:

Die Leber, in Alufolie eingepackt, im Ofen backen. Inzwischen das Brot toasten.

Die Leber zusammen mit dem Brot und den Gewürzen hacken, dann dieses Haschee mit dem Wein und der Bouillon verdünnen, bis man eine glatte und flüssige Paste erhält. Salzen und abschmecken. Je nach Geschmack eventuell ein wenig Zucker oder Süßwein zugeben.

111. JANCE

Une jensse.
Pour donner entendement a celluy qui fera ledit jensse si prenne de beau et bon pain de bouche grant quantité selon ce qui en vouldra fayre et si le gratuse bien et appoint sur ung beau mantil; puis prenne une oulle belle clere et necte et coulle dedans du boullon gras du beuf et du mouston, et advise qu'il ne soit tropt salé; et puis prenne des oefs et mesle avecques ledit pain et puis cela mecte dedans ledit boullon doulcement en menant tousjours a une belle cuillier de bois; et aussy mecte ses espices dedans, c'est assavoir gingibre blanc, grane de Paradis, et ung pou de poyvre, et du saffran pour luy donner couleur, et si l'agouste de verjust; et si face tout ce boullir ensemble et puis en drece (Ch 182).

Eine Jance.
Um dem Verständnis zu geben, der besagte Jance machen will: Er soll viel schönes und gutes Mundbrot, je nachdem, wieviel er machen will, nehmen und es gut und sauber über einem schönen Tuch reiben. Dann soll er einen recht sauberen und blanken Topf nehmen und fette Brühe vom Rind oder Hammel hineingießen, darauf achtend, daß sie nicht zu stark gesalzen ist. Dann soll er Eier nehmen, sie mit besagtem Brot vermischen und das langsam in die Brühe geben, indem er stetig mit einem schönen Holzlöffel rührt. Er soll auch Gewürze hinzugeben, als da sind: weißer Ingwer, Paradieskörner und ein wenig Pfeffer, und Safran, um ihr Farbe zu geben, dann noch Verjus, um den Geschmack würziger zu machen. Er soll alles miteinander kochen lassen und auftragen.

Die *Jance* ist eine »französische« Sauce von heller Farbe, die immer Ingwer enthält, bei der aber die anderen Zutaten beträchtlich variieren können. Der *Ménagier de Paris* hat eine Version auf Kuhmilch-Basis, die nichts anderes als eine mit Ingwer gewürzte Eier-Sauce ist. Die Jance von Chiquart enthält zahlreiche Gewürze, aber für den vorherrschenden Geschmack ist Safran verantwortlich, der ihr gleichzeitig noch eine glänzend goldene Färbung verleiht. Ihr ungewohnter Geschmack paßt gut zu gegrilltem Fleisch.

JANCE

ZUTATEN:

2 schöne Scheiben trockenes Landbrot
1 Ei
25 cl Bouillon *(Rezept Nr. 152)*
5 cl Verjus
(oder 2 Eßlöffel Apfelessig, mit 2 Eßlöffeln Wasser vermischt)
1/2 Teelöffel im Mörser gemahlener Malaguettapfeffer
1/4 Teelöffel Ingwerpulver
1/4 Teelöffel gemahlener Pfeffer
1 gute Prise Safranfäden
Salz

ZUBEREITUNG:

Das Brot zerkleinern, indem man es durch eine Gemüsemühle dreht oder in den Mixer gibt. Das Ei mit dem Schneebesen schlagen und zum Brot geben. Es braucht einige Augenblicke, um sich mit dem Ei vollzusaugen. Die Bouillon mit dem Schneebesen untermischen. Die Gewürze vermengen und zu der Masse geben, dann den Verjus oder die Essig-Wasser-Mischung dazugießen.

Aufsetzen und unter ständigem Rühren mit dem Kochlöffel aufkochen. Sobald es dickt, vom Feuer nehmen. Salzen, kosten und servieren.

112. SAUCE ZU FERKEL- ODER GÄNSEBRATEN
SAUCE POUR PORCELET ET OIE RÔTIS

Del savore con la grua.
Togli il fegato de la grua e arrostilo sulla bragia; poi piglia bone spezie, maggiorana, zaffarano e il detto fegatello, e pesta bene ogni cosa insieme, e due tuorla d'ova metti con essi, e distempera con buono vino e un poco d'aceto; poi mettivi un poco di mosto cotto, acciò che sia acro dolce.

Über die Sauce zum Kranich.
Nimm die Leber des Kranichs und röste sie auf der Glut. Nimm dann gute Gewürze, Majoran, Safran und besagte Leber. Zerstoße all dies gut miteinander und gib zwei Eigelb hinzu, verdünne mit gutem Wein und ein wenig Essig. Gib dann etwas gekochten Most hinzu, damit es süß-sauer werde.

Savori per papari et per porchetta.
Fa come detto è di sopra, eccetto il vino cotto. Et il grasso che cola del paparo, mettilo nel savore. Simile fà colla porcella arrostita; e se non vuoli fare tale savore fà salsa verde (Za 80).

Saucen zu Gänsen und zum Ferkel.
Tu, wie es oben gesagt ist, den gekochten Wein ausgenommen. Das aus der Gans fließende Fett gib in die Sauce. Verfahre genauso mit gebratenem Ferkel. Wenn du aber eine solche Sauce nicht machen willst, mache grüne Sauce (Za 80).

Das ist eine Sauce, die man allen Braten anpassen kann; sie zeigt, wie flexibel man in kulinarischen Dingen war und mit welcher Hingabe man nach einem neuen Geschmack forschte; süß-sauer zum Kranich, sauer zur Gans und zum Ferkel. Diese Sauce weist auch, wenn man sich die letzte Bemerkung anschaut, auf recht freie Gepflogenheiten bei Tisch hin. Allerdings dürfen wir nicht verschweigen, daß man in der Sammlung, aus der dieses Rezept stammt, die grüne Sauce nicht findet. Wir schlagen also eine Anleihe aus einer anderen Sammlung vor, denn das Prinzip der grünen Sauce war überall gleich: zerstampfte Kräuter, in einer sauren Flüssigkeit gelöst (Rezept Nr. 104).

Weil der Kranich auf unseren Märkten rar geworden ist, schlagen wir vor, diese Sauce zu einer gebratenen Gans zu reichen.

SAUCE ZU FERKEL- ODER GÄNSEBRATEN

ZUTATEN:

Leber und Fett der gebratenen Gans
1 Eigelb
5 cl Wein
1 Teelöffel Essig
1/2 Teelöffel frischer oder getrockneter Majoran
5 oder 6 Safranfäden
1 Prise Zimtpulver
1 Prise gemahlener Pfeffer, Salz

ZUBEREITUNG:

Die Leber, die im Geflügel mitgebraten wurde, hacken und mit dem Wein, dem Eigelb, dem Essig und ein wenig von dem aufgefangenen Gänsefett vermischen. Den Majoran hacken und zusammen mit den Gewürzen zu dieser Mischung geben.

Salzen und in einer Saucenschüssel getrennt servieren.

113. Sauce mit blauen Trauben
Sauce au raisin noir

Sapor de uva.
Habi de la bona uva negra et rompila molto bene in un vaso, rompendo con essa un pane o mezo secundo la quantità che voi fare, et mettevi un pocho di bono agresto, overo aceto, perché l'uva non sia tanto dolce. Et queste cose farai bollire al focho per spatio di meza hora, agiongendovi de la cannella et zenzevero, et altre bone spetiarie (Ma 155).

Sauce von Trauben.
Du brauchst gute, dunkle Trauben und presse sie sehr gut in ein Gefäß, in das du gleichzeitig ein Brot oder ein halbes brockst, je nach der Menge, die du machen willst. Und gib ein wenig guten Verjus oder Essig hinzu, damit der Traubensaft nicht zu süß wird. Und dies läßt du auf dem Feuer für eine halbe Stunde kochen, indem du Zimt, Ingwer und andere gute Gewürze hinzugibst.

Wenn man Martino folgt, kann man aus den meisten saftigen Früchten, die im Mittelalter existierten, eine Sauce machen, die Traube wurde jedoch am häufigsten verwendet.

Die Sämigkeit der Sauce reguliert man, indem man die Brotmenge verändert. Man muß allerdings berücksichtigen, daß die Sauce beim Erkalten wesentlich dicker wird.

Sauce mit blauen Trauben

Zutaten:

1 schöne Scheibe Brot (oder 20 g trockenes Brot)
3/4 l Saft von blauen Trauben, etwa der Saft von 1 kg Trauben
10 cl Verjus (oder Essig)
1/3 Teelöffel Zimtpulver
1/3 Teelöffel Ingwerpulver
1 Prise Pfeffer
1 Prise Kardamom
Salz

Zubereitung:

Die Trauben mit der Hand ausquetschen oder in den Mixer geben oder durch die Gemüsemühle mit feinem Einsatz drehen, den Verjus oder Essig zugeben und filtern.

Das Brot in einem kleinen Teil dieser Flüssigkeit einweichen, dann zerdrücken und glätten.

Den Rest der Flüssigkeit und die Gewürze zugeben. Salzen.

Aufsetzen und 1/2 Stunde einkochen lassen, dabei ständig mit dem Kochlöffel rühren, damit das Brot nicht am Boden des Topfes anhängt.

Abschmecken und servieren.

114. SAUCE MIT BACKPFLAUMEN SAUCE AUX PRUNEAUX

Sapor de progna secche.
Habi le progne e mittile a moglio nel vino rosso, et cavagli fora l'ossa, e pistarale molto bene con un poche de amandole non mondate, et un pocho di pane rostito, o bruschulato, stato a moglio nel preditto vino dove erano le progne. Et tutte queste cose pistarai inseme con un pocho d'agresto, et de questo vino sopra ditto, et un pocha di sapa, overo zuccharo, che serrebe molto meglio, distemperarai et passerai per la stamegnia mettendovi dentro di bone spetie, spetialmente de la cannella (Ma 154).

Sauce aus gedörrten Pflaumen.
Nimm die Pflaumen und lege sie zum Einweichen in Rotwein. Nimm die Steine heraus und zerstoße die Pflaumen sehr gut mit einigen nicht geschälten Mandeln und ein wenig gebratenem oder geröstetem Brot, das in dem besagten Wein eingeweicht war, in dem auch die Pflaumen waren. Und all dies wirst du zusammen zerstoßen, mit ein wenig Verjus, dem oben genannten Wein und ein wenig gekochtem Most oder Zucker, welcher viel besser wäre. Du verdünnst alles und treibst es durch das Beutelsieb und gibst dazu gute Gewürze, vor allem Zimt.

Diese Saucenvariante mit Trockenfrüchten von Martino kann man sehr gut zu Braten von hellem Fleisch essen, sie paßt vor allem zu Kaninchenbraten.

SAUCE MIT BACKPFLAUMEN

ZUTATEN:

12 Backpflaumen
50 g ungeschälte Mandeln
1 schöne Scheibe getoastetes Brot
25 cl Rotwein

5 cl Verjus
(oder 2 Eßlöffel Zitronensaft, mit 2 Eßlöffeln Wasser vermischt)
1 gehäufter Eßlöffel Zucker

Gewürzmischung (Pulverform)
1 Teelöffel Zimt
1 Prise Ingwer
1 Prise Kardamom
Salz

ZUBEREITUNG:

Die Backpflaumen waschen, dann für einige Stunden in Rotwein einweichen.

Die Mandeln mahlen. Die Pflaumen entsteinen und zerdrücken. Das getoastete Brot im Wein einweichen, in dem die Pflaumen eingelegt waren, dann zerdrücken.

Das alles mischen, dabei den Zucker und die Gewürze zugeben und mit dem Rotwein und dem Verjus verdünnen, bis man die richtige Konsistenz erreicht hat. Durch ein Sieb passieren.

Salzen und abschmecken.

115. SENF
MOUTARDE

Moustarde.
Se vous voulez faire provision de moustarde pour garder longuement, faites-la en vendenges de moulx doulx. Et aucuns dient que le moust soit bouly. *Item*, se vous voulez faire moustarde en un village à haste, broyez du senevé en un mortier et deffaictes de vinaigre, et coulez par l'étamine; et se vous la voulez tantost faire parer, mettez-la en un pot devant le feu. *Item*, et se vous la voulez faire bonne et à loisir, mettez le senevé tremper par une nuit en bon vinaigre, puis le faites bien broyer au moulin, et bien petit à petit destremper de vinaigre: et se vous avez des espices qui soient de remenant de gelée,

Senf.
Wenn Ihr einen Vorrat von Senf, der sich lange hält, machen wollt, macht ihn mit dem süßen Most der Weinlese. Manche sagen, man soll den Most kochen. *Item*, wenn Ihr den Senf eilig [in einem Dorf?] machen wollt, mahlt das Senfkorn in einem Mörser und löst es mit Essig auf, treibt es dann durch das Beutelsieb. Wenn Ihr ihn bald verwenden wollt, gebt ihn in einen Topf in der Nähe des Feuers. *Item*, wenn er Euch jedoch gelingen soll, nehmt Euch die notwendige Zeit, weicht das Senfkorn in gutem Essig eine Nacht über ein, laßt ihn dann in einer Mühle gut mahlen

de claré, d'ypocras ou de saulces, si soient broyées avec et après la laissier parer (MP 229).

und befeuchtet ihn nach und nach mit Essig. Wenn ihr Gewürze von einem Gelee, Hippokras oder Saucen übrig habt, sollen sie mitgemahlen werden. Danach laßt ihn reifen.

Der Senf war von den mittelalterlichen Würzsaucen am populärsten und seit altersher überall bekannt. Das sollte so bleiben, denn nach dem Pfeffer ist er heute, der weltweiten Produktionsmenge nach zu urteilen, der wichtigste Würzstoff. Dieses Rezept aus dem *Ménagier de Paris* gibt Aufschluß über die Etymologie seines französischen Namens: *moutarde* ist, wörtlich genommen, ein *moût ardent«*, also ein »Most, der brennt«. Die Paste, die lange Zeit durch das Mahlen des Senfkorns mit Traubensaft gewonnen wurde, führte zu diesem Namen. Senf heißt aber sowohl das Korn der *Sinapis alba*, »weißer Senf« genannt, wie auch das der *Brassica nigra*, »schwarzer Senf« genannt. Obwohl sie unterschiedliche Würzelemente haben — *Brassica nigra* ist brennend, *Sinapis alba* stechend —, werden sie oft verwechselt, und der heutige scharfe Senf ist oft Ergebnis der Verwendung beider Körner, wodurch ihre jeweiligen Eigenschaften ausgeglichen werden. Der weiße Senf stammt aus dem Mittelmeerraum, während das kleine schwarze Korn der *Brassica nigra* wahrscheinlich aus dem Iran und Kleinasien kommt. Aber beide wurden seit alters her in unseren Breiten angebaut, schon die Römer schätzten den Senf als Würzsauce.

Sie können dieses Rezept also mit beiden Kornarten umsetzen. Man findet sie mühelos in guten Feinkostgeschäften, bei Gewürzhändlern und an den Gewürzständen auf dem Markt wie auch in orientalischen Lebensmittelgeschäften. Man kommt aber wohl leichter mit dem gelben Korn der *Sinapis alba* zurecht als mit den härteren Körnern der *Brassica nigra*, die schwieriger aufzuweichen und zu mahlen sind. Aber wie immer Sie sich entscheiden mögen, Sie sollten Ihren Senf, wenn er einmal gemahlen ist, mehrere Tag ruhen lassen, bevor Sie ihn probieren. Sie sollten ihn in einem geschlossenen, lichtgeschützten Gefäß aufbewahren; unserer Ansicht nach ist der Kühlschrank der beste Aufbewahrungsort für ihn. Im Senf ist Sinigrin enthalten, das durch die Auflösung im Wasser die Essenz produziert, die dem Senf das pikante Aroma gibt. Diese Essenz ist jedoch bitter und muß deshalb mehrere Tage reifen, um die Bitterkeit zu verlieren.

Wir haben nach den Ratschlägen des *Ménagier de Paris* einen köstlichen Senf mit Essig und Gewürzen hergestellt, und zwar mit den Körnern des weißen Senfs. Nicht unerwähnt sollte bleiben, daß der Autor des *Ménagier de Paris*, als sparsames Familienoberhaupt um eine vernünftige Haushaltsführung besorgt, den Rat gibt, für den Senf solche Gewürze zu verwenden, die schon für die Zubereitung von Gelees oder gewürzten Weinen wie Clairet oder Hippokras verwendet worden waren.

SENF

ZUTATEN:

250 g Senfkörner (weißer Senf)
etwa 40 cl Essig hervorragender Qualität, wenn möglich aus Weißwein
1 Teelöffel Schwarzes Gewürz *(Rezept Nr. 150)*
Salz

ZUBEREITUNG:

Die Senfkörner über Nacht in den Essig einweichen, die Flüssigkeit so bemessen, daß sie die Senfkörner um 1/2 Finger übersteigt.

Am nächsten Tag prüfen, ob sie aufgequollen sind. Man muß sie zwischen zwei Fingern leicht zerreiben können.

In den Mixer geben, bis man eine sehr dicke Paste erhält. Mit ein wenig Essig verdünnen. Wenn die Körner noch nicht ausreichend zerquetscht sind, noch einmal mixen. Wieder mit Essig verdünnen, bis man eine gute Konsistenz erreicht hat, die weder zu dick- noch zu dünnflüssig sein sollte.

Salzen, die Gewürze zugeben und probieren. Abschmecken; der Senf muß gut gesalzen sein.

In ein Glas gießen. Mit einem Deckel schließen und für 8 bis 10 Tage in den Kühlschrank stellen. Dann kann man ihn essen.

EIERSPEISEN

ŒUFS DE DIVERS APPAREILS

Sie finden hier gesondert einige Rezepte für Eierspeisen. Das soll nicht darüber hinwegtäuschen, daß das Ei im Mittelalter, wie heute auch, ein Nahrungsmittel war, auf das jede Hausfrau zurückgreifen konnte. Nach der Überlieferung wurden Eier damals schon vielfach beim Kochen verwandt.

Erinnern wir auch daran, daß das Ei für die Mehrzahl der Torten, ob mit Fleisch oder Fisch, süß oder salzig, wie auch für gewisse Saucen als Bindemittel diente. Man dürfte also an solchen Tagen ein wenig in Verlegenheit gewesen sein, als das strengere Fastengebot den Verzehr aller tierischen Produkte, also auch Eier, verbot ... Kurz, eine echte Buße!

Die wissenschaftlichen Texte der Agronomen und Heilkundler schrieben dem Hühnerei zahlreiche Eigenschaften zu. Durch den Kontrast zwischen Weiß und Gelb harmonisch ausgewogen, ist es fast jedem zuträglich und fördert die Potenz. Aber man muß die richtige Garmethode wählen: Auf der Glut geröstet, ist es besser als in der Asche gegart, in Wasser pochiert (ohne Schale) besser als in der Pfanne gebraten.

116. EIER MIT ZWIEBELN
CIVET D'ŒUFS

Civés d'œufs.
Pochez œufs à l'uille, puis aiez oignons par rouelles cuis, et les friolez à l'uille, puis mettez boulir en vin, vertjus et vinaigre, et faite boulir tout ensemble; puis mettez en chascune escuelle trois ou quarte œufs, et gettez vostre brouet dessus, et soit non liant (MP 174).

Eier mit Zwiebeln.
Pochiert die Eier in Öl. Dann nehmt in Ringe geschnittene und gegarte Zwiebeln, bratet sie in Öl, setzt sie in Wein, Verjus und Essig zum Kochen auf und laßt alles miteinander kochen. Gebt dann in jede Schale drei oder vier Eier und gießt Eure Brühe darüber. Sie muß nicht gebunden werden.

Eine köstliche Art, den ewigen Spiegeleiern etwas Neues entgegenzusetzen; ist dieses Rezept nicht ein Vorläufer der *œufs en meurette à la bourguignonne* (»Eier in Burgundersauce«), die so berühmt wie nahrhaft sind? Auf dem Sonnengelb der Eier ist das rubinrote Zwiebelkompott ein wahrer Augenschmaus. Und auch der Geschmack kommt bei dieser Verbindung nicht zu kurz, in der die Lieblichkeit des Eigelbs sich mit der milden Säure der Zwiebelbrühe vermählt.

EIER MIT ZWIEBELN

ZUTATEN:

4 besonders frische Eier
2 Zwiebeln
1/2 l guter, recht leichter Rotwein, etwa Gamay de Touraine
1 Eßlöffel guter Weinessig
5 cl Verjus
(oder der Saft von 1/2 Zitrone, mit 2 Eßlöffeln Wasser verlängert)
Olivenöl
Salz

ZUBEREITUNG:

Die Zwiebeln schälen und in Ringe schneiden. Unter Wasserdampf oder in Wasser 5 bis 7 Minuten kochen.

In einem kleinen Schmortopf 2 Eßlöffel Olivenöl erhitzen und die Zwiebeln 10 Minuten anbraten, bis sie leicht Farbe angenommen haben. Den Wein, den Verjus (oder Zitronensaft) und den Essig zugeben und aufkochen lassen. Kochen, bis die Flüssigkeit auf 1/4 der Menge eingedickt ist. Man muß ein leicht flüssiges Zwiebelmus erhalten. Nach Geschmack salzen.

Wenn die Sauce fast fertig ist, etwas Öl in einer Pfanne erhitzen und die Eier wie Spiegeleier braten, ohne daß sie verlaufen. Auf warme Teller setzen, zuvor möglichst viel Öl abtropfen lassen. Dann mit der Zwiebelsauce übergießen.

117. Eier in Senfsauce
Œufs à la moutarde

Soupe en moustarde.
Prennés des œufs pochiés en huille tous entiers sans esquaille, puis prennés d'icelle huille, du vin, de l'eau, de oingnons fris en huille, boullés tout ensemble; prennés lèches de pain halé sur le gril, puis en faites morssiaux quarrés, et metés boulir aveques; puis hastés vostre boullon, et ressuiés vostre soupe; puis la verssés en un plat; puis de la moustarde dedans vostre boullon, et la boullir; puis metés vos souppes en vos escuelles, et metés dessus (VT BN Scul 150).

Brotschnitte in Senf.
Nehmt Eier, die ganz und ohne Schale in Öl gesotten wurden. Nehmt dann dieses Öl, außerdem Wein, Wasser, in Öl gebratene Zwiebeln und kocht alles miteinander. Nehmt auf dem Rost gebratene Brotschnitten, macht daraus viereckige Stükke und kocht sie mit. Entfernt dann die Brühe und laßt Eure Brotschnitten ein wenig trocknen. Legt sie auf eine Platte, [mischt] Senf in die Brühe und kocht dies. Legt dann Eure Brotschnitten in Eure Schalen und gießt [die Brühe] darüber.

Es gibt mehrere Versionen von diesem französischen Rezept, aber aus keinem wird klar, ob die »in Öl gesottenen Eier« am Anfang wirklich zum Gericht gehören. Wir haben uns dazu entschlossen, die Eier über die *soupes* — das heißt die gerösteten Brotschnitten, die in der Sauce aufgeweicht wurden — zu geben, obwohl das nicht ausdrücklich gesagt wird. Was soll man aber sonst mit diesen Eiern anfangen, deren Öl man als Grundlage für eine Sauce benutzt? Man kann sich kaum vorstellen, daß diese Eier weggeworfen wurden, nur um das Bratöl als Saucenfond zu verwenden. Aber es kommt auch sehr darauf an, ob man dieses Rezept als das einer »Brotsuppe« liest, wie es sein Titel »Brotschnitten in Senf« nahelegt, oder als eine Zubereitung auf der Basis von Eiern. Nach einigem Zögern erschien es uns interessanter, es bei den Eierspeisen einzuordnen und die Sauce als recht dickflüssig zu begreifen.

Eier in Senfsauce

Zutaten:

4 recht frische Eier
4 Scheiben altbackenes Landbrot, getoastet
2 Zwiebeln
1/4 l Rotwein
15 cl Wasser

hausgemachter Senf *(Rezept Nr. 115), falls nicht vorhanden, Senf aus Meaux oder Dijon o.ä.*
Olivenöl
Salz

ZUBEREITUNG:

Die Zwiebeln schälen, waschen und kleinschneiden, dann mit ein wenig Olivenöl langsam in der Pfanne bräunen. Beiseite legen.

Die Eier wie Spiegeleier in gut 3 Eßlöffeln Öl braten. Wenn sie gar sind, auf einem lauwarmen Teller beiseite stellen.

Die Zwiebeln in die Pfanne geben, in der die Eier gebraten wurden, außerdem den Wein, das Wasser und etwas Salz, alles für einige Minuten kochen. Die Brotscheiben dazugeben, sofort wenden und, sobald sie sich vollgesogen haben, wieder herausnehmen und auf die Service-Teller legen. Einen guten Eßlöffel Senf in die Pfanne geben und kurz aufkochen.

Auf jede Brotscheibe ein Ei legen und mit der Senfsauce übergießen.

118. GEFÜLLTE EIER
ŒUFS FARCIS

De ovis, primo de implendis.
Ad faciendum ova plena, findas unumquodque per medium, dum fuerint bene cocta et hoc integra. Tunc extrahe rubedinem et, acceptis maiorana, safrano, gariofilis, distempera cum rubedine predictorum ovorum; et pista fortiter, adiuncto parum de caseo. Per singula octo ova, distempera unum ovum crudum. Hoc facto, de isto sapore imple albedines ovorum. Et frige cum bono lardo; et cum agresta comede (Lc 412).

Über Eier, zuerst, wie man sie füllt.
Um gefüllte Eier zu machen, schneide jedes in der Mitte durch, wenn sie als Ganze recht gar sind. Entferne dann das Eigelb, nimm Majoran, Safran, Nelken und menge sie unter das Eigelb besagter Eier: Zerstampfe kräftig und gib dabei ein wenig Käse hinzu. Für acht [harte] Eier menge ein rohes Ei bei. Wenn das getan ist, fülle die Eiweiß mit dieser Sauce. Brate sie mit gutem Speck und iß sie mit Verjus.

Ein einfaches Rezept, das man mit Abweichungen in allen Büchern findet. In der lateinischen Sammlung, der wir es entnommen haben, steht es vor sechs weiteren Möglichkeiten, Eier zuzubereiten. Dieselbe Formulierung wurde auf Italienisch in dem toskanischen Buch übernommen, das Zambrini ediert hat. Dieses bietet aber keine weiteren Rezepte an, was der Autor so kommentiert: »Es ist nicht notwendig, von gebratenen, gerösteten Eiern oder Rühreiern zu sprechen, denn jeder weiß, wie man sie zubereitet.« Durch diese Anmerkung zeigt er, wie banal der Verzehr von Eiern war. Vergessen wir aber nicht, daß Eier sehr häufig verwendet werden, um Saucen oder die Auflage von Torten oder Pasteten zu legieren.

In dem toskanischen Rezept wurde das herkömmliche Wort für Verjus, *agresta*, durch die Formulierung *il savore che si dice verzuso francioso* ersetzt, »die Sauce, die man französischen Verjus nennt«. Wurde hier die italienische Sprache von der französischen angesteckt, wie man es auch in dem von Frati edierten Buch findet, das linguistisch dem Venezianischen nahekommt? Dort werden tatsächlich die Begriffe *verzuso* und *agresta* unterschiedslos gebraucht. Oder handelt es sich eher um eine Creme oder eine deckende Sauce wie der *Verzuso in Quaresima* von Martino?

GEFÜLLTE EIER

ZUTATEN:

9 Eier
60 g Käse (Comté)
15 cl Verjus (oder 7,5 cl Apfelessig, mit 7,5 cl Wasser vermischt)
200 g Schweineschmalz
1 Strauß frischer Majoran oder etwas getrockneter Majoran oder Oregano
6 oder 7 Safranfäden
2 Prisen Nelkenpulver
Salz

ZUBEREITUNG:

8 Eier hartkochen.

Den Käse reiben und den Majoran hacken, wenn er frisch ist, was auf jeden Fall vorzuziehen ist.

Die Eier schälen, halbieren, die Eigelb herausnehmen.

In einer Schüssel die Eigelb zusammen mit einem rohen Ei zerdrücken. Den Käse, den Majoran und die Gewürze einarbeiten. Salzen. Alles gut miteinander zerstampfen, bis man eine homogene Mischung erreicht hat.

Aus dieser Mischung Kugeln in der Größe der Eigelb formen, diese an deren Stelle in die harten Eiweißhälften setzen.

In einer Pfanne das Schmalz erhitzen und darin die gefüllten Eier braten.

Vor dem Servieren mit Verjus übergießen.

119. VERLORENE EIER IN EIERCREME
ŒUFS POCHÉS À LA CRÈME AUX ŒUFS

Lait de vache lyé.
Soit pris le lait à eslite, comme dit est cy-devant ou chappitre des potages, et soit bouly une onde, puis mis hors du feu: puis y filez par l'estamine grant foison de moieux d'œufs et ostez le germe, et puis broyez une cloche de gingembre et saffren, et mettez dedans, et tenez chaudement emprès le feu; puis ayez des œufs pochés en eaue et mettez deux ou trois œufs pochés en l'escuelle, et le lait dessus (MP 175).

Legierte Kuhmilch.
Man nehme ausgesuchte Milch, wie es oben in dem Kapitel über die Suppen gesagt ist, man koche sie einmal auf und nehme sie dann vom Feuer. Dann gebt eine große Zahl von Eigelb, nachdem ihr den Keim entfernt habt, durch das Beutelsieb hinzu. Mahlt eine Glocke Ingwer und Safran, gebt dies hinein und haltet es in der Nähe des Feuers warm. Nehmt dann in Wasser gesottene Eier und legt zwei oder drei gesottene Eier in eine Schale und gießt die Milch darüber.

Diese verlorenen Eier in Eiercreme werden Ihnen wegen ihres unvergleichlich sahnigen und delikaten Geschmacks unvergeßlich bleiben. Sie sind natürlich äußerst nahrhaft und können eine ganze Mahlzeit ersetzen oder auf der Speisekarte eines Mittagessens für sportliche Jugendliche mit großem Appetit stehen.

Ingwer-Glocke ist hier ein ganzes Stück von der Wurzel dieser Pflanze. Man kann vermuten, daß der Ingwer, der in Glockenform benutzt wurde, weicher und also frischer war als der, den man gemahlen beim Gewürzhändler kaufte, denn man konnte ihn ja selbst im Mörser zerstampfen.

VERLORENE EIER IN EIERCREME

ZUTATEN:

Für 2 Personen
1/2 l Milch
8 recht frische Eier

1 kleines Stück nicht zu trockene Ingwerwurzel
(Größe etwa die Hälfte eines kleinen Fingers)
oder 1 Teelöffel Ingwerpulver
Salz

ZUBEREITUNG:

Die Milch zum Kochen bringen. Leicht salzen.

4 Eier trennen. Das Eiweiß für eine andere Zubereitung aufbewahren.

Das Eigelb schlagen und über einer Schüssel durch ein Sieb passieren. Salzen. Das Eigelb mit der heißen Milch verdünnen und von neuem auf sehr kleiner Flamme aufsetzen, bis die Flüssigkeit cremig wird. Vorsicht, sie darf nicht kochen, sonst gerinnt das Eigelb!

Den Ingwer und den Safran zugeben.

Die restlichen Eier in kochendem Wasser pochieren und immer zu zweien in die Teller geben.

Die Milchsauce darübergießen und sofort servieren.

120. EIER IN RAVIOLI
ŒUFS EN RAVIOLI

Ova in forma de raffioli.
Farai una pasta al modo de le lasagne che non sia sottile né molto tenera, et rompevi dentro dell'ova fresche, buttandogli sopra del zuccharo et de le spetie dolci con un pochetto di sale, ad uno ad uno ligarai queste ova ne la ditta pasta al modo che faresti i rafioli, et falle allessare o frigere como ti piace. Ma meglio seranno fritte (Ma 183).

Eier in Form von Ravioli.
Du machst einen Teig wie für Lasagne, der nicht zu dünn und nicht zu weich sein soll. Du schlägst ein frisches Ei hinein und streust Zucker und süße Gewürze mit ein wenig Salz darüber. Du schließt die Eier eines nach dem anderen in den Teig ein, als wolltest du Ravioli machen. Und du kochst oder brätst sie, wie es dir gefällt. Gebraten sind sie jedoch besser.

Dieses Rezept erfordert Geschick, aber es ist sehr amüsant. Es erinnert in gewisser Weise an die »Eierschiffchen« (*bricks à l'œuf*)der tunesischen Küche, deren Zubereitung darin besteht, daß man ein Ei in einem ganz dünnen Teig aufschlägt und dann das Ganze brät. Es steht hier als süßes Gericht, für unseren heutigen Gaumen recht ungewohnt.

EIER IN RAVIOLI

ZUTATEN:

6 frische Eier
300 g Mehl
6 Teelöffel Puderzucker
Süßes Gewürz *(Rezept Nr. 150)*
Salz

ZUBEREITUNG:

Mit dem Mehl und einer Prise Salz einen Teig zubereiten, genügend Wasser nehmen, daß er fest und elastisch ist. 1/2 Stunde ruhen lassen.

Den Teig sechsteln. 6 runde, recht dünne Teigplatten ausrollen.

Die erste Teigplatte in eine große Tasse legen und in dem Hohlraum ein Ei aufschlagen. Eine Prise Salz, 1 Prise Gewürze und 1 Teelöffel Zucker darüberstreuen.

Die Teigränder sorgfältig verschließen. Bei den restlichen 5 Teigplatten genauso vorgehen.

In einer Friteuse in nicht zu heißem Öl fritieren, damit der Teig Zeit genug hat, zu garen, aber nicht zu schnell braun wird.

121. GRÜNES OMELETT
OMELETTE VERTE

Frictata.
Battirai l'ova molto bene, et inseme un poco de acqua et un poco di lacte per farla un poco più morbida, item un poco di bon caso garattato, et cocirala in botiro perché sia più grassa. Et nota che per farla bona non vole esser voltata né molto cotta. Et volendola fare verde, prendirai similmente le cose sopra ditte giognendovi del suco de queste herbe, cioè vieta, petrosillo in bona quantità, borragine, menta, maiorana, salvia in minor quantità, passando il ditto suco; poi cavarai piste le herbe molto bene per la stamegna.

Omelett.
Du schlägst die Eier sehr gut, gibst ein wenig Wasser und ein wenig Milch hinzu, um sie ein wenig weicher zu machen, und ebenso ein wenig guten geriebenen Käse. Du brätst sie in guter Butter, damit es etwas fetter wird. Und bedenke, damit es gut wird, darf es nicht gewendet werden noch zu sehr durchgebraten. Und wenn du es grün machen willst, nimmst du gleichermaßen die oben genannten Sachen und gibst den Saft von Kräutern bei, als da sind: Mangold, reichlich Petersilie,

Et fare in un altro modo frittata con herbe, prendirai le sopra ditte herbe et tagliate menute le frigerai un poco in un bon botiro o oglio, mescolandole con l'ova et l'altre cose sopra ditte farai la frittata et cocirala diligentemente che sia bene staionata et non troppo cotta (Ma 180).

Borretsch, Minze, Majoran, Salbei weniger reichlich. Besagten Saft filterst du; dann entfernst du die sehr gut gehackten Kräuter durch das Beutelsieb. Um ein Omelett mit Kräutern auf andere Weise zu machen, nimmst du besagte Kräuter, brätst sie kleingehackt in ein wenig Butter oder Öl. Du vermengst sie mit den Eiern und den obengenannten Sachen und machst das Omelett. Brate es rasch, damit es gut stockt und nicht zu gar wird.

Hier haben wir zwei Versionen eines Omeletts mit Kräutern und Blattgemüse: Die erste wird mit dem aus den Pflanzen ausgedrückten Saft zubereitet, sie ist von einem glänzenden Jadegrün, während die zweite gelbgrün marmoriert ist. Wir raten Ihnen, beide zu versuchen und zusammen anzubieten. Es ergibt einen wunderschönen Eindruck, beide auf einer Platte anzurichten.

Wir haben uns bei den zahlreichen mittelalterlichen Omelett-Rezepten für diese Version entschieden, weil sie unserem teigigen Omelett, das nur leicht in Butter durchgebacken wird, am nächsten kommt. Und im Gegensatz zu seiner italienischen Bezeichnung *fritata*, die heutzutage eine ziemlich trockene Art Eierkuchen bezeichnet, muß das Omelett vollkommen weich sein. Es darf nur auf einer Seite gebräunt sein, so wie man es von einem guten Omelett nach französischer Art kennt. In den französischen Traktaten werden diese Speisen *alumelles* genannt, aus diesem Wort wird dann durch Verdrehung unser *omelette*; aber die Kräuteromeletts tragen den schönen Namen *arboulastre*, in dem wahrscheinlich das Wort *herbes* (Kräuter) steckt.

Wir ersetzen hier den Borretsch durch Spinat, aber natürlich kann man dieses Gericht mit allen Sorten aromatischer Kräuter und Blattgemüse zubereiten, je nach Jahreszeit und je nach Angebot von Markt oder Garten. Beim Geschmack des Omeletts kommt es auf die Dosierung der Kräuter an.

GRÜNES OMELETT

ZUTATEN:

6 recht frische Eier
15 cl Milch
5 cl Wasser

2 Eßlöffel geriebener frischer Parmesan oder Comté
50 g Butter
1 kleine Handvoll kleine Mangold-Blätter (etwa 100 g)
1 kleine Handvoll junger Spinat (etwa 100 g)
1 kleine Handvoll Petersilie
4 Blätter frischer Salbei
4 oder 5 Blätter Minze, je nach Geschmack
5 oder 6 Zweige frischer Majoran
Salz

ZUBEREITUNG:

Erste Fassung

Die Eier mit der Milch, dem Wasser und dem geriebenen Käse schlagen. Mäßig salzen, denn der Käse enthält schon Salz.

Das Blattgemüse und die Kräuter waschen. Sehr fein hacken oder in den Mixer geben, bis man eine große Tasse von Grüngehacktem erhält.

Dieses Gehackte im Mörser mit einer Prise grobem Salz zerstampfen, damit der Saft aus dem Gemüse tritt. Dann über den Eiern durch ein Sieb passieren. Vermischen und noch einmal schlagen. Die Eier müssen sehr schön grün sein.

Die Butter auf kleiner Flamme in der Pfanne zergehen lassen, und wenn sie fast nußbraun ist, die Eier in die Pfanne gießen und dann wie bei einem normalen Omelett vorgehen. Von unten gut anbraten, die Oberseite sollte noch weich sein. Das Omelett auf einen Teller gleiten lassen und zuklappen.

Zweite Fassung

Die Eier, die Milch, das Wasser und den Käse wie oben schlagen und wenn nötig salzen.

Die Kräuter und das Blattgemüse ganz fein hacken.

Die Butter in der Pfanne zergehen lassen, und wenn sie fast nußbraun ist, die gehackten Kräuter und Gemüse zugeben. Salzen und 7 bis 8 Minuten braten, dann die geschlagenen Eier zugeben und wie bei einem gewöhnlichen Omelett vorgehen. Von unten gut anbraten, die Oberseite sollte noch weich sein; dann auf einen Teller gleiten lassen und zuklappen.

Wenn man will, kann man die geschlagenen Eier in zwei Teile teilen und jedes Teil anders zubereiten, um zwei kleine Omeletts zu erhalten, das eine nach der ersten, das andere nach der zweiten Fassung.

122. OMELETT MIT ORANGEN FÜR HUREN UND WÜSTLINGE
OMELETTE AUX ORANGES POUR RIBAUDES ET RUFIANS

Sic fac fritatem de pomeranciis.
Recipe ova percussa, cum pomeranciis ad libitum tuum, et extrahe inde sucum, et mitte ad illa ova cum zucaro; post recipe oleum olive, vel segimine, et fac califieri in patella, et mitte illa ova intus. Et erit pro ruffianis et leccatricibus (Bo 738).

So machst du Omelett mit Pomeranzen.
Nimm zerschlagene Eier, Pomeranzen, so viel du willst, presse ihren Saft aus und gib ihn mit Zucker zu den Eiern. Nimm dann Olivenöl oder Fett und erhitze es in der Pfanne. Gib die Eier hinein. Dies wäre für Wüstlinge und Liederliche.

Johann von Bockenheim, Koch von Papst Martin V., hat in den 30er Jahren des 15. Jahrhunderts ein kurzes, aber sehr originelles Kochbuch geschrieben, das von Bruno Laurioux ediert wurde (s. Bibliographie). Dieser Deutsche, der in Rom wohnte, schreibt als Praktiker beinahe im Telegrammstil und ohne genauere Angaben. Seine ganze Aufmerksamkeit richtet sich nämlich darauf, möglichst genau die Adressaten seiner Rezepte zu bestimmen, die durch soziale Zugehörigkeit (von der Prostituierten bis zum Fürsten) oder nationale Zugehörigkeit (Italiener, Franzosen, Deutsche und Bewohner verschiedener Provinzen ...) gekennzeichnet waren.

Wir können nicht so recht nachvollziehen, weshalb dieses Omelett, das kein Fleisch und als einziges Gewürz nur Zucker enthält, besonders für Anhänger der Ausschweifung geschaffen sein soll, denn damals wurde die fleischliche Lust eher durch den Verzehr von Fleisch entflammt, das mit Gewürzen aufgeheizt war. Man kann dieses Omelett versuchen, ohne beklagenswerte Exzesse befürchten zu müssen. Da die mittelalterlichen Orangen bitter waren, raten wir, Orangen mit Zitronen zu mischen. Die Säure und der Zucker verhindern, daß das Ei gerinnt. Dieses Gericht ist also eine Creme, deren Geschmack überraschend und angenehm als Dessert ist.

OMELETT MIT ORANGEN FÜR HUREN UND WÜSTLINGE

ZUTATEN:

6 Eier
2 Orangen und 1 Zitrone
2 Eßlöffel Zucker
2 Eßlöffel Olivenöl
Salz

ZUBEREITUNG:

Wie bei einem einfachen Omelett vorgehen: Die Eier und den Zucker schlagen, eine Prise Salz und den Saft der Orangen und der Zitrone zugeben. In einer Pfanne im Olivenöl braten.

Lauwarm servieren.

ZWISCHENGERICHTE UND SÜSS-SPEISEN

ENTREMETS, FRITURES ET DORURES

Von allen kulinarischen Begriffen, die uns vom Mittelalter geblieben sind, ist *entremets* zweifellos das Wort, das am meisten Verwirrung stiftet. Denn von seiner mittelalterlichen Bedeutung hat es heute beinahe nichts mehr bewahrt. Die Erklärung des Wörterbuchs ist klar: »*entremets:* Süßspeise (nach dem Käse u. vor dem Obst).« Sozusagen als Süßspeise, ist *entremets* also heute fast ein Synonym für Dessert. Wir müssen freilich für seine andere Bedeutung nicht das 14. Jahrhundert bemühen; vielmehr stand dieser Begriff noch Anfang des 20. Jahrhunderts für einen Gang der Mahlzeit, der ein Bindeglied zwischen Braten und Dessert darstellte, ebenso wie die süßen oder salzigen delikaten Speisen, aus denen das Entremets bestand, Gemüse der Jahreszeit, würzige Gelees, Cremes und Kompotte. Unsere modernen Eßgewohnheiten haben dem Entremets seinen Sinn genommen, indem sie es mehr und mehr von seinem Platz auf der Speisekarte verdrängten. Die salzigen Speisen, die es enthielt, wurden von den Fleischgerichten vereinnahmt, die süßen von den Desserts. Das Wörterbuch Robert möchte eine Ordnung in diese Entwicklung bringen und macht in einer normativen Anmerkung auf folgendes aufmerksam: »Immer mehr versteht man heute unter *entremets* nur süße Speisen. Diese Gerichte werden meistens nach dem Käse serviert und nicht davor, so daß man sie mit dem *dessert* verwechselt und mißbräuchlich mit diesem Wort benennt.« Daran ist nichts mißbräuchlich, denn diese Entwicklung reflektiert ganz einfach eine Veränderung der kulinarischen Sitten.

Wie ist es es aber im Mittelalter um das Entremets bestellt? Zwischen zwei Gängen angesiedelt, hatte das Zwischengericht die Funktion einer Unterbrechung, wie schon sein Name nahelegt. Allerdings konnte das Wort je nach Kontext unterschiedliche Bedeutung haben: Es stand entweder für einen Zeitpunkt, eine Darbietung oder ein Gericht, und es würde zu nichts führen, wenn man hierzu unbedingt Eindeutigkeit herstellen wollte. Im Italienischen ist *intermezzo* ein Zwischenspiel und kein Gericht. In Frankreich steht *entremets* seit dem 15. Jahrhundert bei großen Festen sowohl für den Zeitraum zwischen Braten (*rôt*) und Dessert (*desserte*) als auch für die Zerstreuung, die den Gästen in diesem Augenblick geboten wird. Diese konnte aus theatralischen Darbietungen bestehen oder eine Ablenkung von den aktiven Tafelgenüssen bedeuten, etwa mit lebenden Bildern, gemalten Szenen, riesigen und spektakulären eßbaren Skulpturen, luxuriös dekorierten Gerichten, seltenem Geflügel, das wieder in sein Federkleid gesteckt wurde, farbigen Gelees, gefülltem Federvieh, Getreidearrangements etc. In fürstlichen kulinarischen Traktaten, vor allem in *Du fait de cuisine* von Maître Chiquart, wird solches Schwelgen im Künstlerisch-Kulinarischen bis ins kleinste Detail beschrieben: Das »Liebesschloß« ist ein zinnenbewehrtes Ensemble mit vier Türmen, die von zwergenhaften Soldaten gegen angreifende Kriegsschiffe verteidigt werden. Diese kreuzen auf einem fischreichen Meer, das auf einen Vorhang aufgemalt ist. Derweil wird am Fuße jedes Turms den lüsternen Blicken der Gäste folgendes geboten: ein riesiger Hecht »auf drei Arten« zubereitet, ein Bärenkopf, ein auffliegender gebratener Schwan in seinem Federkleid und ein vergoldetes Ferkel, alle drei feuerspeiend; in der Mitte des Burghofes versprüht ein Liebesbrunnen Rosenwasser und auf Wunsch gewürzten Wein, während von der Galerie eines Taubenschlags zahlreiche gebratene Vögel auffliegen ...

In bescheideneren Traktaten wie dem *Ménagier de Paris* sind die Entremets nur eßbare Zubereitungen, die zwar äußerst gepflegt, schön dekoriert und auch manchmal gefärbt sind, aber niemals an die Extravaganzen bei Chiquart heranreichen. Es steht allerdings zu vermuten, daß ein echtes Entremets, in jeder Bedeutung dieses Begriffs, nur für außergewöhnliche Feste vorgesehen war; das heißt natürlich nicht, daß die Entremets des *Ménagier de Paris* nicht auch bei gewöhnlicheren Banketten aufgetragen wurden, dann jedoch im Verlauf des dritten oder vierten Ganges, das heißt gegen Ende der Mahlzeit.

Unsere Auswahl der Rezepte nimmt die Veränderung dieser kulinarischen Kategorie vorweg. Sie enthält ein starkes Übergewicht süßer Gerichte, was unserer Vorstellung vom Dessert entspricht, aber auch der mittelalterlichen Speisefolge nicht zuwiderläuft, denn wir haben Zubereitungen ausgesucht, die alle zum Abschluß eines Diners oder Soupers serviert werden sollten.

123. FLEISCH IN GELEE
VIANDES EN GELÉE

Pour gelée.
Prenés gigotz ou piez de veau ce que pourrés finer, et les mettés bouillir en vin blanc et du grain qui y appartient. Après quant les gigotz ou piez de veau seront comme demys cuitz, prenés cochons par pièces, et poussins par moytiers, et bien nectoyés, et lavés, et jeunes lappereaulx, qui en pourra finer. Puis prenés gingembre et graine, ung peu mastis, et foyson saffran, et vin aigre par raison. Et quant le grain sera cuit, vous prendrés le boullon, et le mettrés en ung pot sur le feu de charbon. Se la gelée est trop grasse, prenés aulbins d'eufz et les mettés au boullon, quant il vouldra boullir; et, quant il bouldra, ayés toille toute preste pour le faire couler; tandis qu'elle coulera, vous mettrés le grain en platz, c'est à dire le cochon, le laperau et la poulaille, et puis quant le grain sera mys en plats, vous les mettrés en une cave, et getterés le boullon sur le grain en chescun plat (VT XV 156).

Für Gelee.
Nehmt von der Lammkeule oder Kalbsfüße, was Ihr finden könnt, und kocht sie mit dem Fleisch, das sie umgibt, in Weißwein. Wenn die Lammkeule oder die Kalbsfüße halb gar sind, nehmt Stücke vom Schwein, halbierte Küken, gut gesäubert und gewaschen, und junge Karnickel, wenn Ihr sie finden könnt. Nehmt dann Ingwer und Paradieskörner, ein wenig Muskatblüte und viel Safran und Essig in vernünftiger Menge. Wenn das Fleisch gar ist, nehmt die Brühe und gebt sie in einen Topf über einem Kohlenfeuer. Wenn das Gelee zu fett ist, nehmt Eiweiß und gebt es zu der Brühe, wenn sie aufkochen will. Und wenn sie aufkocht, haltet ein Tuch bereit, um sie zu filtern. Während sie gefiltert wird, legt Euer Fleisch auf Platten, nämlich Schwein, Karnickel und Geflügel. Wenn dann das Fleisch auf die Platten gelegt ist, tragt diese in den Keller und gießt die Brühe über das Fleisch auf jeder Platte.

Alle mittelalterlichen Traktate enthalten Rezepte für Fleisch oder Fisch in Gelee. Die beachtlichen Mengen, die hier Verwendung finden, lassen vermuten, daß es sich um hochwertige Zubereitungen handelt, die für große Anlässe hergestellt wurden. Sie waren mit Eiweiß geklärt und daher vollkommen transparent. Die safrangelb, blau oder rot gefärbten Gelees waren bei jedem Fest eine Attraktion. Maestro Martino hat in einem Menü die verschiedenen Etappen der schwierigen Zubereitung eines vielfarbigen, in Schichten aufgeteilten Gelees schriftlich festgehalten. Dort findet man auch ein Hühnchen, das, in seiner gelierten Brühe erstarrt, in einem Korb serviert wurde, den die Diener an den Griffen hereintrugen! Die Zubereitung eines Gerichts in Gelee war für jeden Küchenmeister eine Gelegenheit, seine Talente als Künstler und Saucenkoch unter Beweis zu stellen. Auf der Basis von Wein oder Essig und mit vielen Gewürzen, hatten die Gelees in Menge und Vielfalt auch die

Aufgabe, das Fleisch, das sie umhüllten, zu konservieren. Die verwendeten Aromastoffe sind in jedem Text unterschiedlich, aber in Italien enthält das Gelee manchmal Lorbeer und auch *espic* oder *aspic*, beides Namen für den Großen Lavendel oder den Nardenbaldrian (*Nardostachys jatamansi*), einen aromatischen Wurzelstock, der seit der Antike bekannt und geschätzt war. Lorbeer und *espic* gehörten, zusammen mit der Zimtblüte, den Granatkörnern, den weißen Veilchen oder purpurroten Zuckermandeln, zu den dekorativen Elementen, mit denen man diese Zubereitungen kurz vor dem Servieren ausschmückte. Derartige ästhetische Bemühungen bestätigen die Bedeutung der Gelees, die wir heute »Sülze« oder »Aspik« nennen würden — vielleicht in Erinnerung an jenes *espic*, das den Zubereitungen jenseits der Alpen ein so schmackhaftes Aroma verlieh.

Was hier im Hinblick auf unsere heutigen Gewohnheiten überraschen kann, ist die Mischung von drei Fleischsorten: In allen französischen Rezepten findet man diese Kombination aus Schwein, Kaninchen und Huhn.

Was die »Lammkeule« und den »Kalbsfuß« angeht, so hatten diese offenbar nur die Funktion eines Geliermittels und wurden später im Gericht nicht weiter verwendet.

Fleisch in Gelee

Zutaten:

1 Kalbsfuß oder Kalbshaxe
400 g Schweinekamm
1 kleines Kaninchen von 1 bis 1,2 kg
1 kleines Hühnchen von 1 kg
2 Eiweiß
3 l Weißwein
10 cl Weinessig guter Qualität
20 g ganze Ingwerwurzel
20 g Paradieskörner
10 g ungemahlene Muskatblüte
1/3 Teelöffel Safranfäden
Salz

Zubereitung:

Den Kalbsfuß gut säubern und im Wein 1 1/2 Stunden kochen.

Das Kaninchen und das Hühnchen in Stücke schneiden, sorgfältig waschen und trocknen. Zu dem kochenden Kalbsfuß geben. Die Gewürze in ein Stück Gaze wickeln und als Würzsäckchen in die Brühe geben. Mit grobem Salz zurückhaltend salzen. Etwa eine Stunde leicht kochen lassen.

Der letzte Zubereitungsschritt des Rezepts kann zweifach aufgefaßt werden: Entweder wurden die Stücke ganz und mit dem Gelee bedeckt serviert, was wahrscheinlich der Fall war, wenn man sich genau an den Text hält; oder das Fleisch wurde entbeint und kleingeschnitten, und dann in Form einer gelierten »Torte« aufgetragen. Wir haben letztere Möglichkeit probiert.

Das Fleisch aus der Brühe nehmen und beiseite stellen.

Während die Brühe langsam abkühlt, die Eiweiß schlagen, bis sie fast schaumig sind. Während man weiterhin mit dem Schneebesen schlägt, einige Kellen Brühe zugeben, dann alles in den Topf mit der Brühe gießen. Immer noch mit den Schneebesen schlagen.

Die Brühe wieder aufsetzen und so lange mit dem Schneebesen schlagen, bis sie aufzukochen beginnt. Wenn sie deutlich aufkocht, die Flamme ganz klein stellen und 15 bis 20 Minuten köcheln lassen. Das in der ganzen Brühe ausgebreitete Eiweiß wird schließlich stocken und alle Unreinheiten einschließen, die man dann nur noch filtern muß.

Wenn die klare Flüssigkeit unter dem schmuddeligen Schaum der Eiweiß deutlich erscheint, das Feuer abstellen und die Brühe durch ein Tuch oder Gaze von dreifacher Dichte filtern.

Inzwischen die Fleischstücke in einer tiefen Platte verteilen oder aber entbeinen, das Fleisch kleinschneiden und in eine Schüssel legen.

Die gefilterte Brühe kosten und abschmecken, vor allem nachsalzen, wenn nötig. Über das Fleisch gießen und kaltstellen.

Am nächsten Tag ist die Brühe zu einer schönen Bernsteinfarbe geliert.

124. Fisch in Gelee
Poissons en gelée

De la gelatina di pesce.
Toglio buono vino con un poco d'aceto, e, sciumato che sia quando bolle, mettivi dentro

Über das Gelee mit Fisch.
Nimm guten Wein mit ein wenig Essig und schäume ihn ab, wenn er kocht. Gib den

il pescie, e, cotto, cavalne, e fà bullire il vino tanto, che torni a la terza parte: poi mettivi dentro zaffarano e altre spezie, con alloro: poi colato il vino, mettivi spico, e lassa che sia freddo; poi metti, sopra'l pesce, nel catino (Za 28).

Fisch hinein, und wenn er gekocht ist, nimm ihn vom Feuer. Koche den Wein, bis von ihm nur noch ein Drittel bleibt. Gib dann Safran und andere Gewürze bei, außerdem Lorbeer. Wenn der Wein dann gefiltert ist, gib Lavendel bei und laß ihn abkühlen. Dann gieße ihn über den Fisch in der Schüssel.

Dieses Rezept von Fisch in Gelee ist eines von den einfachsten, die wir kennen, aber an ihm sind die Grundzüge der Zubereitung zu sehen. Nach Maestro Martino darf ein gutes Fisch-Gelee möglichst wenig Wasser enthalten, und es hält sich am besten, wenn es nur aus Wein oder gewürztem Essig besteht. Nur bestimmte Fische, der *Viandier* von Taillevent nennt sie *à limon*, eignen sich für seine Herstellung, sie zeichnen sich durch eine ölige Haut aus, die mit einer dichten Schleimschicht bedeckt ist. Also rät der Autor der Handschrift des *Viandier* aus der Bibliothek des Vatikan, wie übrigens auch Martino, den Fisch zu häuten, wenn er gekocht ist, und Haut und Abfälle in die Brühe zu geben, um sie getrennt einzukochen. Das ist die beste Methode, ein schönes Gelee zu machen, denn die gelierenden Stoffe des Fisches befinden sich vor allem in seiner Haut und seinen Gräten. Im übrigen ist der *Viandier* aus der Bibliothek des Vatikan äußerst präzise in der Auswahl der Gewürze wie auch in deren Anwendung; er empfiehlt, Lorbeer und Lavendel in ein Säckchen aus Stoff einzuschließen, das schon zuvor die »Rückstände« anderer Gewürze enthalten hatte, als man über diese die Brühe goß. Raffiniert!

FISCH IN GELEE

ZUTATEN:

6 mittelgroße Forellen
etwa 1 1/4 l Weißwein
15 cl guter Weinessig
1/2 Teelöffel gemahlener Malaguettapfeffer
1/3 Kolben gemahlener langer Pfeffer
oder 1/3 Teelöffel gemahlener schwarzer Pfeffer
1 gestrichener Teelöffel Ingwerpulver
1/3 Teelöffel Zimtpulver
1 Teelöffelspitze Nelken

3 Lorbeerblätter
7 oder 8 Safranfäden
1 Teelöffel frische oder getrocknete Lavendelblüten
Salz

ZUBEREITUNG:

Den Wein und den Essig aufkochen, wenn nötig, abschäumen, dann vom Feuer nehmen.

Inzwischen die Forellen waschen und ausnehmen. Auf einem Küchentuch trocknen. Großzügig salzen und etwa 10 Minuten ruhen lassen.

Jede Forelle in ein Gazestück wickeln und mit Küchengarn nicht zu fest verschließen (das Fleisch geht beim Kochen auf, und die Schnur würde eine häßliche Spur hinterlassen).

Wenn die Kochflüssigkeit fast kalt ist, die Forellen hineinlegen. Sie darf diese kaum bedecken. Aufkochen, dann im Ganzen etwa 10 Minuten sieden lassen. Die Forellen nach etwa 5 Minuten in der Garflüssigkeit wenden.

Die Fische herausnehmen. Sobald sie ein wenig abgekühlt sind, auswickeln. Häuten und die Haut in die Brühe geben. Aufkochen. Mit Safran färben. Die Gewürze in Pulverform in Gaze packen, in einem Teesieb über das Gefäß mit dem Fisch legen und einige Teelöffel der Fischbrühe durchlaufen lassen. Dann den Lorbeer zugeben, die Gaze zu einem kleinen Säckchen schnüren und in die Brühe legen. Bis auf ein Drittel des Volumens einkochen lassen. Am Ende des Garens die Lavendelblüten zugeben. Abschmecken.

Die Brühe abkühlen lassen und über die Fische gießen, davon 5 cl aufbewahren, die man mit dem Gericht kalt stellt. Wenn der Rest des Gelees fest zu werden beginnt, bestreicht man die Fische mit einem Pinsel, damit sie glänzen.

Es ist manchmal schwierig, ein gutes Gelee zu erhalten, weil die Forellen sehr schnell gar sind und der Brühe nur wenig Zeit bleibt, die gelierenden Stoffe zu lösen, deshalb kocht man auch Haut und Gräten aus. Wenn beim Fischhändler Köpfe und Gräten von Süßwasserfischen zu haben sind, kann es nützlich sein, daraus einen Fischfond zu machen, den man mit der Kochbrühe der Forellen eindampfen läßt.

125. KRAPFEN MIT MARK
BEIGNETS DE MOELLE

Buignets de mouelle.
Et qui en veult faire buignets de mouelle, convient de reffaire en la manière[12], puis prendre de la fleur et des moyeux d'œufs et faire la paste, prendre chascun morcel de mouelle et frire au sain (MP 224).

Krapfen von Mark.
Wer Krapfen von Mark machen will, der soll dieses wie beschrieben[13] überbrühen und Mehl und Eigelb nehmen, um den Teig zu machen. Dann jedes Stück Mark nehmen und es in Schmalz braten.

Die Kommentatoren wissen nicht, was *jabets* heißen soll. Handelt es sich um den Kropf von Geflügel, wie wir hier vorschlagen? Rindermark war im Mittelalter eine Delikatesse. Der Autor des *Ménagier de Paris*, von dem dieses Rezept stammt, erzählt uns, »wenn man am Hofe von Herren wie Seiner Exzellenz de Berry ein Rind tötet, dann macht man Pasteten aus dem Mark«. Für jene, die sich ein solches Tier nicht leisten konnten, waren die Küchlein weniger reichhaltig; ihre Füllung bestand einfach aus Schweinefleisch mit Eiern. Bekanntlich beobachtete Rabelais seinen Hund, wie er sich gierig auf einen Markknochen stürzte, und zog daraus den Schluß, daß keine andere Nahrung der Welt so vollkommen sei. Versuchen Sie also diese Krapfen als nette Kuriosität, wenn Sie einmal über frisches Mark verfügen. Sie sind sehr hübsch und werden all denen gefallen, die sich wie der Hund von Rabelais an den Markknochen eines Eintopfs ergötzen können!

KRAPFEN MIT MARK

ZUTATEN:

Krapfenteig
125 g Mehl

[12] Mouelle de beuf qui est reffaite, c'est à dire que l'en met icelle mouelle dedans un cuillier percée, et met-l'en icelle cuillier percée avec la mouelle dedans le bouillon du pot à la char, et l'y laisse-l'en autant comme l'en laisseroit un poucin plumé en l'eaue chaude pour reffaire; et puis la met-l'en en eaue froide, puis couppe-l'en la mouelle et arrondis-l'en comme gros jabets ou petites boulettes (MP 223).

[13] Rindermark, das überbrüht wird, bedeutet: Man legt besagtes Mark in einen Schaumlöffel und legt diesen Schaumlöffel mit dem Mark in die Brühe, in der Fleisch gekocht wurde. Man läßt ihn so lange darin, wie man ein gerupftes Küken lassen würde, um es zu überbrühen. Dann gibt man es in kaltes Wasser. Und man schneidet es und rollt es in Stücke, so dick wie ein Kropf, oder in kleine Bällchen.

2 Eigelb
2 dl Weißwein
1 gute Prise Salz

200 g frisches Rindermark,
aus zersägten Markknochen gewonnen
1 l Bouillon oder Wasser
Schweineschmalz oder Fritieröl
Salz

ZUBEREITUNG:

Den Krapfenteig eine Stunde vorher zubereiten, indem man die Eigelb mit dem Mehl und dem Salz vermischt und dann Weißwein zugibt.

Die Bouillon erhitzen und aufkochen lassen. Das Mark in einen Schaumlöffel legen und in der kochenden Bouillon für einige Augenblicke überbrühen.

Das Mark darf nicht garen, sonst verschwindet es in der Bouillon. Es geht lediglich darum, die Oberfläche ein wenig aufzuweichen.

Abtropfen lassen und in eine Schüssel mit kaltem Wasser tauchen.

Wenn das Mark kalt geworden ist, auf einem Küchentuch abtropfen lassen und in Stücke schneiden, die so groß sind wie eine halbe Nuß. Wenn man will, kann man die Markstücke zwischen zwei Fingern zu Kügelchen formen (das Mark läßt sich wie Knetmasse bearbeiten).

Diese Stücke in den Krapfenteig geben und zu fünft oder sechst in der Friteuse fritieren. Sobald sie braun sind, auf ein Küchentuch legen. Sofort servieren.

126. PIPEFARCES

Pipefarces.
Prenez des moyeux d'œufs et de la fleur et du sel, et un pou de vin, et batez fort ensemble, et du frommage tranchié par lesches, et puis toulliez les lesches de frommage dedans la paste, et puis la frisiez dedans une paelle de fer et du sain dedens (MP 227).

Pipefarces.
Nehmt Eigelb, Mehl, Salz und ein wenig Wein, dann schlagt alles kräftig miteinander auf. Nehmt in dünne Scheiben geschnittenen Käse und legt die Käsescheiben in den Teig. Bratet sie dann in einer Eisenpfanne, in der Schmalz ist.

Ein hübscher Name für Krapfen, der Kindern gefallen wird. Unter einer goldbraunen Kruste breitet sich im Mund der Schmelz von gutem Käse aus. Aber Vorsicht, man darf diese Krapfen nicht zu lange fritieren, sonst wird der Käse in der Hitze flüssig, durchbricht seine Hülle und fließt ins Fritierfett! Diese Art Krapfen ist noch in gewissen Regionen Italiens populär, wo man sie mit einem Käse zubereitet, der *provolone dolce* heißt.

PIPEFARCES

ZUTATEN:

Krapfenteig *(Rezept Nr. 125)*

400 g milder Käse jeder Art vom Typ Raclette
Schweineschmalz oder Fritieröl

ZUBEREITUNG:

Den Krapfenteig eine Stunde vorher zubereiten, indem man alle Zutaten gut mit dem Schneebesen verrührt, bis man eine konsistente Masse erhält, die aber recht sämig ist.

Den Käse in fingerdicke Stäbchen von 3 bis 4 Zentimeter Länge schneiden.

Die Friteuse erhitzen. Inzwischen die Käsestäbchen in den Krapfenteig legen.

Wenn das Fett raucht, 5 oder 6 von den Stäbchen gleichzeitig hineingeben und sobald sie von allen Seiten goldgelb sind, herausnehmen und auf ein Küchentuch legen. Der ganze Vorgang dauert kaum 1 Minute.

Recht heiß servieren, dabei darauf achten, daß sie nicht übereinander liegen.

127. MISTEMBECS

Mistembec.
Mistembec hoc modo fit: accipe de pasta tritici lavata, quantum voleris, et aliquantulum de amido in aqua tepida dissoluto; de quo distemper predictam pastam ut fiat ad modum sorbitii; et facias descendere per scutellam in fundo et in latere foramen habende, et fac descendere in oleo fervido vel sagimine porci, diversas formulas ad placitum pertrahendo. Quibus per decoctionem induratis, et ad hoc calidis existentibus, proice in syrupo de zuccaro aut de melle facto, et protinus remove (Tr 391).

Mistembec.
Mistembec wird so gemacht: Nimm Hefeteig[14] von Weizen, so viel du willst, und ein wenig in warmem Wasser aufgelöste Stärke. Damit verdünnst du besagten Teig bis zur Konsistenz eines Sorbets. Du gießt ihn in eine am Boden und an den Seiten durchlöcherte Schale und läßt ihn in siedendes Öl oder Schweinefett tropfen, indem du ihm Formen gibst, die dir gefallen. Wenn [die Krapfen] durch das Garen knackig geworden und noch heiß genug sind, tauchst du sie in Zuckersirup oder Honig und nimmst sie sofort heraus.

Was kann dieses eigenartige Wort *mistembec* bedeuten, das überhaupt nicht lateinisch aussieht und das man in altfranzösischen Wörterbüchern vergeblich sucht? Hier ist der Ausdruck »Küchenlatein« fehl am Platze, denn die Spezialisten sind sich darüber einig, daß die Sprache des Autors des *Tractatus* eher gewählt ist, was ihn allerdings nicht daran hindert, manchmal einheimische Worte in seinen Text einzustreuen. Kein anderes Traktat in lateinischer, französischer oder italienischer Sprache gibt uns über diese Mistembecs Aufschluß. Für Marianne Mulon, die diese Handschrift ediert hat, ist das Wort bildlich gemeint: *mise en bec*, (»Schnabelfutter«); das ist ihrer Meinung nach der Sinn von *mistembec*. Dennoch scheint es uns sinnvoll, die Speisen namens *myncebek* oder *nysebek* zum Vergleich heranzuziehen, deren Rezepte man in den englischen Texten finden kann; auch sie sind Krapfen aus Hefeteig. Gewisse angelsächsische Kommentatoren vermuten, daß ein so seltsamer und unerklärlicher Name durchaus aus dem Arabischen stammen könnte. Und denkt man nicht wirklich bei der Vorstellung von Mistembecs, den honig- oder sirupglänzenden Krapfen, an die verlockenden Auslagen orientalischer Konditoreien im Exil unter unserem grauen Himmel, wo sie gekonnt in einem Schaufenster übereinandergetürmt sind?

[14] Der lateinische Text sagt *pasta lavata* (»gewaschener Teig«) anstatt *pasta levata* (»Hefeteig«), aber hier muß man befürchten, daß ein Buchstabe verwechselt wurde; gewaschener Teig ergibt keinen Sinn, während Hefeteig ganz und gar der allgemeinen Idee dieses Rezepts entspricht.

MISTEMBECS

ZUTATEN:

Krapfenteig *(Rezept Nr. 125)*
20 g frische Bäckerhefe (oder 2 Teelöffel gefriergetrocknete Hefe)
30 cl Wasser
100 g Weizenmehl
150 g Speisestärke
Salz

Sirup
200 g Zucker
10 cl Wasser

ZUBEREITUNG:

Die Hefe mit 10 cl Wasser auflösen und etwa 10 Minuten quellen lassen. Die Mischung in 100 g Mehl einarbeiten und 7 bis 8 Minuten kneten, bis man einen glatten Teig erhält. 1 Stunde in einer mit einem Tuch abgedeckten Schüssel ruhen lassen, damit der Teig gehen kann.

Die Stärke mit 20 cl Wasser auflösen und eine gute Prise Salz zugeben. Dann mit dem gegangenen Teig gut vermischen. Man muß einen Teig mit dichter Konsistenz erhalten. Mindestens 1 Stunde ruhen und gehen lassen. Der Teig muß mit kleinen Bläschen übersät sein.

Den Zucker etwa 8 Minuten in Wasser zu Sirup verkochen, bis die Mischung ein wenig dickt.

Die Friteuse erhitzen und den Teig in Portionen von 1 kleinen Löffel ins heiße Öl fallen lassen.

Auf ein Küchentuch abtropfen lassen, dann in den noch heißen Zuckersirup legen. Wenden, herausnehmen und auf einer Servierplatte anrichten.

128. FRÜCHTEPASTETCHEN
RISSOLES AUX FRUITS

Rissoles au commun.
L'en les fait de figues, roisins, pommes hastées et noix pelées pour contrefaire le

Küchlein im allgemeinen.
Man macht sie mit Feigen, Rosinen, gerösteten Äpfeln, geschälten Nüssen, um das

pignolat, et pouldre d'espices: et soit la paste très bien ensaffrenée, puis soient frites en huille. S'il y convient lieure, amidon lie et ris aussi (MP 225).

pignolat[15] nachzuahmen, und Gewürzen in Pulverform. Der Teig muß mit Safran gut gefärbt sein, dann werden sie in Öl gebraten. Wenn man legieren muß: Stärke bindet und Reis auch.

Kleine Krapfen, deren zimtiger Apfelgeschmack an manches Gebäck aus dem Orient oder aus Wien erinnert. Bauchig und rund wie ein kleiner Weinschlauch, sind sie bezaubernd und lassen uns vergessen, daß im Mittelalter Desserts nur selten vorkommen.

FRÜCHTEPASTETCHEN

ZUTATEN:

Für 25 bis 30 kleine Früchtepastetchen

Teig

250 g Mehl
125 g Butter
15 cl Wasser, in das 4 oder 5 Safranfäden eingeweicht wurden, bis sich das Wasser färbt
1 Prise Salz

Füllung

1 großer Renette-Apfel, im Ofen geschmort
30 g Rosinen
100 g getrocknete Feigen
60 g halbreife Walnüsse
Ingwer, Zimt, Nelken in Pulverform
1 Teelöffel Reispaste (nach Belieben)

ZUBEREITUNG:

Am Morgen den Teig für den Nachmittag zubereiten, indem man alle Zutaten mischt. Dann kalt stellen.

Den Apfel schälen und das Fruchtfleisch ablösen. Die Rosinen, die

[15] *Pignolat* ist ein Konfekt auf der Basis von Pinienkernen, von dem wir kein mittelalterliches Rezept kennen, das aber Nostradamus im 16. Jahrhundert als einen leichten Nougat aus Pinienkernen beschreibt.

Feigen und die Nüsse grob hacken, dann mit dem Apfel mischen, um die Füllung zu machen.

1/2 Mokkalöffel Ingwer und Zimt und 1 Messerspitze Nelken zugeben. Wenn die Füllung zu weich ist, Reispaste zugeben.

Den Teig dünn ausrollen und mit einer großen Tasse Teigkreise ausstechen. In die Mitte jedes Teigkreises ein walnußgroßes Stück der Füllung setzen. Die Ränder anfeuchten. In Form einer Apfeltasche zusammenfalten. Verschließen, indem man mit der Spitze einer Gabel auf die Ränder drückt.

In der Friteuse braten, sie darf nicht zu heiß sein, damit der Teig genügend Zeit hat, gar zu werden. Auf Küchenpapier abtropfen lassen. Mit Zucker bestreuen. Kalt servieren.

129. Kaiserkrapfen
Les beignets de l'empereur

Fritelle da Imperadore Magnifici.
Se tu voy fare fritelle da Imperadore, toi la chiara de l'ova e fete de formazo frescho, e batille cum la chiara de l'ova, e mitige un pocho de farina e pinoli mondi. Toy la padella cum assay onto, falo bolire e fay le fritelle. Quando sono cocte, polverizali ben zucharo e tienli caldi, etc. (Fr 14).

Krapfen des großen Kaisers.
Wenn du Kaiserkrapfen machen willst, nimm Eiweiß und frischen Käse in Scheiben. Zerdrücke diese zusammen mit dem Eiweiß und mische ein wenig Mehl und geschälte Pignolen unter. Nimm die Pfanne mit viel Fett, setze sie auf und mache die Krapfen. Wenn diese gar sind, streue gut Zucker darüber und halte sie warm etc.

Diese Krapfen lassen durch ihre goldene Farbe an die Schätze der Kaiserwürde denken und durch die weiße Farbe des Zuckers an den Glanz des Herrschers. In Frankreich hätte man sie bestimmt dem König gewidmet. Dasselbe Rezeptarium hat an anderer Stelle (Rezept Nr. 87) König Manfred von Sizilien, den illegitimen Sohn des großen Kaisers Friedrich II., in Erinnerung gerufen, und nun ist vom Kaiser die Rede. Sollte dies ein Hinweis sein auf kaiserliche Sympathien des Autors in jenem Konflikt zwischen Kirche und Kaiser, der das mittelalterliche Italien unablässig entzweite?

KAISERKRAPFEN

ZUTATEN:

Für etwa 15 kleine Krapfen
260 g frischer Käse, gut abgetropft, vom Typ Saint-Florentin oder frischer Brie de Meaux
3 Eiweiß
40 g Pinienkerne
50 g Mehl
Zucker

ZUBEREITUNG:

Mit einer Gabel den Käse zerdrücken und die Eiweiß unterheben, um eine gut homogene Mischung zu erhalten. Das Mehl und die Pinienkerne zugeben.

Eine Fritierpfanne erhitzen. Wenn sie recht heiß ist, kleine Kügelchen dieser Mischung ins Öl fallen lassen. Herausnehmen und auf ein saugfähiges Papier legen, wenn sie schön goldbraun sind.

Mit Zucker bestreuen und sofort servieren.

130. ITALIENISCHES BLANC-MANGER AUF KATALANISCHE ART
BLANC-MANGER ITALIEN À LA CATALANE

Bianco mangiare al modo catalano.
Per fare dece menestre habi una libra de amandole ben monde et ben piste, le quali distemperate con brodo di pollo grosso, o altro bon brodo, passandole per la stamegnia le mectirai à bollire in un vaso ben netto, agiongendovi doi once di farina de riso stemperata et passata con il lacte dell'amandole; et lassarai bollire per spatio de una hora movendo et menando sempre con il cocchiaro, agiongendovi una meza libra et un petto di cappone ben ben trito et pisto, il quale sia stato cotto dal principio

Blanc-manger auf katalanische Art.
Um zehn Teller zu machen, brauchst du ein Pfund gut geschälte und gut zerstampfte Mandeln, welche du mit fetter Hühnerbrühe oder anderer guter Brühe auflöst, dann durch das Beutelsieb treibst und in einem recht sauberen Gefäß zum Kochen aufsetzt, indem du zwei Unzen Reismehl beigibst, das mit Mandelmilch aufgelöst und gefiltert wurde. Dies läßt du für eine Zeit von einer Stunde kochen, dabei drehst und rührst du immer mit dem Löffel und gibst ein halbes Pfund und eine

nel dicto lacte. Et quando tutta questa compositione serà cotta tu ve agiongerai un pocha d'acqua rosata, et facendo le menestre tu mettirai di sopra de le spetie dolci (Ma 152).

sehr gut gehackte und zerstoßene Kapaunenbrust bei — der Kapaun wird zu Anfang in besagter Milch gekocht. Wenn diese ganze Mischung gar ist, gibst du ein wenig Rosenwasser bei. Und wenn du die Teller anrichtest, streust du süße Gewürze darüber.

Das Wort *Blanc-manger* erschreckt vor allem die Engländer, weil sie sofort an jene gallertartigen und zitternden Cremespeisen zurückdenken, die sie in ihrer Jugend essen mußten. Und doch war das Blanc-manger bei einem mittelalterlichen Bankett in jedem denkbaren europäischen Land ein fast unverzichtbarer Bestandteil. Zumeist wurde es in Schalen serviert, zumindest in Italien am Anfang der Mahlzeit. Aber seien Sie beruhigt, es entspricht nicht unbedingt den oben heraufbeschworenen Alpträumen. Vor allem hat es weiß zu sein, was dazu führt, daß nur Zutaten dieser Farbe verwendet werden, Reis oder Reismehl, Geflügelbrust, Milch oder Mandelmilch, Zucker. In aller Regel ist das Blanc-manger kaum gewürzt, und deshalb empfahlen die Ärzte es den Kranken. Weil jedoch die Gäste niemals darauf verzichten wollten, ließen sich die Küchenmeister Versionen für die Fastenzeit einfallen, bei denen irgendein weißfleischiger Fisch das Huhn oder den Kapaun ersetzte.

Bekanntlich gibt es in der Küche keine Vollkommenheit, und so kann das Blanc-manger in gewissen Rezepten stark gewürzt sein, oder es fehlt der Zucker wie in dem Rezept Martinos, das wir hier vorstellen.

In Verbindung mit der seltsame Formulierung »und gibst ein halbes Pfund und eine sehr gut gehackte und zerstoßene Kapaunenbrust bei«, stellt uns dieses Fehlen von Zucker allerdings vor ein Problem. Denn vielleicht könnte das Wort »Zucker« beim Abschreiben übersehen worden sein. Doch derselbe Fehler findet sich in den beiden bekannten Handschriften wieder, der von E. Faccioli edierten und der aus der Vatikanischen Bibliothek, die Bruno Laurioux entdeckt hat. Folglich haben wir uns streng an den Text gehalten. Geben wir zu, daß uns das entgegenkam, denn wenn man das Geflügel nicht zuckert, kommt es unserem modernen Geschmack näher.

Martino definiert drei andere Blancs-mangers, wobei das Rosenwasser als einzige Zutat allen Rezepten gemeinsam ist. Ein Rezept ist für die Fastenzeit gedacht, als Flüssigkeit nimmt man Erbsenbrühe statt Hühnerbrühe und wenn möglich Fleisch vom Hecht. Zwei Gerichte werden mit Brotkrume anstatt mit Reis gebunden und mit Verjus »herzhaft« gemacht. Zwei andere werden stark mit (weißem) Ingwer gewürzt. Wie man sieht, darf man dem Namen eines Gerichts nicht blind vertrauen, um so weniger als man feststellt, daß eines von Martinos Blancs-mangers, mit dem ein Kapaun überdeckt werden soll, auch gelb gefärbt werden kann: »Wenn du willst, daß dieses Gericht zweifarbig ist, nimm ein Eigelb und Safran. Mische diese Dinge mit einem Teil des Blanc-manger und gib Verjus hinzu, damit es saurer wird als das weiße. So wird es »Ginster« genannt. Und wenn du zwei Kapaune hast, bedeckst du den einen mit der weißen, den anderen mit der gelben Speise« (Ma 136). Man kann sich auch nicht unbedingt auf die nationalen »Interpretationen« der verschiedenen Rezepte verlassen, denn zweimal kündigt Martino katalanisches Blanc-manger an — darunter auch das vorliegende Rezept —, aber sie haben nicht viel gemein mit dem katalanischen Rezept aus dem *Libre de Sent Savi*, das wir hier wiedergeben:

»Kapitel XXXVIII, welches von der Art spricht, wie man das Blanc-manger macht. Wenn du Blanc-manger machen willst, nimm Hühnchen und koche sie. Und wenn du sie gut gekocht hast, nimm das weiße Fleisch von Brust und Flügeln, das ist *lo blanch*, und schneide es recht klein. Wenn du sie gut gekocht hast, nimm das weiße Fleisch und zerstampfe es mit Mehl. Und mache Mandelmilch [aus Mandeln], eingeweicht in Hühnerbrühe. Man mischt Reis bei, um es dick zu machen, und dann das weiße Fleisch der Hühnchen, wenn es gar ist. Das Garen geschieht auf einem Kohlebecken mit Glut, aus Furcht vor dem Rauch. Man muß unaufhörlich rühren, damit es nicht am Topf anhängt. Man nimmt dann ein wenig weißen Zucker und gibt ihn während des Garens bei, und wenn es ebenso dick wie ein *morterol* ist, nimmt man es ein wenig weg vom Feuer. Man gießt es immer in Schalen. Und man nimmt ein wenig Zucker, gibt ein wenig davon über die Schalen, indem man ihn darüberstreut. Und so ißt du es.«

Qui parla con sa deu ffer manjar blanch. Si volls ffer manyar blanch, prin gualines e cou-les, e puys, can les auràs ben cuytes, prin del blanch dell pits e de les ales, so és lo blanch, e talle-tu ben manut, e puys, can les auràs ben cuytes, prin del blanch dell mol-lo axi con a ffarina. E ages let d'amelles destrempades ab lo brou de les gualines, e mescla-y hom de l'arros en guissa che torn espès; e après lo blanch de les galines, e quant sia cuyt. E vol-se coura a bresquet de brases, per pahor de ffum. E no'n deu hom pertir la mà, per raho con tem molt. Puys prin hom dell sucre blanc e mescla-u hom mentre que cou. E quant és espès a fur de morteroll, leve-u hom del ffoch. E va cempre en escudelles. E prin hom del sucre, e met-ne hom per escudelles axi con a polvora. Et axi-ll mengès (Libre de Sent Sovi 93).

Gibt es überhaupt nationale Formen des Blanc-manger? Jean-Louis Flandrin hat versucht, sie zu identifizieren, aber man muß eher von Vorlieben als von Unterschieden sprechen. Die Franzosen zuckern weniger und verwenden bevorzugt das ganze Reiskorn, die Italiener verwenden eher Reismehl und neigen mehr als die anderen zum Würzen; die Engländer garnieren die Oberfläche der Schüssel häufiger mit Mandeln, wie in dem folgenden Rezept, das Sie sich auch zu eigen machen können:

»Um das Blanc-manger zu machen. Lege Reis über Nacht ins Wasser und wasche ihn am Morgen rein. Danach setze ihn auf, bis die Körner platzen, jedoch ohne sie allzusehr zu kochen. Nimm dann Brust vom gekochten Kapaun oder vom Huhn und schneide sie klein. Dann nimm Mandelmilch, gib sie in den Reis und koche es. Und wenn es aufgekocht ist, gib die Brust bei und vermische es, bis es recht dick ist, und rühre gut, damit es nicht im Topf anhängt. Wenn es dick genug ist, überstreue es mit reichlich Zucker, gib in weißem Fett gebratene Mandeln bei und trage es auf.«

For to make blank maunger. Put rys in water al a nygt, and at morowe waisshe hem clene. Afterward put hem do the fyre fort that they berst, & not to myche. Sithen take brawn of capouns, or of hennes, soden, & drawe it smale. After take mylke of almaundes and put in to the rys & boile it. And whant it is yboilet, put in the brawn & alye it therwith that it be wel chargeaunt, and menge it fynelich wel that it sit not to the pot. And whan it is ynowhg & chargeaunt do therto sugur gode part, put therin almandes fried white grece, & dresse it forth (Form of Cury, Cury on Inglysch 143-144).

Wir haben das köstliche »katalanische« Rezept von Maestro Martino genommen, seine Originalität besteht darin, daß es nicht gezuckert ist.

ITALIENISCHES BLANC-MANGER AUF KATALANISCHE ART

ZUTATEN:

150 g Mandeln
25 g Reismehl
150 g Brust vom Suppenhuhn oder Brathuhn
1/2 l Hühnerbouillon *(Rezept Nr. 152)*
etwa 5 cl Rosenwasser
Süßes Gewürz *(Rezept Nr. 150)*
Salz

ZUBEREITUNG:

Die Brust des Huhns, mit dem man die Bouillon zubereitet hat, beiseite legen, wenn nicht vorhanden, 150 g Brust vom Brathuhn in ein wenig Salzwasser kochen. Sehr fein hacken.

Die Mandeln schälen und zerstampfen, zusammen mit dem Reismehl in 1/2 l lauwarmer Brühe auflösen und filtern. Die so erhaltene Milch aufkochen und salzen. Die gehackte Hühnerbrust zugeben; unter ständigem Rühren kochen, bis es dickt. Die Konsistenz muß die einer recht dicken Creme sein. Am Schluß des Garens das Rosenwasser zugeben. Warm in einer Schüssel oder einzelnen Schalen servieren, zuvor mit der süßen Gewürzmischung überstreuen.

131. Italienisches Blanc-manger von jenseits der Alpen
Blanc-manger italien d'outremont

De' blanmangieri.
Togli petti di galline, cotti, e, posti sopra una taola, falli sfilare piu sottili che puoi. Intanto lava il riso e sciugalo, e fànne farina, e cernila con setaccio o stamigna; poi distempera la detta farina del riso con latte di capra o di pecora o d'amandole, e metti a bollire in una pentola ben lavata e netta; e quando comincia a bollire, mettivi dentro i detti petti sfilati, con zuccaro bianco e lardo bianco fritto; e guardalo dal fumo, e fàllo bullire temperatamente senza impeto di fuoco, si che sia ispesso, come suole essere il riso. E quando tu menestrarai, mettivi suso zuccaro trito o pesto, e lardo fritto. Se tu vuoli, puolilo fare col riso intero da per sè, apparicchiato e ordinato col latte di capra, a modo oltramontano; e, quando tu il dai, mettivi su amandole soffritte nel lardo, e zenzovo bianco tagliato (Za 46-47).

Über die Blancs-mangers.
Nimm gegarte Hühnerbrust; lege sie auf eine Tafel und schneide sie möglichst faserfein. Inzwischen wasche den Reis und trockne ihn ab, mache ein Mehl daraus und treibe es durch ein Haarsieb oder Beutelsieb. Dann löse besagtes Reismehl mit Milch von der Ziege, vom Schaf oder aus Mandeln auf und setze dies in einem gut gewaschenen und gesäuberten Topf zum Kochen auf. Wenn es zu kochen beginnt, gib besagte faserfeine Brust bei, mit weißem Zucker und gebratenem weißen Speck. Schütze [dieses Gericht] vor Rauch und laß es leise und ohne heftiges Feuer kochen, damit es so dick wird, wie es sich für Reis geziemt. Wenn du es auftragen willst, gibst du zerriebenen oder gestampften Zucker und gebratenen Speck darüber. Wenn du willst, kannst du es auch mit ganzen Reiskörnern machen, eingeweicht und zubereitet in Ziegenmilch, wie man es jenseits der Alpen tut. Wenn du es aufträgst, gib in Speck gebratene Mandeln darüber und kleingeschnittenen weißen Ingwer.

Wir haben dieses Blanc-manger ausgewählt, weil das Rezept zwei Zubereitungsmöglichkeiten bietet, eine italienische (toskanische?) und eine zweite, deutsche oder eher französische (jenseits der Alpen). Unsere Interpretation ist die französische; wenn wir keine Ziegenmilch finden, verwenden wir Kuhmilch.

ITALIENISCHES BLANC-MANGER VON JENSEITS DER ALPEN

ZUTATEN:

60 g Hühnerbrust
oder in einer Brühe gekochte Brust vom Brathuhn
30 g Reis
1/2 l Ziegenmilch (oder Kuhmilch)
30 g weißer Zucker
50 g weißer Speck
10 geschälte Mandeln
nicht zu trockene Ingwerwurzel
Salz

ZUBEREITUNG:

Die Hühnerbrust in Fasern zupfen. Den Speck klein würfeln. Eine Hälfte davon in einer Pfanne auslassen, ohne ihn allzu braun werden zu lassen, bis er recht knusprig ist.

Die Milch aufsetzen, und wenn sie kocht, den Reis einstreuen.

Unter ständigem Rühren für kurze Zeit kochen lassen, dann die gezupfte Hühnerbrust mit 2/3 des Zuckers und den ausgelassenen Speckwürfeln zugeben. Vom Feuer nehmen, wenn der Reis ausreichend gar ist; man muß die Körner zwischen zwei Fingern zerdrücken können. Den Rest des Specks wie oben zusammen mit den Mandeln auslassen. Lauwarm oder kalt servieren, zuvor die Oberfläche mit den Mandeln, den Speckwürfeln und den Ingwerscheiben übersäen.

132. WEIZENGRÜTZE
FROMENTÉE

Froumentée.
Premièrement, vous convient monder vostre froument ainsi comme l'en fait orge mondé,

Weizengrütze.
Zuerst müßt Ihr Euren Weizen schälen, wie man es für geschälte Gerste macht.

puis sachiez que pour dix escuelles convient une livre de froument mondé, lequel on treuve aucunes fois sur les espiciers tout mondé por un blanc la livre. Eslisiez-le et le cuisiez en eaue dès le soir, et le laissiez toute nuit couvert emprès le feu en eaue comme tiède, puis le trayez et eslisez. Puis boulez du lait en une paelle et ne le mouvez point, car il tourneroit: et incontinent, sans attendre, le mettez en un pot qu'il ne sente l'airain; et aussi, quant il est froid, si ostez la cresme de dessus afin que icelle cresme ne face tourner la froumentée, et de rechief faites boulir le lait et une petit de froument avec, mais qu'il n'y ait guères de froument; puis prenez moyeux d'œufs et les coulez, c'est assavoir pour chascun sextier de lait un cent d'oeufs, puis prenez le lait boulant, et batre les oeufs avec le lait, puis reculer le pot et getter les oeufs, et reculer; et se l'en veoit qu'il se voulsist tourner, mettre le pot en plaine paelle d'eaue. A jour de poisson l'en prend lait; à jour de chair, du boullon de la char; et convient metter saffran se le oeufs ne jaunissent assez: *item* demie cloche de gingembre (MP 210).

Dann müßt Ihr wissen, daß man für zehn Schalen ein Pfund geschälten Weizen braucht, den man manchmal beim Gewürzhändler bereits geschält zum Preis von einem Blanc das Pfund findet. Säubert ihn und kocht ihn schon am Vorabend in Wasser und stellt ihn die ganze Nacht bedeckt in die Nähe des Feuers in warmes Wasser. Dann verlest ihn. Kocht Milch in einer Pfanne auf, ohne sie zu bewegen, sonst gerinnt sie. Und ohne lange zu warten, schüttet sie sofort in einen Topf, der nicht ehern riecht. Wenn sie dann kalt ist, schöpft die Sahne ab, damit sie die Weizengrütze nicht gerinnen läßt, und setzt von neuem die Milch mit ein wenig Weizen zum Kochen auf, eine ganz kleine Menge ist ausreichend. Nehmt dann Eigelb und filtert es, rechnet dabei hundert Eier auf jeden *setier* [=ca. 8 l] Milch. Nehmt dann die kochende Milch und schlagt die Eier mit der Milch, nehmt den Topf [vom Feuer] und gießt die Eier hinein. Wenn man sieht, daß sie bereit sind zu gerinnen, den Topf in eine mit Wasser gefüllte Pfanne stellen. An Fischtagen nimmt man Milch; an Fleischtagen Fleischbrühe. Man muß Safran beigeben, wenn die Eier nicht genügend gilben. *Item* eine halbe Glocke Ingwer.

In den kulinarischen Traktaten des Mittelalters findet man mehrere Rezepte für Grütze aus Hafer, Gerste oder Hirse. Diese Breigerichte aus geschältem Getreide wurden normalerweise unter den »Speisen für Kranke« abgehandelt; sie enthalten oft Zucker, der in diesem Fall eher die Rolle eines Medikaments als die eines Süßstoffes hat. Die »Weizengrütze« ist dagegen ein Brei aus geschältem Weizen, der nicht den Kranken vorbehalten scheint. Im Gegenteil, er erscheint bei der Speisenfolge zusammen mit Wild. So ruft uns der Autor des *Ménagier de Paris* in Erinnerung, daß man »gesalzenes Wildschwein mit Weizengrütze ißt«. Wie das Rezept zeigt, gibt es für die Weizengrütze eine magere Version auf Milch-Basis und eine fette Version auf der Basis einer guten Brühe. Wir haben die letztere gewählt und wir raten Ihnen, die Weizengrütze zu einem gut gewürzten Fleischragout zu servieren, damit Sie ihren Wert wirklich schätzen lernen.

WEIZENGRÜTZE

ZUTATEN:

200 g geschälten Weizen
(man findet ihn in jedem Reformhaus.
Vorsicht, nicht sog. »Sprießkorn-Weizen« kaufen,
dessen Fruchthülle nicht entfernt wurde;
sie ist hart und dicht und widersteht jedem Garen.)
1 l gute Fleischbouillon
(von Geflügel oder Rind, Rezept Nr. 152)
2 Eigelb
Ingwerpulver
Salz

ZUBEREITUNG:

Am Vorabend:

Den Weizen in der dreifachen Menge Wasser mit ein wenig Salz kochen. Das Garen dauert etwa 1 Stunde. Dann ist das Wasser fast absorbiert, und die Körner beginnen zu platzen. Den Weizen in einem bedeckten Topf die ganze Nacht über vor Kälte geschützt stehen lassen (z. B. auf einer Heizung).

Am Tag selbst:

Den Weizen aus dem Wasser nehmen und das restliche Wasser wegschütten. Überprüfen, ob der Weizen keine Verunreinigungen oder Unkrautsamen enthält. Diese entfernen.

Den Weizen mit der Bouillon mischen. Aufkochen lassen, dann die Flamme ganz klein stellen und 2 1/2 bis 3 Stunden köcheln lassen, bis die Körner vollständig in der Bouillon aufgegangen sind, das heißt, die Körner verbinden sich allmählich mit dem Wasser, und alles wird ein dicker Brei.

Abschmecken. Ein gute Prise Ingwerpulver zugeben. Vom Feuer nehmen.

Die Eigelb in einer Tasse schlagen, einen guten Löffel Brei zugeben und vermengen. Wenn diese Mischung schön gleichmäßig ist, in den Brei gießen und alles gut vermengen. Servieren.

133. Reis mit Mandelmilch
Riz au lait d'amandes

Riso nella miglore maniera.
Se vuoli fare riso nella miglore maniera che fare si puote per XII persone, togli due libre di riso e due libre di mandorle, e meça libra di çucchero. E togli il riso bene mondo e bene lavato, e togli le mandorle bene monde e bene lavate e bene macinate e bene colate con istamigna. Togli il riso, e metti a fuoco in acqua chiara, e quando è levato buono bollore e bene schiumato, colane di fuori l'acqua incontanente, e mettivi suso quantitade di latte di mandorle; e fallo cuocere in sulla brascia da la lunge, e mestalo spesso intorno che non si rompa. E quando s'asciuga, arrogivi suso del latte delle mandorle; e quando è presso che cotto, mettivi suso quantità di çucchero. Questa vivanda vuol essere biancha e molto spessa. E quando è cotta, poni çucchero sopra le scodelle. Se vuoli fare per più persone o per meno, togli le cose a questa ragione (Mo 22).

Reis auf die beste Weise.
Wenn du Reis auf die bestmögliche Weise für 12 Personen machen willst, nimm zwei Pfund Reis, zwei Pfund Mandeln und ein halbes Pfund Zucker. Nimm den gut gereinigten und gewaschenen Reis, nimm die gut gereinigten, gewaschenen, gut zerstampften und gut durch das Beutelsieb getriebenen Mandeln. Nimm den Reis und setze ihn in klarem Wasser auf, und wenn er gut kocht und du ihn gut abgeschäumt hast, nimm ihn sofort aus dem Wasser und gieße eine gewisse Menge Mandelmilch darüber. Laß ihn recht weit von der Glut entfernt garen und schwenke es [das Gefäß] oft, damit er nicht platzt. Wenn er trocken wird, gib noch Mandelmilch hinzu. Und wenn er fast gar ist, gib eine gewisse Menge Zucker bei. Dieses Gericht muß weiß und sehr dick sein. Wenn es gar ist, gib Zucker über die Schüsseln. Wenn du es für mehr oder weniger Personen machen willst, nimm Zutaten im selben Verhältnis.

Ein schlichter Milchreis, aber mit Mandelmilch zubereitet. Tatsächlich sahen die Ärzte den Reis mit Mißbehagen, er galt als schwer und einengend, und sie rieten, ihn mit Mandelmilch und Zucker zu veredeln. Dieses Gericht wurde also sicherlich den Kranken empfohlen, zumal es außer Zucker kein Gewürz enthält. Bekanntermaßen wurde Zucker als Gewürz angesehen, weil man ihn beim Gewürzhändler kaufte und er daher Zeichen für einen gewissen Lebensstandard war.

Dieses Gericht hat auch eine Bedeutung als kulinarische Raffinesse, wenn etwa Sermini aus Siena empört berichtet, er habe bei einem Bankett einen Bauern gesehen, wie »er Reis mit Zucker aß, dabei seine Schale mit dicken Brotscheiben füllte und ihn drehte und wendete, wie man es auf dem Land normalerweise mit Kohl tut« (Sermini II, S. 521). Es geht jedoch nicht nur darum, satt zu werden, sondern man will über den Geschmack hinaus noch eine strahlend weiße Farbe haben, wie bei den Blancs-mangers, die ja auch fast immer Reis, Zucker und Mandeln enthalten. Was den Geschmack angeht, so können wir für Authentizität garantieren, denn dieses Rezept hält präzise Mengenangaben bereit (das Wasser ausgenommen). Sie werden diesen Milchreis vielleicht fad finden; er wird sehr fein, wenn Sie darauf achten, sehr gute Mandeln zu verwenden, eine oder zwei von ihnen sollten bitter sein.

Man kann ihn geschmacklich heben, indem man ihn mit einer Pflaumencreme serviert (Rezept Nr. 142).

REIS MIT MANDELMILCH

ZUTATEN:

150 g Reis
40 g Zucker (37,5 für die Zubereitung)
Mandelmilch *(Rezept Nr. 151)*
150 g geschälte Mandeln
1 l Wasser

ZUBEREITUNG:

Den Reis waschen.

Aus den Mandeln und dem Wasser eine recht dicke Mandelmilch herstellen. Den Reis in einen großen Topf mit kaltem Wasser geben, aufkochen, abschäumen, vom Feuer nehmen und abtropfen lassen.

Den Reis wieder in den Topf geben, mit einem Teil der Mandelmilch bedecken, aufkochen und auf kleiner Flamme unter ständigem Rühren köcheln lassen.

Im gleichen Maß wie der Reis trocken wird, nach und nach Mandelmilch zugeben, bis sie aufgebraucht ist; dann 3/4 des Zuckers kurz vor dem letzten Aufkochen zugeben. Der Reis muß die Konsistenz von normalem Milchreis haben. Mit dem restlichen Zucker bestreuen und servieren.

134. PUDDING MIT TROCKENFRÜCHTEN
TAILLIS AUX FRUITS SECS

Tailliz.
Prenez figues, roisins et lait d'amendes bouly, eschaudez, galettes et crouste de pain blanc couppé menu par petiz morceaulx quarrez et faictes boullir vostre lait, et saffren pour luy donner couleur, et succre, et puis mettez boullir tout ensemble tant qu'il soit bien lyant pour taillier; et mettre par escuelles (VT Vat Scul 118).

Schneidepudding.
Nehmt Feigen, Rosinen, gekochte Mandelmilch, Windbeutel, kleine Kuchen und die in kleine Vierecke geschnittene Kruste von Weißbrot. Kocht Eure Milch mit Safran auf, um sie zu färben, und gebt Zucker bei. Bringt dann alles miteinander zum Kochen, bis es dick genug ist, daß man es schneiden kann. Und in Schalen füllen.

Man findet von diesem Rezept für einen dicken Pudding mit Mandelmilch und Trockenfrüchten mehrere französische Versionen. Der französische Name *taillis* kommt wahrscheinlich von dem Verb *tailler* (schneiden) und bedeutet, daß seine Konsistenz es erlaubte, ihn mit dem Messer zu schneiden. Ist dieses Rezept eher »nordisch« inspiriert? Man findet tatsächlich einige Gemeinsamkeiten mit manchen Varianten in englischen Traktaten des 15. Jahrhunderts, dafür fehlt das Rezept im italienischen Repertoire. Windbeutel, kleine Kuchen und die Kruste von Weißbrot dienen hier als Dickungsmittel, aber leider wissen wir die Zusammensetzung dieser »kleinen Kuchen« nicht; und wir können in bezug auf die Herstellung der »Windbeutel« nur Vermutungen äußern. Sie werden öfter in unseren Texten erwähnt. Waren sie damals schon jene kleinen Kuchen aus Hefeteig, die im kochenden Wasser pochiert und dann im Ofen getrocknet werden, deren Spuren und Rezepte man noch heute in mehreren Regionen Frankreichs findet?

PUDDING MIT TROCKENFRÜCHTEN

ZUTATEN:

1 l Wasser
150 g geschälte Mandeln
8 bis 10 Scheiben altbackenes Brot ohne Kruste (recht trocken)
150 g Rosinen
150 g getrocknete Feigen bester Qualität
60 g Puderzucker
6 oder 7 Safranfäden

ZUBEREITUNG:

Die Mandelmilch zubereiten (Rezept Nr. 151). Die Kruste von den Brotscheiben entfernen und das Brot kleinschneiden.

Die Trockenfrüchte sorgfältig waschen.

Die Milch aufkochen, zuerst den Safran, dann den Zucker und das Brot zugeben. Ein wenig kochen lassen, bis sich das Brot gut auflöst und die Mischung zu dicken beginnt. Die Früchte zugeben und die Creme bei kleiner Flamme dick werden lassen. Dabei darauf achten, daß sie nicht anbrennt. Man rechnet etwa 1/4 Stunde Kochzeit. Wenn die Creme recht dick ist, in einen tiefen Teller gießen. Kalt werden lassen und servieren.

135. MANDELCREME
CRÈME D'AMANDES

Mandorlata cotta.
Se vuoli fare mandorlata cotta per XII persone, togli tre libre di mandorle e meça libra di çucchero; et togli le mandorle ben lavate e bene monde e bene macinate e stemperate con acqua chiara, poca, e bene colate, e mettile a bollire in uno vasello che bolla tanto che torni spesso; e metti per scodelle çucchero. Se vuoli fare per più persone o per meno, togli le cose a questa medesima ragione (Mo 22).

Gekochte Mandelspeise.
Wenn du eine gekochte Mandelspeise für 12 Personen machen willst, nimm drei Pfund Mandeln und ein halbes Pfund Zukker. Und nimm die Mandeln gut gewaschen, gut geschält, gut zerstampft, mit ein wenig klarem Wasser aufgelöst und gut gefiltert. Setze sie in einem Gefäß zum Kochen auf, bis sie dick werden. Gib Zukker in jede Schale. Wenn du für mehr oder weniger Personen machen willst, nimm die Dinge in diesem Verhältnis.

Die Zubereitung dieser Creme dauert lange, aber das Ergebnis ist überaschend: fein, sämig, frisch und leicht, so könnte man diese eingekochte und kaum nachgesüßte Mandelmilch beschreiben. Sie gewinnt an Qualität und Geschmack, wenn man zuvor die Mandeln eine Nacht in frischem Wasser einweicht.

Mandelcreme

Zutaten:

400 g geschälte Mandeln (davon 2 oder 3 Bittermandeln)
2 l Wasser
70 g Puderzucker

Zubereitung:

Am Tag zuvor: Die Mandeln in kaltem Wasser einweichen.

Die Mandeln wenn nötig waschen, dann abtropfen lassen. Mit dem Wasser in den Mixer geben, bis man eine tadellose Mischung erhält.

Durch eine Gaze filtern. Die gewonnene Milch muß dick sein.

Auf sehr kleiner Flamme 2 oder 3 Stunden bis auf die Hälfte einkochen lassen. Kalt werden lassen und mit Zucker überstreut servieren.

136. Marzipan
Massepain

Marzapane.
Monda l'amandole molto bene, et pistale quanto più sia possibile perché non fanno a passare per la stamegna. Et nota per fare le ditte amandole più bianche, più gustose et più dolci a la bocca, se vogliono tenere a mollo nell'acqua frescha per un dì et una nocte o tanto più, che da se stesse premendole con le ditte se mondino. Et pistandole le bagnarai con un pocha d'acqua rosata, perché non facciano olio. Et se vol fare bona la ditta torta, metteragli a peso equale tanto zuccaro siano quanto amandole, cioè una libra dell'uno et una dell'altro, o più o mancho como ti piace, et metterali anchora una oncia o doi d'acqua rosata bona; et tutte queste cose incorporarai molto bene inseme. Poi pigliarai di cialdoni o nevole fatte col zuccaro, et bagnate prima con l'acqua rosata; distemperarale sopra el fondo de la padella, et dentro gli mettirai questa compositione o

Marzipan.
Schäle die Mandeln gut und zerstampfe sie so gut, wie du nur kannst, denn sie werden nicht durch das Beutelsieb getrieben. Und bedenke, daß man sie, damit sie noch weißer, noch wohlschmeckender und noch angenehmer für den Gaumen werden, in frischem Wasser einen Tag und eine Nacht oder sogar noch länger einweichen muß, so daß man sie mit den Fingern schälen kann. Wenn du sie zerstampfst, befeuchtest du sie mit Rosenwasser, damit sie kein Öl abgeben. Und wenn du willst, daß diese Torte gut wird, gibst du ebensoviel Zucker wie Mandeln bei, das heißt ein Pfund vom einen und eines vom anderen, oder mehr oder weniger, wie es dir gefällt. Du gibst auch eine Unze oder zwei von gutem Rosenwasser hinzu, und all dies vermengst du gut miteinander. Dann nimmst du Waffeln oder

pieno sopra ditto. Et disteso et spianato che l'haverai, un'altra volta si vole bagnare un pochetto con l'acqua rosata, sopragiogendoli ancora di sopra di bono zuccharo spolverizato. Et spianato bene per tutto con il zuccharo la farai cocere nel forno overo al focho como l'altre torte molto ad ascio, havendo bona avertenza a dargli il focho temperato et di rivederla spesso perché non s'abrusciasse. Ricordandoti che simile torta di marzapane più tosto vole essere un pocho bassetta et sottile, che troppo alta et spessa (Ma 168).

nevole, die mit Zucker gemacht sind und zuvor in Rosenwasser eingeweicht wurden. Du breitest sie auf dem Boden der Pfanne aus und füllst sie mit dieser Mischung oder besagter Füllung. Und wenn du sie ausgebreitet und eingeebnet hast, befeuchtest du sie noch einmal mit ein wenig Rosenwasser, indem du außerdem noch guten Puderzucker darüberstreust. Wenn der Zucker überall glattgestrichen ist, backst du sie wie die anderen Torten im Ofen bei ganz kleiner Hitze, dabei achtest du gut darauf, daß sie ein mäßiges Feuer bekommt und wendest sie oft, damit sie nicht anbrennt. Denke daran, daß eine derartige Marzipantorte eher flach und dünn als hoch und dick sein muß.

Hier haben wir eines der ältesten Rezepte für ein Gericht, das wir heute Marzipan nennen; wir verdanken es Maestro Martino. Man hat sich oft nach der Etymologie dieses Wortes gefragt, das auf Französisch *massepain*, auf Italienisch *marzapane* und auf Deutsch *Marzipan* heißt. In verschiedenen romanischen Ausdrücken finden wir um 1340 in Italien und der Provence die Spur dieses Begriffs, der gleichzeitig eine Dose, in der man Naschwerk aufbewahrt, und dieses Naschwerk selbst bezeichnet. Handelt es sich um ein Lehnwort aus dem Arabischen, wie manche behaupten? Das ist nicht unmöglich, wenn man bedenkt, daß dieser Kuchen aus Mandeln und Zucker, hier mit Rosenwasser parfümiert, drei äußerst typische Zutaten für die Kunst der arabisch-persischen Konditorei des Mittelalters enthält. Um so mehr, als Martino mit dem Zucker nicht spart, er nimmt ebensoviel Zucker wie Mandeln. Wir sind ziemlich weit entfernt vom Autor des *Ménagier de Paris*, der mit dieser Zutat sehr knauserig umgeht!

Wir möchten ausdrücklich darauf hinweisen, wie meisterhaft Martino dieses Rezept ausführt. Er weiß, wovon er spricht. Das Backen der Mandelpaste bei einer vorgegebenen Temperatur ist ein wichtiger Faktor für das Gelingen des Marzipans, und Martino ist sich dessen sehr bewußt, denn er rät, daß die Hitze mäßig sein soll. Zu durchgebacken, erhält das Marzipan nicht nur eine dunkle, nicht sehr appetitliche Farbe, sondern es verliert auch seinen ganzen Schmelz.

Die Ausführung dieser »Marzipantorte« ist nicht einfach, weil die Mandelpaste auf eine Teigunterlage aus feinen Waffeln gegossen wird (auf Italienisch *cialdoni*, auf Französisch wahrscheinlich *oublies*), deren damalige Zusammensetzung wie auch die Herstellungsart wir nicht kennen.

Diese Kuchen haben aber, unserer Ansicht nach, nur eine beschützende Funktion; geschmacklich tragen sie nicht viel bei, so wie das ungesäuerte Brot oder Reispapier, das den Nougat umhüllt; sie erleichtern auch den Umgang mit dieser ein wenig klebrigen Paste. Und deshalb schlagen wir hier den Besitzern eines Waffeleisens ein Rezept vor, wie sie die Waffeln zubereiten können, den anderen raten wir, entweder ungesäuertes Brot oder Reispapier zu nehmen oder Oblaten.

Auf den Banketten der Bandinelli in Siena, die wir schon in der Einleitung geschildert haben, trug man auch eine große Marzipantorte auf.

Marzipan

Zutaten:

Rezept für Waffeln oder oublies
80 g Mehl
30 g Puderzucker
7 Eßlöffel eiskaltes Wasser
1 Prise Salz

Marzipanbelag
6 oder 7 Blätter ungesäuertes Brot; oder 1 großes Blatt Reispapier; oder etwa 15 Backoblaten, oder 15 oublies *(Rezept s. oben)*
250 g ungeschälte Mandeln
250 g Zucker
Rosenwasser

Zubereitung:

Mehl, Salz und Zucker mischen, dann das Wasser zugeben; der Teig sollte halb flüssig sein. Das Waffeleisen erhitzen und einen halben Löffel Teig darübergeben. Das Eisen schließen und garen, bis die Waffel eine nußbraune Farbe hat. Waffel herausnehmen und fortfahren, bis man eine ausreichende Anzahl von Waffeln hat, um eine große Kuchenform auszulegen.

Am Tag zuvor: Die Mandeln in kochendem Wasser einweichen. Wenn das Wasser kalt ist, fortschütten und erneuern. So lange fortfahren, bis das Wasser klar geworden ist. Die ganze Nacht über einweichen. So lassen sich die Mandeln leicht schälen, denn ihre Haut ist ganz weich geworden.

Mandeln schälen und in den Mixer oder einen elektrischen Zerkleinerer mit 3 Eßlöffeln Rosenwasser geben, um ein feines Püree zu erhalten. Mit dem Zucker vermischen und nochmals 3 Eßlöffel Rosenwasser zugeben, bis man einen glatten Teig erhält.

Eine große Kuchenform entweder mit den Waffeln, deren Ränder sich leicht überlappen müssen oder mit den Blättern ungesäuerten Brotes, mit dem Reispapier oder den Backoblaten auskleiden. Mit ein wenig Rosenwasser besprengen. Den Belag aus Mandelpaste darübergeben und gleichmäßig in einer Dicke von etwa 1,5 cm verteilen. Mit ein wenig Rosenwasser besprenkeln und mit einer Schicht Zucker gleichmäßig bestreuen.

Bei geringer Hitze (130 Grad) etwa 1 Stunde backen, bis es ganz leicht goldgelb ist. Beim Backen beobachten, ob es nicht zu braun wird. Kalt servieren.

137. MANDELKONFEKT
CALISSONS

Per far caliscioni.
Prenderai simil pieno o compositione quale è la sopraditta del marzapane, et apparichiarai la sua pasta, la quale impastarai con zuccharo et acqua rosata; et distendi la ditta pasta a modo che si volesse fare ravioli, gli metterai di questo pieno facendoli grandi et mezani o piccioli como ti pare. Et havendo qualche forma de ligno ben lavorata con qualche gentileza et informandoli et premendoli di sopra pariranno più belli a vedere. Poi li farai cocere in la padella como il marzapane havendo bona diligentia che non s'ardino (Ma 169).

Um Mandelkonfekt zu machen.
Du nimmst von derselben Füllung oder Mischung wie für das obengenannte Marzipan und bereitest einen Teig mit Zucker und Rosenwasser zu. Diesen Teig breitest du auf dieselbe Weise aus, als wolltest du Ravioli machen. Du gibst diese Füllung hinein. Du kannst sie groß, mittelgroß oder klein machen, wie es dir gefällt. Und indem du eine Holzform zu Hilfe nimmst, die gut und hübsch gearbeitet ist, drückst du fest auf und formst sie, und besagtes Mandelkonfekt wird schöner aussehen. Dann brätst du sie in der Pfanne, und wie beim Marzipan achtest du darauf, daß sie nicht anbrennen.

Dieses Rezept, auf Italienisch *caliscioni* bezeichnet, ist eines der ersten, das wir von dieser Mandelspezialität kennen. In Frankreich heißt sie *calissons*, die Stadt Aix-en-Provence ist berühmt dafür. Auch wenn diese Zubereitung im Gegensatz zu der von Aix keine kandierten Früchte enthält, so sind es doch der Name des Rezepts und die Notwendigkeit, ihnen eine charakteristische Form zu verleihen, die beide verwandt erscheinen lassen. Nun ist die Interpretation dieses Rezepts keine Selbstverständlichkeit. Nach einer oberflächlichen Lektüre scheint es sich um die Zubereitung von Ravioli zu handeln, die mit einer Mandelpaste gefüllt sind, was nicht ganz mit unserem heutigen Bild der *calissons* übereinstimmt. Genau betrachtet sagt Maestro Martino jedoch nicht, daß man die Füllung mit dem Teig »umhüllen« soll, wie er es beispielsweise für die Herstellung von Fleischravioli (Rezept Nr. 7) beschreibt, er erklärt einfach, daß man einen Teig ausbreiten soll, »als wollte man« Ravioli machen, dann die Füllung darübergeben, und daß ihre Größe beliebig ist. Die Model, von der die Rede ist, scheint nur einem ästhetischen Ziel zu dienen: Ihre Ornamente sollen aufgeprägt werden, und da sie aus Holz ist, kann sie nicht zum Ausschneiden von Teigstücken bestimmt sein. So gesehen kämen die *caliscioni* unseren heutigen *calissons* sehr nahe: kleine Kekse aus Mandelpaste mit einer deutlichen Form, auf einem Boden aus feinem Teig, welche an der Oberseite eine Prägung tragen. Vergessen wir auch nicht das Rezept des Nostradamus; dieser als Magier des 16. Jahrhunderts berühmte Mann war Arzt, stammte aus Saint-Rémy-de-Provence und hat ein Traktat über Konfekt geschrieben. Darin erklärt er, wie man die *tartes de massapan* herstellt: »macht kleine Kuchen oder Törtchen ganz rund, die einen Boden aus Waffeln haben [...], und Ihr könnt auch *kleine Quadraturen* in dieser Form aus besagten Waffeln machen.« Könnte man nicht diese kleinen Törtchen in Form »kleiner Quadraturen« für *calissons* halten?

Man kommt unseren heutigen *calissons* am nächsten, indem man das Rezept für Marzipan (Nr. 136) mit dem vorliegenden kombiniert. Im ersten Rezept haben wir die Grundzutaten: Zucker, Mandeln, Zuckerglasur und Rosenwasser — das später zum *glace royale*, bestehend aus Zuckerglasur und Eiweiß, werden wird —, und im zweiten haben wir die Individualisierung von Süßigkeiten durch eine charakteristische Form!

Auf diese Weise wollen wir unser Rezept interpretieren, wenngleich es auch schon vorkam, daß wir es bei einem mittelalterlichen Bankett, das 1981 in Siena gegeben wurde, als eine Zubereitung süßer Ravioli aufgefaßt haben. Das Ergebnis war köstlich, denn die »Ravioli« präsentierten sich in Form prallgefüllter kleiner Beutel, gerade goldgelb gebacken, die auf wunderbare Weise die Lieblichkeit der Mandel und des Rosenwassers bewahrt hatten. Wir haben die Erfahrung gemacht, daß unsere *caliscioni* von den Damen immer sehr geschätzt werden!

MANDELKONFEKT

ZUTATEN:

Marzipan *(Rezept Nr. 136)*

Süßer Ravioli-Teig
80 g Mehl
30 g Puderzucker
Rosenwasser
1 Prise Salz

ZUBEREITUNG:

Einen recht elastischen Teig zubereiten, indem man zum Mehl und Zucker so viel Rosenwasser beigibt, wie notwendig ist, um einen Teig zu erhalten, der nicht an den Fingern klebt, sondern gut formbar ist. Auf einem feuchten Tuch 1/2 Stunde ruhen lassen.

Inzwischen das Marzipan zubereiten.

Den süßen Ravioliteig zu einem fast durchsichtigen Blatt ausrollen und in regelmäßigen Abständen kleine nußgroße Stücke aus Marzipan darüber verteilen. Den Teig in gleichmäßige Rechtecke ausschneiden, dann das Marzipan mit dem Boden eines Glases oder einer Tasse in eine gleichmäßige Form von einer gewissen Stärke flachdrücken. Wenn man über kleine Lebkuchenformen verfügt, kann man deren Motiv benutzen, um die geglättete Oberfläche des Marzipans zu prägen.

Bei sehr geringer Hitze (130 Grad) etwa 1 Stunde backen (austrocknen), sie dürfen nicht zu braun, sondern müssen leicht hellbraun werden. Sobald sie kalt sind, servieren.

138. PFANNKUCHEN
CRÊPES

Crespes.
Prenez de la fleur et destrempez d'œufs tant moyeux comme aubuns, osté le germe, et le deffaites d'eaue, et y mettez du sel et du vin, et batez longuement ensemble; puis mettez du sain sur le feu en une petite paelle de fer, ou moitié sain ou moitié beurre frais, et

Pfannkuchen.
Nehmt Mehl und gebt Eier dazu, nämlich Eigelb wie Eiweiß, entfernt den Keim, vermischt es mit Wasser, gebt Salz und Wein bei, und schlagt alles lange miteinander auf. Gebt ein wenig Schmalz in eine kleine Eisenpfanne und erhitzt sie auf

faites fremier; et adonc aiez une escuelle percée d'un pertuis gros comme vostre petit doit, et adonc mettez de celle boulie dedans l'escuelle en commençant ou milieu, et laissiez filer tout autour de la paelle; puis mettez en un plat, et de la pouldre de succre dessus. Et que la paelle dessusdite de fer ou d'arain tiengne trois choppines, et ait le bort demy doy de hault, et soit aussi large ou dessus comme en bas, ne plus ne moins, et pour cause (MP 226).

dem Feuer oder aber mischt je zur Hälfte Schmalz und Butter und laßt es brutzeln. Dann nehmt eine Schale, die ein Loch so groß wie euer kleiner Finger hat, und gebt Euren Teig in diese Schale und laßt ihn in die Pfanne fließen, in der Mitte beginnend und dann immer kreisend. Gebt es dann auf eine Platte und überstreut mit Zucker. Und obengenannte Pfanne muß aus Eisen oder ehern sein und 3 Schoppen fassen, ihr Rand muß einen halben Finger hoch sein, und sie muß oben wie unten gleich groß sein, nicht mehr, nicht weniger, das hat seinen Grund.

Crêpes: Eine französische Spezialität, wie es scheint, denn weder die *crispa* oder *crispelli* der Traktate auf Italienisch oder Latein noch die *cryspes* aus den englischen Texten entsprechen wirklich dem, was wir unter *crêpes* verstehen, nämlich eine Mischung aus Teig, Eiern und Flüssigkeit — heute Milch oder Sahne, im Mittelalter Wasser und Wein — zu dünnen Kuchen in einer flachen Pfanne gebacken. Tatsächlich deutet alles darauf hin, daß es sich um eine Zubereitung handelt, die speziell französisch ist, denn in Frankreich benutzte man damals schon eine *galettière*, um sie zu backen, nach der Beschreibung zu urteilen, die uns der Autor des *Ménagier* von einer Pfanne mit niedrigem Rand, die gerade und nicht konisch verläuft, hier gibt, »oben wie unten gleich groß«, wie es die heutigen französischen *galettières* sind. Dagegen werden die *crispa* oder *crispelli*, aus Hefeteig bestehend, offensichtlich in einer Friteuse ausgebacken und sind eher »Krapfen«, während die englischen *cryspes* nur aus Mehl und Eiweiß bestehen.

Wir empfehlen Ihnen diese Pfannkuchen, die durch das Fehlen jeglichen Milchprodukts unvergleichlich leicht, gut verdaulich und köstlich werden.

PFANNKUCHEN

ZUTATEN:

Für etwa 8 Pfannkuchen
100 g Mehl
3 große oder 4 kleine Eier
1 dl Weißwein
1 dl Wasser

Salz
Butter und Schweineschmalz, um die Pfannkuchen zu backen
Puderzucker zum Überstreuen

ZUBEREITUNG:

Die Eier schlagen und mit einem Schneebesen das Mehl einrühren, dem man zuvor eine gute Prise Salz zugegeben hat. Den Wein und das Wasser einarbeiten. Alles gut mit dem Schneebesen vermischen und 1 Stunde ruhen lassen. In einer *galettière* oder einer Pfanne mit niedrigem Rand ein haselnußgroßes Stück Butter und ein haselnußgroßes Stück Schweineschmalz erhitzen. Wenn die Pfanne recht heiß ist, eine ganz kleine Kelle von dem Teig hineingießen und sofort über die ganze Oberfläche der Pfanne verteilen. Wenden, wenn er goldbraun ist. Auf einem Teller stapeln, der warm gehalten wird, und jeden Pfannkuchen mit Puderzukker bestreuen.

139. ARME RITTER[16]
CROÛTES DORÉES

Suppa dorata.
Habi de le fette di pane bianco mondato che non habia corteccia, et fa'le ditte fette siano quadre, un pocho brusculate tanto che da ogni parte siano colorite dal foco. Poi habi dell'ove battute inseme col succaro assai et un poca d'acqua rosata; et mettirali a mollare dentro le ditte fette di pane; et cavatile fora dextramente le mettirai a frigere un pochetto in una padella con un poco di butiro o de strutto, voltando molto spesso che non si ardino. Poi le conciarai in un piatello; et di sopra gli mettirai un pocha d'acqua rosata fatta gialla con un pocho zafrano, et del zuccaro habundantemente (Ma 174).

Gebräunte Schnitten.
Nimm Schnitten von Weißbrot ohne Kruste und mache besagte Schnitten so, daß sie viereckig sind und ein wenig geröstet, damit sie auf beiden Seiten vom Feuer gleichermaßen braun sind. Mische dann geschlagene Eier mit genügend Zucker und ein wenig Rosenwasser und gib die Brotschnitten zum Einweichen hinein. Nimm sie geschickt heraus und brate sie ein wenig in der Pfanne mit ein wenig Butter oder Schmalz, wende sie dabei sehr oft, damit sie nicht anbrennen. Dann richte sie auf einer Platte an und gib Rosenwasser darüber, das mit ein wenig Safran gelb gefärbt wurde, außerdem reichlich Zucker.

[16] Die deutschen Bezeichnung »Arme Ritter« ist auch mittelalterlicher Herkunft: s. Eva Hepp S. 190. (Anmerkung des Übersetzers)

Diese alte Version eines Gerichts, das nichts anderes ist als *pain perdu*, scheint in ganz Europa sehr beliebt gewesen zu sein: Für Maestro Martino und einige englische Autoren sind es gebräunte *soupes*, während die Franzosen den Namen *tostées dorées* bevorzugen und so das Wort *soupe* für Brotschnitten reservieren, die zum Einweichen in die Suppe gelegt werden. Man kennt übrigens das Schicksal dieses Wortes, denn zuletzt bezeichnete es die Brühe, in die die *soupes* gelegt wurden. Freilich bereiten uns gewisse englische Autoren eine Überraschung, indem sie dieses Gericht ganz einfach *payn purdyeu* nennen, worin man ohne Mühe das französische Wort *pain perdu* (»verlorenes Brot«) wiedererkennen kann. Da sich aber in Küchendingen die Katze immer in den Schwanz beißt, müssen Sie wissen, daß *soupes dorées* in den angelsächsischen Ländern heute *French toasts* heißen! In England oder Italien werden diese Brotschnitten zum Wild, zum Pfau und anderen wunderbaren Vögeln gereicht. In Frankreich wissen wir nichts darüber, obgleich ein Gericht namens »Wildbret mit Brotschnitten« (*venaison aux soupes*) ohne nähere Erläuterung mehrmals in verschiedenen Speisefolgen erwähnt wird.

Wenn wir einmal mehr Maestro Martino den Vorzug gegeben haben, dann deshalb, weil sein Rezept das raffinierteste von allen ist. Es enthält nämlich Rosenwasser; niemand anders wäre auf den Gedanken gekommen, es hier zu verwenden. Aber gewissen englischen Rezepten fehlt es ebensowenig an Delikatesse: Die Butter, in der die Schnitten gebraten werden sollen, muß geklärt, das heißt, durch sanftes Erhitzen von ihren Verunreinigungen befreit werden, was verhindert, daß sie schwarz wird, und das Brot wird zum Einweichen in geschlagene Eigelb gelegt, die man sogar durch ein Beutelsieb passiert, damit sie eine vollkommene Sämigkeit erhalten.

ARME RITTER

ZUTATEN:

6 Scheiben altbackenes Weißbrot ohne Kruste
von sehr guter Qualität
6 Eier
1 Eßlöffel Puderzucker
3 Eßlöffel Rosenwasser

150 g Butter
einige Safranfäden
Puderzucker zum Überstreuen

ZUBEREITUNG:

Die Kruste von den Brotscheiben entfernen und diese zu recht gleichmäßigen und nicht zu großen Vierecken schneiden. Ganz leicht auf dem Rost braten oder im Toaster rösten.

Die Eier mit 1 1/2 Eßlöffeln Rosenwasser und 1 Eßlöffel Zucker aufschlagen. Diese Mischung in einen tiefen Teller geben, der auch die Brotscheiben aufnehmen kann. Die Brotscheiben darin etwa 10 Minuten einweichen. Wenn sie zu weich zu werden drohen, vorher herausnehmen.

2 nußgroße Stücke Butter in einer Pfanne langsam erhitzen und die Brotscheiben auf kleiner Flamme auf beiden Seiten bräunen. 6 Safranfäden im Mörser zerstampfen und mit dem restlichen Rosenwasser auflösen.

Wenn die Brotscheiben goldbraun sind, aus der Pfanne nehmen, auf einer Servierplatte anrichten, mit dem Rosenwasser, das mit Safran gefärbt wurde, übergießen und im letzten Augenblick großzügig mit Zucker bestreuen. Sofort servieren.

140. KIRSCHCREME
CRÈME DE CERISES

Chireseye.
For to make chireseye tak chiryes at the fest of Seynt Iohn the Baptist, & do awey the stonys. Grynd hem in a morter, & after frot hem wel in a seue so that the ius be wel comyn owt; & do than in a pot & do therein feyre gres or boter & bred of wastel ymyid, & of sugur a god perty, & a porcioun of wyn. & wan it is wel ysodyn & ydressyd in dyschis, stik therin clowis of gilofre & strew theron sugur (Ds HB 77).

Kirschspeise.
Um eine Kirschspeise zu machen, nimm Kirschen am Tag von Sankt Johannes dem Täufer und entsteine sie. Zerstampfe sie in einem Mörser und treibe sie dann gut durch ein Sieb, damit der Saft gut herauskommt. Dann gib sie in einen Topf, gib Fett hinein oder Butter, gutes Weißbrot, einen guten Teil Zucker und eine Portion Wein. Wenn sie recht dick ist, richte sie in Platten an, spicke sie mit Gewürznelken und überstreue sie mit Zucker.

Die französischen Traktate haben nur wenige ausgesprochen süße Rezepte zu bieten. Mit Zucker geht man hier übrigens eher sparsam um.

Während nämlich im Frankreich des 14. Jahrhunderts dieses »Gewürz« eine therapeutische Anwendung in Speisen »für Kranke« findet, ist er in Italien und vor allem in England schon integrierter Bestandteil der kulinarischen Zutaten.

Hier also das Rezept für eine Kirschcreme aus einem englischen Traktat. Sie ist von einem schönen durchsichtigen Rot und läßt uns, von der Konsistenz her, ein wenig die Vorliebe unserer Nachbarn für diese farbenfrohen und zitternden *jellies* verstehen, die sie noch heute genießen. Aber im Gegensatz zu den erstaunlichen Errungenschaften der modernen Chemie, ist diese samtige Creme äußerst wohlschmeckend! Wir haben dieses Rezept mit Schwarzkirschen und Rotwein umgesetzt, aber man kann es auch mit Sauerkirschen zubereiten, denen man dann etwas mehr Zucker zugeben muß und einen guten Rosé, um die hellrote Farbe zu bewahren.

KIRSCHCREME

ZUTATEN:

700 g recht schwarze Kirschen
70 g trockenes Toastbrot (2 Scheiben)
100 g Zucker
1 Eßlöffel Puderzucker zum Überstreuen
20 g Butter
15 cl guter Rotwein (Bordeaux)
ganze Gewürznelken

ZUBEREITUNG:

Die Kirschen entsteinen, in den Mixer geben und den Saft filtern, dabei fest auf das Fruchtfleisch drücken, um so viel Saft wie möglich zu gewinnen.

Die Brotscheiben von der Kruste befreien und in kleine Stücke schneiden.

Den Kirschsaft mit dem Brot, dem Wein und der Butter mischen. Aufsetzen. Nach dem ersten Aufkochen auf kleiner Flamme 10 bis 15 Minuten kochen, bis alles dickt und das Brot, das in der Masse verschmolzen ist, aufgeht und alles zu einer Creme werden läßt. In eine Schüssel gießen. Gut kalt werden lassen. Die Oberfläche der Creme mit Nelken spicken, indem Sie ein Muster Ihrer Wahl machen, dann kalt stellen. Vor dem Servieren mit Puderzucker bestreuen.

Vergessen Sie nicht, Ihre Gäste zu warnen, daß die Nelken nur als Garnierung gedacht sind! Man weiß nie, was Gäste aus Höflichkeit gegenüber ihrem Gastgeber bereit sind, auf sich zu nehmen!

141. Apfelmus mit Mandelmilch
Mousse de pommes au lait d'amandes

Emplumeus de pomes.
Pour donner entendement à celluy qui le fera sy prennés de bonnes pomes barberines selon la quantité que l'on en vouldra faire et puis les parés bien et appoint et les taillés en beaulx platz d'or ou d'argent; et qu'il hait ung beau pot de terre bon et nect, et y mecte de belle eaue necte et mecte bouillir sur brase belle et clere et mecte bouillir ses pomes dedans. Et face qu'il ait de bonnes amendres doulces grant quantité selon la quantité des pomes qu'il ha mis cuire, et les plume, nectoie et lave tresbien et mectés broyer au mortier qui ne sante point les aulx, et si les broie tresbien et les arouse du boullon en quoy cuisent lesdictes pomes, et quant ledictes pomes seront assés cuictes si les tirés dehors sur belle et necte postz, et de celle eaue colle ses amendres et en face lait qui soit bon et espés, et le remecte boullir sur brase clere et necte sans fumee, et bien petit de sel. Et entretant que il bouldra si hache bien menut ses dictes pomes à ung petit et nect coutel et puis, estre hachiés, si les mecte dedans son lait, et y mecte du succre grant foison selon ce que il y a desditz emplumeus de pomes; et puis, quant le medicin le demandera, si le mectés en belles escuelles ou casses d'or ou d'argent (Ch 194).

Mus aus Äpfeln.
Um dem Verständnis zu geben, der es zubereitet: Er muß gute Barberinen-Äpfel nehmen, je nach der Menge, die man machen will. Dann muß er sie sorgfältig schälen und auf schönen Platten aus Gold oder Silber in Stücke schneiden. Dann nehme er einen schönen irdenen Topf, der recht sauber ist, und setze darin reines Wasser auf schöner und klarer Glut auf. Dann koche er die Äpfel darin. Er muß auch gute süße Mandeln in großer Menge haben, je nach der Menge Äpfel, die er zum Kochen aufgesetzt hat. Er schäle und wasche sie sehr gut und gebe sie zum Zerstoßen in einen Mörser, der nicht nach Knoblauch riecht, zerstampfe sie dann sehr gut und begieße sie mit der Brühe, in der die Äpfel kochen. Wenn die Äpfel gar genug sind, nehme er sie auf ein schönes sauberes Brett heraus und mache eine recht dicke Mandelmilch mit dem Wasser der Äpfel, indem er es dem Mandelpüree beigibt und dann filtert. Dann setze er sie wieder zum Kochen auf ein Feuer von klarer Glut und ohne Rauch auf, [gebe] ein klein wenig Salz [hinzu]. Und während es kocht, soll er besagte Äpfel mit einem recht sauberen kleinen Messer recht fein hacken, dann [die gehackten Äpfel] in die Milch geben, und eine Fülle Zucker dazu, wie es sich für besagtes Mus aus Äpfeln gehört. Wenn der Arzt es ihm befiehlt, soll er es in schönen Schalen oder auf Platten aus Gold oder Silber anrichten.

Ein Gericht »für Kranke«, welches die gesunden Feinschmecker von heute wohl zu schätzen wissen. Die feine Eleganz der Mandelmilch fügt sich aufs wunderbarste zu den leicht säuerlichen gekochten Äpfeln. Dieses Apfelkompott mit Mandelmilch enthält keine starken Gewürze, und es wird mit einer *grand foison* Zucker gesüßt, das wird empfohlen, um Leute zu kräftigen, deren Gesundheitszustand vorübergehend schwach ist.

Man wird bemerkt haben, mit welcher Präzision dieses Rezept beschrieben ist, ebenso die fast besessene Sorge Chiquarts um Sauberkeit. Man muß sich versichern, daß Töpfe, Platten und Bretter von makelloser Sauberkeit sind, und er macht auch vor dem Mörser nicht halt, der keinerlei Geschmacksrückstände enthalten darf. »Ein Mörser riecht immer nach Knoblauch«, war vermutlich im Mittelalter keine inhaltsleere Rede! In dieser peinlich genauen Detailfreude erkennt man die Gewissenhaftigkeit des Praktikers. Der Küchenchef des Herzogs von Savoyen läßt keine Zweifel aufkommen, daß er seinen Beruf ausgeübt hat und daß er sich nicht mit der Rolle des kompilierenden Schreibers zufriedengibt, im Gegensatz zu vielen Autoren unserer Traktate.

Emplumeus wird *appulmoy* oder *appulmos* auf Englisch, aber jenseits des Kanals ist es nicht speziell für Kranke gedacht und enthält Gewürze oder Fleischbrühe.

APFELMUS MIT MANDELMILCH

ZUTATEN:

800 g reife Äpfel (etwa 4 schöne Äpfel) von einer Sorte,
die beim Kochen nicht zerfällt
80 cl Wasser
200 g ungeschälte Mandeln, davon 4 Bittermandeln
50 g Zucker

ZUBEREITUNG:

Die Mandeln 1/4 Stunde in kochendem Wasser einweichen und dann schälen. Man kann sie auch am Vorabend in kochendem Wasser einweichen, das man wechselt, sobald es kalt geworden ist. Das Einweichen über Nacht verleiht ihnen eine größere Weichheit und einen besonderen Schmelz. Die Äpfel schälen, das Kerngehäuse entfernen und sie in große Spalten schneiden.

Das Wasser erhitzen, und wenn es kocht, die Äpfel zugeben. Kochen, bis sie durchsichtig und zart geworden sind (10 bis 15 Minuten), aber sie dürfen nicht zu einem Mus zerfallen. Herausnehmen.

Die geschälten Mandeln in den Mixer geben und nach und nach mit dem Kochwasser der Äpfel verdünnen, um eine recht dicke weiße Flüssigkeit zu erhalten. Durch dreilagige Gaze filtern. Das Mandelpüree mit den Händen auspressen, um möglichst viel Milch zu gewinnen. Diese muß etwas dicker als gewöhnlich sein.

Die Äpfel auf einem Brett hacken oder im Mixer zerkleinern (nicht zu lange, denn sie dürfen nicht zu flüssig werden). Die Mandelmilch erhitzen, die gehackten Äpfel und den Zucker zugeben. Mit dem Schneebesen umrühren und eine knappe 1/4 Stunde kochen lassen. Kalt werden lassen und servieren.

142. Creme aus Mirabellen, Honig und Gewürzen
Crème de mirabelles, miel et épices

Erbowle.
Take bolas and scald hem with wyne, and drawe hem thorow a straynour; do hem in a pot. Clarify hony, and therto with powdour fort and flour of rys. Salt it & florissh it with whyte aneys, & serve it forth (Fc HB 119).

Erbowle.
Nimm Pflaumen, erhitze sie mit Wein und treibe sie durch ein Haarsieb. Gib sie in einen Topf. Kläre Honig und gib sie mit scharfem Pulver und mit Reismehl dazu. Salze dies und garniere es mit weißen Aniskörnern und trage es auf.

Hier haben wir wieder ein sehr hübsches englisches Rezept: ein Pflaumenmus, das in Wein gekocht wird, gedickt mit ein wenig Reismehl, gesüßt mit gutem Honig und mit Gewürzen parfümiert. Mirabellen und Weißwein verwandeln dieses Rezept in eine goldgelbe Creme, wohingegen Bordeaux und Zwetschgen eine andere, ebenfalls harmonische Verbindung ergeben. Reichen Sie es zu Reis mit Mandelmilch (Rezept Nr. 133). Ein solches Wappen aus Gold und Rot auf weißem Grund ist an sich schon eine Beschwörung des Mittelalters.

CREME AUS MIRABELLEN, HONIG UND GEWÜRZEN

ZUTATEN:

1,5 kg Mirabellen
1 l Weißwein
2 Eßlöffel Honig (Akazien- oder anderer Blütenhonig)
1 Eßlöffel Reispaste
1 gute Prise Scharfes Gewürz *(Rezept Nr. 150)*
1 Eßlöffel Anis aus Flavigny
(kleine Dragees mit Aniskörnern)

ZUBEREITUNG:

Das Obst waschen und entsteinen. Inzwischen den Wein aufkochen. Wenn er kocht, die Mirabellen zugeben und etwa 5 Minuten kochen lassen.

Die Früchte herausnehmen und durch ein Sieb passieren. Das Mus in einem Topf auffangen und bei kleiner Flamme aufsetzen.

Den Honig zugeben und im Kompott zerschmelzen lassen.

Die Reispaste mit ein paar Eßlöffeln Wein, in dem die Früchte gekocht wurden, auflösen. Mit einer Prise Salz und den Gewürzen zum Kompott geben.

Etwa 10 Minuten auf kleiner Flamme einkochen lassen. In eine Schüssel geben und kalt werden lassen. Vor dem Servieren mit den Anis-Dragees garnieren.

143. BIRNEN IN SIRUP
POIRES AU SIROP

Perys in syrip.
Boyle wardons that they be somdell tendyr; pare hem, cut hem yn pecys. Take canell, a grete dele; draw hit thorow a streynour III or IV tymys with good wyn in a pott. Do therto sygure, a grete dele; anneys, clovis & macys, and yf thu wilte, datys mynsyd & reysons of coraunce. Set hit on the fyre; when it boyleth cast yn the perys: lete hem boyle togedyr. When hit is boyled ynowghe, loke it be broun

Birnen in Sirup.
Koche Birnen, bis sie weich sind, schäle sie und schneide sie in Stücke. Nimm reichlich Zimt. Drücke dies 3 oder 4 Mal durch ein Haarsieb über einem Topf mit gutem Wein. Gib reichlich Zucker bei, Anis, Nelken, Muskatblüte und, wenn du willst, kleingeschnittene Datteln und Rosinen aus Korinth. Setze es aufs Feuer; wenn es kocht, gib die Birnen dazu: Laß alles zu-

of canell, & put therto poudyr of gynger, a grete dele; loke hit be somedele doucet, & serve hit forth (Hi 65).

sammen kochen. Wenn es ausreichend gekocht hat, achte darauf, daß es braun ist vom Zimt und gib reichlich Ingwerpulver bei. Achte darauf, daß es recht süß ist & trage es auf.

In den englischen Traktaten gibt es köstliche Rezepte für Birnen, die mit Gewürzen in Wein gekocht werden, während man in den französischen Traktaten Vergleichbares noch nicht findet. Von dieser Frucht ist in kulinarischen Texten auf Französisch, Latein oder Italienisch äußerst selten die Rede. Man unterschied sehr genau zwischen Birnen, die man roh aß, und solchen, die gekocht wurden. Und diese Kochbirnen werden häufig als Gemüse genommen, »wie Butterrüben«, kommentiert sogar der Autor des *Ménagier de Paris*. Dennoch erwähnen zahlreiche französische und italienische Menüs die »Birnen in Hippokras«, das heißt, sie sind in gewürztem Wein gekocht, aber man muß auf eine Ausgabe des *Viandier* von Taillevent aus dem 15. Jahrhundert warten, um auf ein solches Rezept zu stoßen. Eingemachte Birnen wurden jedoch täglich zu »Tafelausgang« bei den Festbanketten aufgetragen, die anläßlich des Ritterschlags von Francesco Bandinelli 1326 in Siena gegeben wurden. (Siehe *Küchengeschichten*, S. 19)

BIRNEN IN SIRUP

ZUTATEN:

1 kg nicht ganz reife Birnen von einer festen Sorte
75 cl guter Rotwein
50 g Puderzucker
1 Eßlöffel Zimtpulver
1/2 Teelöffel Aniskörner
3 Stücke Muskatblüte
2 Nelken
1/2 Teelöffel Ingwerpulver
60 g Rosinen (nach Belieben)
etwa 10 entkernte und grob geschnittene Datteln (nach Belieben)

ZUBEREITUNG:

Die Birnen in Wasser leicht kochen, bis sie ihre Festigkeit verlieren. Schälen und in Spalten schneiden.

Das Zimtpulver in den Wein mischen und 10 Minuten ziehen lassen. Dann durch ein Sieb passieren. Den Zucker und die anderen Gewürze zugeben, ausgenommen den Ingwer. In diesem Augenblick auch die Trockenfrüchte zugeben, wenn gewünscht. Aufkochen lassen, wenn nötig abschäumen, dann die Flamme so weit herunterstellen, daß es leicht köchelt. Die Birnenspalten zugeben und fertig garen. Wenn das Kompott Ihnen gleichzeitig durchsichtig und von schöner Bernsteinfarbe erscheint, den Ingwer zugeben und alles kalt werden lassen.

Man kann diesen Nachtisch auch mit einer etwas weicheren Birnensorte zubereiten. Man braucht sie dann nicht in Wasser vorzukochen. Gekochte Datteln ergeben kein gutes Resultat, weil sie ihre Haut verlieren.

144. Birnen in griechischem Wein
Poires au vin grec

Peeres in confyt.
Take peeres and pare hem clene. Take gode rede wyne & mulberies, other saundres, and seth the peeres therin, & whan thei buth ysode take hem vp. Make a syryp of wyne greke, other vernage, with blaunche powdur, other white sugur and powdur gynger, & do the peres therin. Seeth it a lytel & messe it forth (Fc HB 129).

Kandierte Birnen.
Nimm Birnen und schäle sie sauber. Nimm guten Rotwein und Brombeeren oder Sandelholz, lege die Birnen hinein, und wenn sie gekocht sind, nimm sie heraus. Mache einen Sirup aus griechischem Wein oder *vernage*, mit weißem Pulver, oder weißem Zucker und Ingwerpulver, und lege die Birnen hinein. Laß es ein wenig ziehen und trage es auf.

Vernage, auf Italienisch *vernaccia*, ist ein Wein, der damals im südöstlichen Mittelmeerraum produziert wurde, auf den tyrrhenischen Inseln und in Ligurien. Heute ist der *vernaccia* einer der bekanntesten Weine Sardiniens. Es gibt ihn, wie den ungarischen Tokayer, entweder als Likörwein mit 15 oder 16 Prozent Alkoholgehalt oder als trockenen Wein, dann erinnert er an Sherry. Dieser Wein hat mit dem Vernaccia aus San Gimignano nichts zu tun, einem trockenen Weißwein, der aus einer gleichnamigen Rebsorte gemacht wird, deren Produktion sehr beschränkt ist.

Die Brombeeren am Wegrand, frühreife Birnen, ein guter Wein, das alles köchelt in einem Topf ... Die Birnen, durchscheinend und mit Sirup aus griechischem Wein glaciert, werden zu einer Pyramide gestapelt.

Fürstlicher Nachtisch. Ambra, Zinnoberrot und Bordeauxrot verschmelzen, um die Früchte zu kandieren. Ebenso wichtig wie ihr Aroma ist der Glanz ihrer Hülle, und die Brombeeren dienen hier eher als Färbemittel und nicht als Geschmacksnote. Im übrigen kann man statt ihrer auch Sandelholz wählen, ein Färbemittel, das im Mittelalter wohlbekannt war (s. *Küchengeschichten*, S. 42).

BIRNEN IN GRIECHISCHEM WEIN

ZUTATEN:

1 kg reife, aber feste Birnen
1 gute Handvoll Brombeeren
75 cl guter Rotwein
1 Flasche Samos
50 g Zucker
1 Teelöffel Ingwerpulver

ZUBEREITUNG:

Die Birnen schälen und ganz lassen. Zusammen mit den Brombeeren im Rotwein kochen. Es ist etwa eine knappe 1/2 Stunde ganz leichtes Köcheln nötig. Die Früchte sind gar, wenn man mit einer Nadel ohne Widerstand bis zum Kerngehäuse vordringen kann und die Frucht ein wenig durchsichtig wird.

Inzwischen den Samos, dem man zuvor den Zucker und den Ingwer zugegeben hat, auf die Hälfte einkochen lassen. Er muß von sirupartiger Konsistenz sein.

Wenn er eingekocht ist und die Birnen gar sind, diese in den Sirup tauchen und bis kurz vor dem Servieren ziehen lassen.

Zum Servieren die Birnen in einer Glasschüssel zu einer Pyramide aufbauen und den Sirup aus Samos-Wein darübergießen.

ALLERLEI KLEINIGKEITEN

AUTRES MENUES CHOSES

Was in Frankreich am Ende der Mahlzeit unter dem Namen Gewürzkonfekt (*épices de chambre*) aufgetragen wurde, entspricht zweifellos den *confetti*, die man in Italien vor und nach dem Essen anbot. Es handelte sich um Gewürze oder Früchte, die mit Zucker kandiert waren, wie wir es heute kennen, oder mit Zucker überzogen wie unsere Dragees, Zuckermandeln, wenn sie echt sind. Da man diese Produkte im allgemeinen schon fertig beim Gewürzhändler kaufte, hielten die Küchenmeister, die sehr wohl wußten, wo man sie sich beschaffen konnte, keine Rezepte dafür bereit. Wenn *nougat, oranjat* oder auch Quittenbrot und Apfelkonfekt zu Hause hergestellt wurden, deutet das sicherlich auf eine kompliziertere Zubereitung, die man nicht den Handwerkern überlassen wollte.

Man aß diese »Konfitüren« und Gewürze zu einem gewürzten Wein wie dem Hippokras oder zu einem Süßwein wie dem Malvasier, dem man, wenn es sein mußte, auch Heilkräfte zuschrieb; die Städte horteten Vorräte davon, um für Epidemien gut eingedeckt zu sein.

Das Wort *confetti* wird heute in Frankreich und Deutschland für die kleinen bunten Papierschnipsel benutzt, die man an Karneval über die Passanten wirft, die Italiener sagen dazu *coriandoli*, also »Koriander«. Nun waren die *confetti* bei den damaligen Banketten unter anderem kandierte Korianderkörner, die mit Zucker überzogen waren. Vielleicht hat man sie am Ende des Banketts zum Spaß in die Luft geworfen, wie man noch vor kurzem nach einer Taufe Zuckermandeln auf den Platz vor der Kirche warf, dann wären die *confetti/coriandoli* aus Papier nur eine etwas banalisierte Form des Gewürzkonfekts.

145. Quittenbrot
Cotignac ou pâte de coings

Pour faire condoignac.
Prenez des coings et les pelez, puis fendez par quartiers, et ostez l'ueil et les pépins, puis les cuisiez en bon vin rouge et puis soient coulés parmi une estamine: puis prenez du miel et le faites longuement boulir et escumer, et après mettez vos coings dedans et remuez très bien, et le faites tant boulir que le miel se reviengne à moins la moitié; puis gettez dedans pouldre d'ypocras, et remuez tant qu'il soit tout froit, puis taillez par morceaulx et les gardez (MP 247).

Um Cotignac zu machen.
Nehmt Quitten und schält sie, schneidet sie dann in Stücke und entfernt das Kerngehäuse. Kocht sie in gutem Rotwein, und dann sollen sie durch ein Beutelsieb getrieben werden. Nehmt Honig, laßt ihn lange kochen und abschäumen, und danach legt Eure Quitten hinein und rührt sehr gut um. Laßt sie so lange kochen, bis vom Honig weniger als die Hälfte übriggeblieben ist. Gebt dann das Hippokras-Pulver bei, rührt, bis es ganz kalt ist, schneidet es in Stücke und bewahrt es auf.

Dies ist eines der ersten französischen Rezepte für Quittenbrot oder *cotignac*, welches die Stadt Orléans später zu ihrer großen Spezialität machte.

Hier wird es mit Honig zubereitet, wie alle *confitures et confiseries* aus dem *Ménagier de Paris*. Ein weiterer Beweis für die bürgerliche Herkunft dieses Textes. Für den Autor kommt es hier nicht in Frage, den kostbaren Zucker zu verwenden, der edlerer Verwendung vorbehalten bleibt, beispielsweise dem »Pulver des Herzogs«, einer Mischung aus Gewürzen, die Zucker enthält. Und doch ist dieses Rezept nicht uninteressant, denn dadurch, daß die Früchte in Rotwein und nicht in Wasser gegart werden, erhält das Quittenbrot eine schöne Färbung und einen kleinen alkoholischen und sauren Nebengeschmack, der den süßen Geschmack der Quitte und den Moschusgeschmack des Honigs ausgleicht.

Zum Verständnis des Wortes *cotignac* muß man den Namen der Quitte heranziehen: Auf Provenzalisch heißt sie *condougn*, auf Italienisch *mela cotogna*, was nach Meinung der Etymologen auf Cydonia hinweist, eine Stadt auf Kreta, die auf Latein *Cotonea* heißt. Plinius nennt in seiner *Naturgeschichte* diese Stadt sowohl im Hinblick auf die Herkunft der Quitte als auch auf den Quittenhandel.

QUITTENBROT

ZUTATEN:

2 kg reife Quitten
1 l oder mehr guter Rotwein
etwa 1,5 kg Honig
1 Teelöffel Hippokras-Pulver *(Rezept Nr. 149)*
oder mehr, je nach Geschmack

ZUBEREITUNG:

Die Früchte schälen und das Kerngehäuse entfernen, dann in Stücke schneiden. In einen Topf geben und mit Rotwein bedecken. Langsam zum Kochen bringen und so lange kochen, bis die Quitten recht weich sind (etwa 15 bis 20 Minuten nach dem ersten Aufkochen).

Sorgfältig abtropfen lassen und durch ein Sieb oder die Gemüsemühle passieren, bis man ein schönes Püree hat.

Das Püree wiegen. Man nimmt 300 g gekochten und abgeschäumten Honig auf 500 g Quittenpüree. Den Honig zugeben.

Auf sehr kleiner Flamme das Püree mit dem Honig kochen, bis diese Mischung eingekocht ist und eine schöne durchsichtige Paste bildet. Um zu überprüfen, ob es gar ist, einen Tropfen der Mischung auf einen Teller geben; wenn er sehr schnell geliert, ist die Paste fertig. Die Flamme muß sehr klein sein, damit die Masse nicht anhängt.

Am Ende der Garzeit die Gewürze (Rezept Nr. 149) zugeben und untermischen. Auf eine große und flache Platte eine etwa 1,5 cm dicke Lage gießen. Das Quittenbrot kalt werden und einige Tage austrocknen lassen, bevor man es zerschneidet, um es zu verzehren.

Wenn Sie das Quittenbrot bei einem mittelalterlichen Bankett servieren möchten, raten wir Ihnen, es in Rauten zu schneiden und auf einem Bett aus frischen Lorbeerblättern anzurichten. Aber für den gewöhnlichen Verzehr können sie das Quittenbrot auch in Kristallzucker wälzen und in kleinen Papierschälchen anbieten.

146. Apfelkonfekt
Pâte de pommes

Confetti di melle apio o de pome paradiso. Se le voy fare subito chomo è gratate le poy fare come ti pare. Toy la mella e mondala, poy la grata; varda che non vada le granelle dentro la gratitura e lassala sugare per dui iorni. El sucho che fa la mella lassalo pur con la mella; passa le pome gratate e per ogni tri libre de pome meti libre tri de mele e lassale stare dui zorni le pome chomo el mele; poy fale bolire sempre menandole con speçie tanto che le mele sia cocte, abi a mente le spezie voleno essere messe quando l'è quasi cocto el confetto, cossi quelle de chodogni. Poy la distendi suso una tavola o suso una pietra bagnata e fay a modo di foio grosso men de mezzo dido; poy lassala refredare e fane a modo de schachieri in pezetti picholi e reponile in una schatolla con foie de laurano de sotto e poy de sopra dall'altra mano va metando foie de suolo in suolo; et se voi mettere spezie tra foio e foio serà molto bono. Agi a mente ch'el vol per lo men bolire una hora grossa e forsi dui sempre menandole bene e guardale dal fumo (Fr 71).

Eingemachte Appius-Äpfel oder Paradiesäpfel.
Wenn du willst, kannst du sie zubereiten, sobald sie gerieben sind, und kannst es tun, wie es dir gefällt. Nimm den Apfel, schäle ihn, dann reibe ihn. Achte darauf, daß die Kerne nicht in den geriebenen [Apfel] geraten, laß ihn dann zwei Tage lang trocknen. Laß den Saft, den der Apfel abgibt, rein bei dem Apfel. Filtere die geriebenen Äpfel, gib für drei Pfund Äpfel drei Pfund Honig dazu und laß die Äpfel wie den Honig zwei Tage lang stehen. Dann koche die Äpfel mit Gewürzen und rühre dabei ständig, bis sie gar sind. Denke daran, daß die Gewürze erst dann beigegeben werden sollen, wenn die Konfitüre beinahe gekocht ist, wie auch bei den Quitten. Dann breite sie auf einer Tafel oder einem feuchten Stein zu einem Blatt aus, das weniger als ein halber Finger dick ist. Laß es dann kalt werden, schneide es wie ein Schachbrett in kleine Stücke und lege sie in eine Dose mit Lorbeerblättern darunter und dann darüber. Mit der anderen Hand legt man die Blätter Schicht für Schicht. Und wenn du Gewürze zwischen Blatt und Blatt legen willst, ist das sehr gut. Denke daran, daß es mindestens eine gute Stunde kochen muß, vielleicht auch zwei, dabei immer gut rühren und vor Rauch schützen.

Auch ohne Appius- oder gar Paradiesäpfel, wird diese Paste saftig, sie ist sehr leicht zuzubereiten, etwa mit einfachen Renetten. Um ihre Qualität noch besser schätzen zu können, kosten Sie sie mit einem Glas Hippokras zum Abschluß eines mittelalterlichen Banketts oder zu jeder anderen Gelegenheit. Ein italienischer Adliger, der ganz am Anfang des 17. Jahrhunderts den Kerkern der venezianischen Inquisition entkommen konnte und nach England geflüchtet war, hinterließ eine Beschreibung der hervorragenden Spezialitäten seines Landes, darunter auch die

Paradiesäpfel. Diesem Zeugnis zufolge sind sie außerhalb Italiens nicht zu finden, ihre Schale ist gelb, von blutroten Punkten übersät, und ihr Duft so lieblich, daß man sie zum Parfümieren der Wäsche benutzte. Aber wo sind diese Äpfel des einstigen Paradieses geblieben?

Apfelkonfekt

Zutaten:

800 g Renetten, geschält und ohne Kerngehäuse
800 g guter Blütenhonig (oder eine andere Sorte)
1 Teelöffel Süßes Gewürz *(Rezept Nr. 150)*

Zubereitung:

Die Äpfel sorgfältig reiben oder in den Mixer geben.

Durch ein Sieb passieren, um ein glattes Püree zu erhalten.

Mit dem Honig in einen Topf geben und auf kleiner Flamme zum Kochen bringen, dabei regelmäßig mit dem Kochlöffel rühren. Man braucht etwa 60 bis 80 Minuten Kochzeit. 1/4 Stunde vor Ende der Garzeit die Gewürze zugeben. Die Paste ist gar, wenn sie bernsteinfarben und durchsichtig ist. Dann behält ein Tropfen auf dem Teller seine Form. Man muß den Kochvorgang gut überwachen, denn die kochendheiße Paste neigt dazu, überzukochen. Man sollte also besser einen langstieligen Kochlöffel zum Rühren nehmen, damit man sich nicht die Hand verbrennt.

Wenn die Paste gar ist, auf ein großes Backblech gießen und gleichmäßig verteilen, daß man eine Lage von etwa 1 cm Dicke erhält. Mehrere Tage trocknen lassen. Die Paste geliert sehr schnell. In Rauten schneiden, wenn sie trocken ist, und auf einem Bett aus frischen Lorbeerblättern servieren.

147. Schwarzer Nougat
Nougat noir

Dele mele bullito co le noci, detto nucato. Togli mele bullito e schiumato, con le noci un poco peste e spezie cotte insieme: bagnati la palma de la mano coll'acqua et estendilo:

Vom Honig, mit Nüssen gekocht, Nucato genannt.
Nimm gekochten und abgeschäumten Honig mit Nüssen, die ein wenig zerstampft

lassa freddare a dà a mangiare. E puoi ponere mandole e avellane in luogo di noci (Za 77).

wurden, und Gewürzen, alles miteinander gekocht. Befeuchte deine Handfläche mit Wasser und breite es aus, laß es kalt werden und gib es zu essen. Du kannst auch Mandeln oder Haselnüsse statt der Nüsse nehmen.

Dieses *nucato* ist ein Vetter des köstlichen schwarzen Nougats von Sisteron, aber wenn man an ihm knabbert, welch angenehme Überraschung, zusammen mit dem Pralinengeschmack der gerösteten Mandeln die pikante Note der Gewürze auf der Zunge zu haben!

Auf jeden Fall an Weihnachten anbieten!

Ausnahmsweise raten wir Ihnen ab, dieses Rezept wörtlich zu befolgen, denn wenn man keine Lederhand hat, ist es gefährlich, den kochendheißen Nougat mit den Händen zu verteilen, selbst wenn sie naß sind! Eine halbierte Zitrone, deren Schnittseite Sie benützen, ist hierzu viel besser geeignet.

Schwarzer Nougat

Zutaten:

Butterbrotpapier
1 kg Blütenhonig
1 kg Mandeln, Hasel- oder Walnüsse
1 Zitrone

Gewürzmischung
1 Teelöffel Ingwerpulver
1 Prise Pfeffer
1 gehäufter Teelöffel Zimtpulver
1/3 Teelöffel Nelkenpulver

Zubereitung:

Den Honig langsam erhitzen und gut abschäumen. Die Mandeln oder die Nüsse sehr grob hacken. Zum Honig geben und unter ständigem Rühren kochen. Die Kochzeit beträgt zwischen 1/2 und 3/4 Stunde, auf kleiner Flamme und bei ständigem Rühren. Die Masse ist fertig, wenn man die Mandeln unter der Wirkung der Hitze leicht knallen hört. Aber man muß aufpassen, daß sie nicht anbrennt, sonst wird sie schwarz und bekommt einen leicht bitteren Geschmack.

Die Gewürze gibt man während des Kochens zweimal zu: einen gestrichenen Teelöffel der beschriebenen Mischung am Anfang und am Ende.

Wenn das Nougat gar ist, über ein recht flaches, mit Butterbrotpapier ausgekleidetes Backblech oder eine Pizzaform verteilen. Die Schnittseite einer halbierten Zitrone zum Verteilen der kochendheißen Paste verwenden.

Gut kalt werden lassen, bevor man es verzehrt.

148. KANDIERTE ORANGENSCHALEN ZESTES D'ORANGE CONFITS

Pour faire Orengat.
Mettez en cinq quartiers les peleures d'une orenge et raclez à un coustel la mousse qui est dedans, puis les mettez tremper en bonne eaue doulce par neuf jours, et changez l'eaue chascun jour: puis les boulez en eaue doulce une seule onde, et ce fait, les faictes estendre sur une nappe et les laissiez essuier très bien, puis les mettez en un pot et du miel tant qu'ils soient tous couverts, et faites boulir à petit feu et escumer, et quant vous croirez que le miel soit cuit (pour essaier s'il est cuit, ayez de l'eaue en une escuelle, et faites dégouter en icelle eaue une goutte d'icelluy miel, et s'il s'espant, il n'est pas cuit: et se icelle goute de miel se tient en l'eau sans espandre, il est cuit); et lors devez traire vos peleures d'orenge, et d'icelles faites par ordre un lit, et gettez pouldre de gingembre dessus, puis un autre, et getter etc., *usque in infinitum*; et laissier un mois ou plus puis mengier (MP 265).

Um Orangeat zu machen.
Teilt die Schale einer Orange in fünf Teile und entfernt mit dem Messer die weiße Innenseite. Dann legt sie in gutem süßem Wasser für neun Tage zum Einweichen ein und wechselt das Wasser jeden Tag. Dann kocht sie nur einmal in süßem Wasser auf, und wenn das getan ist, legt sie auf einem Tuch aus und laßt sie sehr gut trocknen. Gebt sie dann in einen Topf, dazu genügend Honig, daß sie bedeckt sind, und laßt sie auf kleiner Flamme kochen und abschäumen. Wenn Ihr glaubt, daß der Honig gar ist (um zu versuchen, ob er gar ist, gebt Wasser in eine Schale und laßt in diese einen Tropfen von jenem Honig fallen, und wenn er sich ausbreitet, ist er nicht gar; und wenn dieser Honigtropfen sich im Wasser hält, ohne sich auszubreiten, dann ist er gar), müßt Ihr Eure Orangenschalen herausnehmen. Macht eine Lage Orangenschalen und schüttet Ingwerpulver darüber, macht dann eine andere Lage, und schüttet etc., bis in Unendlichkeit. Laßt sie einen Monat oder länger ruhen; dann essen.

Dies ist eines der ersten Rezepte für eine Süßigkeit, der mit der Zeit in den Menüs eine wachsende Bedeutung zufallen wird. Weil hier die Schale von Orangen kandiert werden soll, einer in Paris kostbaren Frucht, nimmt man Honig, ein einheimisches und gewöhnliches Produkt. Man muß noch ein Jahrhundert warten, bis Nostradamus in seinem Rezept für kandierte Orangenschalen die Wahl zwischen Zucker und Honig offen läßt.

Mitte des 16. Jahrhunderts hat der kristallisierte Saft des Zuckerrohrs ganz Europa erobert, und sein Erfolg wird ständig wachsen.

KANDIERTE ORANGENSCHALEN

ZUTATEN:

2 unbehandelte Orangen einer Sorte mit dicker Haut
600 g Blütenhonig
Ingwerpulver

ZUBEREITUNG:

Die Orangen schälen und den weißen Teil der Schale entfernen. In Streifen schneiden.

In frischem Wasser einweichen. Am folgenden Tag das Wasser wechseln und nochmals in frischem Wasser einweichen.

Diese Vorgehensweise siebenmal wiederholen, das heißt 7 Tage hintereinander. 1 l Wasser erhitzen und die Schalen überbrühen.

Abtropfen und auf einem sauberen Tuch trocknen lassen.

Die Schalen in einen kleinen Topf geben, den Honig zugeben und langsam aufkochen. Die Schalen müssen vollkommen mit Honig bedeckt sein. Auf ganz kleiner Flamme köcheln lassen, bis ein Tropfen Honig, der in ein Glas mit kaltem Wasser fällt, auf den Grund sinkt, ohne sich zu verformen. Die Kochzeit beträgt etwa 10 bis 15 Minuten.

Die Schalen auf einem Gitter abtropfen und einige Stunden trocknen lassen.

Die Schalen in eine Blechdose legen und mit Ingwerpulver bestreuen. Die Dose schließen und für etwa einen Monat an einen kühlen Ort stellen, bevor man sie verzehrt.

149. HIPPOKRAS-GEWÜRZPULVER UND WEIN
POUDRE ET VIN D'HYPOCRAS

Pour faire ung lot de bon ypocras.
Prenez une onches de cinamonde nommée longue canelle en pippe, avec une cloche de gingembre et autant de garingal, bien estampé ensemble, et puis prenez ung livre de bon çuquere: et tout cela broyés ensamble et destrempés avec ung lot du milleur vin de Beaune que pourrés finer et le laissir tremper ungne heure ou deux. Et puis coullés parmy ung chause par plusieurs fois tant qui soit bien cler (MP 273).

Um ein *lot* guten Hippokras zu machen.
Nehmt eine Unze *cinamom*, langer Pfeifenzimt genannt, eine Glocke Ingwer und ebensoviel Galgant und zerstampft sie gut miteinander, nehmt auch ein Pfund guten Zucker. Zerstampft dies gut miteinander und löst mit einem guten *lot* des besten Weins aus Beaune auf, den Ihr Euch verschaffen könnt. Laßt dies eine oder zwei Stunden ziehen. Dann treibt es mehrere Male durch ein Seihtuch, bis es recht klar ist.

Die *lot* genannte Maßeinheit betrug allgemein in den Gegenden, die nördlich der Loire lagen, 4 Pinten; die Pinte faßte in Paris 93 cl; ein *lot* entspricht also 3,72 l.

Eine Unze entspricht in Paris 1/16 des alten Pfund, das heißt etwas mehr als 30 g.

Hippokras und Clairet sind gewürzte, mit Honig oder Zucker gesüßte Weine, die man vor allem am Ende der Mahlzeit zu Konfekt, Süßigkeiten und Waffeln trank (s. *Einige Menüs*, S.71). Heute kann man sie als Apéritif oder Digestif trinken, aber Vorsicht, man sollte sie nicht im Übermaß genießen, denn sie sind stark mit Alkohol versetzt. Dagegen geht nichts über ein Gläschen erhitzten Hippokras, um den Anflug eines Schnupfens zu vertreiben!

Der Hippokras, auf der Basis von Rotwein, und der Clairet, auf der Basis von Weißwein, sollten im voraus zubereitet und kühl aufbewahrt werden — sonst gären sie.

Die Mengenangaben in diesem Rezept gelten für 5 Flaschen à 75 cl, aber wir geben Ihnen die Mengen für 1 l Hippokras oder Clairet an. Wenn er Ihnen mundet, brauchen Sie nur das nächste Mal unsere Zahlen um die gewünschte Menge zu vervielfachen.

Hippokras-Gewürzpulver und Wein

Zutaten:

1 l Rotwein guter Qualität
oder 1 l trockener Weißwein vom Typ Sauvignon ...
150 g Puderzucker
8 g Zimtpulver
8 g Ingwerpulver oder 1 kleines Stück trockener Ingwer
1 kleines Stück trockener Galgant
oder Ingwer

Zubereitung:

Die Gewürze fein mahlen oder vermischen, wenn sie bereits gemahlen sind.

Den Wein in eine Schüssel geben. Den Puderzucker und die Gewürze zugeben. Gut vermischen und etwa 2 Stunden ziehen lassen.

Mehrere Male durch eine doppellagige Gaze filtern, bis die Flüssigkeit absolut klar ist.

In eine Flasche abfüllen und kühl aufbewahren. Einige Tage ruhen lassen, bevor man ihn trinkt.

150. Gewürzmischungen
Mélanges d'épices

1 - Specie fine a tutte cosse.
Toy una onza de pevere e una de cinamo e una de zenzevro e mezo quarto de garofali e uno quarto de zaferanno (Fr 40).

1 - Feines Gewürz für alle Zwecke.
Nimm eine Unze Pfeffer und eine Zimt und eine Ingwer und ein halbes Quart Nelken und ein Quart Safran.

Es ist sinnvoll, eine solche Mischung herzustellen, um sie griffbereit zu haben, wenn man mittelalterlich kochen will. Weil das von Frati edierte Buch zwar aus der Gegend von Venedig, aber nicht unbedingt aus Venedig selbst stammt, kann man keine genaue Entsprechung für die Unze angeben; wir begnügen uns damit, die Proportionen zu beachten.

ZUTATEN:

Pfeffer: 16 g; Zimt: 16 g; Ingwer: 16g; Safran: 4 g; Nelken: 2 g.

2 - Specie dolce per assay cosse bone e fine.
Le meior specie dolze fine che tu fay se vuoi per lampreda in crosta e per altri boni pessi d'aque dolze che se faga in crosto e per fare bono brodetto e bon savore. Toi uno quarto de garofali e una onza de bon zenzevro e toy una onza de cinamo leto e toy arquanto folio e tute queste specie fay pestare insiema caxa como te piaxe, e se no vo' fare più, toy le cosse a questa medessima raxone et è meravigliosamente bona (Fr 40).

2 - Süßes Gewürz für viele gute und feine Dinge.
Die besten süßen und feinen Gewürze, die du für das Neunauge im Teig und andere gute Süßwasserfische, die in Teig gemacht werden, für eine gute Brühe oder eine gute Sauce herstellen kannst. Nimm ein Quart Nelken und eine Unze guten Ingwer, nimm eine Unze feinen Zimt und nimm ebensoviel Blatt, laß alles miteinander zerstampfen, wie du es haben willst. Und wenn du mehr davon machen willst, nimm die Dinge in demselben Verhältnis, und das ist wunderbar gut.

Dieses Rezept wirft das Problem auf, was dieses »Blatt« bedeuten soll. *La feuille* kommt in den französischen Rezepten und mittelalterlichen Handelstraktaten vor, aber man weiß nicht, was es ist. Das Lorbeerblatt ist kaum wahrscheinlich, denn es würde in den Listen für kostspielige, importierte Gewürze nicht auftauchen; das Blatt des Zimtbaums findet im Orient keine Verwendung; bleibt eine letzte Hypothese, eine indische Minze von der Art der Patschulipflanze ...

Dem muß man noch nachgehen. Wir schlagen dennoch das Lorbeerblatt vor, weil es als einziges zu finden ist.

ZUTATEN:

Ingwer: 16 g; Zimt: 16 g; ; Nelken: 4 g. »Blatt«: 16 g (versuchen Sie es mit getrocknetem und zerstampftem Lorbeer)

3 - Specie negre e forte per assay savore.
Specie negre e forte per fare savore; toy mezo quarto de garofali e do onze de pevere e toy arquanto pevere longo e do noce moscate e fa tute spece (Fr 40).

3 - Schwarzes und Scharfes Gewürz für mannigfaltige Saucen.
Schwarzes und scharfes Gewürz, um eine Sauce zu machen: nimm ein halbes Quart Nelken und zwei Unzen Pfeffer, nimm ebenso viel langen Pfeffer und zwei Muskatnüsse, dann hast du Gewürz für alles.

ZUTATEN:

Pfeffer: 60g; langer Pfeffer: 60 g; Nelken: 4 g; Muskat: 2 g.

151. MANDELMILCH
LAIT D'AMANDES

Die Mandelmilch war ein wesentliches Lebensmittel der mittelalterlichen Küche, denn sie war Ersatz für Kuh- oder Schafsmilch an Fasten- oder Fischtagen, als der Verzehr tierischer Produkte verboten war.

Erschrecken Sie nicht bei dem Gedanken, Mandeln schälen zu müssen. Es ist ein Kinderspiel, und Sie können die Kleinen daran teilnehmen lassen, die Ihnen mit Begeisterung helfen werden. Und außerdem wird Ihre Mühe tausendmal belohnt, wenn Sie die Feinheit dieser Flüssigkeit kosten, die außerordentlich leicht verdaulich ist. Begrenzen Sie ihre Anwendung nicht auf die mittelalterliche Küche, versuchen Sie sie im Kaffee oder in einer Cremespeise oder auch in Bayerischer Creme; Sie werden nicht enttäuscht sein. Wenn Sie sich aber dennoch nicht auf eine solche Zubereitung einlassen wollen, raten wir Ihnen, zumindest eine Milch mit Mandelmus herzustellen, das es im Glas in allen guten Reformhäusern gibt. Das Ergebnis ist nicht ganz so gut, aber auch nicht schlecht.

Jedenfalls gilt für jede Verwendung geschälter Mandeln, daß man sie, nachdem sie ihre Schale verloren haben, eine Nacht oder einige Stunden in klarem Wasser einweichen sollte. Sie gehen dann leicht auf und finden ihr Aroma wieder, beinahe, als kämen sie frisch vom Baum.

Man kann natürlich mehr Mandeln nehmen, wenn man eine dickere Milch erhalten will.

MANDELMILCH

ZUTATEN:

120 g ungeschälte Mandeln
1 l Wasser
Gaze zum Filtern

oder

1 Glas Mandelmus von etwa 150 g
1 l Wasser

ZUBEREITUNG:

Einen kleinen Topf mit Wasser erhitzen. Wenn es kocht, die Mandeln ins Wasser geben und warten, bis es aufkocht. Herausnehmen und unter kaltem Wasser abschrecken. Was man »Schälen« der Mandeln nennt, kann nun beginnen. Nehmen Sie jede Mandel zwischen zwei Finger und Sie werden spüren, daß die Schale von selbst entgleitet und dabei die Mandel vorschiebt, als wollte Ihnen diese entwischen. Das ist alles, Sie haben begonnen, die Mandeln zu schälen. Für 120 g braucht man nicht mehr als 8 bis 10 Minuten!

In den Becher des Mixers geben, das Wasser zugeben und so lange mixen, bis Sie eine schöne weiße Flüssigkeit erhalten. Ein Stück Gaze nehmen, es einmal falten, befeuchten und sorgfältig ausdrücken. Über ein Abtropfgestell spannen und die Flüssigkeit filtern. Man erhält eine prächtige Milch, die für alles zu gebrauchen ist. Was von den Mandeln übrigbleibt, kann in einem Teig für Gebäck Verwendung finden oder einer Suppe beigemischt werden.

MIT DEM MANDELMUS AUS DEM GLAS:
Nach und nach den Inhalt des Glases im Wasser auflösen, bis man eine sämige Mischung erhält. Wie oben filtern.

ACHTUNG: Wenn Sie die Mandelmilch erhitzen und aufkochen, verliert sie ein wenig von ihrer Dichte, aber das ist im allgemeinen unwichtig, denn sie wird vor allem in Mischungen verwendet.

152. BOUILLONS

1. HÜHNERBOUILLON

ZUTATEN:

1 schönes Suppenhuhn von 1,3 bis 1,5 kg
einige Schlachtabfälle vom Brathuhn
3 oder 4 Karotten
2 oder 3 Butterrüben
4 oder 5 Stangen Lauch
1 große Zwiebel, geschält und mit 4 Nelken gespickt
2 Lorbeerblätter
Pfefferkörner, grobes Salz

ZUBEREITUNG:

Das Huhn vom Geflügelhändler vorbereiten und gut binden lassen.

Das Huhn und das Hühnerklein in einen großen Topf geben und mit kaltem Wasser gut bedecken. Zugedeckt auf mittlerer Flamme zum Kochen bringen. Sobald das Wasser kocht, die Flamme ganz klein stellen, damit es nur ein wenig sprudelt. Sorgfältig abschäumen, sobald Verunreinigungen an die Oberfläche steigen.

Das Gemüse schälen und waschen, dann zum Fleisch geben. Schwach salzen, einen gehäuften Teelöffel Pfefferkörner und den Lorbeer zugeben und 1 1/2 bis 2 Stunden garen lassen.

Das Huhn herausnehmen und beiseite legen. Man kann es mit einer Knoblauchsauce oder einer anderen mittelalterlichen Sauce essen.

Die Brühe filtern, kalt werden lassen und im Kühlschrank aufbewahren. Am nächsten Tag entfetten, indem man das Fett von der Oberfläche entfernt.

2. RINDERBOUILLON

ZUTATEN:

800 g Fleisch von der Schulter oder Hinterhesse
900 g Querrippe
4 oder 5 Karotten
3 oder 4 Butterrüben
7 oder 8 Stangen Lauch
1 schöner Zweig Sellerie
1 Strauß Petersilie
1 große Zwiebel, geschält und mit 4 Nelken gespickt
3 Lorbeerblätter
grobes Salz
Pfefferkörner

ZUBEREITUNG:

Das Fleisch in einen großen Topf geben und mit kaltem Wasser gut bedecken. Zum Kochen bringen. Die Flamme klein stellen, damit das Wasser nur noch leicht wallt.

Sorgfältig abschäumen, bis keine Verunreinigung mehr zu sehen ist. Das Gemüse säubern und waschen. Zusammen mit dem Lorbeer und einem gestrichenen Eßlöffel Pfefferkörner zum Fleisch geben. Schwach salzen und auf ganz kleiner Flamme etwa 3 1/2 Stunden kochen lassen.

Wenn das Fleisch gar ist, herausnehmen und für eine andere Verwendung beiseite legen. Man kann es kalt essen mit mittelalterlichen Saucen.

Die Brühe filtern, kalt werden lassen und im Kühlschrank aufbewahren. Am nächsten Tag entfetten, indem man das Fett von der Oberfläche entfernt.

Je nach Anforderung der Rezepte verwenden.

153. TEIG FÜR PASTETEN, KUCHEN UND TORTEN
PÂTES POUR PÂTÉS, TOURTES ET TARTES

1. GEWÖHNLICHER AUSLEGETEIG
PÂTE À FONCER ORDINAIRE

Dieser einfache Teig paßt für die Zubereitung gedeckter Kuchen und sogar Torten, aber auch er muß sehr dünn ausgerollt werden. Sollte die Füllung sehr feucht sein, zögern Sie nicht, ihn vorzubacken, um dann mit höherer Temperatur bei kürzerer Backzeit zu vermeiden, daß der Boden durchweicht. Selbst wenn es im Rezept einmal nicht erwähnt sein sollte, vergessen Sie nicht, Ihre Backform großzügig mit Olivenöl oder Schweineschmalz einzufetten, bevor Sie sie auslegen.

ZUTATEN:

250 g Mehl
etwa 15 cl Wasser
1 Eßlöffel (Oliven)Öl
5 g Salz

ZUBEREITUNG:

Alle Zutaten mischen und kräftig kneten, bis die Mischung schön einheitlich, leicht elastisch und ein wenig weich ist.

Im Kühlen unter einem feuchten Tuch mindestens 1 Stunde ruhen lassen.

2. MÜRBETEIG
PÂTE BRISÉE

Dieser bröckelige und knusprige Teig ist universell anwendbar und paßt zu allen Tortenrezepten, ob süß oder salzig, oder zu den Pasteten dieses Buches, aber man sollte ihn je nach Angaben mehr oder weniger dick ausrollen. Diese Standardmengen können je nach Rezept variieren.

ZUTATEN:

250 g Mehl
125 g Butter
etwa 10 cl Wasser
5 g Salz

ZUBEREITUNG:

Das Mehl und die kalte, in kleine Stücke geschnittene Butter vermischen, bis man die Konsistenz von Sägemehl erhält. Das Wasser zugeben, in dem man bereits das Salz aufgelöst hat, und rasch mit den Fingerspitzen vermischen, ohne den Teig allzusehr durchzuarbeiten, bis er homogen ist. Das Teigstück mindesten 2 Stunden gut eingewickelt im Kühlen ruhen lassen, bevor man es verwendet.

3. PASTETENTEIG
PÂTE POUR PÂTÉS

Dieser Teig hat Geschmack und Festigkeit. Er ist eine solide Hülle für alle Pasteten.

ZUTATEN:

500 g Mehl
125 g Butter oder Schweineschmalz
1 Ei
etwa 4 dl Wasser
10 g Salz

ZUBEREITUNG:

Das Mehl mit dem Fett mischen, dann das Ei und das Wasser zugeben, in dem man das Salz aufgelöst hat. Einen gleichmäßigen Teig herstellen und das Teigstück gut eingewickelt im Kühlen ruhen lassen. Es ist von Vorteil, diesen Teig 12 Stunden vorher oder sogar am Vorabend zuzubereiten. Wenn die Pastete von beachtlicher Größe ist, verdoppeln Sie die Mengen.

ANHANG

Bibliographische Angaben

1. Kulinarische Quellen

Bo: »Le »Registre de Cuisine« de Jean de Bockenheim, cuisinier du pape Martin V«, ediert von Bruno Laurioux, in: *Mélanges de l'École française de Rome (Moyen Age, Temps modernes)*, 100, 2, 1988.

Bü: New York, Pierpont Morgan Library, ms Bühler 19, unedierte Handschrift.

Ch: Chiquart, Maître, »Du fait de Cuisine«, ediert von Terence Scully, in: *Vallesia*, Bulletin annuel de la Bibliothèque et des Archives cantonales du Valais, des Musées de Valère et de la Majorie, XL, 1985.

Ds HB: »Diversa Servicia«, ediert von Constance Hieatt und Sharon Butler, in: *Curye on Inglysch*, Oxford University Press, London-New York-Toronto, 1985.

Fc HB: »Forme of Cury«, ediert von Constance Hieatt und Sharon Butler, in: *Curye on Inglysch*, Oxford University Press, London-New York-Toronto, 1985.

Fr: Frati, Ludovico, *Libro de cucina del secolo XIV*, Livorno, 1899, Reprint: Bologna, 1970 (Testi Antichi di Gastronomia, 7).

Gu: Guerrini, Olindo, *Frammento di un libro di cucina del sec. XIV edito nel dì delle nozze Carducci-Gnaccarini*, Bologna, 1877.

Hi: Hieatt, Constance, *An Ordinance of Pottage*. An Edition of the Fifteenth Century Culinary Recipes in Yale University's ms Beinecke 163.

Lc: »Liber de coquina«, ediert von Marianne Mulon, »Deux traités inédits d'art culinaire médiéval«, in: *Bulletin philologique et historique*, 1968 (1971), I, 396-420.

Ma: Martino, Maestro, »Libro de arte coquinaria«, ediert von Emilio Faccioli, in: *Arte della cucina. Libri di ricette. Testi sopra lo scalco, il trinciante e i vini dal XIV al XIX secolo*, I, Mailand, 1966, 115-204.

Mo: Morpurgo, Salomone, *LVII ricette d'un libro di cucina del buon secolo della lingua*, Bologna, 1890.

MP: *Le Ménagier de Paris*, ediert von Jérôme Pichon, Paris, 1847, Reprint: Genf, o. J.

Ni: Nizza, musée Masséna, Bibliothèque de Cessole, ms 226; unedierte Handschrift.

Tr: »Tractatus de modo preparandi et condiendi omnia cibaria«, ediert von Marianne Mulon, »Deux traités inédits d'art culinaire médiéval«, in: *Bulletin philologique et historique*, 1968 (1971), I, 380-395.

VT Scul: *The Viandier of Taillevent*, ediert von Terence Scully, University of Ottawa Press, 1988.

VT XV: *Le Viandier de Guillaume Tirel dit Taillevent*, ediert von Jérôme Pichon und Georges Vicaire, Paris, 1892, Reprint: Genf, 1967.

Za: Zambrini, Francesco, *Il Libro della cucina*, Bologna, 1863; Reprint: Bologna, 1968.

2. Andere Quellen

Aldebrandin de Sienne, *Le Régime du corps*, ediert von L. Landouzy, R. Pépin, Paris, 1911, Reprint: Genf, 1978.

Benefiziali di Ser Lorenzo Tani (1356), ms Archivio Arcivescovile Florenz.

Contes pour rire. Fabliaux des XIIIe et XIVe siècles, ausgewählt und eingeleitet von N. Scott, 10/18, Paris, 1977.
Cronache Senesi, in: *Rerum Italicarum Scriptores*, n. s. XV-VI, ediert von F. Jacometti, A. Lisini, Bologna 1931-1936.
Dante, *Die Göttliche Komödie*, Übertragung und Erläuterung von August Vezin, Herder, Basel, 1989.
Folgore da San Gimignano, *Sonetti*, hrsg. von G. Caravaggi, Turin, 1965.
Journal d'un bourgeois de Paris, hrsg. und eingeleitet von C. Beaune, Le Livre de poche, Paris, 1990.
Lami, G., *Sanctae Ecclesiae Florentinae monumenta* III (1251, 1384).
Prudenzani, Simone, »Il Saporetto«, hrsg. von S. Debenedetti, in: *Giornale storico della letteratura italiana*, supp. 15, 1913.
Samminiato de' Ricci, *Il manuale di mercatura*, hrsg. von A. Borlandi, Genua, 1963.
Sacchetti, Franco, *Il Trecento novelle*, hrsg. von E. Faccioli, Einaudi, Turin, 1970.
Sacchetti, Franco, *Tables florentines*, ausgewählte Novellen, übersetzt und vorgestellt von J. Brunet, O. Redon, Stock, Paris, 1984.
Sacchetti, Franco, *Die wandernden Leuchtkäfer*, Renaissancenovellen aus der Toskana, aus dem Italienischen von Hanns Floerke, neu durchgesehen von Marianne Schneider, Wagenbach, Berlin, 1988, (Tb.) 1991.*
Sercambi, Giovanni, *Le Novelle*, hrsg. von G. Sinicropi, Laterza, Scrittori d'Italia, 2 Bde., Bari, 1972.
Sermini, Gentile, *Le Novelle*, hrsg. von G. Vettori, Avanzini e Torraca, 2 Bde, Rom, 1968.

3. Studien

Bec, Christian, *Les Marchands écrivains, affaires et humanisme à Florence, 1375-1434*, Mouton, Paris-Den Haag, 1967.
Benker, Gertrud, *In alten Küchen. Einrichtung — Gerät — Kochkunst*. Callwey, München, 1987.*
Dion, Roger, *Histoire de la vigne et du vin en France des origines au XIXe siècle*, (1e éd. 1959) Flammarion, Paris, 1990.
Essen und Trinken in Mittelalter und Neuzeit. (Vorträge eines interdisziplinären Kolloquiums vom 10.-13. Juni 1987 in Gießen.) Hrsg. von I. Bitsch, T. Ehlert, X. von Ertzdorff, Sigmaringen, 1987.*
Hepp, Eva, »Die Fachsprache der mittelalterlichen Küche. Ein Lexikon«, in: Wiswe, Hans, *Kulturgeschichte der Kochkunst. Kochbücher und Rezepte aus zwei Jahrtausenden*. Moos, München, 1970, 186ff.*
Das Kochbuch des Mittelalters. Rezepte aus alter Zeit; eingeleitet, erläutert und ausprobiert von Trude Ehlert, Artemis, Zürich - München, (1990) 1991.
Lachiver, Marcel, *Vins, vignes et vignerons. Histoire du vignoble français*, Fayard, Paris, 1988.
Lafortune-Martel, Agathe, *Fête noble en Bourgogne au XVe siècle. Le banquet du Faisan (1454): Aspects politiques, sociaux et culturels*, Université de Montréal, Institut d'études médiévales, *Cahiers d'études médiévales*, Nr. 8, Bellarmin-Vrin, Montréal-Paris, 1984.
Laurioux, Bruno, *Le Moyen Age à table*, Adam Biro, Paris, 1989. Deutsch: *Tafelfreuden im Mittelalter*, aus dem Französischen von Gabriele Krüger-Wirrer, Belser, Stuttgart-Zürich, 1992.
Manger et boire au Moyen Age (Actes du colloque de Nice, 15-17 octobre 1982), Les Belles Lettres, Paris, 1984.
Médiévales, Nr. 5, *Nourritures*, PUV, Saint-Denis, 1983.
Médiévales, Nr. 16-17, *Plantes, mets et mots*, PUV, Saint-Denis, 1989.
Montanari, Massimo, *L'Alimentazione contadina nell'alto Medioevo*, Liguori, Neapel, 1979.

Montanari, Massimo, *Alimentazione e cultura nel Medioevo*, Laterza, Rom-Bari, 1988.

Pelner Cosman, Madeleine, *Fabulous Feasts. Medieval Cookery and Ceremony*, George Braziller, New York, 1976.

Renouard, Yves, *Études d'histoire médiévale*, SEVPEN, Paris, 2 Bde. S. vor allem die Artikel über den Weinhandel im Mittelalter, Bd. 1, 223-359.

Stouff, Louis, *Ravitaillement et alimentation en Provence aux XIVe et XVe siècles*, Mouton, Paris-Den Haag, 1970.

Wie man eyn teutsches Mannsbild bey Kräfften hält. Die vergessenen Küchengeheimnisse des Mittelalters; wiederentdeckt, ausprobiert und aufgeschrieben von H. Jürgen Fahrenkamp, Kissingen, 1986.*

Die mit * gekennzeichneten Titel wurden vom Übersetzer hinzugefügt.

Register der Rezepte

Die Zahlen in Klammern geben die jeweilige Rezeptnummer an.

Liste der Rezepte nach kulinarischen Traktaten

Ménagier de Paris (MP)

Maestro Martino, Libro de arte coquinaria (Ma)

Die erste Zahl gibt die Nummer des Rezepts an, die zweite Zahl bei edierten Handschriften die Seitenzahl, bei unedierten das Folio. Siehe oben: Bibliographische Angaben, 1. Kulinarische Quellen.

Le Viandier de Taillevent (VT XV) (Ediert von J. Pichon nach den Ausgaben aus dem 15. Jahrhundert)

The Viandier of Taillevent (VT Scul) (Ediert von T. Scully nach den Handschriften)

Il Libro della cucina del secolo XIV (Za)

Unveröffentlichte Handschrift (Bü)

Frammento di un Libro di cucina del secolo XIV (Gu)

LVII Ricette d'un Libro di cucina del buon secolo della lingua (Mo)

Libro di cucina del secolo XIV (Fr)

Inhalt

Bildnachweis

I : Ms BN lat. 1156 B, fol. 1.
II : Ms BN ital. 1108, fol. 49 v^{0}.
III : Ms BN Sm. Les. 38, fol. 12 v^{0}.
IV : Ms BN fr. 1753, fol. 149 v^{0}.
V : Ms BN n.a.l. 16073, fol. 102.
VI : Ms BN lat. 7939 A, fol. 48.
VII : Ms BN lat. 7907 A, page 83.
VIII : Ms BN fr. 9140, fol. 361 v^{0}.
IX : Ms BN lat. 12834, fol. 32.
X : Ms BN fr. 3, fol. 246.
XI : Ms BN lat. 9333, fol. 24.
XII : Ms BN lat. 9333, fol. 25 v^{0}.
XIII : Ms BN lat. 9333, fol. 60.
XIV : Ms BN lat. 9333, fol. 61 v^{0}.
XV : Ms BN lat. 9333, fol. 50.
XVI : Ms BN lat. 9333, fol. 19 v^{0}.
XVII : Ms BN lat. 9333, fol. 18.
XVIII : Ms BN lat. 9333, fol. 83.
XIX : Ms BN lat. 886, fol. 9 v^{0}.
XX : Ms BN fr. 218, fol. 373.
XXI : Ms BN fr. 6185, fol. 255.
XXII : Ms Arsenal 3525, fol. 84 v^{0}.
XXIII : Ms BN lat. 9333, fol. 81 v^{0}.
XXIV : Ms BN lat. 9333, fol. 75.
XXV : Ms BN n.a.l. 1673, fol. 65 v^{0}.
XXVI : Ms BN n.a.l. 1673, fol. 24 v^{0}.
XXVII : Ms BN fr. 9342, fol. 13.
XXVIII : Ms BN fr. 9342, fol. 105 v^{0}.

Alle Schwarzweißabbildungen stammen aus dem Bestand der Nationalbibliothek in Paris.